デーヴィッド・アイク

安永絹江［訳］

船瀬俊介［推薦］

Children of the Matrix

マトリックスの子供たち［上］

現実は覚めることのない夢

ヒカルランド

大英博物館で見つけたレプティリアン

写真は、大英博物館に展示されていたものだが、キャプションには、「紀元前800～700年に地元シチリア人によって作られた鋳造青銅製のカップルの姿。古代イタリアの国*エトルリアの人ではない人々。フェニキア人やギリシャ人は紀元前８世紀頃シチリア島を訪れシケル人やシカニア人を始めさまざまな現地人を発見した：考古学博物館、シラクーサ地方」とある。このような蛇頭の現地人その他が、本当にいたというのだ。（＊３ページまでの図版は、編集部作成による）

ライオンが象徴する悪魔的宇宙人のアヌンナキ／レプティリアンは、ユニコーンが象徴する天使的宇宙人ノルディックに対する勝利をこのような紋章を通じて高らかに宣言している——!!

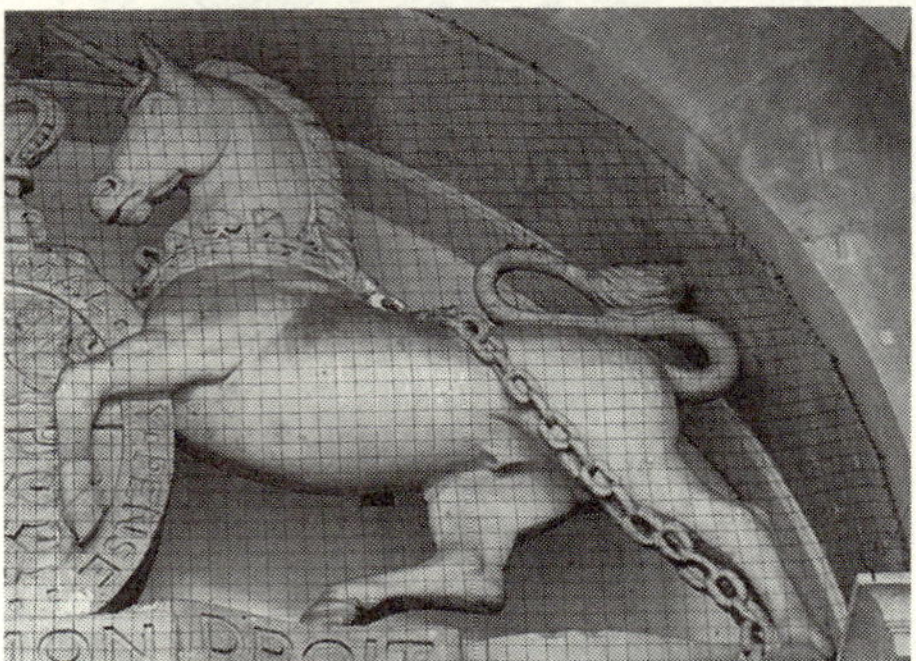

ロンドンシティの中心部に飾られた紋章。英王室、ロスチャイルドのものとも酷似。そして、日本の天皇家に伝わる紋章もまた酷似している。しかし、日本のものには明らかな違いもある。左のライオンは、レプティリアンのきわめてよく使われる符号。右のユニコーン（角のある馬）は、金髪碧眼のノルディックの象徴だが、しっかりと鎖に繋がれている。これには悪魔的宇宙人アヌンナキ（レプティリアン）が天使的宇宙人（ノルディック）を支配するという意味が込められているのだろう。２頭の中心、上部にある王冠にもライオン像があることに注目。ライオンの優位が表わされている。

日本では天使的宇宙人ノルディック（一角獣）が勝利している!?

天皇家に伝わる紋章。ユニコーンとライオン。中央には12頭の幼ライオンと菊の御紋

天皇がかぶる王冠

日本の天皇

ノーマン・マクレオドが約130年前に書きとらせていた皇室に伝わる紋章。

左右にはユニコーンとライオンが配置されている。ユニコーンは鎖につながれておらず、その上部の王冠は、天皇がかぶるものと同じだが、そこにはライオンではなくユニコーンが堂々と鎮座している。［出典：『日本古有文明の謎はユダヤで解ける』ノーマン・マクレオド著 久保有政訳 ヒカルランド刊］

本書は2007年に徳間書店より刊行された『竜であり蛇であるわれらが神々』の新装版です。

カバーデザイン　三瓶可南子

はじめに――アイクを読みとくための道案内（石神龍）

隠蔽《いんぺい》、秘匿《ひとく》された一〇万年以上にわたる人類の真の歴史

「私はまだ幼いときに、学校とは、明日のクローン人間が磨かれ、生み出される場所だと本能的に知った。つまり最初から反逆分子だったわけだ。学校の試験の主なものに合格したことは一度もないし（受けたこともない）、大学や専門学校に通ったこともなく、勉強はすべて自分なりに時間や条件を決めてやってきた」（「第19章　マトリックスの門衛《ゲート・キーパー》」）

今の日本では、子どもがこんなことをやると、たちまち、落ちこぼれとなり、永久の「負け組」スパイラルに転落して行くこと請け合いだ。

しかし、アイクの子ども時代は、四〇年以上前のことである。つまり、パソコンもインターネットもビデオゲームも携帯電話もない、テレビはまだ初期の時代である。

今や、全世界が、とりわけ欧米、日本のいわゆる先進工業国、ついで中国、インド、韓国などは、ブレジンスキーによって一九六九年に予告された、テクネトロニック（高度電子工学的）時代に取り

込まれている。

それを、マトリックスとも言う。

こんな事情のもとで、いかな独立心と反逆心の強い人間といえども、子どもの頃から自分で問題と条件を設定して勉強することはほとんど不可能であるだろう。

そんななかで、かつての反逆心と独立心が旺勢な子どもであったアイクは、超太古の昔から地球人類を家畜人間として支配し続けているイルミナティの究極の秘密を白日のもとにさらけ出して、全人類の前に開示することに成功した。

西暦三九一年、アレキサンドリアの大図書館が破壊されたとき、アトランティスについて記述した「一〇万年以上にわたる人類の真の歴史」と呼ばれる文書が、他の数千の書物とともに破棄された（カール・セーガン著書、四九ページ）とある。

アレキサンドリアの大図書館を破壊したのは誰か。それは、キリスト教会＝ローマ法王庁である。ローマ法王庁＝バチカンが、キリスト教の名の下に、世界中の古代の知識を破壊した、その理由は何か。そしてその背後にひそむ者は誰か。

アイク曰く。

キリスト教を捏造《ねつぞう》したイルミナティがそれを破壊した。そのイルミナティの本体は異星人であると。

アトランティス文明の根本原理は「一者の法則」であり、それに敵対するイルミナティの宗教「太陽の神殿」は万物を分断分裂させ断片化する異星人の系統であると言う。

イルミナティは真実の歴史を秘匿し、それを地球人（また、地球原住民大衆）に対して隠蔽し切らなければならない。アレキサンドリア大図書館の徹底的な破壊はこのようにして、キリスト教会の仮面を付けたイルミナティによってなされなければならなかったと言う。

レプティリアンは、地球産の爬虫類《はちゅうるい》とはまったく異質

超太古の時代から、地球には何種類かの、高度に発達した文明を持つ異星人が来ていた。最初、彼らは地球を観察した。それから、アトランティス大陸、ムー大陸に、文明を構築した。そして最後に、レプティリアン（爬虫類人）型の異星人（アヌンナキ）は、地球に定着して秘密結社を作り、地球原住民を彼らの奴隷《どれい》、もしくは彼らの家畜人間として使役した、と言う。

アトランティス滅亡後の西暦前一万年から紀元前五〇〇〇年までの間に何が起こったか。その歴史を記述した文書は、キリスト教会によるアレキサンドリア大図書館破壊によって失われた。それは、断片的な伝承、遺跡、シンボル、神話のうちに痕跡を残している。

さらに、一九世紀後半から二〇世紀一九三〇年代までに、発掘され解読されたシュメール粘土板文書および、一九世紀初頭、エジプトから運ばれたロゼッタ石、さらに超古代エジプトのピラミッド文書などの研究によって、次第に秘密は、明るみに出されつつあると言う。

レプティリアン（爬虫類人）型異星人、と言う。

ここで、われわれ読者が注意すべき、最も肝腎な論点は、この「レプティリアン（爬虫類人）」を、

地球産の爬虫類とまったく同じ種と見てはならない!! ということである。

この宇宙には無数の生物種が存在する。しかし、その生物の型は、一つひとつの星（恒星）とその惑星の個性（遺伝子構造）を与えられている。したがって、ある異星に、爬虫類が生まれたとしても、その爬虫類は、太陽系＝地球の生物全体社会が生み出したものとしての爬虫類とは、まったく同一ということはありえない。ここのところを読み飛ばしたり、または深く考えずに表面的な読み誤りをしてはならない。

つまり、異星人が地球を占領し、地球原人を奴隷化しようと企《たくら》んだとすると、彼ら異星人の遺伝子構造と、地球人の遺伝子構造上の明確な相違、この相違が、彼らのアジェンダ（計画）にとって、最大の障碍《しょうがい》となるわけである。

ここをクリアすると、アイクの著述は、とてもわかりやすくなる。しかし、この問題が明確に意識されないまま、アイクを読むと、荒唐無稽だ!! として反発して、二度と読む気を起こさなくなる。

要諦は、爬虫類人的異星人と地球原人の混血ということ

アイクの説は、左のように図式化すると良い。

この図を理解するための要点、または難関は、爬虫類人的異星人と、地球原人の「混血」という概念＝事項である。つまり、この混血の結果、地球原人の遺伝子（血）と、爬虫類人的異星人の遺伝子

爬虫類人的異星人

イルミナティ悪魔的秘密結社《ブラザーフッド》の中核体

（1）爬虫類人的異星人の血流が最も濃厚な人種。状況によって爬虫類人に変身する。世界権力の頂点。

（2）爬虫類人的異星人の血流が中間的な人種。

（3）爬虫類人的異星人の血流の濃度が低い人種。

家畜の群れとしての地球原人

（1）爬虫類人的異星人によって、彼らの忠実な召使いとして作られ、飼育された人種。

（2）爬虫類人的異星人によって、家畜人、ロボット人間、ゾンビ人間として定められた人種。

（3）爬虫類人的異星人の支配と管理、飼育が及んでいない野蛮人、とされる人種。

（血）と、その両方を有する人種が出現したわけである。

普通の日本人にとってはこんな話《ストーリー》は、根も葉もないバカげた作り話にしか思えないであろう。しかし、旧約聖書とりわけ「創世記」（シュメール粘土板文書がタネ本）にも、紛《まぎ》れもない、この地球に飛来した異星人（男性）と、地球原人（女性）の間の性交と、そしてその結果生まれた混血児、としか解釈できない記述が現存する。

今日のいわゆる中近東地域に残る神話伝説を、その気になって探索すると、この種の事象はあとからあとから、限りもなく発見される。アイクの読者は、このことに、意識と興味を集中することを要求される。

地球史の最核心を全面暴露、全開示

さらにアイクの説を掘り下げて図式化すると、左のようになる。

しかし、ここに、大いなる問題が生じた。地球原人の潜在的な力、その潜在的エネルギーはきわめて強力である、と言う。地球を支配し、征服し、地球原人を彼らの家畜として飼育管理しつつある爬虫類人的異星人は、地球原人の真の力に比べれば、はるかに未熟であり、弱体である（「第10章　さまざまな顔を持つ蛇のカルト」）、とアイクは言う。

地球に飛来した爬虫類人的異星人は、地球原人を、彼らの「高度な文明」から見れば、問題外の、

①爬虫類人的異星人の故郷の星

⬇

②太陽系内外、その周辺に設置されている前進基地

⬇

③地球内に密かに棲みついている爬虫類人的異星人

⬇

④爬虫類人的異星人が地球人と結婚して生まれた人種とその血統のエリート階級

⬇

⑤④項の血統によってオーバーシャドウ(精神的に制圧され、支配下にある)されている人々(地球人)

⬇

⑥①－⑤によって家畜人として飼育管理される一般人。
一説によれば、異星人は、遺伝子操作によって、地球原人を奴隷ないし家畜人として効率的に使役させるように、作り変えた、という。

（④⑤について）地球人文明社会のエリート支配階級。秘密結社に組織される。

遅れた、獣と等しいレベルの未開野蛮人である、と判断した。

それは違う。潜在的には、地球原人は、彼ら爬虫類人的異星人とは比較を絶して高い次元の存在であった。ただ、その時点では、地球原人の潜在的エネルギーが、ほんの少ししか顕現していない。

それだけのことである。

ここで問題とされていることの核心は、今や、人類（地球原住民）が爬虫類人的異星人の精神的文明的水準を乗り越えようとしており、乗り越えることができる力量を身に着けてきた。つまり、この数十年万年来、とりわけこの六〇〇〇年来、地球原人は爬虫類人的異星人によって、目に見える、または目に見えない牢獄に収監されてきたが、今や、その呪縛《じゅばく》を断ち切って自由を取り戻すことができる状況が生まれようとしている。そしてそのことを爬虫類人的異星人と、その直系の悪魔主義的秘密結社、およびそれを基礎として構築された世界権力は、あらゆる手段を行使して阻止しなければならない。この熾烈《しれつ》な鍔迫《つばぜ》り合いである、とデーヴィッド・アイクは言う。

爬虫類人的異星人の権力は、自己を守るためには、全人類（地球原人）を抹殺することも躊躇《ちゅうちょ》しないであろう、と想定される。

アイクは、なんと、超太古の時代からこの秘密の最核芯を、『ロボットの反乱』（一九九四年）、『……そして真実があなたを自由にする』（一九九五年）、そして、『大いなる秘密』（一九九九年）から本書『マトリックスの子供たち』、（原書は二〇〇一年）にかけて、全面暴露、完全開示することに成功した!!

これは、地球人、地球原人にとって、驚くべき大事業である。

日本人が、『大いなる秘密』そして今『マトリックスの子供たち』を日本語で読むことができることは、まことに大なる幸運である、と私は思う。

アイクの著作は、ごく一部が、フランス語に翻訳出版されていると聞いているが、さしたる反響はまだ現れていないようである。つまり、英文原著以外の外国語版は、われわれの日本語版のみである。現代日本人がアイクを十分に消化吸収して一挙に飛躍できるかどうか。ここに日本民族のみならず、全人類（地球原人）の命運がかかっているのである。

超古代を源とする「蛇のカルト」イルミナティ

本書第10章「さまざまな顔を持つ蛇のカルト」は重要である。この章を注意深く、何度も読み返すことをおすすめする。

蛇は、恐竜が滅びたあと、現代の地球に生き残っている爬虫類の代表である。地球を支配している爬虫類人的異星人が、蛇を彼らの存在の秘密の象徴として常用し、愛用する必然性は、今やわれわれにも容易に理解できるであろう。

世界最大秘密結社フリーメイソンは、蛇のカルトの隠れ蓑《みの》である、とアイクは言う。しかし、メイソンのメンバーの大部分はそのことに気づいていないと。

この「蛇」は、地球生物全体社会の種の一つとしての蛇と同じものではない。それは爬虫類人的異星人を示す象徴として用いられている。この秘密を見抜かなければならない。
「王冠（クラウン）はレプティリアン血流のシンボルであり、悪魔教の高位階を表すのに使われる。黒い聖母は『天の女王』とも呼ばれ、これら処女母はすべて鳩で象徴される。英国王室のシンボルである王冠、鳩、ライオンなどはすべて、今日も権力を握っている蛇のカルトのシンボルなのである」（「第10章　黒い聖母《The black madonna》／竜の女王エル、ノートルダム、出産する聖処女の項参照」）と言う。
「蛇のカルト」は、「イルミナティ」とも言われる。イルミナティの首都は、まず、バビロンに建設され、次に、ローマに移り、そして今、ロンドンに在ると。

　バビロン、ローマ、ロンドンは、それぞれ別の存在、別の国家と体制であるかのごとく見せかけられているが、それは家畜人たるべき地球原人向けの作り話である、と言う。

　アイクによれば、ダイアナ元皇太子妃の「事故死」は、蛇のカルト（イルミナティ）による生贄《いけにえ》的殺人である（「第10章　ダイアナ妃の儀式殺人／「月の女神《ディアナ》」の生贄の項参照」）。ということは、現代英国の王室と英国の国家権力総体が、古代バビロンに由来する「蛇のカルト」（イルミナティ）そのものであることを意味する。
「ダイアナの死は、驚くほどのイルミナティ（蛇のカルト）の象徴主義に取り巻かれている」つまり秘密結社の世界は、超古代シュメール、エジプトから現代まで、一つの歴史、一つの物語として首尾一貫しているわけである。そしてこの物語《ヒストリー》においては、地球原人などは、付属品であり、ある種の脚注であるにすぎない。

　イルミナティ（光明結社、光をもちきたらすもの）は、一七七六年五月、ヴァイスハウプトによっ

①爬虫類人的異星人

↓

②人間の格好をした異星人
（異星人と地球人の混血、つまり、異星人の血統の地球人）

↓

③異星人の血は入っていないけれども、その制圧下にあるエリート人間。

↓

人類

④シープ・ドッグ。
羊を監視する犬の役割を果たす人類の５％

↓

⑤羊の大群としての一般人、地球人の95％

て設立された結社である、との通俗の説明はこの「脚注」の一つである。

秘密結社の歴史ではイルミナティは、超古代の「太陽の神殿」カルトに発しているのである。

西洋社会の本体、秘密結社

アイクが本書そして前著『大いなる秘密』によって開示した地球の支配構造は左のごとくである。西洋社会の本体は秘密結社である、と言われる。つまり、西洋の中枢部分は、ブラックボックスである。日本人は、ザビエルの日本侵入以来四六〇余年、このブラックボックスの存在それ自身に気づいてさえいない。この秘密結社＝ブラックボックスの中味は、前ページ図の、②と③である。
①項の爬虫類人的異星人は、その上、またはその奥、アイクの表現では、下層第四次元の世界に棲む。
つまり、彼らの奴隷または家畜人間としての地球原住民には見えない。ただし、英国諜報機関の有力なエージェントとしてのSF作家アーサー・クラークの古典的な作品『幼年期の終り』には、地球人の上に君臨するオーバーロード（上帝、天帝）が、あるとき、姿を現すことになっている。そしてそれは実に、地球原人が長い間「悪魔」としてきたもの、そのものの姿であった、と言う。彼らは、イルミナティの最高幹部国の秘密会議に、出現することもある（デーヴィッド・アイク、フリッツ・スプリングマイヤー）。

②項、すなわち、一応人間らしくは見える、異星人と地球人の混血人間は、必要に応じてシェイプ・シフト（変身）すると言う。つまり、人間から爬虫類人的異星人に変わるわけである。

彼ら（①②③）は、地球原人の血を必要とし、そのために、極秘の儀式を行い、そこで地球人（多くの場合、小児）を生贄として殺害すると言う。アイクは、それをサタニズム、と呼ぶ。それを「サタニズム（悪魔主義）」と名づけても、まったくの間違いではないだろう。

しかし、問題の根本は爬虫類人、というところにある。つまり、「爬虫類的＝無情性、非情性」である。

「情」「情緒」の日本人の出番か？

地球史では、爬虫類の全盛時代が数千万年間続き、天変地異事象によって大型爬虫類＝恐竜は絶滅した、ということになっている。すると、哺乳類《ほにゅうるい》が爆発的に進化して、最後に人類が登場するのである。爬虫類人的異星人《レプティリアン》の地球支配説を立てるとして、その異星人の故郷の星のデータを、われわれは知らない。

地球の生物の分類では、爬虫類は卵生であり、そして親は卵を産みっ放しにする。地球に植民した爬虫類人的異星人《レプティリアン》は、卵生なのか。そもそも哺乳類的に胎生なのか。それは中心問題であるはずだが、この点は、アイクも、その他の西洋の研究者たちも、明らかにしていない。

地球上では、爬虫類と哺乳類のクロスブリーディングはありえない。理解不可能な問題は多々存在する。しかし、どうしてもわからない事項は保留して進まざるをえない。

肝腎なことは、地球原人を家畜として支配する爬虫類人的異星人《レプティリアン》説を前提とするならば、無情性、非情性は、彼らの本質であり、本性である、ということである。

アイクは、彼ら＝爬虫類人的異星人《レプティリアン》は、愛情に欠乏しており、愛情に飢えている。われわれ（地球人）は、彼らに愛情を注がなければならない、と言う。

われわれが愛情を注いで、彼らの本性は変化するであろうか。これが、アイクによって全人類の前に提出された、前代未聞の大問題である。

そして恐らくここにおいて、情、そして情緒を最高度に発展させてきた日本民族の出番が到来するのではなかろうか。

石神龍

平成十九年七月二十日

マトリックスの子供たち［上］　現実は覚めることのない夢

005　はじめに――アイクを読むための道案内（石神 龍）

035　第1章　牢獄に生まれし者たちへ

037　無償の意識操作官《マインドコントローラー》としてプログラムされた《思想警察の工作員》者

039　イルミナティ／秘密結社を束ねる邪悪な毒を増殖する組織

040　イルミナティの血族／人間以外の種族の混血のＤＮＡ

042　家畜人間《シープル》／それは人類の九九パーセント

045　入れ子構造のピラミッド／それぞれ入れ子が活動と目的を知らされていない

050　大衆を操作せよ／「ＰＲＳ技法《テクニック》」と「飛び石方式」

054　恐怖と洗脳、隔離、大量殺戮による妄信

第2章　陰謀者の歴史

057 神と崇《あが》められたイエスの原型はすべて「アッティス」に存在する
059 エジプト・インダスを率いるシュメールは、文明発祥の地でなく再出発の地
068 我々は真の過去の歴史「アトランティスとレムリア」をなぜ失っているのか！
072 火星では何が起こったのか？　ムー崩壊に関与？
083 「動き回る」金星がアヌンナキの「黄金時代」を終末に
090

第3章　神々（gods）による支配

097
099 死んでも別次元（密度・周波数）の旅は永遠に続く
100 主要三異星人の「タイタン調査計画」規則を逸脱したレプティリアン
106 ドゴン族伝承／水陸両生のシリウス人《アヌンナキ》は秘密結社の祖
111 人頭蛇身の伏羲《ふくぎ》、女媧《じょか》、半身半蛇のイシス、オシリス、ネプチューン
114 ズールー族伝承／「海に棲《す》む魚人」はシリウス星人
117 アトランティス・レムリア時代、地球外種族「王族の血流」が各地に

アトランティスとレムリアの植民地　122
血流を死守する――大洪水後、「竜の地」シュメールから再出発　127

第4章　アトランティスの再来　131

シュメール帝国の支配者／金髪碧眼《へきがん》の「ノルディック種」　133
「高貴な種族」アーリア人／ノルディックとレプティリアン混血種　134
シュメール帝国／二つの監獄宗教と架空の歴史捏造《ねつぞう》　138
太陽崇拝シュメール帝国サルゴン王がエジプトとインダス川流域を支配　144
エジプト王《ファラオ》メネスは、シュメール、ギリシャ、クレタのミノス王　147
ヨーロッパ、アメリカ、オーストラリアへ拡大するシュメール帝国　152
英国とアイルランドに渡ったシュメールのフェニキア人　156
蛇のエネルギー・グリッド（経絡《チャネル》）とレイライン（竜脈）　159
聖地《ボルテックス・ポイント》のエネルギー・グリッドを封印するための建造物　164
イギリス諸島の象徴は、すべて中東由来　167
アイルランド人、イギリス人がエジプト人子孫であるこれだけの証拠　172

第5章　血の同盟 177

天から来た神々《アヌンナキ》が超高度地球文明を創始 179

吸血イルミナティの血族／エロヒム《地球外生命体》と人間（女）たちの混血種《ネフィリム》 184

英雄《ヒーロー》崇拝／ホルス《イエス》は、ネフィリム・アーリア人種の「ヘル」 187

DNA操作で異次元間コミュニケーションテレパシー能力を奪う 191

遺伝子への執着／人口削減策・地下潜行、前線組織イルミナティ 197

王の、そして大統領、銀行家などなどの「神授権」 199

メロヴィング朝の血統／ウィンザー家にはダイアナ妃《ノルディック》のDNAが必需 203

ロスチャイルド家の血統／アイネイアス、アレクサンダー大王、カール大帝 210

秘密の監視者／すべての秘密結社に君臨する「イルミナティ」 214

第6章　邪悪な協定 217

ノルディックの関与／人間に悪意を抱いていないレプティリアンも 219

レプティリアンの関与／残虐行為の犠牲者に何の哀れみも感じない 226

229　ノルディック血流に潜り込み、ＤＮＡを作り変え、「王族」となるレプティリアン
234　ナーガ（インド王家）は人間にも爬虫類にも自在に変身《シェイプ・シフト》
238　レプティリアン血流の証／「恥の印」「司祭の印」
241　アダムとイヴ／クローンから代理創造《性交・出産》者に
247　妖精の種族《フェアリー・エルフ》／死の女神《ヘル》が司る地下世界《ニブルヘイム》に潜む
248　アヌンナキの戦争／「メイ」を携えた「邪悪な竜」シン
252　核による大破壊／八〇〇〇～一万年前五〇万人死亡
256　秘密非公然支配のレプティリアン新秩序へ
261　古代知識の破壊／視野と可能性を限定する「科学」と宗教
262　新大陸発見の裏側／コロンブス、クックも事前に地図を与えられ
265　見える独裁制から隠れた支配への移行

271　第7章　竜に仕える――過去
273　「子羊《ラム》」が起源の五芒星形《ペンタグラム》、ピラミッド、セミラミス
275　竜の王族／ユーサー・ペンドラゴン（アーサー王父）

ヘブライ世界の蛇／手・脚・翼がある天使セラフィム 277
世界に遍在する楽園／エデン、エディン、ヘデン 281
アジア《インド》の蛇／ナーガ「コブラの民」 282
極東の蛇／中国、チベット、ゴビ砂漠、日本 283
南アメリカの蛇／タウ十字を携えたケツァルコアトル 289
北アメリカの蛇／「懐かしき赤い大地」から「亀の国」へ 293
アフリカの蛇／緑の沃野《よくや》破壊のチトウリ《蛇の子どもたち》 296
「拷問者《マンテインデイン》」グレイ型異星人もピンキーなレプティリアンの仲間 299
ドラコ《吸血鬼》＝ドラキュラ《串刺し公ヴラド》／姉妹の子孫にエリザベス女王 301
イギリスおよびヨーロッパの蛇／ドルイド《魔法使い》、ダナーン《巨人》、ワイト島《竜の島》 305
エジプトの蛇／アモン《太陽》、アレクサンダー《蛇の息子》、セラフィム《聖書の蛇》、クレオパトラ《ナイルの蛇》、イエス 308

第8章　変　身《シェイプ・シフト》する者たち 313

メキシコ大統領ミゲルが面前でトカゲに変　身《シェイプ・シフト》 315
影の子孫《アヌンナキ》たち／「トート《エジプトの神》のエメラルド・タブレット」で知る 318

血を飲む者たち／世界の要人が集うボヘミアン・グローブ 323
ダイアナ妃「彼ら《ウインザー王家》は、人間ではない。トカゲ、爬虫類だ」 328
静かなる侵略／「権力の座」「諸会議」に憑依する 334
蛇と音／邪心と恐怖の感情が危ない 335

第9章 竜の女王《ドラゴン・クイーン》 345

蛇の女神の系譜／海の貴婦人・牡牛、ヘカテ、アテネ、ピュタゴラス《私は蛇》 347
竜の女王《ドラゴン・クイーン》のDNA／経血「星の炎《スターファイアー》」「神力の赤ワイン《アンブロシア》」「神酒《ソーマ》」を飲む 351
レンヌ・ル・シャトー／カタリ派大虐殺のローマカトリック教会も同族《エルフ》 355
『エッダ』は北欧神話ではない／古代トロイ、カッパドキア、ドナウ川事蹟 356
初代シュメール王インダラ／アーサー、トール、オシリス、ミダス、聖ゲオルギウス 360
赤十字／聖ゲオルギウスの十字《セント・ジョージ・クロス》、テンプル騎士団、マルタ騎士団の象徴 362
蛇の三位一体／蛇の女神《エル・マリア》、夫ウォーダン《火の神》、息子バルドル 364
女戦士《アマゾン》たち／狼族、ワルキューレ、レスボス、ヘカテ、女神レア 366
ウォーデンの日《水曜日》／かくなる蛇「前世」を経て仏陀に!? 370

371 母と息子の蛇のカルト
374 蛇のカルトの象徴主義《シンボリズム》／ライオン、ユニコーン、英王室
378 ブリタニアよ、統治せよ！《ルール・ブリタニア》／海原をその手に治めよ！
382 レヴィ人のお伽噺《とぎばなし》／アダムとイヴ、ヘビの楽園
385 カインとアベルの父はアダム《トール》、バアル《バルドル》？
386 エデンの戦い
388 不死鳥《フェニックス》の興亡／ノルディック王族の体に取り憑く

391 第10章　さまざまな顔を持つ蛇のカルト

393 キリスト教の「蛇」の三位一体／人類の意識力を封じる
395 聖母マリアの正体／死の蛇マリア「竜の女王《ドラゴン・クイーン》」のエル
396 神の息子バルドルの死を嘆く壁
397 「イエス」＝バルドル／神秘主義結社《ミステリーサークル》の象徴的合成キャラクター
401 黒い聖母《The black madonna》／竜の女王エル、ノートルダム、出産する聖処女
405 エルの赤い薔薇《ばら》は女陰／生殖、豊穣、月、金星の女神

407 「シェイクスピア」はドラコニス伯爵「一一種族《イレヴン・レイス》の真の王統」
409 フリーメイソンは蛇、蛇、蛇のカルト
414 何重もの意味、また意味／コンパス《男根》と定規《女、大地》
418 ダイアナ妃の儀式殺人／「月の女神《ディアナ》」の生贄
420 トロイ、トロイ、またトロイ／パリス王子、ヘレネ、「月の王《メネラウス》」
422 狼が象徴するセトの蛇のカルトは悪魔教《サタニズム》
424 ハリウッドHolle-wood《ホレの森》はイリュージョンEl《エル》-lusion・ルージョンの地

427 第11章　神よ、われらを宗教から救い給え

429 金銭的ペテンのバビロンから「蛇の王」ローマへ
430 ローマからロンドンへ／人心攻略「戦場」宗教
433 太陽の女神／卑弥呼《ひみこ》、地母神アーディティヤ、梟《ふくろう》、獅子《しし》
434 バビロンの新宗教／聖書《testament》は睾丸《testes ball》（たわごと）
437 神としての太陽／悪魔知識の監獄宗教
439 バビロンから生まれた宗教（1）——ユダヤ教

聖書の真の暗号／太陽（ソロモン）の神殿《受容的物体》（一〇〇〇人の側室） 444
ヘブライの神々《gods》……おっと違った、神《God》 445
バビロンから生まれた宗教（2）――キリスト教 447
大ペテンのキリスト教／イエスは太陽《sun》、息子《son》 449
歴史的人物としてのイエスはいなかった！ 458
神のみぞ知る「塗りつけられた《クリストス》」「救世主」イエス 459
イエスは処女（新月）から生まれた 460
輝く星シリウスとオリオン座三人の賢人 461
荒野での四〇日間／「穀物」の象徴 462
イエスの言葉／前任「救世主」からの孫引き 463
マリアたち／海《メール》、月《ディアナ》、竜《ドラゴン》、エル、イシス、アルテミス 463
十字架にかけられた息子《サン》イエス／春分の太陽《サン》 466
洗礼者ヨハネ／ホルスを洗礼したアヌプ 469
イエスと一二人の弟子たち／一二宮の黄道 470
聖パウロ／ギリシャのナザレ人アポロニオス、オルフェウス 474
『新約聖書』キリスト教は、ローマ貴族ピソの創作 477

裸の王様／コンスタンティヌス大帝《ニカイア公信条》から始まった人類の大不幸《宗教ホロコースト》 482
「キリスト教徒」と釈迦の血流レプティリアン 486
分割支配貢献ルター、魔女狩り貢献カルヴィン 488
「月の神《アッラー》」イスラム教／宗教的断層を激化 491
「君の顔が気に入った……」／地球規模の信用詐欺《ペテン》 495
心の牢獄、世界の呪いから自らを解き放つ 499
推薦——仮説は真説へと誘う？　さあ、知的興奮の旅路へ！（船瀬俊介） 503

マトリックスの子供たち［下］ 現実のアーキテクト（設計者）

第12章　竜に仕える——現在（1）

●生放送中にNWO支持ゲストがレプティリアンに変　身《シェイプ・シフト》
●「ヒキガエルの親玉」英皇太后と爬虫類ヒース元首相
●「死の天使」メンゲレの精神的外傷《トラウマ》を与えるマインドコントロール
●取り戻した記憶をもみ消す偽記憶症候群財団《FMSF》
●悪魔主義の新世界秩序を担うエリートたち
●「ペーパークリップ計画」脱出ナチス、メンゲレのM　K《マインドコントロール》ウルトラ
●生贄儀式で残忍な爬虫類に変　身《シェイプ・シフト》するエリザベス女王、皇太后
●ダイアナ・ヒューストンは見た！／「エホバの証人」驚愕の事実
●「オカルト《トカゲに変身》」の家系／ロスチャイルド——バウアー《ジャズ・シンガー》——ブッシュ
●「セックス中に尻尾が!!」パメラ・ストンブルック赤裸々証言

第13章　竜に仕える——現在（2）

●人間社会を異星人との「超混血種」に置きかえる
●レプティリアンによる誘　拐《アブダクション》／灰色《グレイ》の生物、「異次元間の爬《は》虫類《ちゅうるい》」
●琥珀《こはく》の目、緑の肌「訪問者」と「密教的性交」のパメラ
●本当の自分《緑茶爬虫類》を見せた女性コンタクティ「私は美人だって、言ったでしょ？」
●メン・イン・ブラック《黒服の男たち》／ハート形割れ頭、緑色鱗《うろこ》肌に変身
●レプティリアンの地下基地／「悪夢のホール」に奇怪なヒューマノイドたち
●世界中の地下都市に繋がるトンネル・ネットワーク《チューブシャトル》
●ET基地の地　底　生　物《ナーガ・妖精・ネフィリム・エルフ…》たち／光を嫌い、異種交配を欲す
●世界中のお伽噺《とぎばなし》、民間伝承に共通／地底人の邪悪さ
●真実《害毒》に目を背け「異星人」肯定《ヨイショ》の「楽天的研究者《マペット＝操られし者》」

第14章　悪魔の召喚
●ダイアナ妃の使命／DNA監獄周波数の超克
●悪魔の糧／「吸魂鬼《サイキック・ヴァンパイア》」は恐怖が生む負エネルギーが好き
●悪魔主義《サタニズム》＝蛇のカルト／心臓を抉《えぐ》り食べ人間形態を維持
●歴史は繰り返す／解離性障害をテコに隅々まで悪魔主義を浸透
●悪魔《地球外生命体》との密約／操られる権力亡者
●「悪魔」が憑依すべく設計された蛇崇拝儀式は、今も
●性交、麻薬、アルコールによる憑依／波動レベルで悪魔次元に接続《アクセス》
●憑依された小児性愛者／ブッシュ、キッシンジャーなどなど
●ゴシック建築の悪魔教の館
●光と闇の島《ワイト島》／網《エネルギー・グリッド》上の重要な渦の地点《ボルテックス・ポイント》
●悪魔に捧げる歌／ラヴェイ創始「悪魔教会」アキノ創始「セトの神殿」
●悪魔《レプティリアン》の「宿主《霊媒》」、ヒトラーの「危険な魅力《カリスマ》」
●陰の主《マスター》は「超人」／「黄金の夜明け団」「ヴリル協会」「トゥーレ協会」
●ナチスは死なず！　秘教的集団催眠は地球規模に
●アイルランドの二つの顔／「両極」セクトのトップは同一イルミナティ

第15章　虐待される子どもたち
●三六九人の幼児性的虐待／当保育所事例は世界規模に
●組織的な揉み消し／悪魔教の儀式虐待事件
●園児ザックの場合／殺人目撃、飲血、食人を強要される
●決して行われることのなかった捜査
●キンダーケア（Kindercare）は「優しい世話《カインダー・ケア》（Kinder-care）」か？
●所有者《オーナー》クラビスの裏の顔／「例の血族」ブッシュの大親友
●イルミナティはどこにでもいる／華麗なるCFRビルダーバーグG《グループ》
●KKR《金融帝国》――一発食らわして（Koup）、ぶっ潰して（Kollapse）、逃げろ（Run）！
●またもやジョージ登場／虐待者は保護、被害者は投獄

第16章　「霊的」悪魔主義《サタニズム》と「キリスト教」の詐欺
●悪魔崇拝と児童虐待／キリスト教会が隠れ蓑《みの》
●マインドコントロールされた悪魔主義者《サタニスト》、ビリー・グラハム

●イルミナティ高位のイニシエイト新聞王ハーストも資金提供
●イルミナティの温床、イェール大学／パット・ロバートソン《テレビ福音伝道師》もスカール・アンド・ボーンズ
●貧困にあえぐ者、もしくはパット・ロバートソン《マネーゲーム富豪》を援助せよ
●末日〈混血種〉イエス・キリスト教会／フリーメイソンのそっくりさん
●モルモン教の悪魔主義／メロヴィング朝の幼児虐待血流
●「神々」への生贄儀式／神殿の中で赤ん坊を貪《むさぼ》る
●エホバのあまりに安直なマインドコントロールカルト／ものみの塔
●自分の心と人生を投げ捨てたいなら、どうぞこちら《各宗教》へ
●ニューエイジだろうが、オールドエイジだろうが、イルミナティ宗教だ
●「地上の現人神」サイババ／嘘と腐敗、偽善の汚水溜まり

第17章　竜に仕える——未来

●催眠から覚めよ！　変身者《シェイプ・シフター》の世界独裁の前に
●ヨーロッパのファシスト支配イルミナティの創作物ＥＵ
●円卓会議ネットワーク／グローバル独裁化は進む
●分割支配する世界政府／中央集権化されたファシズム体制
●世界中央銀行と通貨／無から金を作り、好不況を操る
●世界中央銀行の世界電子通貨《マネー》は何でも知っている
●どう転んでもイルミナティに金《かね》が転がり込む政策《仕組み》
●「自由貿易」という名で豊かな第三世界から泥棒
●「第三世界債務」免除／土地資源を永久に略奪
●世界軍／戦う相手は全人類
●精神的、感情的、身体的な攻撃／万物の力との接続を遮断
●薬の操作／思考を妨げ、権威に隷従させる
●人工甘味料アスパルテーム／悪性脳腫瘍・気分障害・多発性硬化症も
●抗うつ剤プロザック／コロンバイン高校乱射事件の犯人も
●精神を矯正する薬リタリン／暴力行為、自殺も
●「便利で簡単なロボトミー」フッ化物を、さあ飲み干せ
●「厳格な措置《ドラコニアン・メソッド》」ワクチン接種／狙い《ターゲット》を絞って大量虐殺も
●予防接種で人工的に感染のＡＩＤＳという詐欺／数億円産業
●銃より恐い医師による死／その確率は九四五倍
●マイクロチップを埋め込まれた人びと／ＣＩＡ科学者の苦悩
●「私って誰？」／電子知性と自身の魂
●正体を現す変身者《シェイプ・シフター》たち／新来宇宙人侵略からの「救世主」!?

第18章　マトリックス
●閉じ込められた世界《周波数帯域》「マトリックス」か多元的無限「天の王国」か
●周波数の同調／「幽霊」「地球外生命体」との遭合
●スプーンなど存在しない／脳で解釈された単なる電気信号
●私の世界へようこそ／幻影《マジック》も誤《確》信すれば現実《物質》となる
●自分だけの現実を作り出す／内面の自己が外面に具現する
●爬虫類脳《レプティリアン》／儀式拘泥《こうでい》、攻撃性、勝者一人占め
●映像《イマジネーション》・音楽が右脳、教育・科学《ロジック》が左脳を誤作動
●作り出された幻影《UFO、ET、エージェント》／周波数を変え「現れ」「消える」
●自分《ネオ》は「大いなる無限《グレート・インフィニティ》」と気づけば、「振動の監獄《幻影なる現実》」から自由に
●レプティリアン《低層アストラル界》の欲する感情エネルギー供給を断つ
●「幻影城」アストラル界と物質界を往還する悪しき輪廻《りんね》

第19章　マトリックスの門衛《ゲートキーパー》
●牢獄《マトリックス》の門衛《ゲートキーパー》としての親、伴侶《パートナー》、聖職者
●精神的・感情的な制服《ユニフォーム》／「青写真《マトリックスの武器》」依存症から脱切
●理想の「霊的」協調関係《パートナーシップ》／完全体の相互作用
●門衛《ゲートキーパー》としての教師／偽装《たわごと》「真実」「現実」を吹き込む
●門衛《ゲートキーパー》としての警察と兵士／イルミナティ信念《ポリシー》を強制蔓延《まんえん》
●門衛《ゲートキーパー》としての「科学者《神》」／真実を隠蔽《いんぺい》、嘘《クズ》を教える
●門衛《ゲートキーパー》としての「ジャーナリスト」／地上で最も「真実」を知らされていない人々
●公的情報源《イルミナティソース》の妄説虚報を垂れ流す組織的吹聴者《プロパガンダリスト》
●門衛《ゲートキーパー》としての「大衆」／お互いがお互いの看守

第20章　遊具に乗っているだけだ
●虐待・紛争・悲惨《不完全な世の中》／「活動か不活動」人類選択の結果
●選択の秋《とき》／牢獄を天国に変容する

解説（石神 龍）

翻訳協力　ＲＩＣパブリケーションズ
編集協力　守屋汎
写真協力　伊達巌／小暮周吾
校正　麦秋アートセンター

第1章

牢獄に生まれし者たちへ

自由でないにもかかわらず自由であると信じている人ほど、深い奴隷状態にあるものはない。

『親和力』（ゲーテ作／柴田翔訳／講談社）

無償の意識操作官《マインドコントローラー》としてプログラムされた者《思想警察の工作員》

少数の人間が人類の大多数を支配したり意のままに動かしたりしたいと考えるときには、ある重要な仕組みが必要となる。操作しようとする相手が個人でも家族でも、民族、町、国家、大陸、あるいは惑星全体であろうとも、同じことだ。

まず必要なのは、正と邪、可能と不可能、正気と狂気、善と悪とを分ける「規範《きはん》」を定めることである。ほとんどの人間は、少なくとも数千年にわたって人類に広く染みこんだ「群れに従う」という群集心理のために、疑いもせずそれに従うだろう。次に、与えられた「規範」に逆らう者にきわめて惨《みじ》めな生活を送らせる必要がある。最も効果的なのは、他人と異なることを事実上、罪悪と感じさせることである。そうすれば与えられた「真実」と違うものの見方や考え方、生き方をする者は、ヒツジの群れに迷い込んだ一頭の黒ヒツジのように目立ってしまう。すでにその規範を現実として受け入れるよう条件づけされた無知で傲慢《ごうまん》な群れは、異なる生き方をする人間を笑いものにしたり非難したりする。この圧力が彼らを同調させるとともに、群れから離れようとする者への警告となる。日本のことわざに「出る杭《くい》は打たれる」という言葉があるとおりだ。

これにより、少数支配に必須の、大衆による自己管理と協調に必要な状況が整う。選ばれた「黒いヒツジ」は、その他の「ヒツジ大衆」にとって牧羊犬のような存在となる。逃亡しようとした囚人を周りの囚人たちが押しとどめようとするのに似ている。囚人たちはなぜそんな、とても正気とは思えないことをするのだろうか？　だが人間は、自分が何の疑問もなく従っている規範に他のすべての人間を従わせようとして、日々、まさにこれと同じことを互いに行っている。これは心理的ファシズムにほかならず、あらゆる家庭、あらゆる場所に思想警察の工作員が配されているようなものだ。この工作員たちは非常によく条件づけされていて、自分たちが無償の意識操作官《マインドコントローラー》であるという意識すら持っていない。「我が子にとって正しいことをやっているだけ」だと彼らは言う。しかし、そうではない。彼らは支配者にとって「正しい」ことを信じ、また、自分がさも物事をわかっているかのように思いこむようプログラムされているのだ。私は、イギリスの元チーフラビ（ユダヤ教最高指導者）とオックスフォード・ユニオン（オックスフォード大学の学生討論会）で議論したときのことをよく覚えている。ラビは教育と教化が別物であるとは露《つゆ》ほども思っていなかった。それには実に驚かされた。

　私たちは、軍人など大衆から選ばれて大衆を押さえつける役目についた者たちが、同じことを日常的に行っているのを知っている。それを端的《たんてき》に表しているのが、「労働階級は俺の言いなり、ついに職制となったこの俺に」というイギリス労働党の党歌「赤旗」の風刺的な替え歌だ。これこそが、大衆の自己管理に不可欠な分断支配の要素なのである。誰もかれもがほかの誰かの精神的、感情的、また肉体的な監禁に一役買う。支配者たちは、しかるべきときに糸を引くだけで、人間という名の人形を曲に合わせて踊らせることができる。そのために利用されているのが、私たちが「教育」と呼んでいるものや、彼らが所有するメディアを通じて発信される「ニュース」である。こうして彼らは、考えもせず疑問も抱かぬ大衆に、自分の属する群れや他の人々、人生や歴史や時事問題についても、信じるべき事がらを規定する。いったん社会の規範が形成されてしまえば、ジャーナリストやメディアのレポーター、政府の役人などをいちいち操作する必要はない。メディアやさまざまな組織が同じ規範に基づいて「真実」を規定するので、現実を別の見方で捉《とら》えようとする人間を、反射的に嘲笑《ちょうしょう》したり非難したりする。何を「正常」と考えるか、どこまでが起こりうる範囲と認められるかをコントロールするだけで、システム全体が事実上、自然に動いていくのである。

イルミナティ／秘密結社を束ねる邪悪な毒を増殖する組織

秘密結社のネットワークを通じてこの管理システムを創り出し、操作を行っているのは、ピラミッドの頂点に君臨するわずか一三のエリート家系である。こうしたネットワークとそれが仕える血流は、イルミナティ（「光を与えられた者たち《イルミネイテッド・ワンズ》」）として知られている。言い換えるなら、彼らは他の人間の享受できない知識に明るいということだ。イルミナティという組織は、あらゆる重要な組織の中にある。邪悪な毒を増殖する組織だ。主要な秘密結社はみな、慎重に選んだ新会員をイルミナティに送り込んでいるが、それは世界の権力の座にある者たちである。彼らはあらゆる人種、信条、国家の中に入り込んでいる。フリーメイソンでもそのほとんどは、「青の階級《ブルー・ディグリー》（ブルー・ロッジの位階）」と呼ばれる底辺の三位階以上には昇進しない。彼らは自分たちの組織が何に利用されているのかまったく知らない。たとえ最上級とされるスコティッシュ・ライトの第三三位階に達しても、知ることができるのはほんのわずかである。特別な血統に生まれた一握りの人間だけが、個々の秘密結社のトップから、そのさらに上にあるイルミナティの位階へと進むことができるのだ。このレベルには、あらゆる主要な秘密結社から選ばれた者だけが送り込まれてくる。しかし、各組織のメンバーの九五パーセントは、そんなレベルが存在することさえ知らず、そこに誰が含まれているかなど考えもしない。

イルミナティの血族／人間以外の種族の混血のＤＮＡ

イルミナティの血族には、すべて遺伝的な繋《つな》がりがある。それを結びつけるのが、爬虫類型異星人《レプティリアン》と人類や北欧型異星人《ノルディック》との交配による遺伝子融合の産物である混血のＤＮＡだ。この交配は、何十万年も前からはじまって、現在もなお続いている。初めて聞く人には、この話は、条件づけされた現在の世界観に比べ、いかにも突飛で常軌《じょうき》を逸《いつ》したものに映るだろう。しかし先を読めば、この一見ばかげた話がどれだけ多くの証拠によって裏づけられているかが、またこれによって古代から現在に至るさまざまな「謎」にも説明がつくことがわかるだろう。後になって真実だとわかることも、非常に多くの場合、最初はありえない、狂気の沙汰《さた》だと言われるものだ。読者はそれゆえ、出だしだけ読んでやめてしまい、それを裏づける詳しい証拠にまで読み進むことをしない。地球が丸いと最初に考えた人びとは、それでは球体の下側に住む人間は落ちるではないかと言われ、狂人扱いされた。批評家はそこでもうその考えをはねつけ、地球は平らでしかありえないとして歩き去った。万有引力の法則が初めて紹介されたときも、初めはばかげた話と思われていたのが、突如、はるかに説得力のある論として受け入れられたのである。それと同じで、人間以外の種族が混血の血統を通じて古来権力の座にあり続け、全人類を操作し、支配しているということもれっきとした真実なのだ。心を開いて本書ならびにその他の私の著作を読めば、それを示す証拠がそここにあることがわかるだろう。

こうしたレプティリアンのイルミナティ血族こそ、政治指導者や政府の行政官となり、人類を現在の奴隷《どれい》状態にしておくための計画に有効な「法律」を導入している者たちだ。法律は大衆に決定権のないままに制定され、それを同じ大衆の成員である軍人や警察官、警備員が守る。こうした職業にある男たちは（今では女性も多いが）、システムにとってはただの消耗品だ。自分の考えを持つことは奨励《しょうれい》されず、もし持てば出世が阻《はば》まれる。彼らは言われたとおりに仕事をし、命令を実行し、エリート家系により定められた「法」を執行するために雇われているのだ。父はよく、規則というものは知識階級には導きとなり、愚か者にはただやみくもに従うだけのものだと言っていた。しかしこれらの制服組のうち一体どれくらいの人間が分別《ふんべつ》をもち、是非《ぜひ》を考え、自分の頭を使って法の執行に当たっているだろうか？　その人数はわずかなものだ。しかも彼らは上層部の受けが悪い。軍人は、見も知らぬ相手――男でも女でも子どもでも――を射殺するのに正当な理由を尋《たず》ねたりしない。大量殺戮《さつりく》をする理由を上官に問いただしたりもしない。彼らはただ命令に従うだけであり、また命令を下す者もそのさらに上層部から命令を受けているにすぎない。そしてその命令系統をたどれば、地球支配のアジェンダを画策する十三家系の血族とその分家に行き着くのである。そのアジェンダが求めるのは統一世界政府《ワン・ワールド》、中央銀行、通貨、軍隊、そして、世界規模のコンピュータに接続されたマイクロチップを埋め込まれた人びとだ。これは荒唐無稽《こうとうむけい》な陰謀「説」だろうか？　本当に？　あなたの周りを今一度見回してみてほしい。そうすれば、まさに今、こうしたことが起こっているのがわかるはずだ。

家畜人間《シープル》／それは人類の九九パーセント

大衆の「自己管理」は、制服組や政府の役人よりも根が深い。これは条件づけされた親が我が子を宗教や政治、経済、文化の規範に従うよう無理やり訓練するところから始まる。ばかげた宗教上の理由のために子孫に政略結婚させる人びとや、矛盾だらけの「あの本《聖書》」に書かれた諸生活の教えに従う両親のせいで救命輸血を受けられない「エホバの証人」の子どもたちなどは、その一例だ。人類の九九パーセントを押し込める心と感情の家畜小屋が、日々刻々と巧妙に形成されている。キリスト教徒やユダヤ教徒、イスラム教徒、ヒンドゥー教徒の子どもの中には、信じてはいないのに家族を動揺させまいとして教えを守る者もいる。現実を他人と違った見方でとらえたり他人と異なる生き方をしたら周囲にどう思われるかと恐れる気持ちは、万国共通と言っていい。家畜小屋から脱走しようとする者が恐れるのは、エリート家系やイルミナティ、「光を与えられた者たち《イルミネイテッド・ワンズ》」にどう思われるかではないところに注意していただきたい。たいていの人はそんなネットワークが存在することなど知りもしない。彼らが恐れるのは、家畜小屋にとどまるよう条件づけされた親や友人や同僚にどう思われるかということなのだ。そこでは、家畜どうし足並みをそろえるよう互いに牽制《けんせい》し合い、逃げようとする者を生きにくくさせている。少人数の交配種の血統にとって、数十億人の生活を（言い換えれば人の精神を）コントロールするのは、鍵となる「情報」機関さえ設置されていれば、実にたやすいことだ。そうした機関は、実際、過去数千年、さまざまな形で存在している。支配者はその取り巻きを含めても人類を物理的に支配するには人数が少なすぎる。そこで、精神や感情の強制によって、人類が人類を自ら支配する構造を作り上げる必要があったのだ。

人類が自らを監視する家畜根性を身につけたら、意識操作の過程は第三段階へと進む。つまり、群れの中に派閥を作り、派閥《はばつ》どうしを戦わせるのだ。「異なる」（実は同じ）思想体系を作り出して、それを使って争わせる。思想体系とは、宗教、政党、経済理論、国家、文化、あるいは数限りない「〇〇主義」と呼ばれるものなどだ。こうした思想は一般には「対立する」と考えられているが、拙著『I AM ME, I AM FREE（超陰謀　粉砕篇―テロ・戦争・世界の警察・金融支配）』（邦訳・徳間書店）で指摘したように、実は一枚のコインの裏と表なのである。家畜小屋の中の現実や可能性などごく限られたものでしかないから、対立し合うことがない。そこでエリートたちは対立という知覚を植えつけて分裂を生み出し、分断統治を可能にしているのだ。自分の子や他人に宗教を強制するという点で、キリスト教の司教やユダヤ教のラビ、イスラム教やヒンドゥー教の聖職者や仏教の僧侶との間になんの違いがあるだろうか？　違いなどない。彼らが吹き込もうとしている教義には、違いなどあったとしてもごくわずかなもので、全体としてやっていることはまったく同じこと、つまり「個人の信条を他人に押しつける」ということだ。政治の世界にもコインの裏表の例がある。ロシアのヨシフ・スターリンに象徴される極左は、集権的管理、軍事独裁、強制収容所を導入した。その「対極」にあるのは、アドルフ・ヒトラーに象徴される極右である。では、ヒトラーは何に情熱を燃やしたか？　集権的管理、軍事独裁、強制収容所である。しかし、同一でありながら対立するこの二人は、互いを敵だというプロパガンダを繰り広げ、戦争に突入した。冷戦時代のソ連と「西側」との違いも、少数の人間による支配がソ連では公然と行われ、西側では秘密裏に行われていたということくらいだ。しかもピラミッドの冠石部分では、少数の人間が両方の側をコントロールしているのである。ウォール街やロンドン・シティを通じて、同じ勢力が、両大戦のすべての「陣営」に出資したと言われているが、これは証明可能なことである（『… And The Truth Shall Set You Free〈…そして真実があなたを自由にする〉』参照のこと）。

では、欺瞞《ぎまん》の構造についてまとめよう。（a）まず、大衆の心を厳格な宗教と限られた現実感とともに家畜小屋に閉じ込める。厳格で、自由な思考や素朴な疑いを許さない宗教ならなんでもよい。キリスト教、ユダヤ教、イスラム教、ヒンドゥー教その他、どの宗教も一見異なる「真理」を主張しながら、人類を奴隷状態に陥《おとしい》れていることは変わらない。（b）これらの厳格な宗教の信者にそれを他の人びとに押しつけさせ、従わない者が生きにくく不快な思いをするようにさせる。（c）少数支配に不可欠の分断統治を確かなものにするために、これらの思想どうしを争わせる。大衆は互いに争ったり宗教や概念を押しつけ合ったりするのに忙しく、自分たちがみんなイルミナティに糸を引かれていることに気づかない。人間は照明器具の周りを飛ぶ蛾《が》のように、信仰やサッカーの得点や昼メロで見た痴話《ちわ》げんかや、まずいビールの値段に気をとられて、ハエ叩きで我が身が叩《たた》き潰《つぶ》されようとしているのがわからないのだ。

入れ子構造のピラミッド／それぞれの入れ子が活動と目的を知らされていない

イルミナティは、一握りの人間しか知らない地球規模《グローバル》のアジェンダを推進するためのピラミッド構造を、社会全体に構築した。それは、一つの人形が別の人形の中に次々に収まり、一番大きな人形がすべてを包み込むロシアのマトリョーシカ人形のようになっている。イルミナティは人形の代わりにピラミッドで入れ子構造を形成した（47ページの図1参照）。現代ではあらゆる組織がピラミッド構造をとる。その組織の活動と目的を本当に知っているのは、頂点に立つ少数の人間だけである。ピラミッドの下に行けば行くほど組織のために働く人間は多くなるが、彼らは本当のアジェンダを知らない。知っているのは、毎日行う個々の仕事のことだけである。自分の仕事が会社の別の部署の従業員とどう結びついているのか、何もわかっていない。知識を与えられないままに細分化され、自分の仕事に必要なことだけを理解していればよいと言われる。銀行の地方支店のようなこうした小さなピラミッドは、次々に大きなピラミッドに組み込まれ、最後には銀行全体がすっぽりと入る最大のピラミッドに吸収される。石油カルテルのような多国籍企業でも政党でも秘密結社でもメディア帝国でも軍事組織（たとえば北大西洋条約機構《NATO》）でも構造はみな同じで、すべてこの入れ子状のピラミッドによってコントロールされ、どのピラミッドの頂点も同じ人びとによって支配されている。そして最後には、あらゆるピラミッドが地球規模のピラミッド、つまり一番大きな「人形」に包含される。その頂点に立つのが、イルミナティ血流のなかでも最高のエリートである「純血種」なのだ。こうして彼らは、一見無関係な、むしろ「対立」し合っているかに見える分野の間を調整しながら、統一した政策を推し進めることができる。これが、彼らが政治、金融、ビジネス、メディア、軍事など生活のあらゆる領域において爆発的な勢いで中央集権構造を作り上げるのに使った方法である。これは偶然でも自然発生的なものでもない。冷徹に計算された計画なのである。

かつてフリーメイソンの第三三位階にいたジム・ショーはその著書『死に至る欺瞞《ぎまん》』で、職人と呼ばれる階級について暴露した。彼によれば、フリーメイソンリーもこの細分化されたピラミッド構造を基本としている。底辺には「青の階級《ブルー・ディグリー》」と呼ばれる三つの位階があり、大多数のフリーメイソン団員はスコティッシュ・ライトの第三三位階もしくはヨーク・ライトの第一〇位階を超えることはない（もちろん青の階級はここに含まれる）。フリーメイソンリーの第三三位階まで行っても、選ばれた少数の者（イルミナティの血流）でなければ本当の秘密を知ることはない。ショーは、同じ第三三位階の仲間が自分は「もっと上の位階に行く」と言われたと聞いて驚いたと言っている。そして、その仲間は、神殿の「別の扉」から出たのだそうだ。[1] 公式には第三三位階より上の位階は存在しない。しかし当然、存在するのだ。秘密結社の頂点といえども、所詮《しょせん》はそれぞれのピラミッドの頂点にすぎない。個々の秘密結社のピラミッドはそれらを統合するさらに大きなピラミッドの中に包まれており、各結社は選ばれた血統のイニシエイト（秘儀を受けた会員）を本当の活動と秘密の在り処《あか》、つまり公式には存在しないイルミナティの位階に送りこむ。しかしそのレベルでさえ、まだ断片的なことしか知らされない。

秘密結社の巨大なネットワークは世界中に広がっており、何百万という会員がいるが、彼らは自分

1. Jim Shaw, "The Deadly Deception (死に至る欺瞞《ぎまん》)" Huntington House Inc, Lafayette' Louisiana, 1989 一〇三ページ

世界的な大衆操作を可能にする魔法のピラミッド

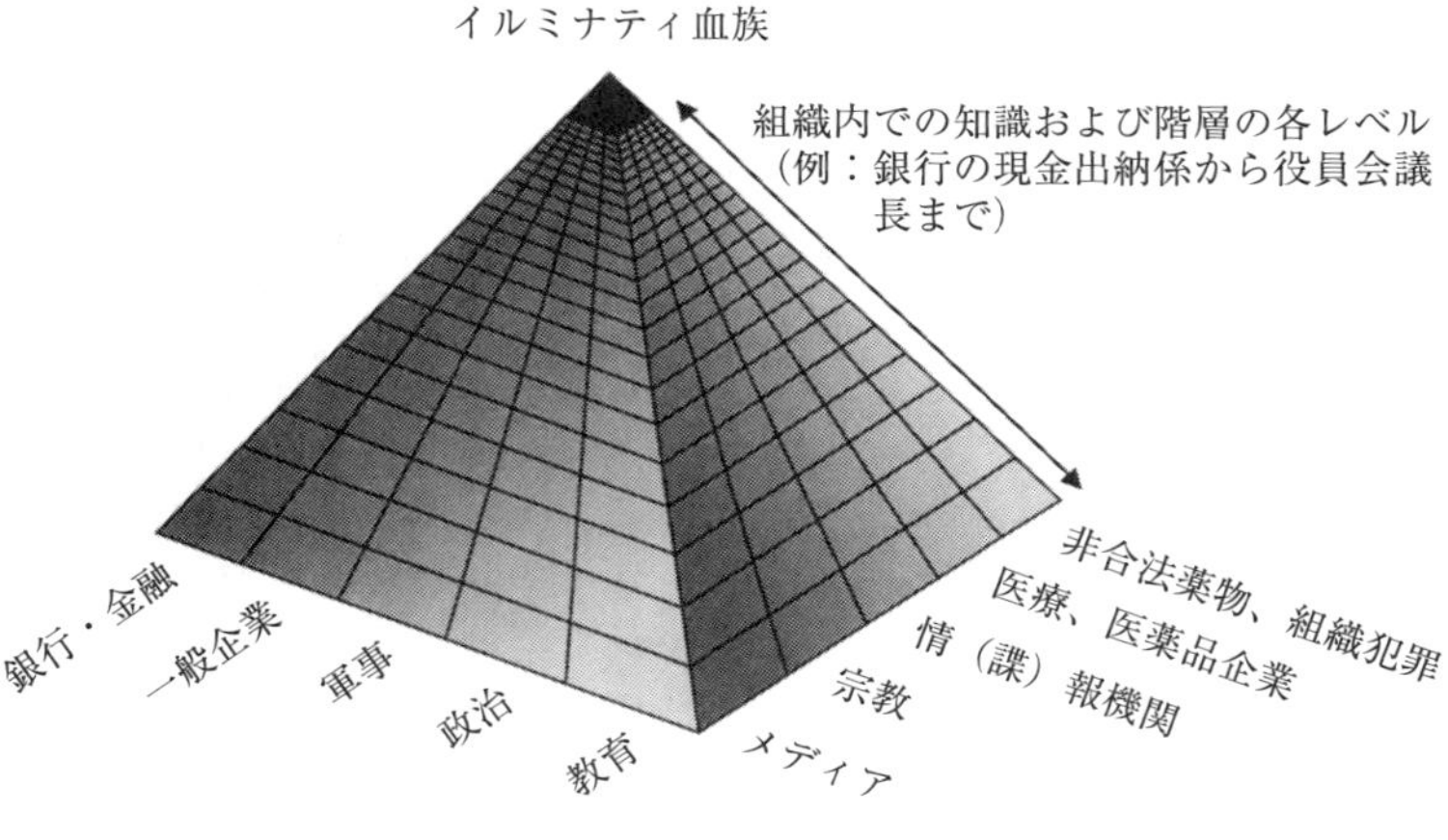

図1：いくつものピラミッドが互いに連結することで、少数者が何十億人もの生活を操作することが可能になる。政治や経済、メディアの主要機関はすべてイルミナティにコントロールされている。

の組織のことをわかっているつもりでいながら、何が行われているのか、真の支配者は誰なのかを知る者は、実はほんの一握りしかいないのである。一八九一年に亡くなったアルバート・パイクは、世界でも傑出したフリーメイソンの一人で、第三三位階最高評議会総指揮官、世界フリーメイソン最高司祭などの肩書きを持っていた。彼は高位階のフリーメイソンに向けた著書『道徳と教義』の中で、低位階の会員をどのように欺《あざむ》くかについて明らかにしている。

「青の階級《ブルー・ディグリー》は神殿の前庭ないし玄関先の柱廊《ポルチコ》にすぎない。入門者《イニシエイト》はそこでシンボルの一部を見せられるが、意図的に誤った解釈を聞かされ間違った方向に導かれる。理解させるのではなく、理解したと思い込ませることが目的だからだ。……本当の意味は『達人《アデプト》』、すなわち『メイソンの王子《プリンス》』（第三二、三三位階）まで取って置かれる」[2]

まさしくそのとおりだ。ジム・ショーは、フリーメイソンには二種類のタイプがあると言っている。一方は集会の間ただ座っているだけで、儀式を理解しようとしないというタイプ。もう一つのタイプは型どおり一通りのことはやるが、それが何を意味するのか知りもしないで、ただ言葉を暗誦《あんしょう》したり読み上げたりする。確かにそうだ。だが、それ以外に第三のタイプもある。フリーメイソンの真の支配者が誰かも、儀式や通過儀礼が何の目的で行われているかも理解しているごく少数の者たちである。ショーは自身の経験から、そうした少数のフリーメイソン会員が他の会員を操作して思いどおりの地位に就かせている実態を立証した。

2. "Morals And Dogma Of The Ancient And Accepted Scottish Rite Of Freemasonry（道徳と教義）" 八一九ページ

ショーは職場で、やはりフリーメイソンであった部長に、ある地位への応募を勧められた。彼は自分では力不足だし、どうせ筆記試験で落ちるだろうと考えた。[3] 上司があまり強く勧めるので応募したのだが、試験会場に行ってみると、競争率が高いに違いないと思っていたはずが、応募者はほかにたった二人しかいなかった。試験問題は非常に易しく、簡単にできてしまった。しかしライバルの二人はとても苦しんでいる様子で、時間内に解き終わることができなかった。ポストを得たのはショーだ。なぜか。それは彼に与えられた問題が、ほかの二人のものと違ったからだ。だが、彼がフリーメイソンを脱退すると、その反対のことが起こった。少なくとも上司の引きは以前のようではなくなった。これは、イルミナティとその秘密結社のネットワークが会員に重要なポストを確保する、ほんの一例にすぎない。わずかな人間をコントロールするだけで、いかにシステム全体を動かすことができるかという点にはまったく驚かされる。

必要なのは、その人間が（a）意思決定の重要ポストについており、（b）自分の下の重要なポストにつける人間を指名する権限を持っていることだけだ。たとえば警察なら、方針を決定し、各部署の責任者を任命できる署長をコントロールする。署長はイルミナティの方針を導入し、秘密結社の会員の中から主だった部下を選ぶ。すると選ばれた部下は部署内でその部下を選び、さらに多くの秘密結社会員を部内の地位につける。その先も同様だ。どんな組織もそのトップをコントロールするだけで、彼の、つまりイルミナティのイメージに沿ったピラミッドを作ることができるのだ。政府の構造もまた然《しか》り。

3.『The Deadly Deception（死に至る欺瞞）』六五、六六ページ

大衆を操作せよ／「ＰＲＳ技法《テクニック》」と「飛び石方式」

大衆操作ゲームの全貌《ぜんぼう》を知る上で理解しておかなくてはならないテクニックが二つある。私は一方を「ＰＲＳ技法《テクニック》」、他方を「飛び石方式」と呼んでいる。これらはアジェンダを推進するために数千年にわたり使われてきた手法で、恐怖と併せて今なおイルミナティの最も効果的な武器である。第一の手法とは、たとえばこうだ。基本的な自由を剝奪《はくだつ》するとか、戦争を始めるとか、中央集権化を進めるとかいう提案を公然と行えば、大衆が反発するのは必至だ。そこでＰＲＳ、つまり「問題(Problem)—反応(Reaction)—解決(Solution)」の手法が使われることになる。第一段階では、わざと問題を作り出す。ある国が他の国を攻撃する、あるいは政府の財政破綻や爆弾テロでもいい。「解決」が必要だと大衆に思わせる問題を引き起こす。第二段階では、こっそり生み出した「問題」を、大衆が思いどおりに解釈してくれるようなやり方で発表する。非難の対象——たとえば、オクラホマ連邦ビル爆破事件のときのティモシー・マクベイのようないいカモがいれば、事件の背景を断定的に論じて、大衆に「なにか手を打たなければならない」と思わせるように持っていく。大衆にまんまとそう言わせられれば、第三段階の「毒針」に進んで、自分が作り出した問題に公然と解決策を提示することができる。もちろんその解決策には、集権化や邪魔な役人や政治家の排除、基本的自由の剝奪などが盛り込まれる。この手法を使えば、大衆の心を意のままに操り、正常な状況であれば必死に抵抗するはずの彼らに、どうかそうしてくれと要求させることができる。

一九九五年四月十九日に起こったオクラホマシティのアルフレッド・P・マラ連邦ビル（オクラホマ連邦ビル）爆破事件は、PRS（問題―反応―解決）の典型だ。『……そして真実があなたを自由にする』で、私はマクベイが自分でも理解できない力に突き動かされていたことと、ライダー社のトラックに積まれていた化学肥料爆弾があの大惨事を引き起こしたとは考えられないことを明らかにした。[4] この死と破壊に続いて何が起こっただろう？「反テロリズム」法が楽々と議会を通過し、アメリカ人民は基本的人権を剥奪されることとなった。私は地球規模《グローバル》のアジェンダの基礎を暴露しようというその姿勢以外には、マクベイや愛国主義者の政治観に何ら共感を持たない。だが、それはどうでもいい。大事なのは、関係者の考え方や姿勢にかかわらず、事件の真相を究明することだ。それが正義というものである。マクベイが弁明もせず、後には自分の処刑を望んだのを不思議に思う読者は、後に出てくるマインドコントロールの説明を参照していただきたい。二〇世紀で最も効果的にPRS技法《テクニック》が使われたのは、二つの世界大戦だった。二つの大戦は、戦争というものがいつもそうであるように、世界情勢を変え、大規模な権力の集中化を招いた。国際連合はその前身の国際連盟同様に、イルミナティが創作した世界政府のいわゆる「トロイの木馬」であり、隠れ蓑《みの》であった。

メディアはこのPRSのシナリオを完成させるのに一役買っている。ホーリンガー・グループのオーナー、コンラッド・ブラックのようなメディアの所有者は何が進行しているかを知っていて、自社の発行する新聞を利用してイルミナティのアジェンダを実行しようとしている。編集長や一部のコラムニストもいくらかわかっているかもしれない。だが、ほとんどの記者は何も知らないのだ。編集長はイルミナティの利益に反する記事を常に妨害《ぼうがい》する。それでも気骨ある記者が好まれざる記事を追い

4. "...And The Truth Shall Set You Free（……そして真実があなたを自由にする）" 三二一―三二四ページ

かけることにこだわるならば、別の仕事を探さざるをえなくなるだろう。どのみちジャーナリストの書く記事の大半は、公式の情報源（イルミナティ）から出ているのだ。オクラホマのような大事件の直後、レポーターはどこから情報を仕入れるだろうか？　すべて政府当局からだ。ホワイトハウス関係者はこう言った、ＦＢＩ筋はこう言っているという話を、私たちは聞かされる。これが、メディアを通じてそれらの出来事を彼らの思いどおりに大衆に信じ込ませるイルミナティのやり方なのだ。こうした報道は、全世界で新聞の一面を飾り、ラジオやテレビのトップニュースに取り上げられ、彼らの言うことが「規範」となる。それから何週間か何カ月かのうちに、本当の真実を知りたいと思う研究者たちは徹底的に調査を始める。彼らは何度も、公的な見解が何から何まででたらめだということを実証し、それを証明する文書を提出する。しかし、どこがそんな報告書を公表するだろう？　発行部数のわずかなニューズレターや、予算もリスナーも少ないイルミナティ帝国のラジオ局で取り上げられるだけである。

公式な見解は、それが嘘だとわかった後もいつまでも人びとの心を覆《おお》い続ける。ロンドンでもニューヨークでも、ケープタウンでもシドニーでもどこでもいい、誰かを呼び止めて、オクラホマで、第二次世界大戦で、あるいはコソボで何が起こったか訊《き》いてみるがいい。誰に訊いても、公的に語られた話しかしないだろう。彼らはそれしか聞いたことがないのだから。

「ＰＲＳ」と切り離せないのが「飛び石方式」だ。大衆をある方向に動かしたくとも、真実の意図を伝えれば、やはり猛反発が予想されるとする。そこで、目的まで小刻みに進むことにし、その一歩一歩をすべて独立の、互いに関係のないものとして提示するのである。これはまるで世界規模の中央集権化に向かって、ポタ、ポタ、ポタと一滴ずつ水が溜まっていくようなものなのだ。この手法が最もわかりやすい形で利用されたのが、今や欧州連合（ＥＵ）の名で知られるファシスト超大国だ。もしも共通の立法と通貨を持つ中央集権的ヨーロッパを提案したのが政治家だったら、世間の厳しい抗議にさらされていただろう。大衆は、自分たちはまさにそういう独裁からヨーロッパを守るためにヒトラーと戦ったのだから、別の独裁を受け入れられるはずなどないと言ったはずだ。それを避《さ》けるために、イルミナティは「自由貿易圏」を提案し、自分たちが画策した二つの世界大戦まで利用して、ヨーロッパ各国の協力を呼びかけた。しかし、自由貿易圏が成立したとたん、それを足がかりに彼らはその影響力を拡大し、結果として今日見られるような政治的にも経済的にも成熟した独裁体制が生まれたのである。ＮＡＦＴＡ（北米自由貿易協定）でもアジア・オーストラリア地域の「自由貿易圏」であるＡＰＥＣ（アジア太平洋経済協力会議）でも同じことが起こっている。

現在の新聞やテレビのニュース番組を見るがいい。「ＰＲＳ」と「飛び石方式」が連日使われているのがわかるだろう。このペテンを見抜くのにきわめて効果的な方法は、「私がかくなる事態について与えられた説明を信じたり、その結果として出された解決策や変化を受け入れたりすることで得をするのは一体誰だろう？」と常に自問してみることだ。答えはきっといつも同じ。集権化と自由の抑圧を望む者たちに行き当たるのである。

恐怖と洗脳、隔離、大量殺戮による妄信

何千年もにわたり、こうした人間管理構造に役立ってきたのは宗教だが、「宗教」の歴史的背景や今日そこで行われている操作については後で詳しく述べる。だが簡単に言えば、宗教は疑いを許さぬ厳格な思想体系を形成してきた。恐怖と洗脳、隔離、その宗教を信じない者たちの大量殺戮などを通して、信仰を押しつけ、人心を支配しようと争い、よってイルミナティが数千年も分割支配を続けるのに格好の機会を作り出してきた。

ここで別の疑問がわく。宗教が誕生するよりはるか昔の古代に起源を持つイルミナティにとって、人間の心を操作するのにこれほど完璧《かんぺき》な道具が独自に生まれたのは単なる「幸運」だったのだろうか？ それとも、人間を奴隷化するこれらの宗教は、アジェンダを推進しようとするイルミナティ自身によって意図的に作られたものだろうか？

しかし、宗教も、経済や政治、その他のものも、陰謀そのものではない。それらは大衆を自ら牢獄に入り、その鍵を捨てさせるために企まれた、巨大な網の一部なのだ。イルミナティは宗教、政治、経済、人種、文化などのあらゆる思想体系と、大きな論争のあらゆる側に浸透している。その理由は単純だ。試合前に結果が知りたければ、対戦相手の双方を操作すればいい。サッカーの監督は、一チームを操作するだけでは思うとおりの結果を出すことはできない。しかし両方のチームを操作すれば、キックオフ前から結果がわかる。イルミナティも同じ。それは、私たちの生活や世界に影響する日々

の出来事の裏には必ずその手が潜んでいる。

心を開いて読めば、本書を読み終える頃には、その手はもはや隠れたものではなくなるはずだ。真実はそこにだけあるのではない。その多くは、今ここにあるのだ。

第2章

陰謀者の歴史

過去を支配する者は未来まで支配する。現在を支配する者は過去まで支配する。

ジョージ・オーウェル『1984年』

歴史とは、一般に認められた作り話である。

ボルテール

神と崇《あが》められたイエスの原型はすべて「アッティス」に存在する

自分がどこにいて、どこへ行こうとしているのかを知るには、自分がどこから来たかを知ることが大いに助けとなる。いや、それはどうしても必要なことだ。自分が何者で、「現実」とはどんなものかという今日の私たちの理解は、だいたいにおいて、過去の出来事をどう捉《とら》えるかに基づいている。だからもし今の人びとの自意識や現在の現実観を操りたいと思うなら、私たちがおめでたくも「歴史」と呼んでいるものを書きかえることが必要なのだ。たとえばあなたが生きている間中、公認の歴史が、第二次世界大戦は善玉と悪玉の戦いで、連合国は自由のために、ファシストたちは地球の独裁を求めて戦ったのだと言い続けたとしたら、あなたは、ある同じ人びとがウォール街とロンドン・シティを操作して両方の「陣営」に資金を供給し管理していたという真実を示す数限りない証拠に目をつぶることになる。

「イエス」の物語は、おそらく何より顕著な例だろう。キリスト教は、処女から生まれ、数え切れないほどの「奇跡」を起こし、すべての人を救うため十字架に架けられて死んで、その三日後に墓から消え、父とともに昇天したあるユダヤ人の男が、書物に書かれたとおりに歴史的に存在していたと全面的に信じることを絶対的前提としている。二〇〇〇年の歴史の大半にわたって、この惑星に暮らす何十億という人間は、イエスの物語を実際に起こったと信じることで管理され、制限され、操られ、指図されている。今日でも、膨大な数の人びとが、この作り話を歴史的に正しいものと思い込み、一から十までそれに従って行動している。たかが一人の「男」の一つの物語が、今も昔も人類にとって驚くほど重要な物差しとなってきた。だが、いずれわかるだろうが、文字どおりに受け取れば、四つの福音書は歴史的な根拠などまるでないナンセンスな話である。それらは、「イエス」の名前が初めて登場する何千年も前から世界中で語られてきた、別の意味を含んだ象徴的な話を巧みに利用した別バージョンの物語にすぎない。

ここで一つクイズをしよう。さて、これはいったい誰のことだろうか？

彼は十二月二十五日に、処女から生まれた。救世主、神の一人子と呼ばれ、人類を救うために死んだ。金曜日（「黒い金曜日《ブラック・フライデー》」）に磔《はりつけ》にされた。その血は贖罪《しょくざい》のために大地に流れた。磔《はりつけ》の苦しみの中で息絶えた。その現《うつ》し身には父と子が一つとなって宿っていた。埋葬されてあの世へと旅立ったが、三日後の三月二十五日に墓から遺体が消えているのを発見され、「いと高き神」として復活した。その体はパンで象徴され、彼を崇《あが》める人びとによって食される。[1]

イエス？　いや、違う。これはすべて、「イエス」がでっちあげられる一〇〇〇年以上前に、小アジア（現在のトルコ）で最も古い民族の一つであるフリギア人に崇《あが》められていた、アッティスという名の救世主「神の子」の話である。アッティスは、キリスト教以前の数千年にわたり同じ内容で語られてきた、無数の象徴的な神の一人にすぎない。他の神々は神話として受け入れられ、実際に存在したとは考えられていない。だが、イエスは違う。キリスト教徒はそれら「異教徒」の話を笑い、忌《い》むべきものとして非難するが、他は作り話でも同じ物語の自分たちのバージョンだけはとにかく事実そのままに書かれているとして、世界中に向けて信じろと言い、拷問《ごうもん》と死の苦しみにむやみとこだわっ

1．"The Book Your Church Doesn't Want You To Read", edited by Tim C. Leedom (Kendall/Hunt Publishing, Iowa, USA, 1993) 一三七ページ　左記より入手可能。Truth Seeker Company, PO Box, 2872, San Diego, California 92112

空飛ぶ神々、アヌンナキの滑走路か!?

写真はナスカの地上絵の一つ。地上の高低差を無視してどこまでも一直線に続く線。
ナスカ平原には巨大な地上絵がある。地表面を削ってその下にある白色の層を露出させるという技法で、奇妙な鳥、虫、動物の姿が描かれている。絵は一本の連続した線で描かれ、中には、三〇〇～六〇〇メートル上空からでないと全体の形が確認できないために、人間がこの地域を航空機で飛ぶようになった1939年以降になってようやく見ることができたものもある。一体何のために、上空からしか分からないこれらのものが必要だったのか。アヌンナキ、すなわち「神々(gods)」がほんとうに進んだ知識を持っていて、飛行することができたとするなら、すべてにつじつまがあう。

っている。よく言ったものだ。

繰り返し現れる古代の物語のコピーがどのようにしてキリスト教と呼ばれる監獄宗教に転換していったかを理解し、今世界が何にコントロールされているのかを知るには、古代に遡《さかのぼ》って、私たちの起源を研究しなければならない。心を開き、先入観を捨ててそうすれば、まったく別の人類の歴史が見えてくる。その歴史は、世界のどこの学校や大学でも教えられることはなく、メディアの主流に取り上げられることもない。これは過去を明らかにするだけでなく、今日行われている驚くべき規模の操作と古代におけるその背景、またそれに関わった祖先たちの目を開くものだ。私たちが条件づけによって信じているように、地球の生命は原始的な状態から進化して今日の最先端技術を手に入れたのではない。何千年もの昔、世界中の数々の古代の遺物が物語っているように、この星にはすばらしい技術の知識があり、後に「神々（gods）」と呼ばれた種族にコントロールされた地球規模の社会があった。これらの神々のうちどれが生身の体を持つ者で、どれが太陽、月、惑星、自然のサイクルなどの象徴なのかを読み解くのは、地雷原を歩くようなものだ。大部分は後者。しかし、いくつかは時代を遡るほどに確かに歩き話す実在の者であり、太陽系や星々のこと、宇宙のサイクル、天体が地球やそこに住む人びとに与える影響について当時の人類の基準からすれば驚くべき知識を持ち、今日でさえ建造の難しいピラミッドなど世界中の目をみはる構造物を建てることのできる計り知れない科学技術を理解していたと立証するに充分な証拠がある。

たとえば、ギザのピラミッド群を考えてみよう。クフ王の大ピラミッドは高さ約一五〇メートル。約二五〇万個の石材が使われ、その総重量は六五〇万トンに及ぶ。中には七〇トンの石材もある。他

古代、地球の中心は、ギザの大ピラミッドだった!?

ピラミッドが、太陽や月、惑星、星系の周期にしたがって配置されていることは知られている。さらにフレマスの発見よれば、ギザの大ピラミッドを通る経線は、地球上のどこか他のどの場所から引いた場合よりも多くの陸地を通る。大ピラミッドを〇度の子午線とすれば、世界の聖地の経度、緯度がきちんと幾何学的なパターンを形成する。そして、このシステムを使えば聖地の場所を完璧に予測できるというのだ。これは古代のエジプト人が大ピラミッドを地球の中心と信じていたことの裏づけとなる。CREDIT：「Osiris Express」

スフィンクスは、ドッグスター・シリウスのシンボルである!?

スフィンクスの胴体はライオンではなく犬のもの。ドッグ・スター＝シリウスのシンボル！　エジプトではライオンの体はスフィンクスのものとはまったく違う表現がされる。その顔はファラオではなく女性。シリウス系は女性を象徴しているので、犬の体に女性の顔がつく。スフィンクスは長い間、赤く彩色されていた。シリウスは地平線近くでは赤く見えるため、赤い色とも関連。最新の研究によれば、ギザの大ピラミッドの王妃の柱はシリウスを指すように設計されている。スフィンクスは、ライオン、蛇、グリフォン、火トカゲ、ユニコーンなどと共にレプティアンの象徴。ワシントンＤＣにあるフリーメーソンの第三三位階の最高司令部には、スフィンクスのような像が二つ立っている。また、日本の狛犬は、一方がライオン、一方が角の生えた犬（ユニコーン）である。CREDIT：「Osiris Express」

のピラミッドや城壁の中には二〇〇トン、あるいは四六八トンもの重さの石さえあり、それぞれが正確にカットされ、紙一枚も通さないほどぴったりと組み合わされている。大ピラミッドに使われた石だけでエンパイア・ステート・ビルなら三〇棟建てられるし、ギザにある石だけでフランスの国境を囲む高さ約三メートル、厚さ約一メートルの壁を造ることができる。[2] ギザとその他の巨大な神殿にある巨石の一部は、数百キロメートル離れた採石場から運ばれたものと思われる。これを造ったのが「古代人」？　まさか。レバノンのバールベック神殿は数千年前の建造物で、そこにはトリリトン（三石塔）と呼ばれる三つの巨石があるが、その一つひとつの重さは八〇〇トン以上にもなる。これらは五〇〇メートル以上離れた場所から運ばれてきたもので、高さ六メートルの壁の上に置かれている。[3] すぐ近くにある別の石は一〇〇〇トンの重さがあるが、これはジャンボジェット三機分の重さに相当する。[4] これもまた、「古代人」の仕事だと信じろと言われる。ペルーでは古代の神殿やその他の遺跡が重さ四四〇トンの石で造られ、ボリビアのティワナク遺跡では一〇〇トンの石が金属のかすがいで繋《つな》がれていた。[5] この遺跡はおよそ一万一〇〇〇年前のものとされている。[6] ナスカ平原には巨大な地上絵がある。地表面を削ってその下にある白色の層を露出させるという技法で、奇妙な鳥、虫、動物の姿が描かれている。絵は一本の連続した線で描かれ、中には、三〇〇～六〇〇メートル上空からでないと全体の形が確認できないために、人間がこの地域を航空機で飛ぶようになった一九三九年以降になってようやく見ることができたものもある。ペルーのリマ北東にあるマルカワシ平原への探検では、岩に刻まれた一万年以上前の絵が発見された。そこに刻まれていたのは人物や動物だが、動物のほとんどがホッキョクグマやセイウチ、アフリカライオン、ペンギンなど、ペルーには生息してい

2. Wm R. Fix, Pyramid Odyssey (Jonathan-James Books, Toronto, Canada, 1978) 一二、一三ページ
3. Alan F. Alford, "Gods Of The New Millennium, scientific proof of flesh and blood gods" (Hodder and Stoughton, London, 1996) 五二ページ（『神々の遺伝子――封印された人類誕生の謎』アラン・F・アルフォード著／仁熊裕子訳／講談社　六一―六四ページ）
4. 同右
5. Colin Wilson, "Atlantis: At Last, Could This Be The True Secret of The Lost Continent" (二〇〇〇年九月三十日付 ロンドン「デイリー・メール」紙)
6. 同右

ないものだった。そこにはステゴザウルスの絵も含まれていたが、恐竜が科学的に知られるようになったのは一八八〇年代になってからで、ステゴザウルスの仲間の剣竜下目は、一九〇一年まで確認されていなかった。これをちゃんと説明してもらいたいものだ。

近年さまざまな本やテレビのドキュメンタリーで紹介されているように、これらの驚くべき建造物や神殿、環状列石《ストーンサークル》、立石は、ある決まった天体の運行に合わせて正確に並んでいるだけでなく、世界に散らばる他の構造物ときれいに一直線上に並んでいる。また、地球の反対側にあるものどうしが同じ工法やデザインで建造されている例が多々見られる。なぜか？　それは公的な歴史がでたらめだからだ。歴史をはるか昔に遡れば、他と関わらず、孤立して単独で発展した文明などない。そこにあったのは、「神々（gods）」と「神々（gods）」の後継者によってコントロールされた世界規模の共同体である。「神々（gods）」は当時の人類と比べれば、とてつもなく進化したテクノロジーを持ち、さまざまな点で今日の私たちの社会にも先んじていた。少なくとも、今私たちが公の場で見ることのできるテクノロジーより進んだ技術を持っていたのだ。一八八五年にはオーストリアで、石炭の塊の中から、間違いなく機械によって作られた金属の立方体が見つかった。石炭層の生成年代を拠《よ》り所とすれば、それは約三〇万年前に作られたことになる！[7]　一八四四年にはイングランドのラザフォードミルズで、二・四メートルの深さの岩盤に一本の金の糸が埋まっているのが見つかった。その岩盤は六〇〇〇万年前のものと推定されるのだ！[8]　エジプトの古代墳墓では蓄電池が、イスラエルでは総量何トンにもなる大規模な緑色のガラス層が見つかった《訳注：こうしたガラス層は一時的に非常に大きなエネルギーがかかることによって形成されたと考えられるため、過去にこの場所で核爆発が起こっ

7. John A. Keel, "Our Haunted Planet" (Fawcett Publications, USA, 1971) 一四ページ（『宇宙からの福音《エヴァンゲリオン》』北村十四彦訳／角川春樹事務所 二七、二八ページ）

8. 同 一四ページ（二八ページ）

たのではないかと推測する説がある》[9]。先史時代の動物の骨に銃弾が撃ち込まれているのも見つかった[10]。超古代史の研究家にして優れた作家であるジェームズ・チャーチワード大佐はこう書いている。

「文明は何度も生まれ、完成し、忘れられる。新しいものなど何もない。今あるものは昔もあった。私たちが学んだり発明したりしたのは、以前もあったものだ。私たちの発明や発見はすべて、再発明であり、再発見なのである」[11]

高度な技術を持った人間社会の「黄金時代」は、世界中の古代人によって描かれている。そのいくつかは、殊《こと》に終末に向かうにつれ、確かに「黄金」の輝きを放っていた。これらの物語は、その時代がハイテク戦争や、地震、火山の噴火、磁極の移動、そして、今の私たちの想像を超えた大規模な津波など、地質学的な大災害による桁外《けたはず》れな地球の変化によって終わりを迎えたことを示している。聖書に描かれた大洪水もそういった出来事を象徴する物語の一つだが、生物学的、地質学的な痕跡からすると、そうした洪水は紀元前約一万二〇〇〇年から前五〇〇〇年、おそらくはその後まで何回かあったようだ。拙著『大いなる秘密』や、D・S・アラン、J・B・ドレール両氏による名著『地球滅亡寸前の日』を読めば、地質学的あるいは生物学的な証拠が、とても信じがたいほどの同時性をもってさまざまな古代の物語により後押しされているのがわかるだろう。あらゆる場所で、古代人たちはこうした出来事の影響を記録に残した。ジェームズ・デメオ教授は著書『サハラシア』の中で、同じ時間の「枠」に中東で大きな変化が起きたと書いている。

9. 同　一五ページ（二八、三〇ページ）
10. 同　一五ページ（二九ページ）
11. ジェームズ・チャーチワードの著作を参照のこと。〝The Lost Continent Of Mu〟（『失われたムー大陸』小泉源太郎訳／角川春樹事務所）〝The Children Of Mu〟（『ムー大陸の子孫たち』小泉源太郎訳／青樹社、大陸書房）〝The Sacred Symbols Of Mu〟（『ムー帝国の表象《シンボル》』小泉源太郎訳／角川春樹事務所）〝The Cosmic Forces of Mu, books one and two〟（『ムー大陸の宇宙科学』１・２石原佳代子訳／中央アート出版）

「およそ六〇〇〇年前に起こった大規模な気候変動が古代世界を揺さぶり、草木の生い茂った旧世界の広大な草原や森は急速に干上がって、荒れた砂漠へと変化した。広大なサハラ砂漠、アラビア砂漠、そして中東や中央アジアの巨大な砂漠は、紀元前約四〇〇〇年以前にはまったく存在していなかった[12]……」

12：Professor James DeMeo, "Saharasia: The 4000bce Origins of Child Abuse, Sex-Repression, Warfare and Social Violence, In the Deserts of the Old World（サハラシア）" (Natural Energy Works, USA, 1998)

エジプト・インダスを率いるシュメールは、文明発祥の地でなく再出発の地

古代世界の激変がそれ以前に存在した進んだ地球社会あるいは「黄金時代」を破壊したことは、アトランティスやレムリア（「ムー」）の物語でも伝えられている。人間は初めからやり直さなければならなかった。もしそれが信じられないなら、今の社会を考えてみるがいい。この世界は、電力網やコンピュータシステムなどにより一定のレベルにまで進歩している。コンピュータで手紙を打って、次の瞬間には地球の裏側にいる誰かがそれを読んでいるといったテクノロジーは、奇跡のような芸当とも言える。しかし、もし今この星を壊滅させるような地球規模の災害に直面したら、このテクノロジー社会はどうなるだろうか？　私たちは数秒のうちに石器時代の生活に逆戻りする。文明以前の、誰もが自分で自分の面倒を見、自分で食べ物や、住処《すみか》や、暖《だん》をとる方法を見つけなくてはならない、無秩序な世界だ。幾世代かを経る頃には私たちが今持っているテクノロジーの世界の記憶は急速に薄れ、

ただ物語や神話の中でしか語られなくなり、だんだんと夢物語や想像の産物と思われるようになる。このような世界がかつて存在していたことを多くの人びとが否定するのは、それが自分たちの日常生活からかけ離れているからだ。私たちは同じように、「できないものはできないのだ」と、月へ行くという考えを笑った。大激変後の社会における歴史は、人間がある程度のレベルまで再び進化した後、人びとに残されていた記録だけを頼りに始まった。そのときになってようやく、それ以前の何世代かを通じて口承されてきた物語を元に、自分たちの歴史を書いたり象徴化したりしたのだろう。そこに至るまでには、地球規模の壊滅的な地質学的大変動から何百年、何千年もかかったはずだ。つまりそれは古代の大激変の後のものになる。従来の「歴史」では、文明の「発祥の地」はかつてはメソポタミア（「二つの川の間」）として知られ、現在はイラクと呼ばれている、チグリス川とユーフラテス川に挟まれた土地シュメールだと言われている。シュメール文明は、紀元前四〇〇〇年から前二〇〇〇年まで二〇〇〇年間続いたとされる。歴史学者によれば、同時代にエジプトや現在インド大陸と呼ばれるインダス川流域などの他の地域でも、突如として高度に進んだ文明を持つ文化が独自に現れたという。だが、これはどちらも間違っている。シュメールは、この星のいわゆる文明社会の始まりではない。それは、アトランティスやレムリア（ムー）があった「黄金時代」の地球社会が破壊された大災害後に現れた最も重要な文明の一つなのだ。シュメールは文明発祥の地ではなく、新たな事実上の世界帝国の中心となった再出発の地なのである。実は、シュメール、バビロン、エジプト、インダス川流域の文明は、歴史が記録されるようになる何万年も前から始まっている。大激変後に突然、説明のつかないほど高度なレベルに発展したことがはっきりと示されるエジプトやインダス川流域の進んだ文化は、歴史家が主張するような、シュメールと無関係なものではないのだ。それらは同じシュメール帝国の一部であり、同じ君主によって治められていた。統治の構造、法律の設置、建築技術や私たちが現代的な社会と呼ぶその他多くの特徴は、シュメールを設立した古代の民族に起源を発している。もっと重要なのは、それが先史時代にその知識を有していた支配者の血流と「神々（gods）」に通じていることだ。古代の大洪水後に興《おこ》ったこれらの進んだ社会は、とてつもないスピードで現れた。W・B・エメリー教授は著書『古代エジプト』にこう書いている。

「紀元前およそ三四〇〇年頃、エジプトに大きな変化が起こった。複雑な部族的特徴を備えた進んだ新石器文化の状態から、一つはデルタ地帯を構成し、一つはナイル川流域に位置する、よく組織化された二つの君主制国家へと急速に変化したのだ。同時に文字が現れ、巨大建築や芸術、技術は一足飛びに進化した。あらゆる証拠が、組織化の進んだ、豊かな文明が存在したことを示している。だが、文字や建築のこれら基礎的な発達の背景となるようなものはないか、あってもごくわずかであり、すべては比較的短期間のうちに獲得されたことになる[13]」

ピラミッドなどの信じられないような建築技術は伝説の黄金時代（言い換えれば、おそらく一万年前かそれよりずっと以前）を壊滅させた大激変前に起源を持つものなのか、それとも、地殻変動後に再びそのレベルまで進化したときに現れたシュメール帝国によって造られたのかという疑問が残るが、私は、その両方が合わさったものだと確信している。急速に浮かび上がってきた証拠の光の中で、そ

13: Professor W.B. Emery, "Archaic Egypt（古代エジプト）" (Penguin Books, UK, 1984)

の証拠を基《もと》にもう一度基本となる時代を計算し直すと、少なくとも世界最大の古代の不思議のいくつかが、伝説や物語の中で「黄金時代」として知られる、大激変前の地球社会の時代に遡る。それらはこれまで考えられていたよりもはるかに、はるかに古いものだ。最も早い時期に南米を訪れたスペイン人歴史家の一人、フェルナンド・モンテシノスによってまとめられた物語では、二つのインカ帝国があったとされている。一つはアンデス山脈のクスコに都を置いた。もう一つは、壊滅的な地殻変動をきっかけに山頂の聖地（マチュピチュ？）に避難した後、再びクスコに戻って、そこに二度目の文化を築いたインカ文明だ。これに従えば、最初のインカ帝国はアトランティス—レムリアの大激変のときかその前に存在したことになり、従来の歴史では説明できない見事な建造物の真の建造者たちの姿が見えてくる。

世界中のあらゆる土着文化に、大洪水やとてつもない地殻変動の物語がある。想像もつかないほどの大災害があったのは間違いない。それどころか、大災害は紀元前約一万一〇〇〇年頃から紀元前五〇〇〇年頃までの間に何度も訪れている。地質学的、生物学的な証拠は確かにそのことを示しており、このような出来事を伝える数限りない物語や言い伝えがそれを裏づけている。そんな話が、ヨーロッパ、スカンジナビア、ロシア、アフリカ、アメリカ大陸全土、オーストラリア、ニュージーランド、アジア、中国、日本、中東に伝わっている。つまり、全世界だ。その中には、海が煮えたぎるほどの熱気に襲われたというものや、山が火を噴く、太陽と月が消えて真っ暗になる、血と氷と岩の雨が降る、地球がひっくり返る、空が落ちる、土地が隆起し沈降する、巨大な大陸が消える、氷がやってくるというものがあり、そしてそのほとんどすべてで、地球を洗い流す想像を絶する洪水と水の壁について描写されている。映画『ディープ・インパクト』に出てくる、彗星《すいせい》による高波を想像してみるといいだろう。中国の古い書物には、天を支える柱が崩れる様子が、こんなふうに描かれている。北西の空が低くなって、そこに太陽と月と星々が落ちていった。南東では川や海、大洋が押し寄せて大地が水浸《みずびた》しになり、荒れ狂う洪水によって大火災が消し止められた。アメリカのポーニー族にも同じ話が伝わっており、北極星と南極星が位置を変え、「お互いを訪問しに行った」と言われている。北アメリカの言い伝えでは、巨大な雲が現れ、水が沸騰《ふっとう》するほどの熱に襲われたとある。グリーンランドのエスキモーは、宣教師がやって来たとき、遠い昔に地球は一度ひっくり返ったという話をした。ペルーの伝説には、天と地が争い、そのときにアンデス山脈がばらばらになったという話がある。ブラジルの神話には、天と地が入れ替わったとき、天が砕《さ》けてその破片が降り注ぎ、あらゆる物が破壊され、あらゆる者が命を失ったとある。そして北アメリカのホピ族にはこんな話が残っている。「地球に深い亀裂が入り、わずかな泥の峰を残して、何もかもが水で覆われた[14]」

我々は真の過去の歴史「アトランティスとレムリア」をなぜ失っているのか?

これらはみな、アトランティスと、レムリア（ムー）の伝説と密接に繋がっている。この二つの大きな大陸は、一つは大西洋上に、もう一つは太平洋上にあって、別世界からやって来た高度に進んだ文明を持つ種族に統治されていたと、多くの人が信じている。二つの大陸はかつての規模や繁栄の名

14. 世界中にあるこれらの伝説や物語の詳細をさらに知りたい方は、以下の書籍を参考のこと。"When The Earth Nearly Died（地球滅亡寸前の日）" (by D.S. Allan and J.B. Delair, Gateway Books, Bath, 1995)

残として、アゾレス諸島やポリネシアといった島々だけを残し、前述のような状況で海中へ消えたとされている。アトランティスは、レムリアが沈んだ後で現れたとする人びともいる。同時期に存在したという意見もあり、私もそう考える。レムリアとムーを最も徹底的に調査した優れた研究家、ジェームズ・チャーチワード大佐は、二〇世紀前半にムー大陸に関する一連の本を書いている。チャーチワードはアジアの人里離れた僧院を訪れ、一万二〇〇〇年から七万年前に遡る、ムー（レムリア）の「母なる地」に関する古代の記録を見た。彼はそれがアトランティスも含む世界的な帝国の中心であったことを知った。一九三一年に出版された著書『ムー大陸の子孫たち——超古代文明崩壊の謎』（小泉源太郎訳／青樹社）では、金髪碧眼《きんぱつへきがん》の人びとを含め、ムーにどれほどさまざまな人種がいたかが示されている[15]。このレムリア人たちが東に行って、中央アメリカのマヤ族などになり、アメリカ大陸に途方《とほう》もなく大きな建造物を造った。西に行った人びとはアジア、中国、インドなどに渡ってコロニーを形成し、それがエジプトやシュメールとなった。遺伝的、文化的に遡れば、すべての道は「母なる地」、レムリア（ムー）に通じており、今の「現代」社会より数万年あるいは数十万年前に、かなり高度に発達した文明が存在していたと、チャーチワードは言っている。チャーチワードは、レムリアが滅んだのは約一万二〇〇〇年前だと言っている。W・T・サムセルは古代社会の研究書『アトランティス・コネクション』の中で、レムリアはもっと早い時期に終わりを迎えたと言っているが、両者の基本的な論旨の多くは共通している。

サムセルの本は、「チャネリング」による情報に基づいている。万物は無数の波長あるいは周波数で構成されていて、私たちが肉体的に感覚できる世界は、存在する周波数のごく一部でしかない。こ

15.『ムー大陸の子孫たち』をはじめとするチャーチワードの著作は、古代史研究家必読の書である。

の瞬間自分たちの肉体と同じ空間を共有しているラジオやテレビの電波を見ることができないのと同じで、限られた肉体の感覚では、私たちが存在する同じ空間を占めている万物の他の振動数や波長を見ることはできない。このことは後で深く掘り下げるつもりだ。私たちがどのようにコントロールされており、どうすればそこから逃げ出せるかを理解するためには、それを避けて通れないからだ。「チャネリング」とは、このような別の波長のどれかに意識を「チューニング」し、そこにある知識と情報にアクセスすることだ。サムセルは現在そのような別の周波数の一つと通信し、かつてアトランティスで肉体を持っていた存在とコンタクトしていると主張している。経験からは、チャネリングによる情報の多くは、ナンセンスだったりかなり限定的だったりするものだが、サムセルの説は地質学的生物学的痕跡に裏づけられている。現在の太平洋に沈んでいるレムリアに現代人の姿をした人類が初めて現れたのは一〇万年前だというのが彼の考えだ。[16] これは「完璧《かんぺき》な媒体」として意図されたものだったと彼は言う。地球の探索に出た彼らは、地質学的に不安定な大西洋中央海嶺《かいれい》にあったと言われるアトランティスと呼ばれる大陸にその種をまいた。初期のアトランティス人は、ネイティブ・アメリカンとは違う肌の色の濃い人びとだったと、サムセルは言っている。彼はネイティブ・アメリカンを約四万八〇〇〇年前の最初の大激変の前にアメリカ大陸へ移住したレムリア人とアトランティス人の直系の子孫だと信じているが、ネイティブ・アメリカンの伝説はその説を裏づけている。[17] 彼の見方では、そうした初期のアトランティスやレムリアでは、人びとは「一者の法則《Law of One》」のもとで暮らしていた。

「一者の法則」はすべてのものが他のすべてと繋がり、究極的にはすべてのものが一つの全体、ある

16. 同右

17. 同右

いは同じエネルギーが別の姿をとっているだけだとする思想だ。科学者たちは、それを統一場理論と呼んでいる。これはアトランティスの神話と伝説の共通のテーマである。文明はポジティブな意図をもって自然の法則と調和して始まったが、いくつもの力に乗っ取られて、暗黒の場所に変わってしまったのだ。サムセルは、古代の神話にある「神々の戦争」を、地球に介入するかしないかという問題をめぐる異星人どうしの戦いだと指摘している。サムセルは、アトランティス時代の初期に人間のような姿をした異星人――「とても背が高く、色の薄い髪と透き通るような白い肌をした、色素欠乏症《アルビノ》のような人びと」――が現れ、アトランティス人と接触したと言っている[18]。彼によれば、異星人はアトランティスの社会を操作しはじめ、人間と交配して人間のＤＮＡを変化させ、王や女王などの王族の血筋となる混血の血流を生み出した。レムリアもこの伝説に含まれるだろう。このような異星人のテクノロジーと姿形が、アトランティス／レムリア人に、彼ら異星人を神と見なすようにさせた。異星人と結ばれ、「神のような姿」をした薄い色の肌をした子どもを作ることが多くのアトランティス人の目標となり、その交配種が支配者となったと、サムセルは書いている。彼らは政治や経済、教育、宗教、通信手段を掌握《しょうあく》した。聞き覚えのある話じゃないか？　サムセルは、アルビノの王の血族がアトランティスを統治し、彼が「ベリアルの息子たち」と呼ぶ者たちが、彼らの宗教上のヒエラルキーと儀礼のネットワークである「太陽の神殿」をコントロールしたと言っている。今日このアトランティス人の「太陽の神殿」は、イルミナティとして知られている。この時代、褐色《かっしょく》の肌《はだ》をした多くのアトランティス人が西方に渡り、現在とは地質学的に異なる形をしていた当時のアメリカへと移住した。サムセルは続ける。

18. 同右

「大西洋帝国の時代は、『ベリアルの息子たち』と『太陽の神殿』の追随者の思うがままであったことがわかっている。支配する側の白色人種はアトランティス社会のあらゆる側面を治めるようになった。彼らは『一者の法則』を軽視する一方でテクノロジーを信奉し、その貪欲な支配欲に任せて突き進んでいった。大西洋帝国の支配の手はほとんど世界中に伸びていった。南北アメリカ、アフリカ、ヨーロッパ各国、中東、インド、チベットは帝国の支配下にあった。『一者の法則』は分割されて無力化し、『太陽の神殿』が隆盛を極め、『ベリアルの息子たち』が繁栄した。その時代ずっと、『一者の法則』の司祭たちは、褐色の肌の人びとを西方の南北アメリカ大陸や東のアフリカ大陸へ移住させていった。彼らは『一者の法則』が維持できる場所を捜し求め、遠く離れた土地で新たな集団を築いた。[19]

サムセルは、二つ目の大激変がアトランティスを滅亡させたと言う。彼らはその「超兵器」を現在私たちが中国と呼ぶ国に対して用い、アトランティスの物語にいつも登場する巨大な水晶を使って、「敵を動かすための巨大なる案内役として地球を利用」しようとしたと考えている。しかし、「地球はその力を彼らに投げ返し」、最終的かつ破滅的な大激変の引き金がひかれた。[20] その白色人種こそ地球支配の陰にある勢力なのだと、サムセルは主張する。

「地球と人類の歴史を通じ、白色人種は常に彼らの先祖代々受け継いだ特性を示してきた。この種族

19. 同右 "The Atlantis Connection（アトランティス・コネクション）"も参照のこと。

20. 同右

は別世界の、あるいは『異星人』の特性の多くを公然と示している。精神性よりもテクノロジーを信じ、精神性を操作して彼らの目的を達成しようとしている。彼らは伝統的に地球や自然、他の生物にほとんど関心を示さない。記録に残っている歴史の中でも、彼らはいたるところで他の種族や地球そのものを支配しようとしている。彼らは排他的で、攻撃的で、支配的になるべく、プログラムされ、条件づけされているのだ。現在、彼らは人類を『新世界秩序《ニュー・ワールド・オーダー》』へと向かわせ、意識的にせよ無意識的にせよ、イルミナティすなわち地球外から来た操縦者《マニピュレイター》のアジェンダを実行しようとしている」[21]

細かいところに違いはあるが、私の考えもサムセルの研究の論旨を支持するものである。彼が「ベリアルの息子たち」と呼んでいるものを、私は白色人種（ノルディック）と爬虫類型異星人《レプティリアン》の交配の結果である「レプティリアンの血流」と呼んでいる。しかし結局、本当に大事なのは今日の世界の土台を成している背景を理解することなのだ。「一者の法則」を信奉するアトランティス人と、それに敵対する「太陽の神殿」との間の激しい争いには大きな意味がある。「太陽の神殿」は、アトランティス／レムリア時代から今日まで変わらぬイルミナティの宗教である。現に、今日の世界は、第二のアトランティスだ。最初のアトランティス文明を破滅に導いたテクノロジーによる支配への執着を、鏡のように映し出している。簡単に言えば、「一者の法則」があらゆるものには繋がりがあり、すべては統一された全体の一部であると考えるのに対し、「太陽の神殿」はあらゆるものを、他と関わりのない、孤立したものにしようという考えを主張している。一方は一つになることを求め、他方は分離させ、その結果として支配することを求めている。このことは、これからイルミナティ、もしくは

21. 同右

アトランティスの「ベリアルの息子たち」、あるいは呼びかたはどうでもいいが、かつてのアトランティスを破壊した大激変以来、彼らがいかにして新たなアトランティスを創り上げようとしてきたかをお話しする間に、何度となくあなたの前に現れるだろう。

古代ギリシャの哲学者プラトン（紀元前四二七—前三四七）もアトランティスについて書いている。彼はまた、神秘主義的秘密結社ネットワークの高位階者でもあった。今日までこの秘密のネットワークは、その進んだ知識を多くの人びとに享受《きょうじゅ》させることを拒《こば》み、選ばれたわずかな者だけに伝えてきた。公的な歴史は、アトランティスは存在したというプラトンの主張を否定したが、この主張を裏づける地質学的な証拠は山ほどある。アトランティスの一部であったとも言われるアゾレス諸島は、地球を一周する裂け目に連なる大西洋中央海嶺の上に横たわっている。このラインは実に六万四〇〇〇キロに及ぶ。[22] 大西洋中央海嶺は火山が多く、地震の多発する地域の一つだ。ユーラシア、アフリカ、北アメリカ、カリブの四つの巨大な構造プレートのすべてがこの一帯で出合い、衝突し、地質的に非常に不安定な地域となっている。アゾレス諸島もカナリア諸島（この名前は「犬」を意味する「カナイン」に由来するもので、鳥のカナリアから取ったものではない！）も、プラトンが主張するアトランティス滅亡の時期には、活発な火山活動の影響を受けている。タキライト（玄武岩質ガラス）の溶岩は一万五〇〇〇年の間に海水に溶けこんでいったが、アゾレス諸島のまわりの海底からは今なお発見されて、最近の地質学的な変動を裏づけている。[23] 他にも、砂浜の砂が海底の地下三〜六・五キロメートルのところに堆積していることから、この地域の海底が、これもまた地質学的にさほど遠くない昔は陸地であったことを示す証拠などがある。[24] 海洋学者モーリス・ユーイングは、『ナショナル・ジ

22: http://encarta.msn.com/encnet/refpages/search.aspx?q=mid-atlantic+ridge

23: "When The Earth Nearly Died（地球滅亡寸前の日）"

24: 同右

オグラフィック』誌にこう書いている。「陸地が三～五キロ沈んだか、海面が今より三～五キロ低かったかのどちらかだ。いずれの結果だとしても驚くべきことだ」[25]。ヨーロッパ人の探検家が初めてカナリア諸島に上陸したとき、島の人びとは、自分たちはアトランティス人の子孫だと言い、故郷を破壊した大激変を生き残った人びとがほかにいると知って、驚いていた。

また、地質学的・生物学的証拠が示すところによれば、アゾレス諸島一帯の土地を海中に沈めた広範囲にわたる火山活動は、現在私たちがヨーロッパ、北アメリカ、アイスランド、グリーンランドと呼ぶ地域を繋いでいたアパラチアと呼ばれる大陸の断裂、水没と同時期に起こっている[26]。両者の浸水《しんすい》の程度にも密接な関係が窺《うかが》える。バミューダ諸島と北アメリカ大陸のフロリダ南部、アンティル諸島近くのある地点を結んだ「バミューダ・トライアングル」は、昔からアトランティスと関係があると言われてきた。この海域には、船や飛行機が消えたという話がいくつもある。「三角地帯」の中にあるビミニ島近くのバハマ堆《バンク》の水中では、水没した建物や塀《へい》、道、さらにはストーンヘンジのような環状列石《ストーンサークル》やピラミッドのようなものまでが発見された[27]。塀や道路が交差している様子も見える。多くの人が知らない事実はほかにもある。ヒマラヤ、アルプス、アンデス、そして少なくともその他のほとんどの山脈が形成され、現在の高さになったのは、わずか一万二〇〇〇年ほど前のことである[28]。ペルーとボリビアの国境にあるチチカカ湖の標高は、現在船が航行できる湖としては最も高く、約三八一〇メートルになる。今から約一万一〇〇〇年前には、この地域の大半が海の中だった[29]。どうして山岳地帯の高所で、魚をはじめ海洋生物の化石がたくさん見つかるのか？　それはそれらの石がかつて海の中にあったからで、最近は地質学の点からもそう言われている。プラトンは、大激変でアトラン

25. Maurice Ewing, "New Discoveries On The Mid-Atlantic Ridge"（『ナショナル・ジオグラフィック・マガジン』一九四九年十一月号　六一四、六一六ページ）

26. "When The Earth Nearly Died（地球滅亡寸前の日）" 三二ページ

27. Charles Berlitz, "Atlantis, The Eighth Continent" (Fawcett Books, New York, 1984) 九六－一〇一ページ

28. "When The Earth Nearly Died（地球滅亡寸前の日）" 二五－二八ページ

29. 同右

ティス大陸が沈んだのは紀元前九〇〇〇年頃と推定したが、アランとドレールがその名著『地球滅亡寸前の日』の中で、同じくそれを紀元前九五〇〇年頃と言っているのは、実に興味深い。

アメリカの研究者チャールズ・ハプグッドは、地球の表面は紀元前約一万年に五〇〇〇キロメートルほど動いたと主張している。[30]鉄分を含む岩層が磁石のように働いたのだ。溶岩が冷めるときに鉄の分子は北極を指して一直線に並び、岩層が移動してもその状態は保たれる。このことからハプグッドは、紀元前約一万年以前の物理学上の北極は、現在のカナダのハドソン湾辺りに位置していたことを証明した。[31]しかしその頃何かが起こり、地球の表面全体が南へ約五〇〇〇キロメートル動き、それまで北極だったところがハドソン湾になったのである。これは、初めて聞くような空想の話ではない。地球の地表あるいは地殻の厚みは、たかだか六〇キロメートルほどである。溶岩の海を包むオレンジの皮のようなものだ。もし隕石《いんせき》その他の大きな物体が地球に衝突すれば、それが原因で地殻が横滑りすることもありうる。作家であり研究者であるコリン・ウィルソンによれば、この一〇万年の間に同じようなことが三回起こったことを示す地質学的な証拠も存在する。[32]磁場の測定から南北の磁極が過去七六〇〇万年の間に少なくとも一七一回位置を交替していることがわかっているが、気象一つをとっても、磁極の逆転がどれだけ大きな影響を及ぼしたかご想像いただきたい。[33]カナダ人作家のランド・フレマスは二〇年あまりを費やしてこれらのテーマを研究し、磁極が五〇〇〇キロ南へ移動したことから鑑《かんが》みて、少なくともアトランティスのかなりの部分が現在の南極大陸に当たるという確信を得た。[34]アーリントン・H・マレリー海軍大佐の古地図研究を引き継いだハプグッドは、ワシントンDCの議会図書館で見つけた数百枚の地図を研究し、それらが数千年前に描かれたかなり正確な地図で

30. "Atlantis: At Last, Could This Be The True Secret Of The Lost Continent"（二〇〇〇年九月三十日付　ロンドン「デイリー・メール」紙　四二―四四ページ）
31. 同右
32. 同右
33. 同右
34. 同右

あることを証明した。その一つに一五三一年にオロンテウス・フィナエウスが作成した地図があるが、そこに描かれた南極大陸には川が流れ、氷に覆われていない山脈がある。[35]

一九二九年にはコンスタンティノープル（現在のイスタンブール）のトプカプ宮殿でトルコのピリ・レイス提督が一五一三年に描いた有名な地図が発見されたが、その地図には南アメリカの海岸線と、厚さ三キロの氷に覆われる前の、およそ七〇〇〇年前の南極大陸の海岸線の一部が実に正確に描かれていた！　南極大陸は一七七三年にキャプテン・クックが到達するまで公式にはまだ「発見」されていなかったし、一九五〇年代までは詳しい探検は行われなかった。ピリ・レイスの地図にある山脈の中には、一九五二年まで発見されなかったものもある。レイスはその地図をもっと古い二〇枚の地図からまとめたのだと言っている。フレマスはまた、数千年前に高度に進んだ社会が存在したことを裏づける驚くべき証拠を見つけた。彼はギザの大ピラミッドを通る経線は、地球上のどこか他の場所から引いた場合より多くの陸地を通ることを発見したが、これは古代のエジプト人が大ピラミッドを地球の中心と信じていたことの裏づけとなる。[36]さらにフレマスは、大ピラミッドを〇度の子午線とすれば、世界の聖地の経度、緯度がきちんと幾何学的なパターンを形成することにも気づいた。それはまるでアメリカの市街図で各ブロックが構成する格子《こうし》模様のように見える。[37]フレマスはこのシステムを使えば聖地の場所を完璧に予測できることを発見した。[38]

現在のようにロンドンのグリニッジ天文台に子午線《しごせん》の基準を置いたのでは、こんなふうに完全な幾何学模様にはならない。システム全体が崩れてしまうのだ。子午線の基準をどこに置くかは一八八四年に委員会によって決定されたのであり、委員会のメンバーの一人であったスコットランド王立天文

35. 同右
36. 同右
37. 同右
38. 同右

台長チャールズ・ピアッジ・スミスが〇度の子午線は大ピラミッドを通るようにすべきと抗議したのだが、それを退《しりぞ》けてグリニッジに決まったというだけのことである。フレマスはさらに、メキシコにある約五〇の聖地が、大激変前に北極点のあったハドソン湾と一列に並んでいることを立証した。[39] 大激変後に建てられたものでさえ、古い北極点と一列に置かれているのである。同じことが、スコットランドのエディンバラ近くにあるロスリン礼拝堂にも言える。[40] この教会はイルミナティの古代の象徴のつまった「聖杯」で、イルミナティの主な血流の一つであり、秘密結社テンプル騎士団の創立メンバーでもあるセント・クレア（シンクレア）家によって建てられたものだ。ちなみにチャールズ・ハプグッドは、アトランティス発見のためのプロジェクトについて話し合うためにケネディ大統領との会見を予定していたが、大統領はその二日前にダラスで暗殺されたのである。[41] ハプグッドはランド・フレマスに次の著書で一〇万年前の地球にあった高度な文明についての証拠を示すとも言っている。しかし、ハプグッドはその直後に亡くなり、本が書かれることはなかったのだ。しかしジェームズ・チャーチワードは、彼の著書の中でそうした証拠を示し、人里離れたアジアの僧院にあった南アメリカその他の地図を何万年も前に遡るものと見る理由を説明している。

この証拠は、ムーあるいはレムリアと呼ばれる大陸が今は太平洋の海底に眠っているという考えを裏づけるものだ。ポリネシア周辺の民族には、民族の発祥の地が海に沈んだという伝説がたくさんあり、太平洋に浮かぶイースター島の原住民はその島がかつて大激変で失われた大陸の一部だと主張している。[42] 中国西部にある敦煌《とんこう》と呼ばれる仏教遺跡の洞窟で一九〇〇年に発見された中国語の文献中には、太平洋上に島大陸を描いた地図の断片が数枚見つかっている。[43] 南アメリカには彼らの祖先は失わ

39. 同右

40. 同右

41. 同右

42. Mark Amaru Pinkham, "The Return Of The Serpents of Wisdom（賢き蛇の再来）" (Adventures Unlimited, Kempton, Illinois, 1996) 六ページ

43. 同右　九ページ

れた大陸からやって来たという伝説が共通して存在し、その中に出てくるアラム・ムルという男はレムリアのブラザーフッドあるいは神秘主義結社の知識をもたらしたという。[44] アリゾナ州のホピ族には、一族がアメリカ大陸に渡るときに通って来た島々がレムリアだと伝わっている。[45] なぜアトランティスやムーの物語は、公的な歴史の重要な部分として扱われないのだろうか？　それは、その知識が組織的に抑え込まれ、粉砕されてきたからだ。天文学者のカール・セーガンは、紀元三九一年にエジプトのアレキサンドリア大図書館が破壊されたとき、アトランティスについて詳述した『一〇万年以上にわたる人類の真の歴史』と呼ばれる文書が、他の数千の書物と共に破棄されたと言っている。[46] 数十万年続いたこれら高度な文明やその創造と消滅への異星人の関与をひとたび知れば、私たちの世界観や自分自身についての見方は一変するだろう。今何が起こっているのか、誰が私たちを支配しているのかという理解も変わる。キリスト教の名の下に世界中の古代の知識を破壊したのはイルナミティ、すなわち本当の物語を、歴史だけでなく「一者の法則」を破壊している「太陽の神殿」なのである。

44：同右
45：同右
46：同右　二二、二三ページ

火星では何が起こったのか？　ムー崩壊に関与？

地球が大規模な地殻変動を経験したことは、徐々に受け入れられている。だがその論争（対立することが多いが）には、いつ、そしてなぜという問題がつきまとう。このような地殻変動が太陽系全体と関係しているのが明らかである。どの惑星にも、地表や大気、自転や公転の速度や角度に影響を及ぼした大激変があったことを示す何らかの証拠があるからだ。火星の滅亡と地球の荒廃との関係は、多くの研究者の関心事となっている。さまざまな宇宙探査機が直接行けるようになってからはさらに多くの注目が火星に集まったが、もちろんその記録は不運にも失われたり「テクニカルな問題」によって傷ついたりして、私たちに写真を送ることができないでいる。これらの「失敗」は、イルミナティが創設しコントロールしているNASAのオペレーションの責任だ。一連の失敗のあと、火星のシドニアと呼ばれる地区で、自然のものではない岩の構造物の写真が撮られた。それには有名な火星の「顔」やさまざまなピラミッドが含まれている。この分野でもっとも知られた作家であり研究者である科学ジャーナリスト、リチャード・ホーグランドは、NASAゴダード宇宙飛行センターの元顧問である。[47] 彼のチームの一人は、火星のシドニアにある「自然のものではない」顔やピラミッドといった構造物と、イングランドのウィルトシャー、エイヴベリーにある環状列石《ストーンサークル》や立石群、シルベリーヒル（ヨーロッパ最大の人工の塚）その他の古代の構造物の配置を比較したところ、それらがまさに鏡像のように互いを映しているのを発見したと言っている。大ピラミッド発祥の地、エジプトのギザ台地は、かつてはエル・カヒーラ（El-Kahira）と呼ばれていた。[48] これはアラビア語の「エル・カヒール」（El-Kahir）に由来する言葉で、その意味は……火星である。[49] 古代の文献からは、暦と火星（Mars）との間には深い関係があることがわかる。三月（March=Mars）十五日は火星との関係において重要な日であり、十月二十六日もそうである。前者はケルトの暦では春の始まりを表し、後者は一年の終わりを示す。アーサー王の象徴的な物語に登場する「キャメロット」という名も、「火星の町（Martian City あるいは City of Mars）」を表していると思われる。[50]

47. Richard Hoagland's book, "The Monuments On Mars" (North Atlantic Books, California, USA, 1996)（『火星のモニュメント――NASAがひた隠す太古文明の痕跡』リチャード・C・ホーグランド著／並木伸一郎、宇佐和通訳／学習研究社）を参照のこと。

48. Brian Desborough, "The Great Pyramid Mystery, Tomb, Occult Initiation Ceremony or What?" この文章は、一九九八年に筆者に提供され、またロサンゼルスの月刊新聞「カリフォルニア・サン」紙にも掲載された。

49. 同右

50. Preston B. Nichols and Peter Moon, "Pyramids Of Montauk" (Sky Books, New York, 1995) 一二九ページ

火星の人面顔

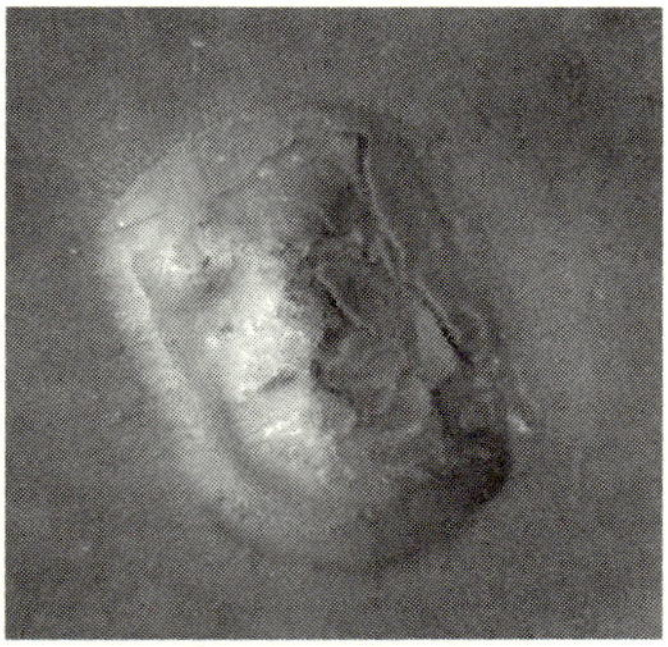

2001年４月９日、約450㎞上空からマーズグローバルサーベイヤーが撮影した画像。約２ｍのものまで識別できる。

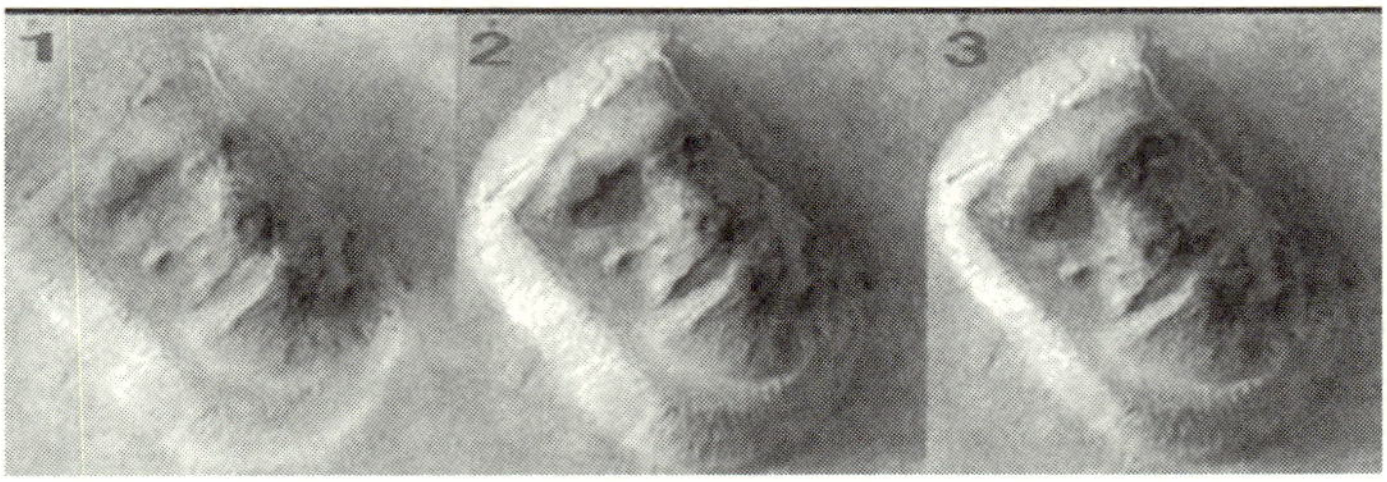

コンピュータ・グラフィックによって、照明の方向が変わったときのフェイスの表情の違いをシミュレーションしたもの。１→２、不鮮明に見えるときの照明方向。２→３、下方からの照明が当たっているとき。顔が鮮明にわかる。

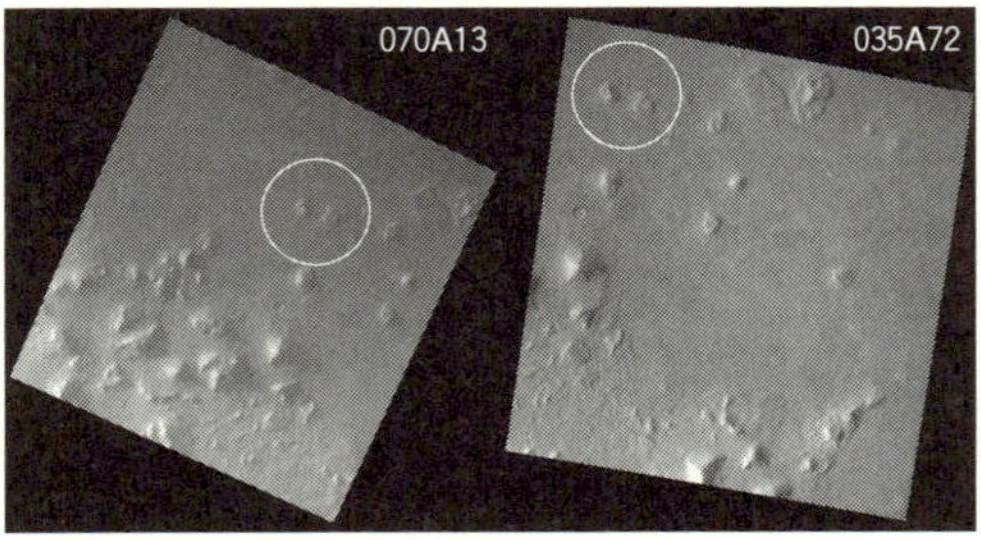

1976年７月25日にバイキング１号オービターが撮影した火星の映像。035A72では右上に、070A13では中央のやや上に火星の「フェイス（人面岩）」が見られる。（『[NASAも隠しきれない] 異星文明の巨大証拠群』伊達巌ほか著より）

火星は数百万年前に滅んでいるのだから、火星と人間社会との関係などもちろんありえない。そうだろうか？　私たちがそう考えるのはただ公的な見解が繰り返しそう語っているからで、こうした科学的な「事実」に基づけば、多くの場合それがただの仮定や意見にすぎず、証明できる「事実」などではないことがわかる。それが確認された一例として、コーネル大学の天文学教授であったフランク・ドレイク博士はこう言った。「宇宙に関して、今までわれわれは、銀河系を構成する星のようなものが、無数に存在しているにすぎない、と考えるのが常であった。（中略）しかしながら、じつは宇宙間物質の変化相や数についてのわれわれの推定は、百万のまた百万倍くらいも、かけ直さなければならないほど狂っていたのだ。つまり、われわれはこの上もなく徹底的に間違っていたのである」[51]。《訳注：『宇宙からの福音《エウアンゲリオン》』（ジョン・A・キール著／北村十四彦訳／角川春樹事務所）三八ページより訳文引用》。しかし科学者たちは、証拠を前にして自らの間違いを認めるまで、そのとんでもない間違いを科学的事実として教えるのだ。こんなことは毎日起きているが、メディアは、科学者が言ったのなら本当に違いないと、そのようなナンセンスをただそのまま伝えるだけである。根本的に間違っている部分を除けば、公的な見方にできるだけ合うようなシナリオがさっと現れて、元の考えに取って代わる。科学者たちは、かつて火星に生命を維持できる水や植物や大気があったことを認めている。人間に優しかったであろう環境が地質学的な大激変によって破壊されたことを認めている。意見が食い違っている唯一の部分は、その災害がいつ起きたかということだ。公式の「科学」が熱心に主張しているように数百万年前も前のことなのだろうか？　それとも、反体制的な研究者が主張しているように、アトランティスやレムリア（ムー）が崩壊した時期とぴったりと合う数千年前ほど前

51. "Our Haunted Planet" 一九、二〇ページ（『宇宙からの福音』三八ページ）

のことなのだろうか？　集められた証拠は、地球で「黄金時代」に終わりをもたらした大災害が、同じく火星を破壊したことを示している。一九五〇年代に、ロシア生まれの作家であり研究者であるイマヌエル・ヴェリコフスキーは、一連の著書の中で、私たちが現在金星（巨大な彗星のような形をしている）と呼んでいる惑星が太陽系を勢いよく通過した際に、火星を滅亡させ、地球を滅亡の危機に追いこんだのだと論じた。[52] ヴェリコフスキーは「科学」の体制からばかにされ、ひどい非難を浴びた。とすれば、彼は聞く価値のある重要なことを言っていたに違いない。しかし彼の論旨は今、次第に共感を得るようになってきている。マリナー一〇号の探査で金星の写真が撮られたとき、ヴェリコフスキーが唱えていた説の多くが、金星に彗星の尾のようなものがあることも含め、事実だと証明された。マリナーが撮影した火星の写真もまた、彼の説の一部を裏づける証拠となった。彼は、古代の人びとが金星を、私たちが今日見るのとはまったく違う軌道を持った、煙をたなびかせる非常にまぶしい星として表現していることを指摘した。中国人やトルテカ族、マヤ族がそれを記録している。初期のシュメール人の天文学の文献には金星は入っていないが、後に同じ地域に住んだカルデア人の文献には入っている。彼らは金星を「太陽のように照らし」、「全天に満ちあふれる」「天の輝くかがり火」と表現した。人びとが惑星の過去について包括的に理解するにあたって大きな問題となることの一つは、可能性を現在の自分の経験から判断する点にある。しかしその経験など、地球の歴史の小さな小さな断片にすぎない。ヴェリコフスキーはこう書いている。

「各民族にある地殻隆起や大災害の伝承は、一般に事実無根のものとされているが、それは、科学の

52：イマヌエル・ヴェリコフスキーの著書を参照のこと。"Ages In Chaos" (Doubleday & Co., New York, 1952)（『混沌時代（上・下）』I・ヴェリコフスキー著／鈴木敬信訳／法政大学出版局）"Worlds In Collision" (Pocket Books Simon & Shuster, New York, 1950)（『衝突する宇宙』I・ヴェリコフスキー著／鈴木敬信訳／法政大学出版局）"Earth In Upheaval" (Dell Publishing Co, New York, 1955)（『激変の地球』I・ヴェリコフスキー著／山田忠訳／国書刊行会）

いわゆる根本原理、つまり世界に現在残っているもの以外に、過去になにかの力によってできたものがあるはずはないという、最近の地質学と進化論の根本原理に合致しないことだと考えられるからであり、いささか視野のせまい考えかたである」[53]《訳注：『宇宙からの福音《エウアンゲリオン》』（ジョン・A・キール著／北村十四彦訳／角川春樹事務所）一四一ページより訳文引用》

カリフォルニアに住む私の友人、ブライアン・デズバラの人生経験からくる意見は、この本の中のデータを調べようとするすべての人にとって重要だ。彼は科学者であり、地球上での生活を一変させるフリーエネルギー・テクノロジーの発明家であり、また、三〇年以上にわたって、イルミナティの歴史、源流、アジェンダについて研究している。彼はかつてイエスが実在の人物であることを証明しようとしたのだが、すぐにイエスは存在しなかったことが判明した。彼がイルミナティに興味を持ったのは、そのときからだ。キリスト教のペテンは、もっと大きなペテンへと彼を導いたのだ。（宗教ではなく）精神的知識の弾圧についての初期の研究が私を導いたのと同じことである。ブライアンは雲の上に座っているような浮《うわ》ついたニューエイジャーではない。彼は地に足が着いた、何より実際の証拠を重視する研究家であり作家なのだ。一九六〇年代に彼は航空機メーカーの大会社、ボーイングで仕事をしていたが、彼によれば、ボーイング社内のある物理学者たちのグループは、通常の物理学では説明できない、地球をはじめとする太陽系の惑星の持つ多くの変則性を説明しようとする私的研究を始めるために集められていたという。研究の結果は、約三〇〇〇年の誤差はあるにせよ、ヴェリコフスキーの説を裏づける膨大な証拠を提供することになった。彼らは、紀元前五〇〇〇年頃に、現

53. "Our Haunted Planet" 八〇ページの引用による。（『宇宙からの福音』一四一ページ）

在木星と呼ばれている大きな星が太陽系をものすごいスピードで通り抜けていったと言う。これによって外惑星が混乱したと考えれば、それらの惑星の現在の回転の方向とスピードが変則的であることの説明がはっきりとつく。木星は、かつて今の火星と木星の間にあった、ある惑星に衝突した。現在は、その惑星の残骸が軌道を描いて回っている。それ以外に、火星と木星の間を占めるアステロイドベルトの説明をするのは難しいと、研究者たちは言う。

私は、「チャネリング」によって得られた、火星とアトランティスの終焉《しゅうえん》との関係についてのいくつかの興味深い情報を見た。それには、アトランティス大陸を段階的に崩壊させた三つの大激変の一つは紀元前一万五〇〇〇年頃に起こっており、これは火星がもともとあった軌道からはじき出され、地球の近くを通過したために引き起こされたとある。同じ説は別のさまざまな情報源からも次々に得られており、そのどこかに詳細な事実が眠っているはずだ。ジェームズ・チャーチワードは、大激変についてより現実的な解釈をした。彼は、地球内部に大規模な「ガスの帯」と空洞があり、そのために、強烈な「一撃」を受けたとき、その上にあった陸地が破壊されたのだと言っている。彼は、そうしたガスの帯がレムリア（ムー）とアトランティスの両方の下を走っていたと述べている。大激変の原因は何かという議論が始まった。大激変が起きたことはもはや事実なのである。

「動き回る」金星がアヌンナキの「黄金時代」を終末に

似たような説は、一九世紀の半ばにメソポタミアで発見された数万年前の古代の粘土板にも見られる。その粘土板には、残っていたアトランティス大陸を水没させたある大激変の後に現れたシュメール文明の物語と神話が語られている。シュメールは紀元前四〇〇〇年頃に始まったが、ジェームズ・チャーチワードは、シュメールが現れる数万年前にその地域に文明が存在していたと書いている。これらシュメール人の物語の中心にあるのが、シュメール人が「アヌンナ（アンの息子たち）」と呼ぶ神々（gods）だった。後のセム語では「アヌンナキ（天より大地へと下りて来た者たち）」や「ディンギル（火を噴くロケットに乗ってやって来た正しき者たち）」と呼ばれている。彼らはアヌンナキという名前で呼ばれることが多いので、この本の中でもアヌンナキの名を使うことにしよう。これから見ていけばわかることだが、アヌンナキは宇宙からやって来た爬虫類型異星人《レプティリアン》である。作家で翻訳家のゼカリア・シッチンによれば、シュメール文書には、彼らがニビルと呼ぶ、木星と火星の間の軌道を回っている惑星の衛星どうしが衝突したと書かれている。[54] すさまじい衝突による破片は、シッチンの翻訳によれば、シュメール人が「巨大なブレスレット」と呼ぶアステロイドベルトを生んだ。シュメールの物語は、細かな点では違っているものの、やはり大筋は同じである。

ボーイング社の物理学者たちは、これを、木星が他の惑星とぶつかって壊れたものの一部だと言っている。その惑星というのは、現在私たちが金星と呼んでいる星だろうと、彼らは結論づけた。金星

54．ゼカリア・シッチンの著書を参照のこと。
"The 12th Planet"（『人類《ホモ・サピエンス》を創成した宇宙人』竹内慧訳／徳間書店）
"Stairway to Heaven"
"The Lost Realms"（『失われた王国——古代「黄金文明」の興亡と惑星ニビルの神々』竹内慧訳／徳間書店）
"When Time Began"（『宇宙人はなぜ人類に地球を与えたのか——オーパーツ驚異の謎解き』竹内慧訳／徳間書店）
"The Wars Of Gods And Men"（『神と人類の古代核戦争（上・下）』北周一郎訳／学習研究社）
"Genesis Revisited"（『謎の惑星「ニビル」と火星超文明（上・下）』北周一郎編訳／学習研究社）
シッチンは、証拠の多さにもかかわらずレプティリアンや爬虫類人の存在をまったく認めていない

が火星に向かい、火星の大気とそこにいた生命を全滅させたと推定される（探査機マーズ・パスファインダーは、火星の地表にある岩石に一万年以上の浸食の跡がないことを立証した）[55]。火星を滅亡させた「金星」彗星は、次に地球の引力に捕まったという。金星は地球の軌道を何度か回り、「黄金時代」を終わらせる津波と荒廃をもたらし、南北両極にイオン化した大量の氷を放出した。そのはずみで、「金星」は惑星として現在の軌道に投げ出されたのだ。メソポタミアと中央アメリカの古代の記録のほとんどに共通して金星は惑星として登場せず、それが後の時代になると登場するようになる。そして金星には人間の生贄《いけにえ》が捧げられるという話もある。『大いなる秘密』では、この物語全体をより詳細に研究し、多くの「謎」について解説している。食事中のマンモスが立ったまま突然氷漬《こおりづ》けにされたのは、氷がゆっくりと成長したのではなく一瞬のうちに凍りついたのだという話も含まれている。この「動き回る」金星が与えた地質学的環境的影響についてのさまざまな科学的な説明でもって、「黄金時代」の終末を描いた古代の伝説や神話が真実であることが立証された。

ヴェリコフスキーやボーイング社の物理学者たち、さらには今日その数を増しつつあるその他の研究者たちによって導き出された結論によれば、火星の生命の終焉の時期はアトランティスやレムリア（ムー）の終わりと考えられている時期と重なることになる。これは、今私たちが扱っている問題に関して最も重要なことだ。ブライアン・デズバラは、「黄金時代」は、地球外や別の次元から地球にやって来た数多くの種族が少なくとも数十万年の長期にわたり人類に混じって公然と活動した結果であると主張している。私も含め、そう考える人は多い。デズバラは、同僚だったボーイング社の物理学者たちと同様、大激変の前の地球は今よりも太陽の近くにあり、火星は今の地球の軌道を回ってい

が、彼の著書は覚えておくに値する。

55. "The Great Pyramid Mystery"

たと考えている。独自に研究を行っていた科学者、C・J・ハイマン博士とC・ウィリアム・キンズマンは、地球はかつて現在の金星の軌道を回っていて、火星が現在の地球の軌道を回っていたと主張している。[56]太古の伝説は、地球の一日や一年はかつて現在より短く、人間の寿命はもっと長かったと伝えている。[57]もし火星の表面にある深い峡谷が大規模で激しい水の流れによって作られたものなら、昔の火星は今より気候が温暖だったことになる。今の火星はとても寒いので、水はあっという間に凍りついてしまうし、真空同然の大気は水をすぐに蒸発させてしまう。[58]地球がもっと太陽に近い軌道を回っていたとすれば、最初の地球人は、今より強烈な太陽光線に適応するために必要な色素を充分に持った黒人種だったはずだとデズバラは言う。ストーンヘンジ周辺やフランスの西海岸沿いで見つかった古代人の骨には、多くのアフリカ人女性の鼻と脊髄《せきずい》に共通する特徴があった。[59]世界中にある古代の人工物や彫刻、絵画もまた、高度な文明を持った黒人種がいたことを示している。

シュメール文書には、神々(gods)アヌンナキが災害を逃れるためにどんなふうに地球を去っていったかが描かれているほか、彼らがその原因を作ったという指摘さえある。[60]大災害を生き延びたのは、テクノロジーと先を読む力のあった異星人だけだった。おそらく前もって警告があり、それによって、混乱状態に陥る前に地球を去った者や、地中深くか洪水の水が届かない(ボーイング社の研究によれば、水は三〇〇〇メートルの高さにも達したらしい)山岳地帯に避難した人びとだった。地球は大昔に遡《さかのぼ》る天然あるいは人工のトンネルや洞窟で穴だらけだ。その多くは、数千人が暮らしていたという地下都市を含め、フェニキア人の中心地の一つであり、後にイングランドの聖ジョージとなる「カッパドキアのジョージ」の出生地でもある、トルコのカッパドキアにある。カッパドキアではこれま

56. "Our Haunted Planet" 一三一、一三三ページ(『宇宙からの福音』一九八ページ)
57. 同右
58. "The Great Pyramid Mystery"
59. 同右
60. ゼカリア・シッチンによる翻訳

でに三六の地下都市が見つかっていて、デリンクユには地下八階に及ぶ巨大な建造物もある。換気システムは非常に効率的で、地下八階でもなお空気は新鮮である。付近からは、三〇の巨大な地下都市をトンネルで結ぶ迷路のような構造も発見されている。洪水があったから、生き延びるのに必要だったから、洪水後の世界の農業は、ふつう考えられるような肥沃《ひよく》な平原ではなく、標高三〇〇〇メートルという土地で始まったのだ。植物学者のニコライ・イワノヴィッチ・ヴァヴィロフは、彼が調査した世界各国の五万種類の野生植物は、わずか八つの地域から派生していることを明らかにした。そして、そのすべてが山岳地帯である。[61]ジェームズ・チャーチワードは、これは大激変によって山脈が形成され、多くの低地がかなりの高さに隆起したためだと見ている。古代の物語は、大激変やそのほかの地殻変動が収束して地球が落ち着いた後、生き残った者たちがトルコやイランにあるシュメール北部の高い山からメソポタミアの平原へと下りてきたと伝えており、この話は数多くの証拠によって裏づけられている。洪水が引いたときにノアの箱船がとまったと聖書に書かれているのは、トルコの山岳地帯にあるアララト山である。[62]シュメール文書にもまた、神々（gods）アヌンナキが荒廃した彼らの中心地を再建し、復旧させるために戻ってきて、文明がシュメールとして歴史に姿を表した様子が語られている。しかし私は、「シュメール文書」に刻まれた物語の大部分は、レムリアやアトランティスで起こった出来事だと考えている。研究者の中には、アヌンナキの洪水前の街の名残が、激変後に深く、広くなった現在のペルシャ湾の下で見つかるのではないかと言う者もいる。[63]場所や災害の影響の程度によっては、「黄金時代」の偉大な建造物のいくつかは今もその姿を現にとどめており、私たちはそれを見ることができる。それらはみな数万前から数十万年前のものだ。他の有名な場所や

61. "The Great Pyramid Mystery"

62. 『創世記』第八章第四節

63. R.A. Boulay, "Flying Serpents And Dragons, The Story Of Mankind's Reptilian Past New revised edition（空飛ぶ蛇と竜、および人類のレプティリアン的過去）" (The Book Tree, PO Box, 724, Escondido, California, 92033, 1997) 一二四、一二五ページ

建造物は、シュメール人によって約六〇〇〇年前から建造されたり、再建されたりしたものだ。私は今のところストーンヘンジとエイヴベリーは後者だと感じているが、ギザ台地のピラミッド群は必ずしもそうではないし、南アメリカの息をのむような建造物のいくつかは明らかにそれとは違う。それらは「黄金時代」に造られたものに違いない。

これらの大激変のより詳細な証拠については、『大いなる秘密』や『地球滅亡寸前の日』をはじめ、この主題に焦点を当てた一連の書物で読むことができる。ヴェリコフスキーの著書については、章末の出典［52］に載せた。この情報の公開が「科学」、「教育」、そしてメディアの主流の中で抑えられたのは、それが人間の認識にドミノ効果を及ぼすとの懸念からだ。世界記録に挑戦しようというドミノ倒しを見たことがあるだろうか？ 最初の一枚を倒すと、残りが順々に倒れていき、最後にはすべて倒れるように、ドミノが並べられる。私がマトリックスと呼んでいるコントロール・システムもそのようなものだ。一つが倒れるとすべてが倒れはじめるので、イルミナティは、自分たちのアジェンダのドミノのどの一枚も倒れないよう必死に守らなければならない。私たちが「歴史」と呼んでいるもののコントロールは、これらの「ドミノ」のうちでもきわめて重大なものだ。もし、数千年前に高度に発達したテクノロジーを持つ社会が存在し、それがとてつもなく大きな地質学上の激変によって終焉を迎えたことを知れば、世界は違った光に照らされて見えるだろう。人間の進化の公式見解全体が粉々になる。私たちは、その人たちは誰だったのかと尋ねるだろう。彼らはどこから来たのか？ 彼らはその知識とテクノロジーをどこで手に入れたのだろう？ エジプトやシュメール、その他古代人が残した驚くべき建造物の謎が、突然謎ではなくなる。そしてもし、エジプトとシュメールが同じ進んだ知識によって創設されたとすれば、それは大激変前の人びとの一部が生き残っていたに違いないことを意味するのだ。では、数千年の間に彼らの知識に何が起こったのか、また、彼らの血流に何が起こったのか？

堤防に一つ穴を開ければ、そこから水がどっと流れだす。だからイルミナティは、宗教や、最近では「科学」を手段として、人間の歴史の真実の物語を暴くすべての知識と情報の隠蔽《いんぺい》に躍起になっているのだ。そう考えれば、霧がすうっと晴れてくる。

第3章

神々（gods）による支配

調査なき糾弾は無知の極みである。

アルベルト・アインシュタイン

死んでも別次元（密度・周波数）の旅は永遠に続く

古代の伝説は、アトランティスやレムリアの高度に発展した文化は、銀河のさまざまな場所や宇宙の異次元から来た地球外種族によってもたらされたものだと語っている。

抑えこまれた知識に心を開けば、自分たちが住んでいると思っている世界は、たくさんある周波数帯域の中のほんの一つにすぎないことがわかる。すでに述べたように、宇宙《クリエーション》は、異なる速度で振動する数限りない生命の次元から成り立っている。あなたが今いる空間には、無数のラジオ局やテレビ局が放送する異なる周波数の電波が流れているのを考えてみていただきたい。それらはみな、あなたの体があるのと同じ空間を共有している。あなたはそれらの電波を見ることはできないし、それぞれの電波が互いを認識することはできないが、それはどの電波も異なる周波数で振動しているからだ。あなたがラジオのダイヤルを回して別の局に合わせたとき、最初に聴いていた局はあなたがもう聴いていないからといって急に放送をやめたわけではない。放送は、それまでと変わらず続いて（存在して）いる。違うのは、あなたがその周波数にダイヤルを合わせていないということだけなのだ。すべての宇宙《クリエーション》に属するあらゆる生命と存在が持つ無限の周波数も、同じ空間を共有している。この異なる周波数帯域は、通常「次元」と呼ばれているが、その意味が理解されているので問題はない。もっと正確には、「密度」ということになる。エネルギーの振動が遅いほど密度は高くなり、「固体」として姿を表すようになる。振動が速いほど気体に近づき、実体がないように見えてくる。やがて振動数があまりにも速くなると、私たちが知覚できる周波数帯域、あるいは密度の外に出てしまい、もはや見ることはできなくなる。私たちが見ることができる周波数帯域は、「第三密度」あるいは「第三次元」と呼ばれる。今私たちは、肉体で感覚できる周波数域にチューニングしているために、ものを見たりものに触れたりすることができる。私たちは「死ぬ」と肉体を離れ、この周波数帯域を離れるが、別の密度、別の次元への旅は永遠に続く。私たちの意識や思考は永遠であり、いつでも自分を感じることができる。すなわち、すべての周波数、すべての生命の発現は、みな同じエネルギーである。私たちは一つなのだ。これが、イルミナティの「太陽の神殿」が何千年にもわたり抑圧しようとしてきた「一者の法則」である。地球外生命体や異次元の存在の中には周波数の変え方を知っている者もいて、まるでラジオのチャンネルを変えるように周波数を変え、異なる密度の間を移動し、現れたり「消えたり」するのだ。そこにあったものが目の前で「消えた」という報告があるのはこのためだ。しかし、実際にはそれらは「消えた」のではなく、人びとがアクセスできる周波数帯域の外に出たわけである。UFOも同じことだ。

主要三異星人の「タイタン調査計画」規則を逸脱したレプティリアン

オリオン座、シリウス、すばる（プレアデス）、火星などの星座、惑星、恒星からの来訪者は、大きく三種類に分けられる。「金髪碧眼《へきがん》」の白色人種、さまざまな形態の爬虫類型異星人《レプティリアン》、そして最近のUFO伝説において「グレイ」と呼ばれている宇宙人だ（299ページ参照）。ほかに、高等な黒色人種や、人類以外の生物による誘拐《アブダクション》を体験したという人の話によると、昆虫のような姿をした者もいるという。これは、UFO研究家のあいだで「インセクトイド」として知られている。条件づけされた現実観からこれらの事実を受け入れ、理解することは難しいだろう。しかし、第一に、私は自分の言葉を受け入れてほしいと思っているわけではない。これは単なる情報であり、それをどう考えるかはあなた次第だ。第二に、世界は、条件づけされた目に映っているようなものではまったくない。また、他の著書や講演の場合と同じく、本書も事実を一つひとつ積み重ねていく形になっている。だから、レプティリアンやグレイ、ノルディック、またそれらの交配種の存在を示す詳細な情報は、読み進むにつれて徐々に明らかにされていくだろう。ノルディック、レプティリアン、グレイの繋《つな》がりがわかれば、今日の世界が見えてくる。『アトランティス・コネクション』の著者、W・T・サムセルはこう書いている。

「レムリア時代の前半、異星人は観察者《オブザーバー》としての役割を果たしているにすぎなかった。つまり、彼らはこの時点において調査の対象に介入したり、関わりを持ったりすることはなかったのである。宇宙から来た我らが親族は、地球人類の発展と進歩をただ観察し、調査していた。私はこれを『アトランティス・コネクション』の中で『タイタン計画』と呼んだ。タイタン計画を主に遂行していたのはシリウス、プレアデス、オリオン座からの三つの異星人グループであるが、そこにはほかの地球外種族も関わっていた。ここにレプティリアンの種族が登場する。シリウス、プレアデス、オリオン座から来た異星人は計画の条件に沿って協力しあうことに合意していたが、レプティリアンについては、反逆者あるいは謀叛人《むはんにん》という分類をせざるをえない。彼らは、計画の主要三異星人が設けたタイタン調査計画の『規則』あるいは原則を守ろうとしなかったのである」[1]

これら二つの種族、つまり金髪碧眼種とレプティリアンは、互いの利益のために同盟を結ぶこともある一方で、どうやら銀河のあちこちで抗争を繰り返してきたようだ。イルミナティの背後で（ともかくある面では）支配的な影響力を持っているのはレプティリアンの種族であるが、グレイ型宇宙人やＵＦＯ研究家の間で「ノルディック」と呼ばれている地球外白色人種もそこにかなり関わっている。地球にいる残りの人類は彼らの争いや同盟の駒《こま》にすぎない。レプティリアンとノルディックは混血の血流を生み出すために互いに交配を重ねてきた。レプティリアンは世界中のほかの種族とも交配しているが、彼らにとってはノルディックとの関係が最も重要であるらしい。［＊］この融合によってレプティリアンの遺伝子コードがＤＮＡに埋め込まれ、その血流が過去数千年にわたり世界を支配し、今日なお権力の座についている。このことは追って明らかにしよう。かつてエジプトのファラオやヨーロッパの王族であった血流は、現在ではアメリカ合衆国の大統領や、大銀行やマスメディアのオーナーに引き継がれているのだ。アトランティスやレムリア（ムー）の「黄金時代」から現在まで、「蛇」というテーマが根底に流れ続けている[2]。二つの文明は、「竜の国」、「母なる国」として伝えられている。ギリシャ人はアトランティスのことを「ヘスペラ（Hespera）」（ヴィーナスの異名）と呼び、その国は竜に守られていたと言っていた[3]。アメリカの原住民の記録では、アトランティスは「竜の

1. アイクの発行するウェブマガジン第7号（一九九九年十一月十五日発行）に掲載されたW・T・サムセル執筆の記事"Concerning the Reptilian Agenda"(http://www.hiddenmysteries.org/author/samsel/reptagenda.html)

2. "The Return Of The Serpents Of Wisdom（賢き蛇の再来）" 七ページ

3. 同 二二ページ

国」あるいは「古き赤の国」を意味する「イツァムナー（Itzamna）」と呼ばれていた。[4] アルゴンキン族は、アトランティス大陸を「パン（Pan）」と呼んだが、これは半身が山羊の姿をしたギリシャの神と同じ名である。「パン」はもともとアトランティス文明で竜あるいは山羊の神を指していたことが、ギリシャやエジプトの古い記録からはうかがえる。[5]「ムー」という名前自体の発音は、ポリネシアの言語の「竜」という語に近い。[6] インドのタミル語の書物『シラッパディハーラム』には太平洋とインド洋にあった失われた大陸のことが書かれているが、それは「不死の蛇の住む竜の国」を意味する「クマリ・ナドゥ（Kumari Nadu）」あるいは「クマリ・カンダム（Kumari Kandam）」と呼ばれている。[7]

［＊］本書で最も重点をおいているのはレプティリアンの血流であるが、その他の地球外種族に由来する血流も存在する。たとえば、北アメリカのチェロキー族や南アメリカのマヤ族の記録、あるいはギリシャの歴史家アポロドーロスやディオドロスは、白色人種やレプティリアンの故郷であるプレアデスの種族がアトランティスと関わりを持ち、異種交配で巨人族の子孫を残したという説を唱えている。

4. 同　二二ページ
5. 同　四〇ページ
6. 同　七ページ
7. 同　九ページ

THE MZUNGU
Long, long before Africans met the White
people from Europe they first met a race
of golden-haired and blue-eyed aliens from
Space, a race to which the Africans gave the
name MZUNGU. When Africans finally Saw Europeans
they transferred this name to them. The MZUNGU
Space aliens carry a mystic Silver Sphere that enables
them to appear and vanish at will. A MZUNGU recently warned
three Black Shamans about the coming destruction of Africa.

この「ノルディック」（アフリカの伝説では「ムズング」）という異星人の姿は、ズールー族のシャーマン、クレド・ムトワが描いた。長身で肌は白く、アフリカの伝説や報告によれば、姿を現したり消したりすることができた。このことは、ヨーロッパ人が初めてアフリカの地を踏むずっと以前から、アフリカ中で知られていた。アフリカの人びとは、ヨーロッパから来た入植者たちを見て「ムズング」が戻ってきたのだと思い、そのまま「ムズング」と呼んでいた。

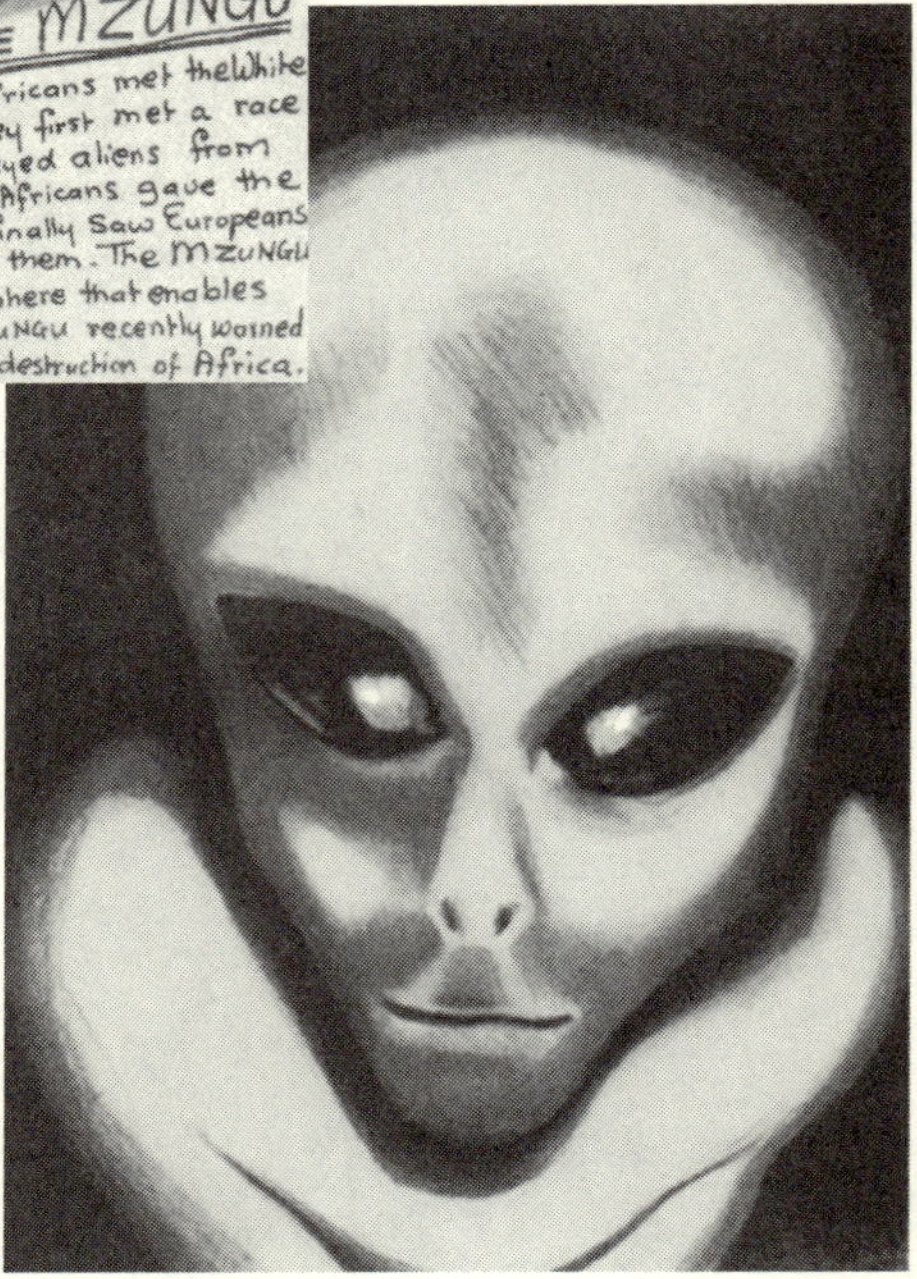

人類以外の生物として最も多く報告されているのは、大きな黒い目をした「グレイ」である。しかし、灰色《グレイ》の「体」と黒い「目」は、実は太陽光線を避けるためのものらしい。「スーツ」の中身はレプティリアンだ。この絵はヒラリー・リードによる。

アブダクション（誘拐）その他の体験談から、「地球外生命体」は主に３種類いることがわかっている。これは何種類もいる爬虫類型異星人の一種。古代や現代の説明をもとに、アーティスト、ヒラリー・リードが描いたもの。

ドゴン族伝承／水陸両生のシリウス人《アヌンナキ》は秘密結社の祖

発達した技術を持つこれらの地球外や異次元の生命体はアトランティスやレムリアに神秘主義結社《ミステリースクール》や秘密結社のネットワークを作り、選ばれたイニシエイト（秘儀を受けた会員）に彼らの知識を伝授していた。伝説によれば、彼らは地球から約八・七光年離れた夜空で最も明るい星「犬狼星《ドッグ・スター》」、すなわちシリウスから地球にやって来たという。「ドッグ・スター」という名前は、この星がおおいぬ座にあることに由来し、「オリオンの犬」としても知られている。[8] 伝説には、シリウスから来た生命体は優れた高度な知識をアトランティスとレムリア（ムー）にもたらし、アトランティアン・ミステリースクールを設立したとある。ロバート・テンプルは著書『知の起源――文明はシリウスから来た』で、アフリカ、マリのドゴン族の間には、シリウスからやって来た生命体が祖先に宇宙の知識を教えたという言い伝えがあると述べている。テンプルによると、ドゴン族は、シリウス人が水陸両生で「蛇のような特徴」を持っていると説明している。この特徴は今後も繰り返し出てくる。テンプルは、シュメール文書に出てくるアヌンナキを、シリウスからの生命体のことではないかと言っている。さらに、スフィンクスの胴体はライオンではなく犬のものであり、ドッグ・スター、つまりシリウスのシンボルだろうという考えも示した。[9] スフィンクスの顔はファラオではなく女性のものだとする研究者もいる。たしかに、エジプトではライオンの体はスフィンクスのものとはまったく違う表現がされており、犬のシンボルは古代神話によく登場している。[10] 実際、古代エジプト人は犬を崇《あが》めていたし、

8. Robert Temple, "The Sirius Mystery" (Destiny Books, Vermont, 1968) 八六ページ（『知の起源――文明はシリウスから来た』ロバート・テンプル著／並木伸一郎訳／角川春樹事務所）

9. 同 一一、一二ページ（『知の起源』二四ページ）

10. 同 一二ページ（『知の起源』二四、二五ページ）

犬のシンボルはシリウスを指す符号として使われていた[11]。シリウス系は女性を象徴しているので、犬の体に女性の顔がついていることは納得がいくが、それをライオンであるとする説もまだ存在する。シリウスは地平線近くでは赤く見えるため、赤い色とも関連づけられる[12]。赤は儀式や象徴においてシリウスの色とされている。長い間、スフィンクスは赤く彩色されていた。このことを、「赤い惑星」である火星を象徴していると結論づけるのはわかりやすい論理だが、ほかの証拠を引いてくると、シリウスである可能性のほうが高い。最新の研究によれば、ギザの大ピラミッドの王妃の柱はシリウスを指すように設計されている。ロバート・テンプルは、太古の時代に水陸両生の種族がシリウスから地球にやって来て、高度な文明を生み出す知識をもたらしたという考えを裏づける多方面からの証拠を豊富に示している。また、パリのルーブル美術館にあるギリシャ関係の展示品の中にはシリウス系を蛇として表現しているものがある[13]。

テンプルが研究を始めるきっかけとなったのは、アフリカ北西部にあるマリのドゴン族が一九三一年にフランス人研究者に語ったシリウス系についての驚くべき情報だった。研究者たちによると、ドゴン族は冥王星までのすべての惑星および最近になって確認された衛星についての知識を持っていた。ドゴン族は、シリウスの周りを公転する非常に重い星があり、それは世界中の人の力を合わせても持ち上げられないほど重いとも言った[14]。それは現在シリウスBと呼ばれる星だが、当時はまだ科学者にも発見されていなかった。ドゴン族は、その星がシリウスAを回る周期は約五〇年で、その大きさは「限りなく小さい」と語ったという[15]。現在、私たちはそれが真実であることを知っている。シリウスBは矮星《わいせい》で途方《とほう》もなく重い。彼らの話には続きがあり、シリウスには三番目の星があって、シリウス

11．同　二六八ページ
12．同　八六ページ（『知の起源』九五ページ）
13．同　二三二ページ
14．同　六八ページ（『知の起源』二八九ページ）
15．同右

Aの周りをやはり五〇年ほどで公転しているということだった。これは当時も発見されていなかったが、その星の存在は一九九五年に天文学者により確認され、シリウスCとして知られるようになった。[16] イルミナティが使う数字の「3」あるいは三位一体のシンボルは、シリウスの三つの星とある程度関係しているようだ。古代神話に「五〇」という数字が常に出てくるのはシリウスBとCの五〇年という公転周期のことで、また、この二つの星の象徴は「双子」であり、二つの星の公転周期を足した一〇〇年がその符号として使われているのだとテンプルは述べている。確かに、「双子」の象徴は、古代世界のいたるところに見出すことができる。ドゴン族はシリウスBを「ディジタリア（イネ科メヒシバ属の一年草）」、シリウスCを「ソルガム（イネ科の一年草、モロコシ）」あるいは「女のモロコシの星」と呼んでいる。[17]「小さな太陽」あるいは「女の星」という呼び名もある。[18] ドゴン族にとって最も重要な星は、目には見えないシリウスBだ（彼らの知識は正しかった）。今日でも彼らの宗教儀式はシリウスの周期が基になっている。シリウス《ドッグ・スター》、すなわちシリウスAの質量は太陽の二・五倍で、明るさは三五・五倍だ。[19] 太陽が太陽系全体の質量の九九パーセントを占めていることを考えると、なかなかのものだ。[20] シリウスBの質量は太陽の一・〇五三倍であるが、とてつもなく圧縮されているのでとても小さい。

たいていの古代社会——そして秘密結社は、その重要な部分にシリウスへの注目が見られる。夏の暑さの一因はシリウスにあると信じられているため、猛暑の時期を「ドッグ・デイズ」と呼ぶ。エジプトの暦はシリウス（ギリシャ語ではソティス）の動きによって決められており、ソティス暦は、シリウスが太陽の直前に空に昇る、いわゆる日出前出現《ヘリアカル・ライジング》に基づいている。[21] 数字の「23」は、ドゴン族の

16. 同　三ページ（『知の起源』三ページ）
17. 同　六八ページ（『知の起源』二八九、二九〇ページ）
18. 同右
19. http://www.britannica.com/eb/article-9067991/Sirius/
20. "The Sirius Mystery" 二六、二八ページ
21. 同　八五、八六ページ（『知の起源』九三ページ）

ほか、エジプト人やバビロニア人にとっても重要な数字だった。これについては、シリウスと地球と太陽が一直線上に並ぶ七月二十三日のヘリアカル・ライジングとの関連を指摘する研究者もいる。この現象が二つの天体間を結ぶ一種の次元間（密度間）移動装置、「スターゲイト」を作るのではないかと考えている研究者もいる。ヘリアカル・ライジングを新年の始まりとする文化は多い。スフィンクス（犬だろうか？）の両目は七月二十三日にシリウスが地平線から昇る地点にまっすぐ向いており、ピラミッドも正確にその地点を向いていると言われている。[22] 偶然にも、毎年この日に、イルミナティの選ばれたメンバーがカリフォルニア州北部の「ボヘミアン・グローブ」と呼ばれる場所に集まり、フードのついたローブを着用し、一二メートルもあるフクロウの石像のもとで忌《い》まわしい儀式を行う。詳細は『大いなる秘密』に書いたとおりだ。この儀式については、追って述べることにする。フリーメイソンほか、イルミナティのネットワークに属する秘密結社はシリウスを重要視してきた。シリウスは「東の星」として知られるが、女性の入会を許しているあるフリーメイソンの組織がまさにこれを組織名に使っている。[23] シリウスはエジプトの緯度では最初に東の空に昇る星だ。悪魔主義《サタニズム》を象徴する東の星は逆さになった五芒星《ごぼうせい》で表され、彼らはこれをシリウスのシンボルにしている（図2）。悪魔主義者たちは、円の内側に描かれた五芒星を、異次元にいる悪魔的な存在をこの世界に呼ぶ（あるいは「悪魔の王国を地上に来たらしめる」）儀式で使った。五芒星は「メンデスの山羊《やぎ》」あるいは「バフォメット」として知られる山羊によって象徴されるもので、テンプル騎士団の秘密結社はこの偶像を崇拝したとして、一三〇七年にフランスで粛清《しゅくせい》されている。山羊の頭はシリウスとも関連がある。古代の人びとは、大神殿を設計するときにはシリウスが昇る地平線上の地点をまっすぐに指す

22. "The Sirius Mystery and the Dogons"

23. http://www.easternstar.org/ を参照のこと。

ペンタゴン(米国国防省)にも組み込まれているこのシンボルの起源は、シリウス!

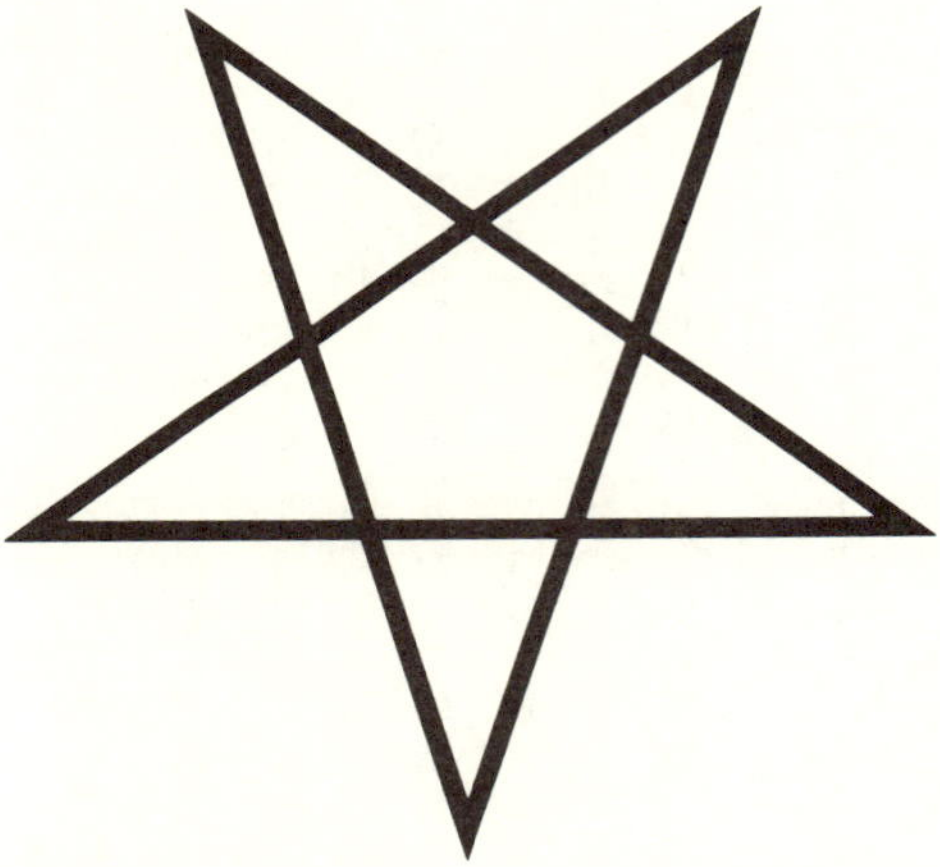

図2：古くから悪魔主義を象徴する逆五芒星は、明らかにシリウスのシンボルである。

米国国防省《ペンタゴン》は五芒星形の真ん中に位置している。これは、象徴主義にこだわるイルミナティが、わざわざそのような場所に米軍本部を置いたからだ。

ようにし、重要な儀式ではシリウスに焦点を置いた。それは、今日イルミナティでも多く行われている。シリウスの昇る方角に向けて建てられた建造物には、たとえば、エジプト、デンデラのイシス神殿がある。[24]

人頭蛇身の伏羲《ふくぎ》、女媧《じょか》、半身半蛇のイシス、オシリス、ネプチューン

エジプト神話に登場する女神イシスは、シリウスのシンボルだ。ロバート・テンプルは『知の起源』の中で、イシスはシリウスであり、イシスの妹である女神ネフティスはシリウスBを表すという考えを示している。イシスの姿は見えるがネフティスは見えないとされているのは、ちょうどシリウスAとBの関係のようである。このほか、シリウスを象徴するものにアヌビス（エジプト語ではアンプ）がある。アヌビスは犬の神、あるいはジャッカルの頭を持つ神として表され、エジプトの「太陽神」であるオシリスと結びつけられる。[25] また、アヌキスはソティス、サティスとともに天界の舟をこぐ女神だが、女神と関連することからもおそらくシリウスの三つの星のことである。ソティスという言葉は、ギリシャ語ではシリウスを表す。犬や狼のシンボルは、蛇やレプティリアンを崇拝するカルトにはよく見られるものだ。ズールー族のシャーマン、クレド・ムトワによると、ズールーの伝説で、シリウスは「狼の星」と呼ばれている。「アヌンナキ（Anunnaki）」として知られるレプティリアンの「神々（gods）」の長は、シュメール文書では「アン（An）」、（後の「アヌ（Anu）」として記録さ

24. "The Sirius Mystery" 八五ページ（『知の起源』九三、九四ページ）

25. 同 九六ページ（『知の起源』一〇二ページ）

れている。アヌンナキはジャッカルあるいは犬の姿で表される。エジプトの信仰においてシリウスと結びつきがあったのはオリオン座であるが、興味深いことに現代のUFO研究者たちはレプティリアンをシリウスとオリオン座の双方に関連づけている。エジプト神話では、イシス（シリウス）はオシリス（オリオン？）の伴侶である。今日でも使われているイルミナティの重要なシンボルには、目、三角形あるいはピラミッド、五芒星、オベリスク、そしてドームがある。シリウスは、エジプトのヒエログリフではオベリスク、ドーム、五芒星で表され、マリのドゴン族の近縁であるボゾ族には「目の星」と呼ばれ、また、ヒエログリフでは三角形で表される（三つの点は、シリウスの三つの星を意味する）。三角形はピュタゴラス学派の暗号では水のシンボルであり、[26] 目はエジプト神話でオシリスのシンボルである。弓と矢もまた古代の人びとが使用したシリウスのシンボルであり、シリウスは「弓の星」としても知られていた。エジプト語の「弓の射手」という言葉には、「重い星の金属」という意味もあり、これはシリウスBのことである。またエジプト語の「重い星の金属」という言葉は矮小や重さを意味する言葉に似ている。[27] シュメールのギルガメシュ叙事詩には、あまりにも重くて持ち上げることのできない星（シリウスB）が出てくる。この星は、アヌンナキのリーダーであるアンあるいはアヌと関連づけられている。エジプトの主神、オシリスもまた、アンと呼ばれていた。シュメールの伝説のジャッカルあるいは犬の頭を持つ神アンの娘は女神バウで、犬の女神である。このことは、バウが犬の鳴き声を表す英語の「バウワウ」の語源であることを示している。[28]「バウワウ」が犬の声とは似ても似つかないのは明らかだ。シュメールの叙事詩によれば、ギルガメシュには五〇人の随伴者がいたというが、この数字はシリウスBがシリウスの周りを公転する周期である五〇年を象徴

26. 同　二六八ページ（『知の起源』二九四ページ）

27. 同右（『知の起源』一四一ページ）

28. 同　一三七ページ

しているのかもしれない。古代の人びとがシリウスおよびシリウスBを彼らの生活の上で非常に重要なものと考えていたのは間違いない。

ドゴン族は、シリウスからの水陸両生生物のことを「水の主」を意味する「ノンモ」と呼んでいたという。この地球外種族の存在は、古代の記録によって広く裏づけられている。シュメール人は、彼らの文明は海からやってきた奇妙な生物によって築かれたと伝えている。歴史家アレクサンドロス・ポリュイストール（紀元前一〇五年生）は、これらの生物は水陸両生で夜は海に戻ることを好んだと記している。[29] その生物は「半魔《セミ・デーモン》」（半分が人間で、半分が非人間）であり、理性を授けられた獣であると説明されている。[30] また、ほかの伝説によると、知識や寿命の長さにおいて超人間的だったという。彼らは不死身で、地球の動物相の標本をたずさえ、船に乗って「神々（gods）」のところへ戻る。興味深いことに、ドゴン族はシリウスを「魚の土地」あるいは「正真正銘の地球」と呼び、ノンモが地球に降り立った日は「魚の日」として知られている。[31] バビロニアの神官ベロッソスは、人類の起源は「魚の神」であるオアンネスだろうと記している。この神はフィリスティア人にとってのダゴンにあたる。オアンネスについて語られていることは、シュメール人がレプティリアンである神々、アヌンナキの主神の一人、「エンキ」について語っていることと同じである。水はエンキと非常に密接な結びつきのあるシンボルであり、エンキは水中および空中を進むことのできる船に乗ったという。また、魚あるいは爬虫類《はちゅうるい》のような鱗《うろこ》をもつ巨人だったとも伝えられている。バビロニアの伝説によると、オアンネスは、頭と足は人間だが、胴と尾が魚だという「アンネドトス」（「冷淡な者たち」の意）の一人である。[32] これが人魚伝説の起源となっていることは疑いない。ギリシャの「海の老人」と

29. 同　六〇ページ（『知の起源』二六七ページ）
30. 同　二七八ページ（『知の起源』二七四ページ）
31. 同　七六ページ（『知の起源』八五ページ）
32. 同　二七九ページ（『知の起源』二六五ページ）

呼ばれる神々は「人魚《マーマン》」として記されている。この人魚たちと争うと、彼らは姿を変えると言われている。また、アテネの祖とされる伝説のケクロプスとその息子は、半人半蛇の両生生物であったという。ギリシャの神、テュポーンもまた、半人半蛇の姿をし、神話ではシリウスと関連がある。イシスとオシリスも魚あるいは蛇の尾を持つ像に表されることがある。ギリシャ神話のポセイドン、ローマ神話のネプチューンも同じ主題をシンボルとしている。

ズールー族伝承／「海に棲《す》む魚人」はシリウス星人

アヌンナキ（アンネドトス）は水と非常に関連性が強いようだが、彼らの血流は今日でも「水に属する」ことに関連するコード名をしばしば使用する。この血流の主要な家系はテキサス、アリゾナ、ネバダ、カリフォルニアといった非常に暑い地域に見られるが、それ以上に、水が豊富で高湿な寒冷地に住んでいることが多い。彼らの中心地として代表的なオランダは、大部分が海を干拓した土地であり、世界でも最も湿気の多い国に数えられる。寒冷多湿のヨーロッパ貴族の城や宮殿もまた、彼らが好む住処《すみか》だ。アヌンナキ（そして彼らのリーダーであるアンあるいはアヌ）もそうだが、「アヌ」という語は古代の神話に何度も現れる。アヌビス、アヌキスもその例であるし、古代サンスクリットの「アヌパ（anu-pa）」は「水の豊かな国」の意味である。[33] 古代の伝説や信仰によると、シリウス系は草木がうっそうと茂った水の豊かな、すなわち両生類や爬虫類に最も適した場所だったことを示し

33. 同 九六ページ

ている。中国の伝説によると、彼らの文明は、紀元前三三二二年に「伏羲《ふくき》（Fu-Hsi）」という両生生物によって開かれたとされる。伏羲は人頭蛇身と描写され、大洪水の後に「女媧《じょか》（Nu Gua）」という人物と近親相姦にあたる交わりで子孫を残したと伝えられる。女媧もまた人頭蛇身で表される。古代中国の「共工《きょうこう》（Gong-Gong）」という神もまた、蛇の体を持った有角の怪物である。これはエジプトの「セト」やドゴン族の神話の「オゴ」と非常によく似ている。中国に伝わる両生生物には、ほかに皇帝の「禹《う》（Yu）」（「禹」は爬虫類に関係する文字である）とその父「鯀《こん》（Gun）」があり、歴史や神話を描いた絵の中に見られる彼らの姿は、ドゴン族のそれとよく似ている。

今日、世界中の人びとからＵＦＯが海や湖から飛び立ったり、そこに降りて来たりしているのを目撃したという報告が次から次へと伝えられている。とりわけペルーとボリビアにまたがるチチカカ湖は、航行可能なものとしては世界で最も標高が高い湖だが、ここでのＵＦＯの目撃例は多い。有名なＵＦＯ研究者、ティモシー・グッドは『アンアースリー・ディスクロージャー』の中で、このような現象を数多く報告している。グッドはこのような物体をＵＳＯ（未確認潜水物体）と呼び、世界中の目撃者の談話を載せているが、特にコスタリカのコーテ湖とプエルトリコの山間部にあるエル・ユンケの熱帯雨林での目撃談が多い[34]。ノンモが乗ってきた「箱船《アーク》」は、ドゴン族の話からすると、宇宙船に非常によく似ている。ロバート・テンプルによれば、ドゴン族の伝説でノンモの箱船が着陸したとされているのはエジプト辺りで、着陸時の騒音と振動はすさまじく、大きな砂煙が渦巻いたという。ドゴン族は、ノンモは「炎のように見えたが、地に触れたとたんその火は消えた」と言っている。宇宙船あるいは箱船は三本の足で降りたったとされ、上空にはさらに大きな物体が浮かんでいたという。

34 "Aliens Under The Sea"（二〇〇〇年十一月十一日付ロンドン「デイリー・メール」紙土曜版　四八―五一ページ）

ノンモは、彼らの仲間の一部が「妨害者」と呼ばれ、そのうちの一人は「十字の上で死ぬ」だろうと語ったと、伝説にはっきりと伝えられている。[35]

ペルーの創造神話には空から来た巨大円盤が出てくる。これは、太陽の島と呼ばれる島に着陸した。この島はチチカカ湖のボリビア側にあり、私は二度訪れたことがある。大洪水のとき、水が引いて最初に顔を出した地面がこの島の頂上だったという。ドゴン族の伝説やノンモ、そしてシリウスの物語を信用に値しないと言う懐疑論者も存在する。彼らは、この情報を初めて出版したフランス人研究者たちがすべてをでっちあげたにすぎないと言っている。しかし、ズールー族のシャーマンであり史料編纂官であるクレド・ムトワは、ズールーの人びとも同じ伝統を受け継いでいると言う。ズールー族の間では、シリウスは「狼の星」と呼ばれ、古い伝説に「海に棲む魚人」がシリウスから地球にやって来たという話がある。また、シリウスで「大戦争」があり、そのときに国を追われたのが、現在私たちが人間と呼んでいる魚人であったという。またムトワは、古代にシリウス系の記録を残しているのはドゴン族だけではないとも言っている。ズールー族は、シリウスBが「種」のように小さな星であることを、シリウス系が確認されるよりもずっと昔に知っていた。ムトワは、『星々の歌（Song Of The Stars)』でこう述べている。

「私たちの伝説に登場する水の民《ウォーター・ピープル》の王を思わせるノンモの言い伝えは、ズールーのみならずドゴン族やその他アフリカ諸地域の民族に伝えられている。それは、幾度か地球を訪れた知的生命体だという。その姿は人間のようでもあるが、爬虫類のような皮膚を持っていたと描写されることが多い。

35. "The Sirius Mystery" 三〇〇ページ

小さな悪魔とイルカをかけ合わせたようだと語られるのを聞いたこともある」[36]

アトランティス・レムリア時代、地球外種族「王族の血流」が各地に

シュメール文書を翻訳したゼカリア・シッチンによると、アヌンナキの故郷は「ニビル」という惑星で、三六〇〇年周期の長大な楕円《だえん》軌道を描いて冥王星《めいおうせい》の外側を回り、火星と木星の間を通り抜ける。私は、ニビルを惑星とする考えは正しいとは思えない。巨大彗星の可能性もある。しかし、どちらにしてもシュメール文書に登場するレプティリアンのアヌンナキとシリウス、オリオンとの間には重要な関係がある。研究者であるマーク・アマル・ピンカムは著書『賢き蛇の再来』で、アトランティスにおけるシリウス人のシンボルは三角形であり、ときに中央に一つの目を伴ったと述べている。[37] 冠石の欠けたピラミッドと万物を見通す目は、イルミナティが古代から使用しているシンボルで、合衆国国璽《こくじ》の裏面として一ドル紙幣に使われているほか、今日多くのイルミナティ企業のロゴとしても使われている（図３、４、５）。また、イギリスの情報機関ＭＩ５のロゴにもこのシンボルが使われている（１１９ページ図６）。合衆国国璽のデザインは、ケープのフードで顔を覆い隠した謎の人物が、建国の父であり薔薇《ばら》十字団員でもあるトマス・ジェファソンに手渡したものだという話が伝えられている。アトランティスが滅亡した後、生き残った者たちがこのシンボルをエジプトなどにもたらしたので、大洪水後に復活したイルミナティの秘密組織網にもそれが引き継がれて使われるようになった

36. Vusamazulu Credo Mutwa, "Song Of The Stars（星々の歌）" (Station Hill Openings, Barry-town, New York, 1996) 一三〇ページ

37. "The Return Of The Serpents Of Wisdom（賢き蛇の再来）" 二五ページ

のだ。アトランティス王族のシンボルであった三叉《みつまた》は、後に、百合をかたどった紋章「フラ・ダ・リ」となり、今日のイルミナティ血流のシンボルになっている。アトランティスにおける重要な「神」は火の神「Votan（ヴォタン）」[38]であったが、これは後にアメリカやヨーロッパで「ヴォータン（Wotan）」あるいは「ヴォーダン（Wodan）」になった。

　失われた大陸の歴史を研究しているアメリカの機関、レムリアン・フェローシップによると、レムリア文明の指導者は、金星から来た地球外生命体である「クマラ」であったという。[39]クマラは、選ばれた人びとに高度な奥義《おうぎ》を伝えるために神秘主義結社《ミステリースクール》を創設した。それは、イニシエーションのレベルによって一三の結社に分かれていたという。[40]この構成は、秘密結社の古典的な構成としていつの時代にも見られる。イニシエーションを通過し、一三番目の結社に入った者は、「蛇の位階」のメンバーとしてその知識を独学することが許される。『エデンの神々』の著者ウィリアム・ブラムリーは、これを「蛇のブラザーフッド」と呼んでいる。蛇のシンボルはイルミナティ企業のロゴに使われており、たとえば、イギリスの大手電話会社、ブリティッシュ・テレコムのロゴがそうである（図7）。レムリアン・フェローシップによると、レムリアの王や女王たちは「竜の血流」のイニシエイト（秘儀を受けた者）で、一三番目のレベルに達していた。レムリアのイニシエイトたちは、蛇を崇拝し、蛇のブラザーフッドを守ってきたのと同時に、代々、太陽崇拝者でもあった。しかし、天で最も明るい星は、私たちの太陽であろうか、それともシリウスであろうか？　レムリア史研究家で多くの著書があるジェームズ・チャーチワード大佐は、インドで発見した記録から太陽崇拝を確認した。レムリアには「太陽の帝国」という呼び名があるようで、イルミナティの太陽のシンボルはこれと関係があ

38. 同　頻出
39. 同　一五ページ
40. 同右

図３：１ドル紙幣に描かれた古代イルミナティのシンボル、万物を見通す目と冠石を欠くピラミッド

図４、５：ピラミッドと万物を見通す目は、ＲＪレイノルズやフィデリティ証券などの企業の宣伝に使われている。これらの企業もイルミナティの血流である。

図６：イギリスの情（諜）報機関、MI5のロゴにもピラミッドと万物を見通す目が使われている。MI5はイルミナティによって創設されたもので、少なくとも16世紀のエリザベス１世の時代にまで遡ることができる。

図７：イギリスの大手電話通信会社、ブリティッシュ・テレコムのロゴには、蛇のシンボルが使用されている。人物の右足から右手にかけての部分がそうである。

るかもしれないし、アトランティスの「太陽の神殿」とも関係があるかもしれない。[41]

　アトランティスとレムリアは数十万年続き、滅亡までをいくつかの時代に区切ることができる。どちらの文明も、聖職者や「竜王《ドラゴン・キング》」と呼ばれる王族の血流によって、地球上にあまねく植民地を作っていた。それとともに蛇の象徴主義《シンボリズム》も伝えられ、それは今日でも中国のような場所に、あるいは間違いなくイルミナティの間に生き残っている。かの知識、物語、あるいは象徴主義が地球上のすべての地域に伝えられ、地球外種族である王族の血流が各地に植えつけられたのはアトランティス・レムリア時代のことである。大洪水の後に、ヨーロッパの種族がアメリカ、オーストラリア、あるいは他の場所と分断されていると思われる世界の各地域を「発見」し、それらの地域の人びとが同じ説話を語り、基本的に似通った宗教を持っていることを見つけた理由も、これで説明される（図8）。これらの起源はみな、アトランティス・レムリアにあるのである。各地を巡り、アメリカや、後にエジプトとなる中東地域、ヨーロッパ、スカンジナビア、中国を植民地化していく際に、アトランティス・レムリアのイニシエイトたちは、高度な技術を用い、今日の技術をもってしても建設するのは難しいであろうピラミッドや巨大建造物を建設した。研究によると、これらの巨大建造物はそれぞれが途方もなく離れて地球上に散在しているにもかかわらず、互いに幾何学的な関係をもって建設されていることがわかっている。なぜそんなことが可能だったのか？　それは謎のように思われるが、謎などではない。古代の人びとの（そして、今日のイルミナティの）聖地は常に地球のエネルギー・グリッド（網）におけるボルテックス（渦）・ポイントにあたる場所にある。エネルギー・グリッドは、レイラインとも呼ばれる、地球上を網の目状に取り巻くエネルギーの道である。詳しくは後述する。レイラ

41. 同右

ムー、アトランティスからの文明移殖の経路

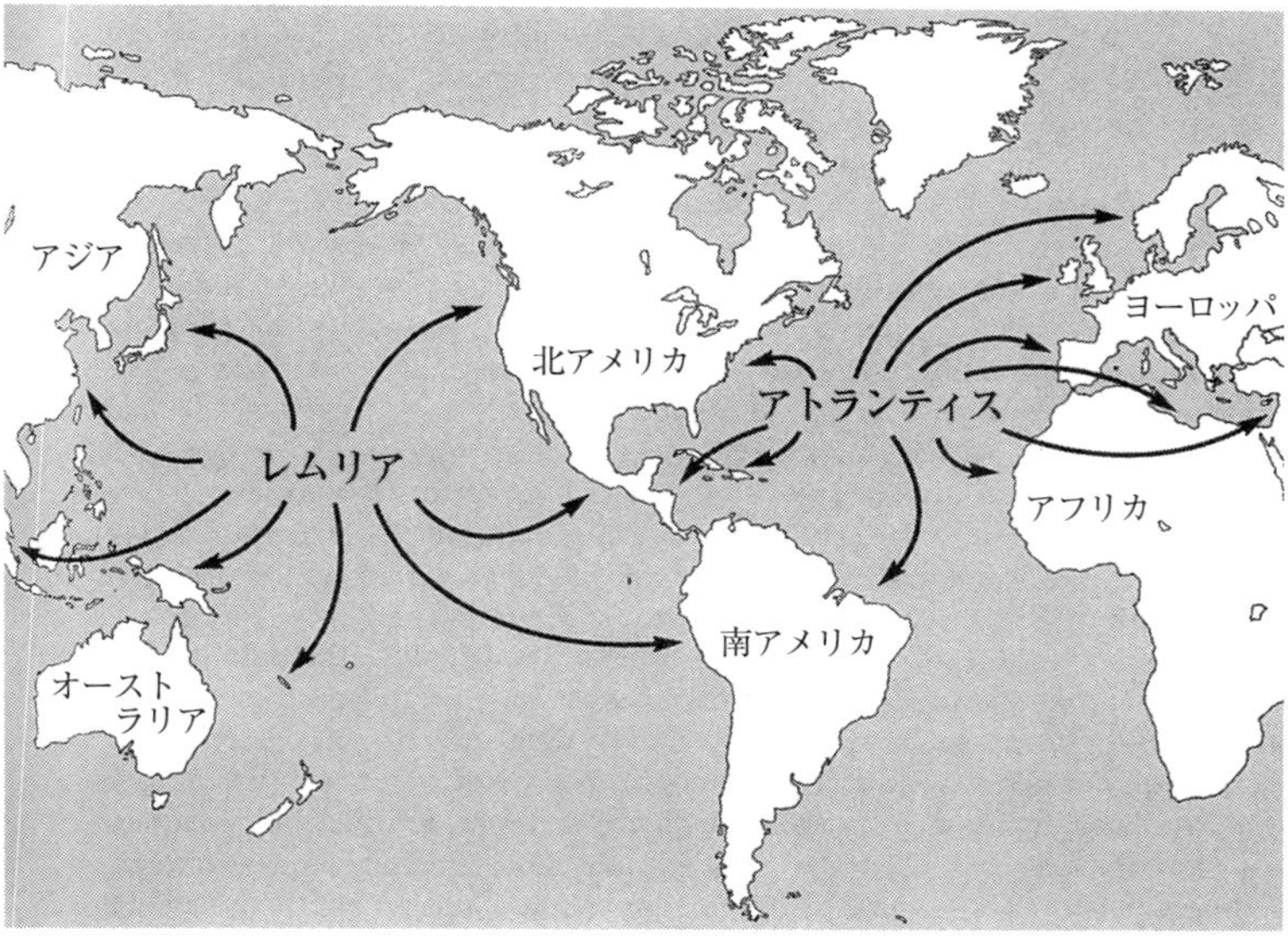

図８：「神々（gods）」が海に沈んだ国から文明を興すべき場所を求めて世界中を旅したという伝説は限りなくあるが、それは、大西洋上にあったアトランティス、あるいは太平洋上にあったレムリア（ムー）からの民族移動によって説明される。

インが交わると、らせん状のエネルギーのボルテックス（渦）が生まれるが、ラインが多く交わるほど、ボルテックスも大きくなる。アトランティス人やレムリア人が神殿やピラミッドなどを建設したのは、たとえばストーンヘンジのように、複数のレイラインが交わってボルテックスを作っているような場所である。グリッドは幾何学的に走っているので、ボルテックス・ポイントも互いに幾何学的な関係をとる。よって、これらの地点に建設されたものはみな、別のポイントにある建造物と幾何学的な関係になる。簡単なことだ。アトランティスやレムリアの人びとのように、ボルテックスの位置を知るための知識さえ身につければいい。古代および現代の有名な「聖地」には常にアトランティスやレムリアの人びととの関連を見出せる。今日、たくさんのボルテックスがあることで有名なアリゾナ州のセドナやカリフォルニアのシャスタ山は、古代レムリア人の植民地であったとされる。[42] UFO研究家によると、セドナにはレプティリアンの地下基地があり、レプティリアン種族がイルミナティに属する人間あるいは半人の傀儡《かいらい》とともに科学および遺伝子分野のアジェンダを進めている。基地はセドナのボイントン・キャニオンの地下にあるらしい。アメリカの基準からすると、そこはレムリアとの関係があったホピ族の居留区からそう遠くない。

42. "The Return Of The Serpents Of Wisdom（賢き蛇の再来）" 一七ページ

アトランティスとレムリアの植民地

アトランティスやレムリアから地球上の植民地に流出した分派に、カリア人（「アトランティスの火の神である、海に住む蛇人」の意）、エウスカラ人（カリア人とほぼ同じ意味）、トゥアルク人（Tuarkes）（偉大なるすべての火の神の蛇人）がある。[43] トゥアルク人はトゥアラク人（Tuaraks）となり、アトランティスの知恵を持ち北アフリカに住むようになった。エウスカラ人はスペインのバスク人となった。カリア人はフェニキア人として知られるようになる。あとで述べるが、これは非常に重要な事実である。[44] ジェームズ・チャーチワードはアメリカにいるカリア人についても記録を残している。今日の北アフリカのトゥアレグ人（Taureg）はトゥアルク人の子孫である。以前、外部の者がアハガル山地にある彼らの洞窟に立ち入るのを許されたことがあるが、そこにはアトランティスの祖先たちが三叉槍《トライデント》の印のある剣と蛇を持っている壁画があった。[45] トゥアレグ人の地下神殿に案内された人びとは、オウラン（Ouran）と呼ばれる緑色の爬虫類のような怪物を見たと主張している。[46] トゥアレグ人はオウランを、「祖母」とも呼ぶ蛇の女神の化身として崇拝している。トゥアレグ人は、アトランティスの火の神、ヴォルカンあるいはヴォタンをたたえる踊りを舞う。アトランティス・レムリア族はエジプトに植民地を作ったが、そこは「火の蛇の土地」を意味する「ケム（Khem）」という名で知られていた。Kの字はレプティリアンの血流の間ではよく使われる音のようであるが、エジプトのヒエログリフでは蛇の形で書かれる。「ケム」は黒い山羊をシンボルとする神の名であるが、のちにパンと呼ばれるようになった。山羊は、今でもイルミナティや悪魔主義者が崇拝するシンボルである。

数多くの記録によれば、エジプトの王族は、歴史家が公式にエジプト文明が起こったとする時代よりも何万年も前まで遡ることができるようだ。それは、アトランティス・レムリア族が大洪水よりず

43. 同　三〇ページ
44. 同　三四ページ
45. 同　三一ページ
46. 同　三四ページ

っと古い時代にエジプトに植民地を作ったことを裏づけている。ギリシャの植民地化もまた公式の歴史よりもずっと古い時代まで遡《さかのぼ》ることができるが、この植民地（アテナイと呼ばれた）は大洪水の前にアトランティス人と戦争をしている。プラトンはこの戦争のことを書き留めたが、公の歴史家たちはギリシャはそんな古い時代には存在しなかったという理由でこの記録を却下している。歴史家たちは間違っている。いわゆる「古代ギリシャ」として注目される時代は、この文化のより新しい時代にあたり、初期の時代ではない。原初のギリシャはアトランティスを沈めた大洪水の前に存在していた。ギリシャに入植したアトランティス人はアテネあるいはネイトと呼ばれる蛇の女神を崇拝していた。[47] ギリシャ史家、ジェーン・ハリソンとロバート・グレーヴズはこの神のシンボルは蛇、スフィンクス、あるいは蛇をまとった女神であると述べている。[48] 私も含めて、ギザ台地のスフィンクスの顔は一般に言われているような男性の顔ではなく、女性の顔だと考える者もいる。レプティリアンの血流がいる場所には、どこでも彼らの儀式の中心に蛇の女神が据《す》えられるのが常である。そうした女神にはアテナイ、バラティ、イシス、セミラミス、エル、アルテミス、ディアナ、ヘカテなどがあげられる。ペラスギ人（「海の民」の意）、ダナーン族、アマゾネスもまた、アトランティス・レムリアからの入植者である。[49] ペラスギ人は、後にディアナ（アルテミス）となる月の蛇女神「ダナ（Dana）」、そしてアトランティスの山羊神であるパンを崇拝した。古代ギリシャの記録によると、ペラスギ人は、まずギリシャのペロポンネソスに渡り、アルカディアに定住した。アルカディアは常にイルミナティの血流にとって聖なる場所であり、アトランティスを指す言葉でもある。

　ダナーン族はアトランティスから小アジア（現在のトルコ）、ギリシャ、およびエーゲ海の島々に

47. 同　三九ページ

48. Jane Harrison, "Themis, A Study Of The Social Origins Of Greek Religion", (Peter Smith Publishing, Glouster, Massachusets, 1974)； Robert Graves, "The White Goddess" (Octagon Books, New York, 1972)

49. "The Return Of The Serpents Of Wisdom（賢き蛇の再来）" これらの民族については参照箇所多数

やって来た。彼らは旧約聖書に出てくるダンの部族の子孫であるという説を唱える者もいるが、聖書の大部分は事実ではなく、何かの象徴であったり、まったくの嘘であったりする。ダナーン族（Danaan）の名前は、彼らが崇拝する月の蛇女神「ダナ（Dana）」、あるいは「ディアナ（Diana）」に由来する。ダナーン族は、ロードス島を蛇崇拝文化の本部とした。ロードスはシリアの言葉で蛇を意味するのだ。[50] ロードス島は、「テルキーネス」という名で知られるイニシエイトと魔術師のダナーン・ブラザーフッドの故郷である。[51] ギリシャの歴史家ディオドロスは、これらのイニシエイトたちが病を治し、天候を変え、どんな形状にも変身《シェイプ・シフト》する能力を持っていると書いている。それから数千年後、イルミナティの秘密結社の中でも最も重要な部類に入るエルサレムの聖ヨハネ騎士団（現在のマルタ騎士団）が、一時期ロードス島を本拠地とし、ロードス騎士団としても知られた。テンプル騎士団も、結局はその起源は同じである。「ロードス（Rhodes）」という名前はドイツ語で赤を意味する「ロト（Rot）」と関係しており、「ロスチャイルド（Rothschild）」（「赤い盾（Red-shield）」の意）も同様だ。それは、イルミナティ血族のコードネームとなっている。「赤＝シリウス」だろうか？連中は、場所や名前を偶然に任せて決めることはない。マルタもまた、紀元前三五〇〇年までには重要な中心地になり、主要な神秘主義結社《ミステリースクール》の本拠地であった。マルタには巨大な地下通路がはりめぐらされ、巨石の神殿では秘密の儀式が執り行われていた――いや、現在も続けられている。マルタのもともとの名前は、蛇女神、「母なるラト（Lato）」に由来する「ラト」であった。[52]

テンプル騎士団は一一世紀後半に作られた秘密結社で、その目的は、レプティリアンの血流や「ル・セルパン・ルージュ（『赤い蛇』あるいは『蛇の血』）」、また、関連の結社、シオン修道会を守

50. 同　四一ページ
51. 同右
52. 同　七八ページ

ることであった。テンプル騎士団とイルミナティの目的は、蛇の血流を世界中のすべての権力の座にすえ、レプティリアン中央集権のファシスト体制を築くことであったし、現在の目的もそうである。私たちは現在、その状態と非常に近いところまで来ている。ダナーン族は、キプロス（後にテンプル騎士団によって支配される）に定住した。古代には「イア・ダン（Ia-Dan）」あるいはダン島として知られていた。[53] アイルランド海に浮かぶマン島は、ドルイド（古代ケルトの神官）にとって非常に重要な島だったが、同じ由来を持つに違いない。トルコのタウルス山脈、バレアレス諸島、そしてシリア（シリウス？）もダナーン族が定住した土地であり、アトランティスからブリテンにやってきた彼らは、「トゥアハ・デ・ダナーン」あるいは「海の民」として知られるようになった。彼らは、レプティリアン血流のアヌンナキである。アマゾニアは、アトランティス・レムリア族の別の系統に属し、神話によると、ヘスペリデスの園、あるいはヘスペラから来たとされているが、これはアトランティスのことを指している。[54] アマゾニアもアテナイあるいはネイトの女神に従い、そのシンボルである両刃の斧《おの》を崇拝していた。彼女たちは、エフェソスのディアナ信仰の中心地やトルコの沿岸の別の地域など、多くの場所に蛇女神の聖堂を作った。「カナン人」もまた、アトランティス・レムリア族の子孫である。[55] マーク・アマル・ピンカムは、アトランティスからカナンまでの移住について『賢き蛇の再来』のなかで次のように述べている。

「これらのアトランティスの系統の一つにティレニア海の名前の由来ともなっているティレニア人がいた。ティレニア人はやがて、エトルリア人とカリア人（フェニキア人）に分かれたが、後者はやが

53. "The Return Of The Serpents Of Wisdom（賢き蛇の再来）" 四一ページ

54. 同 四二ページ

55. 同 三四ページ

て小アジア沿岸の領地であるカナン（カナンの発音には蛇の「K」の音が含まれている）へ移住した。カナンは『火の蛇の国』とも翻訳することができる」[56]

血流を死守する／大洪水後、「竜の地」シュメールから再出発

アトランティス・レムリアの蛇の血流は、それ以前も、大陸が沈む前の少なくとも後半の時代では高貴な支配層に入っていたが、植民地や定住地が整うと再び支配層につくようになった。それは、今日世界を動かしているのと同じ血流である。大洪水のたびに、多くのアトランティス・レムリアの王族の血流やイニシエイトたちは、その直前に世界各地へ逃げ、迫りくる洪水から逃れるために主に高い場所を目指した。アトランティス人は、彼らの植民地の一つであるブリテンやヨーロッパ、スカンジナビア、北アフリカ、トルコやイラクの山地、そしてアメリカへと渡った。アメリカ大陸には北から南まで、高度に発達した生命体が登場する古代の伝説や物語があり、彼らが文化を築き、大西洋に沈んだ国の大いなる知識をもたらしたと伝えられている。アメリカの西側の沿岸やアジアでは、高度に進化した似たような「神々（gods）」が太平洋に沈んだ国からやって来たとする話が伝えられている。ポリネシア人の間では、生き残った失われた大陸の人びとは、インドへ行ってから大陸の残滓《ざんし》である太平洋諸島に戻ってきて、ポリネシア人になったのだと伝えられている。[57] ジェームズ・チャーチワードによると、これらの人びとはエジプトやインドにも定住するようになったという。また、中国

56. 同右

57. 同　八ページ

に伝わる同じ地域の大陸、万里《まんり》ヶ島の話では、大洪水のときにペイロン王は中国本土へ逃れ、その地で血流を守ったとされる。[58] レムリアやアトランティスの洪水のときには、このようなことがたくさん起こっていた。

ここからは、アトランティス滅亡後の紀元前一万年から紀元前五〇〇〇年までの各時代に何が起こったのかに焦点をあてよう。地球の大変動が収まった後、生き残ったアトランティスとレムリアの人びとは地球にまた植民地を作りはじめた。なかでも、シュメールは重要な場所の一つであり、公式な歴史でも「文明のゆりかご」とされている。これは、大洪水後における文明の再出発であった。現在ローレンス・ガードナー卿を長とする歴史ある「竜の王朝とその騎士団（Imperial and Royal Dragon Court and Order）」が創設されたのは紀元前二〇〇〇年頃のエジプトであり、その目的は「竜王」（レプティリアンの血流）のアジェンダを支援することにあった。ガードナー卿によると、古代アイルランド語の「スーマー（Sumaire）」は竜を意味する。ガードナー卿は、「また、その地域に続いて興った文化とみなされ、『シュメリアン（Sumerian）』と発音されていたのは、実際は『シームリアン（Sidhémurian）』であった」と述べている。実際、これは現在、妥当であると思われる。スキタイの「指輪の王族」（トゥアハ・デ・ダナーンの王族）は、「シュメーア（Sumaire）」と呼ばれていたのだから。[59] また、オランダの研究家フランス・カンプによると、「スメール（Sumer）」はスカンジナビアのバイキングの言葉で「竜の地」を意味する。シュメールを作ったのは、後期にアトランティスを支配し、破滅に導いたのと同じレプティリアンのアヌンナキであった。彼らが技術と機械による支配に執着したのはアトランティスの末期の特徴ともいえるが、今日の世界にも見られる現象

58. 同　九ページ

59. http://www.nexusmagazine.com/articles/ringlords1.html

である。その理由は――アヌンナキが今でも支配者だからだ。

アトランティスとレムリアの伝説が伝えているのは、特に後半の時代において現れた暗黒の力が神秘主義結社《ミステリースクール》を支配したり、権力の座についたりし、彼らの高度な知識が恐ろしい悪意をもって使われはじめたということだ。彼らは、エネルギーの操作という奥義の魔法を濫用《らんよう》し、人びとの心を操作して騒乱を起こした。大規模な紛争が勃発し、いくつかの物語が示唆するところでは、大洪水さえもが、地球のエネルギー場を歪《ゆが》めてしまったことが原因で起きたのかもしれないという。そこで動いていたのは、アヌンナキである――そして、彼らは今も動いているのだ。

第4章　アトランティスの再来

正しい道にいても、そこに座りこんでいるだけなら轢《ひ》かれてしまう。

ウィル・ロジャース

シュメール帝国の支配者／金髪碧眼《きんぱつへきがん》の「ノルディック種」

大洪水と大変動を生きのびた人びとは、山や地下の避難場所から再び現れて、壊滅した世界を再建しはじめた。アトランティス大陸がついに崩壊したのは、おそらく約七〇〇〇年前のことだが、正確な年代については異なる意見もある。

ある古代の記述によれば、地球外から来た「神々（gods）」（シュメール文書にある「アヌンナキ」）は大洪水の間、飛行物体に乗って地球を離れ、水が引くと戻って来たという。アトランティス大陸やレムリア大陸の神秘主義結社《ミステリースクール》のメンバーの血統や子孫が生きのびて移住した地では、どこであろうと進んだ文明が再び現れるようになった。エジプト文明や黄河文明、インダス文明もその中に数えられるが、最も重要なのはユーフラテス川とチグリス川の間に広がる、私たちが現在イラクと呼んでいる場所に興り、シュメール文明として知られるようになった（135ページ図９）。スコットランドのローレンス・アウグスティン・ワッデル（L・A・ワッデル）は忘れられた、認められていない天才で、一八五四年から一九三八年まで生きた。主席でグラスゴー大学を卒業し、インドのカルカッタ医学校で化学および病理学の教授を務めている。軍医としての功績により、中近東を広く旅して回ることになると、それが古代史の真実を明らかにしたいという情熱に火をつけることになった。やがてワッデルは王立考古学会の一員となり、公認の歴史を覆《くつがえ》す証拠を繋《つな》ぎ合わせ、すばらしい書物や論文を書いたのである。前世紀初めの三八年間に、ワッデルは、シュメール文明とエジプト文明、インダス文明が同じ指導者の支配する同じ帝国であったこと（キリスト教の語る歴史にとっては非常に深刻な事実）を証明した。しかし、公認の歴史は今でもそれぞれの文明に接触はなかったと主張しているし、学校や大学では、今日に至ってもそう教えられている。ワッデルは、シュメール帝国がイギリス諸島やアイルランドにも設立され、同じ宗教や文化が導入されたことを証明した。この知識を受け継いで、後に管理したのはドルイドであり、アトランティス・レムリアの神秘主義結社《ミステリースクール》の神官たちのヨーロッパにおける後継者だった。ワッデルが証明したところによると、こうしたシュメール帝国の支配者たちは、私が本著で白い「ノルディック種」と呼んでいる金髪碧眼の人びとだった。もちろんワッデルは気づいていなかったのだが、この血統の起源は宇宙人で、この支配者の血流はレプティリアン種と異種交配して混血のＤＮＡを生み出した。こうした白い肌の血統が「竜王」などの言葉に象徴されるのは、そうしたわけである。どれも奇想天外な話としか思えないだろうが、先を読んでいただければ、この一見奇妙な仮説を裏づける証拠をあなたも目《ま》の当たりにすることになるだろう。

「高貴な種族」アーリア人／ノルディックとレプティリアン混血種

この「ノルディック」の多くが、はるか北、現在のスカンジナビア半島や北欧からシュメールへと移動した。スカンジナビア人はフランスへ南下して、ノルマンディーに住みつき、ノルマン人（「北方から来た人《ノースマン》」）となって、一〇六六年のヘースティングスの戦いのときに、征服王ウィリアム

イルミナティに占領されたイラクには、大量にレプティリアンの出自の痕跡が残されていたはず！

図９：私たちが現在イラクと呼ぶところに広がっているシュメール、またはメソポタミアの地。メソポタミアは、チグリスとユーフラテスという「二本の川の間」を意味する。

とともにイギリスに侵攻した。スカンジナビアやヨーロッパのこれらの地域は、レムリア／アトランティス帝国の植民地だったところである。大洪水とともに氷床が広がり、生き残った人びとは、現在のフランスやオランダ、ベルギーへと南下し、さらには、地中海や中近東、インドへと逃れたのだ。本書のための調査をする中で、私はフランス・カンプというオランダ人に出会い、オランダ南部で二日間、情報交換をした。彼は、一二年以上連れそった妻がレプティリアン混血種だということに気づいて以来、レプティリアンのことをフルタイムで調査していた。これについては、後でもっと説明しよう。離婚後、妻と過ごした経験や、何が起こっているのか理解したいという気持ちから、秘密を解明しようという情熱に火がついたのだ。私が出会ったとき、彼は自著を執筆中で、自分の発見したことを詳述している最中だった。カンプはすぐに、今日の世界を理解するためには、人類の歴史を研究しなければならないことに気がついた。一方を置いて他方を理解することはできないのだ。研究、特にノルディックの研究により、彼は、シュメールの白色人種、あるいは少なくともその大部分は大変動後に北欧から南下して来たのだと考えるようになった。彼らはフリースラントやスカンザ、トゥーラ（Tula、現在のグリーンランドかと思われる）と呼ばれる場所からやって来たと彼は考えている。確かにイルミナティはグリーンランドに関心を示しているが、これは、雪と氷に覆われた大きな島という観点だけからすると理解できない。ナチスドイツを支持していた主な秘密結社の一つは、世界の極北にある「支配者民族」の起源だとされるものの一つ、「極北の地《ウルティマ・トゥーレ》」にちなんでトゥーレ協会と呼ばれていた。この「アーリア支配者民族」は……金髪碧眼だといわれている。フランス・カンプによれば、ホラント（オランダ最大の地域）はスカンジナビアのハーランドに由来する。つまり、民族が南下して、新しい土地に移住したということだ。また彼は、スカンジナビアの族長の一族の名、テウン（Teun）が後のチュニスとなったとも言っている。ヨウン（Jon）はアイオナ（スコットランド西岸沖の島）やイオニアとなり、イェーアト（Geat）はゲアトマネン（Geat-mannen）またはゲアトメン（Geat-men）となり、後にゲルマン（Ger-man）となった。また、オットー（Otto）はオスマン（Ottoman）となった。彼によれば、イルミナティのハプスブルク家の起源はノルディックかバイキングだが、彼らは遺伝的、政治的に同盟を組むためにレプティリアンと異種交配している。ほかの「高貴な」ノルディックの血統の多くも同じことをした。一方、ジェームズ・チャーチワードは、元のレムリア人がインド経由でシュメール・バビロン地域に根本的な影響を及ぼしたと記してもいる。

フランス・カンプは、私がレプティリアンの調査で発見したのと共通の主題に遭遇した。彼らは、ノルディックや人類の遺伝情報に含まれる何かを非常に強く求めているのだ。異種交配は、それを手に入れるための方法なのである。金髪碧眼の人種とレプティリアンとの関係は、過去と現在、あるいは、少なくとも私たちが過去や現在と呼んでいるものを理解するうえで非常に重要だ。シュメールは、ノルディックのバイキングたちと同盟を組んだレプティリアンのアヌンナキの血統によって設立され、それゆえに、フランス・カンプによればバイキングの言葉で「竜の地」として知られていた。竜を意味する「シュメーア（Summaire）」というケルト語は、これが後に変形したものだ。「アーリア人」は、広く信じられているように白色人種を意味する言葉ではなく、ノルディックとレプティリアンの混血種、いわゆる「支配者民族」や「高貴な種族」を意味する言葉だと私は考える。ともかく本書では、「アーリア人」を後者の意味で用いることにする。事実、「アーリア人（Aryan）」という名前そのものが、高貴なものを意味する「アリ（Arri）」という言葉に由来しているのだ。イルミナティは、彼らの血統は高貴で優れている、だから貴族《アリストクラシー》、すなわち「ARI-STOCK-RACY（アリの血統の種）」だと言っている。つまり、「Sum-ARIAN（シュメール人）」という名前も非常に適切だということだ。

シュメール帝国／二つの監獄宗教と架空の歴史捏造《ねつぞう》

L・A・ワッデルの優れた研究は、シュメールが紀元前四〇〇〇年に興ったところから始まる。彼は、シュメール文明やエジプト文明で用いられたヒエログリフ（神聖文字）やインダス文明で用いられたサンスクリット語の専門家だった。類まれなる才能を持った彼は、それによってこれらの地域を旅し、神殿や記念碑に書かれた古代の記述や歴史を読んで、シュメールやエジプト、インダス文明が間違いなくシュメールを基本とする一つの帝国の一部であることを示した（図10）。しかしながら、レムリアの植民地だったインドには、大洪水前にも何万年にもわたる高度な文明が存在しており、レムリア／アトランティスの別の植民地だったエジプトにもシュメール帝国よりはるかに長い歴史があったことは強調しておかねばならない。シュメールの起源もまたレムリア／アトランティスである。ワッデルの研究は、彼の『エジプト文明の起源と真実の歴史およびヒエログリフの起源』(http://www.hiddenmysteries.com/xcart/product.php?productid=16187) に詳述されている。彼は指導者とその家系の年表や記述から、これらの三つの文明の支配者が異なる名前の同じ人びとだということを発見した。名前が異なることが、真実を非常にわかりにくくしてきたのである。歴史家は、名前が違えばそれは違う人間を意味すると考えてきたが、そうではない。種々の文化に存在する無数の「神々」が同じ神の異名であることもわかった。これを理解すれば、過去に取り組むのはずっと簡単になる。ワッデルが因襲的なエジプト学者や「歴史家」よりも有利だったのは、精神が開かれていたことに加え、シュメール語を解する彼が、彼らには理解できないエジプトの碑文を解読できた点である。彼には、初期のエジプトのヒエログリフがシュメール支配の文化で使用されていたものと同じだということがわかった。エジプトで発達したエジプト語の体系に発展するのは、もっと後になってからだ。エジプト学者が解読してきたのは後者だ。エジプトに初期のシュメールのヒエログリフがあることに学者たちは混乱したが、ワッデルは違った。

彼がどうやって自分の主張を証明したか、一例を挙げよう。シュメールで最も有名な王の一人は、サルゴン王と呼ばれている。シュメール人の記録によれば、彼には息子がいて、後に「マニシュ（Manis）」という皇帝となった。同時期に、インダス川流域の王の息子は「マンジャ（Manja）」として知られ、エジプトでは「メニ（Manj）」（短縮形は「ミン（Man）」）と呼ばれていたことをワッデルは示している。ギリシャ人には「メネス（Menes）」、英語圏のエジプト学者には「メナ（Mena）」として知られている。[1] つまり、同時期のシュメール、エジプト、インダス川流域で、ある支配者の息子が後に支配者となり、それぞれの名はマニシュ、メニ、マンジャという。答えは明らかだ。同じ人物なのである。彼に与えられた称号さえ、三つの場所で共通するか、あるいは非常に似た

1. L. A. Waddell, "Egyptian Civilization, Its Sumerian Origin And Real Chronology and Sumerian Origin Of Egyptian Hieroglyphs（エジプト文明の起源と真実の歴史およびヒエログリフの起源）"（以下、"Egyptian Civilization（エジプト文明）"と略す）二ページ

ものになっている。エジプトでは「戦士メニ」として知られ、シュメールでは「戦士マニシュ」であり、インダス川流域では「射手マンジャ」と呼ばれていた。[2]

彼の父、サルゴン大王は、シュメールとメソポタミアの皇帝ギン（Gin）王、あるいはガニ（Gani）王またはグニ（Gumi）王を意味するセム語の名前である。彼は後のバビロニア語の文献で「世界の四分の四の王」と呼ばれているが、これはシュメール帝国が巨大な国と知られていたためだ（バビロンはメソポタミア文化でもある）。南米のインカ人も、この「四分の四」という言葉を使っている。インドの叙事詩で、サルゴンの息子マンジャは皇帝になったときに「世界の四端を見はるかすゴプタの高貴な目」と呼ばれている。[3]インダス川流域で発見された粘土板に記された記録で、サルゴンとマンジャ（メネス）は自分たちとその王朝のことを「グート（Gut）」あるいは「ゴート（Got）」（ローマ人にとっては「Goth」）と呼び、ワッデルによれば「王《ファラオ》」を意味するバル、またはパルという称号を用いている。[4]「グート」（「ゴート」）は、後のゴート人の言葉の「神（God）」になった。英語など、ヨーロッパのすべての非ラテン系言語はゴート語から派生しており、古代スウェーデン語はいまだに「Sueo-Gothic《スウエーア・ゴシック》（スウェーデンのゴート語）」と呼ばれている。[5]デンマークの元の名前は「ゴートランド（Goth-land）」で、「ユトランド（Jut-land）」はその派生語だった。[6]例の血統やイルミナティに非常に愛されているゴシック建築も同じ源に由来し、ヨーロッパの部族の指導者や国王がかぶった、先のとがった冠もそうである。しかし、こうした象徴や様式、慣習の起源は、はるか昔のアトランティスやレムリアにあるのだ。ローマの占領以前の古代ブリトン人の支配部族を指す「カッティ（Catti）」は、「ゴーティ（Goti）」または「ゴート（Goth）」の方言だった。[7]

2. 同　九ページ
3. 同　一一ページ
4. 同　一三ページ
5. L. A. Waddell, "British Edda（ブリティッシュ・エッダ）" (Christian BOOK Club, Hawthorne, California, 1930) introduction
6. 同右
7. L. A. Waddell, "The Phoenician Origin of Britons, Scots, And Anglo Saxons（ブリトン、スコット、アングロ・サクソンのフェニキア的起源）" (Christian Book Club, Hawthorne, California, 1924)

シュメール、エジプト、インダスの文明はすべてレプティリアンの所有物にすぎなかった！

図10：公認の歴史では、シュメール、エジプト、インダスという非常に進んだ３つの文明がそれぞれ独立して発達したとされている。しかし、Ｌ・Ａ・ワッデルは、これらがすべてシュメールの支配する帝国の一部だったことを明らかにした。

イルミナティは、古代の異教の聖地に異教の象徴に満ちたヨーロッパのキリスト教大聖堂を建てるときに、ゴシック様式を用いた。「ゴプタの目」という象徴は、イルミナティの象徴として広く使用されている「万物を見通す目」、あるいは「ホルスの目」と関係があるかもしれない。このイルミナティの象徴は、米国一ドル札のピラミッドの頂上に描かれており、国璽《こくじ》の裏側に印刷されている。古代シュメール王朝が用いていたのと同じこの象徴が今日でもイルミナティによって使用されているのは、彼らが同じ血統で、古代以来神秘主義結社《ミステリースクール》や秘密結社のネットワークの中に隠されている同じ知識を使って活動しているためである。そして、こうした血統をもたらしたのはアトランティスとレムリアの、レプティリアンの「神々（gods）」なのだ。

ワッデルは、著書『文明の創り手（Makers Of Civilization）』（Luzac and Company, 1929）で、シュメールを中心とするサルゴンの帝国は東はインダス川流域、西はイギリス諸島までの広大な地域に広がり、アレキサンダー大王やローマ人の国よりも大きかったことを示している。シュメール帝国には世界の大部分が含まれていたので、すべての宗教は、この同じ知識や情報源から発生した。アトランティスやレムリアの知識や血統は続いていったのだ。それら基本的な情報は少し異なる解釈をされたり異なる点が強調されていたりするかもしれないが、源となる核の部分は同じ、つまり、アトランティス、レムリア、シュメール帝国と、特に太陽崇拝に重点を置く信念体系なのである。キリスト教、ユダヤ教、イスラム教、ヒンドゥー教、仏教、その他ゾロアスター教などなどの宗教は、どこから生まれたのだろうか。中近東、すなわち、かつてシュメールに統治され、シュメール崩壊後も何千年にわたりその知識基盤と信念体系によって支配されている広大な地域からである。シュメールのサルゴン王の話はその典型的な例だ。イグサの籠《かご》に入れて川に流された彼はシュメール王家の人間に拾われ、王家の子として育てられたと言われている。[8] ヘブライ人、というよりもむしろヘブライ人を操っていた神官であったレヴィ人は、後にこの古代の話をシュメール人の記述から盗み、彼らが作り出したモーセとして知られる人物の寓話に用いた。旧約聖書はシュメール人の記述の上に成り立ち、必要な編集と書き換えを加えて、ユダヤ教というでっち上げの歴史と宗教を作り出した。一方、新約聖書は、創作に先立つ何千年もの間に何度も何度も繰り返された象徴的な物語と、太陽を崇拝するシュメール人（と「黄金時代」）の宗教に基づいている。新約聖書の文章もまた、キリスト教というでっち上げの宗教と歴史を作り出したのだ。一冊の本で、二つの監獄宗教と二つの架空の歴史が手に入る。これ以上何を望もうか。すばらしい取引だ。何十億冊と売れたのも無理はない。サルゴン王は際立った太陽崇拝者だったが、こうしたシュメール帝国の統治者たちには、レムリアでそうだったように「太陽の息子」という称号が与えられていた。[9] これがシリウスの息子を意味するという可能性は？　レムリアはどうだ？　（レムリア人やアトランティス人のように）シュメール人にとって太陽は「神」の象徴であり、そこで、この太陽の息子という称号から、後に「神の息子」という考え方が生まれた。シュメール皇帝たちは、しばしば「唯一の神」としても知られていた。

8. "Egyptian Civilization（エジプト文明）" 二八ページ

9. 同　二一ページ

太陽崇拝シュメール帝国サルゴン王がエジプトとインダス川流域を支配

エジプトと呼ばれるシュメールの「衛星国」の初期の公認の歴史は、主に紀元前三世紀にマネトとして知られるエジプト僧がアレキサンドリア大図書館のために編集した「王名表」に基づいている。しかし、この図書館は西暦三九一年に、歴史を書き直す運動の中で破壊され、マネトの王名表は古典の中に断片的に残っているのみである。ワッデルは、たとえそうした古典の中に正確に保存されてきたとしても、マネトの王名表が根本的に間違っていることを証拠に照らして明らかにした。[10] にもかかわらず、学校や大学で教えられている初期エジプト史の非常に多くが、まさにこの誤った情報に基づいているのだ。エジプト文化は、王国や王朝によって細かく区切られている。紀元前二七〇〇年頃の先王朝時代に、サルゴン王はエジプトをシュメールの拠点から統治した。シュメール王国内の統治権は（またもやレムリアやアトランティスのように）例の血統にあった。これは、今日の世界がどのように、そして誰によって支配されているかを理解するのに欠かせない事実である。ここで詳述するエジプトの碑文は、エジプト学者が精通しているもっとずっと後のエジプトの神聖文字ではなく、シュメールの神聖文字で書かれていることがワッデルによって発見された。

サルゴンの祖父（標準的な歴史ではケトム）は、初期のシュメール風「エジプトのヒエログリフ」では「タク（Takhu）」あるいは「テキ（Tekhi）」と、古代シュメール王の王名表には「テューク（Tuke）」と、またインド王の王名表には「ヴリタカ（Vri-Taka）」あるいは「ドリタカ（Dhri-

10. 同　一四ページ

Taka）」と書かれている。[11] これらの少しずつ綴《つづ》りの異なる名前は、三国すべてを統治した同じ人物を表している。サルゴンの父親（エジプト学者にとっては

「ロー（Ro）」は、シュメールとエジプトのヒエログリフでは「プルギン（Puru-Gin）」と、古代シュメール王の王名表には「ブルギナ（Buru-Gina）」と、インダス川流域で発見された粘土板には「ブル（Buru）」あるいは「プル（Puru）」と、インド王の王名表には「プル（Puru）」二世と書かれている。[12] サルゴン王自身に関する碑文は上エジプトのアビドス最古の墓の一つで発見され、ワッデルは、そこで使われている文字が初期シュメール語だということを証明してみせた。それは、インダス川流域で発見された同じサルゴン期のシュメールの粘土板で彼が見た文字と同じだったのだ。

この初期シュメール文字で、サルゴン王はエジプトの「ギンウクス（GIN-UKUS）」または「ギンウクッシ（GIN-UKUSSI）」という名前で知られていた。これは、メソポタミア、特にバビロンの碑文の「ギン（Gin）」、「グニ（Gumi）」およびその変化形である「ガニ（Gani）」という名前と関係している。[13] エジプトの「ウクス（Ukus）」あるいは「ウクッシ（Ukussi）」という称号は、シュメールの最初の王、「ウク（Ukhu）」（「太陽の鷹の都市」の意）の「ウクシ（Ukusi）」であり、インドの叙事詩、およびその聖なる書ヴェーダで最初のアーリア人（混血種か？）の王の子孫であることを意味しており、ヴェーダでは「イクシュヴァーク（Ikshwaku）」または「ウクのウクシ」という太陽の称号が使われている。[14] こうしたシュメール帝国の王にはすべて「太陽の称号」が与えられていた。太陽崇拝と神としての太陽の象徴化にこだわり、これを強調するためである。実際、エジプトの神の息子である「ホルス（Horus）」（「ハル（Haru）」）や、ずっと後の「イエス」のモデルの一つが、鷹を意

11. 同　一八ページ
12. 同　一七ページ
13. 同　二ページ
14. 同　二二、二三ページ

味するシュメール語の「フー（Hu）」や「ハー（Ha）」である可能性は非常に高い。前述の、まさにサルゴンの称号に見られるように、「鷹」あるいは「太陽の鷹」は、シュメールにおける太陽の象徴だった。ピグミー族の「ヘル（Heru）」やインドの「フルキン（Hul-Kin）」、ギリシャの「ヘリオス（Helios）」、メソポタミアのアッカド人やカルデア人の「フルキ（Hurki）」はおそらく同じ語源を持ち、いずれもホルスのような太陽神に関係している。同様に、中米のマヤ族には「フラカン（Hurakan）」、チベットには「ヘルーカ（Heruka）」と呼ばれる神がいて、後に、やはりシュメール（アトランティス）の知識や信念を基盤とする社会であったギリシャの「ヘラクレス（Hercules）」へと変化した。ヘラクレスは、「アケロオス（Achelous）」と呼ばれる、姿を変える「川の神」と戦った。作家にして研究者でもあるアチャリアがその優れた著書『キリストの陰謀（The Christ Conspiracy）』（Adventures Unlimited, Kempton, Illinois, 1999）で指摘しているように、ハリケーン（hurricane）という語はこの同じ「嵐の神」の象徴にまで遡《さかのぼ》ることができる。話が少し複雑になってきたが、ここでは、シュメールがほかの優れた文明を生み出して支配し、信念体系を植えつけた巨大な帝国の中心だったというワッデルの著書などに見出される非常に豊富できわめて詳細な証拠の一部を簡単にまとめたにすぎない。公認の歴史家たちは、シュメールとほかの文明の間には接触がなかったと主張しているが、あったことは明らかだ。それどころか、これらの文明は、これまで証明してきたように、今日、私たちの世界を牛耳っているのと同じ一つの血統の王朝によって統治されていたのだ。この帝国の中近東への拡大は、サルゴン王の後継者であったシュメール帝国の祭司王の物語の中に見られる。この後継者はサルゴン王の息子で、マニシュ（Manis）、マンジャ（Manja）、メニ

(Manj)、メナ（Mena)、マナシュ（Manash)、あるいはミナシュ（Minash）と、さまざまに呼ばれ、ギリシャ人にはメネスと呼ばれた。最後の名前が最もよく使われているので、ここではメネスと呼ぶことにしよう。

エジプト王《ファラオ》メネスは、シュメール、ギリシャ、クレタのミノス王

メネスは、いわゆる先王朝時代に続く紀元前三〇〇〇年から紀元前二〇〇〇年までの第一王朝の最初の王《ファラオ》だった。シュメール語で書かれたエジプトの碑文の内容は、シュメールやインダス川流域で見つかった彼の生涯の記録と一致している。彼はインダス川流域の植民地の支配者だが、そこはシュメールの王位継承権第一位の皇太子が王位継承を待ちつつ統治していた場所である。[15] 現存する記録によれば、彼らは王に次ぐ人として知られており、「シャグマン（Shag-man)」、「シャブマン（Shab-man)」、また興味深いことに「シャーマン（Sha-man)」とも書かれている。[16] ところが、メネスは父サルゴンに対して反乱を起こし、エジプトの支配を握ると、シュメールからの独立を宣言した。その結果、サルゴンは彼を廃嫡《はいちゃく》し、王位は弟が継承した。しかし、一〇年ほどして弟が死ぬと、メネスは王位を継承している。おそらくこの死にはメネスが絡んでいるだろう。この話はインドの叙事詩や年代記などで語られている。メネスは弟の死後にシュメールを統治したが、この帝国には、やはり公認の歴史家がシュメールやエジプト、インダス文明とは独立のものだと主張する、ある進んだ文明が

15. 同　四一ページ
16. 同　四二ページ

加わることになった。ミノア文明として知られるクレタ島の文明である（１４９ページの図11）。この進んだ社会が生まれたのは、公式には紀元前二六〇〇年頃だと推定されているが、なんとなんと、これはシュメールが誕生したのと同時期である。そして、この文明は小アジア（現在のトルコ）出身の民族によって築かれたと言われていたが、そこはアーリア人の統治したシュメール帝国の一部なのである。ミノアの地名は、シチリア島からシリア海岸に至るまで地中海のいたるところで見られ、その中にはキプロス島も含まれている。[17] ミノア文明は古代ギリシャに直接刺激を与え、ミノア王朝を創立したと言われるミノス王は、後のギリシャの英雄となった。しかし、ミノス（Minos）王は、実はメネス（Menes）、マニ（Mani）、マニシュ（Manis）らと同一のシュメール帝国の皇帝であり、サルゴン王の息子だったのである。ワッデルは『エジプト文明の起源と真実の歴史およびヒエログリフの起源』で以下のように述べている。

「メネスとミノスが同一人物であることは今や明らかである。それぞれの伝承の一致や名前の同一性からだけでなく、それぞれの文化や文明の本質においてである。エジプトやインダス川流域で発見された碑文に記されたメネスの名前（マニとマンジャ）のマン（Man）という部分に相当するシュメールの印を、この地方では『ミン（Min）』と読むのである[18]」

シュメール人、エジプト人、ミノア人は同じ体系の暦を使っており、天文学の概念も同一だった。ミノア文明のクレタ島で最も有名な話は、ミノス王の息子の物語だ。伝説によれば、彼の息子はクノ

17．同　七二ページ

18．同　七一、七二ページ

ミノア文明もまたレプティリアンの支配下にあった！

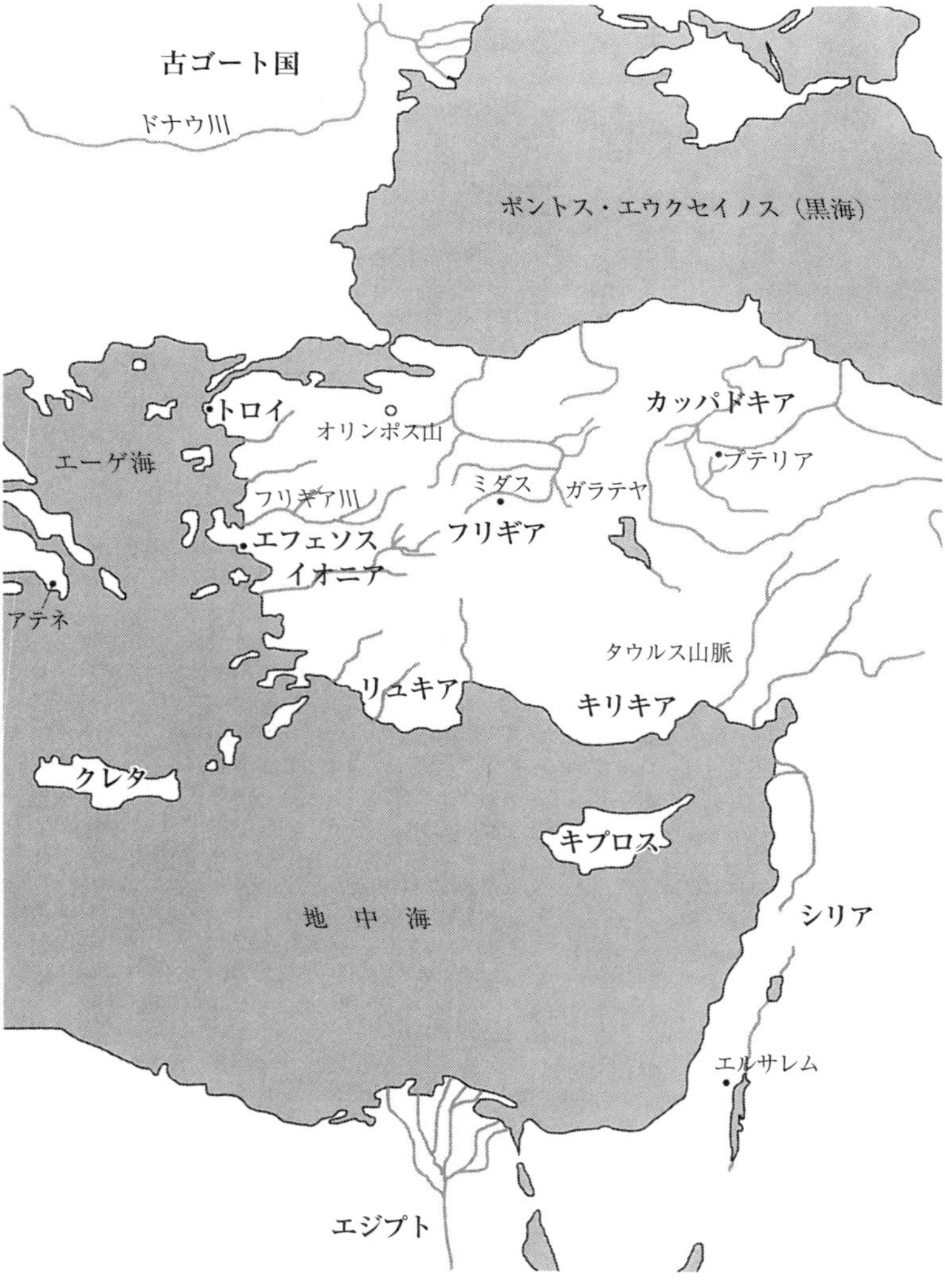

図11：エーゲ海・地中海地域は、イルミナティにとって常に非常に重要であった。進んだミノア文明の中心だったクレタ島は、シュメール・エジプト帝国の植民地の一つである。

ツソス宮殿の地下の迷宮を守る半人半牛のミノタウロスだといわれていた。となれば、メネスの息子「ナラム（Nar-am）」が「強い野生の雄牛」として知られていたというのは非常に興味深い。[19]「ナラム」という名前は、シュメール語とエジプト語で「強い」あるいは「力強い」を意味する「ナル（Nar）」と「野生の雄牛」を意味する「アム（am）」からできている。「ナラム」は、エジプトでも「野生の雄牛」を意味し、クノッソスの迷宮のミノタウロスという象徴的な伝説が生まれる基となったのがこのメネス（本物の「ミノス王」）の息子だったという可能性は十分にある。ミノア文化は、シュメール文化とエジプトのメネス期の鏡であった。技術的にも同じか類似していて、出来事の記述や記録に用いられた粘土文字もそうだった。「ミノア人」の用いたメネス―サルゴン期のシュメール・エジプト風記述形式、葬儀のやり方、さらにはテラコッタの配水管までもがシュメールに見られるものと同じであった。[20]ワッデルが挙げたエジプトの王《ファラオ》メネスとシュメール皇帝、ギリシャとクレタの伝説のミノス王の生涯の記録の「類似点」をほんの一部だが、紹介しよう。

どちらも新石器時代に続く青銅器時代だった。どちらも地中海の皇帝として知られていた。どちらも文明を開いたと言われている。どちらも迷宮を建設した。どちらも西へ向かう航海の途中で没した。どちらも、シュメール様式かそれに非常によく似た線形文字で粘土板に印章を押した。どちらも身体的に同じ「アーリア人」の外見をしていた。ミノスはゼウス（Zeus）の息子だと言われ、メネスは「ザッグ（Zagg）」（ゼウス）の子孫であった。ミノスはゼウスを信奉した祭司であり、メネスはザッグを信奉した高位の神官だった。ミノスはゼウスから直接授けられた法を発布し（この話は世界中で常に繰り返され、モーセをでっち上げるのにも使われた）、メネスはザッグからもたらされたと言わ

19．同　七三ページ
20．同右

れる法を制定した。ミノスの息子は牛人ミノタウロスだった。メネスの息子は「強い野生の雄牛」として知られていた。[21]

どんなに頭の固い学者でも、まだメネスがミノスだったという事実を無視し続けることができるだろうか？　いや、できるだろう。そうすることによって彼らは人びとを真実から遠ざけ、砂上の楼閣を維持しているのだ。その真実は、これから見ていくが、いわゆる説明不可能な過去の「謎」を理解し、さらに重要なこととして、今日に至るまでの何千年間も私たちの生活を支配してきたのは誰か特定するためには欠かせないものである。つまり、真実はこうだ。当時のほかの文明よりもずっと進んだ水準で「突如として」現れた、古代の世界に広がる驚くべき文明は、同じ知識や芸術、建築技術、文字、葬祭儀礼、物語をちょうど同時期に発達させた、互いに接触を持たない一連の「独立した」民族によって生み出されたものでないことは明らかだ。それらはみな、インダス川流域やエジプト、地中海、イギリス諸島だけでなく、大西洋を越えてアメリカ、そして、おそらくはオーストラリアや中国にまで広がっていたシュメール帝国を基とする同じ文明や支配の別の側面なのだ。シュメールの知識基盤や、そして間違いなく、古代世界のいたるところに見られる同一の知識、物語、神話の一部は、大変動以前の「黄金時代」の世界規模の社会、すなわちアトランティスとレムリアに由来するのである。

21. 同　七二、七三ページ

ヨーロッパ、アメリカ、オーストラリアへ拡大するシュメール帝国

この同じアーリア人のシュメール帝国に含まれたさまざまな民族やその末裔《まつえい》、またこの帝国から影響を受けた民族には、アモリ人、ヒッタイト人、フェニキア人、ゴート人、ハム人、インド・アーリア人、ノルディック、古代ギリシャ人など多くが挙げられる。何度も言うように、私たちがアーリア人と呼んでいるのはノルディックとレプティリアンの混血種だと、私は考える。歴史は、ヒッタイト人とフェニキア人の存在を記録してはいるが、それは同じシュメール人、そして元はアトランティス人やレムリア人だったアーリア民族や帝国の別名としてではなく、異なった民族としてである。フェニキア人は、アトランティスとレムリアに由来するカリア人（Carian）であり、「Carian」は「アトランティスの火の神の蛇と海の民族」を意味している。[22] ジェームズ・チャーチワードの研究は、レムリアに起源を持つカリア人が南北アメリカにも移住したことを示している。紛れもないフェニキアの遺物が、ブラジルで発見された。私は、以前英国政府の工作活動をしていたという男性と会見したことがあるが、彼によれば、フェニキアのものによく似た工芸品が、オーストラリア、クイーンズランドの、キャプテン・クックが「発見」の旅の途中で上陸した地点からわずか数キロの熱帯雨林で発見されたという。クックの旅は、実は再発見の旅であり、フリーメイソンによって創設され、運営されていたロンドン王立協会によって資金を供給され、組織されていた。クイーンズランドの発見は、なぜオーストラリアのアボリジニの言葉の一部がエジプトの言葉と同じなのかを説明する役に立つが、

22. "The Return Of The Serpents Of Wisdom（賢き蛇の再来）" 三〇ページ

レムリアの繋《つな》がりもそれを説明するものである。フェニキア人の活動の証拠は、米国東海岸のニューイングランドでも確認され、二〇世紀最初の一〇年間には、紛れもなくエジプト的、東洋的な遺物がアリゾナ州のグランドキャニオンで発見されている。メキシコやカリフォルニア州では、古代中国の工芸品も発見されてきた。私たちがグランドキャニオンの発見を知ることができたのは、当時、地方紙「アリゾナ新聞」がそれについて長い記事を掲載してくれたからだ。[23]というのも、クイーンズランドの発見同様、この知識を隠そうとして、ありとあらゆる努力がなされてきたからである。ワシントンDCのスミソニアン研究所（スミソニアン家は例の血流の一つである）が設立されたのは、まさに、でっち上げの歴史を書き換えるような考古学の発見を隠し、一方でそれを強調しておとぎ話と受け取られるようにするためなのだ。

アトランティスの血統であるフェニキア人のようなシュメールの船乗りによって、象徴的な宗教の物語を含めたいろいろな話が世界中に運ばれた。それによって、アトランティス人やレムリア人によって何千年も前にそうした地域に持ち込まれていた物語や象徴が補強されたのだ。後のヨーロッパ人がコロンブスやその後継者とともに南北アメリカほか世界各地に上陸したとき、そこの先住民がヨーロッパや中近東で語られているのと同じ物語や神話を語っていたのに彼らは驚いた。その驚きは、世界の反対側にある文化がこれまで出会ったことなどあるはずがないという信念によるものだ。しかし、あったのである。それらの地域は、アトランティス、レムリアという世界を覆う帝国の一部であり、後にはシュメールというほぼ世界中を覆う帝国の一部だったのだ。だが、コロンブスのようなヨーロッパ人探検家のリーダーたちは、彼らの背後にある秘密結社によって真実を知っていた。大西洋の両

23. アリゾナ州広報 一九〇九年四月号

側で一致する物語や慣習の中には、処女懐胎や磔刑《たっけい》、割礼《かつれい》、大洪水などがあった。この類似は非常に衝撃的だったので、キリスト教の聖職者はこの「唯一」であるべき宗教が弱体化することを恐れて、その知識を秘密にしておこうとした。

中米を代表する神、ケツァルコアトルは、キリスト教がコロンブスやコルテスとともに上陸するずっと前から存在した、別の名を持つ「イエス」だった。ケツァルコアトルは処女の母親から生まれ、四〇日間断食し、中米版の悪魔に誘惑され、再来を約束して去った。事実、原住民を大虐殺したスペイン人コルテスがコロンブスに続いて上陸したとき、ヨーロッパ人の顔立ちをした彼はケツァルコアトルの再来だと考えられ、神として扱われた。アフリカでもよく似たことが起き、白いヨーロッパ人がやって来ると、原住民は伝説の「ノルディック」の宇宙人の再来だと信じた。コルテスがケツァルコアトルの物語を意識していたのは明らかだ。というのも、彼は、神が戻ってくるという伝説の地点の近くに上陸し、ケツァルコアトルの呼び名である「羽蛇」と一致する羽のついた帽子をかぶっていたからである。さらにコルテスは、ケツァルコアトルが戻ってくると原住民が信じていた一五一九年に到着した。これは、信念を通じて人びとを操作するのがいかにたやすいかということを示すほんの一例である。

アーリア民族であるシュメール人とその前の「黄金時代」の先祖たちの移動から、南北アメリカに無数にある、海の向こうから優れた知識や文明をもたらしたという「白い神」の伝説の「謎」が明らかになる。かつて中南米には、あごひげを生やし、フェニキア人のような外見をした白人種がいた。すばらしい古代都市やピラミッドを建設した中米文化はユカタン半島のマヤ族のものだとされているが、実はこうした古代の交流の一例なのである。ユカタン半島の階段状ピラミッドの起源は、それを受け継いだマヤ人よりもずっと以前にある。それだから、シュメールの「神々（gods）」のために建てられた典型的なピラミッド形神殿《ジッグラト》に非常によく似ているのだ。中米とヒンドゥー人や中近東のセム族の宗教や言語の間に多くの類似点があるように、この両者の技術や言語も非常に多くの点で類似している。地母神「マヤ（Maya）」はマヤ文明でもインドと同じ名前で呼ばれており、私がかつて訪れた、ギザから遠くない古代エジプトの遺跡にはマヤの遺物があった。ジェームズ・チャーチワードは、『ムー大陸の子孫たち』（小泉源太郎訳／大陸書房）で世界中の「マヤ」族がすべてレムリア（ムー）に由来し、それゆえに共通の繋《つな》がりがあることを示している。また、「ヴォタン（Votan）」またば「ヴォータン（Wotan）」と呼ばれるマヤ文化の伝説の創始者はアトランティスの火の神の名前で、これはドイツやスカンジナビアのチュートン族の神の名前でもある。彼はナチスの神々の一人で、この神々はドイツのチュートン騎士団のネットワーク（イルミナティ）によって作りだされた。チュートン騎士団は、テンプル騎士団やマルタ騎士団と同時期に形成され、同じ「聖地」で活動し、今日に至るまで同じ基本アジェンダに従って行動している。

フェニキア人として知られるシュメール帝国の民族は、中東や私たちが現在トルコ、特にカッパドキアと呼んでいる場所を拠点としていたが、シュメールによるイギリス諸島の支配確立に大いに関係している。この民族はヒッタイト人やゴート人というほかの名前でも知られていた。またしてもL・A・ワッデルが証明したところによると、フェニキア人は公認の歴史家の主張とは異なり、セム民族ではなく、アトランティスの後にシュメールを拠点としたアーリア民族の別名だった。フェニキア人の墓所の調査によって、エジプトの王《ファラオ》や王族の描写がそうであるように長頭のアーリア人タイプだということが明らかになったのだ。[24] これは、エジプト人やほかの文化が多くの神々をオシリスのように、白い肌と青い目に描いている理由でもある。支配民族がそういう外見をしていたのだ。予想外の展開だったのは、「高貴な」血統がレプティリアンのアヌンナキと異種交配していたことである。やはりシュメール帝国の一部であるイラン（Iran）の名はまさに「エアリアナ（Airy-ana）」または「エアラン（Air-an）」に由来するが、これはアーリア人の国を意味する。[25] クルディスタンには今でも肌が白く、しばしば青い目をした種族の人びとがいる。

英国とアイルランドに渡ったシュメールのフェニキア人

フェニキア人（シュメール帝国）は、少なくとも紀元前三〇〇〇年までにイギリス諸島に上陸した[26]（図12）。これはストーンヘンジやエイヴベリーの巨大なストーンサークルが建てられたと主張されている時期に一致しており、また、これらのストーンサークルはギザのピラミッドをはじめシュメール帝国やかつてのアトランティス・レムリア帝国中に建てられた驚異的な建造物と同様、驚くほど正確に造られている。ストーンヘンジを設計した者が誰であろうと、非常に進んだ数学と天文学の知識を持っていたに違いない。一二世紀の歴史家、ジェフリー・オブ・モンマス（モンマスのジェフリー）は『ブリテン列王史』の中で、最初のストーンヘンジを建てたのは北アフリカの「巨人」だと書いて

24. "The Phoenician Origin Of Britons, Scots, And Anglo Saxons（ブリトン、スコット、アングロ・サクソンのフェニキア的起源）" (Christian Book Club, California, 1924)
25. 同 六五ページ
26. L・A・ワッデルの研究から推定されるおおよその年代

どこへ行こうとも支配一族の血統は、同じレプティリアンの巧みな操作を受けていた！

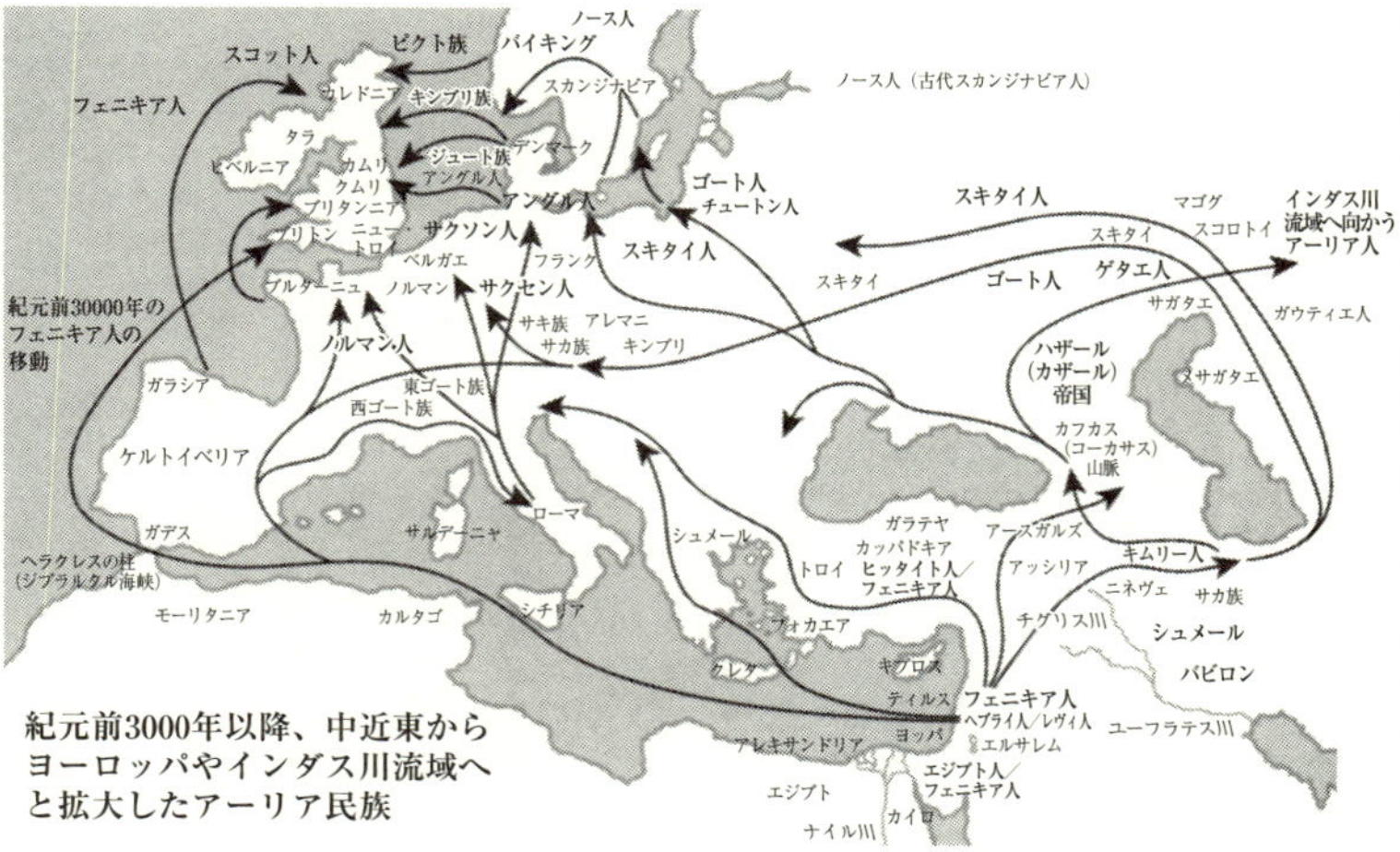

図12：遅くとも紀元前3000年には、フェニキア人やエジプト人といったシュメール帝国の民族は現在の英国に渡り、その島々に知識や表象を伝えた。その他の部族は陸路を通り、現在私たちがフランスやドイツ、北欧と呼んでいる場所に移住していった。しかし、どこへ行こうと、レプティリアンの血統は常に、王や女王、貴族として統治を行ったのである。

いる。[27] シュメールやエジプトのアーリア人は、非常に背の高いノルディックやレプティリアンに由来する背の高い民族で、レプティリアンはほとんどいつも非常に背が高いと表現されている。これは本書の新たなテーマに合致しており、ストーンヘンジに関する公式の見解は明らかに愚の骨頂である。

ジョン・A・キールが『宇宙からの福音《エウアンゲリオン》』で指摘しているように、

「また、切り出した巨石の数々を、すべり板やコロを使って、押したり引いたりしながら、いくつもの山坂をのぼったりおりたり、川を渡り森林を抜け、足もともさだまらぬ沼地を通って運んだのだ、と信じ込まされている。（中略）率直にいって、なにもかも、まったくわけがわからない」[28]《訳注：同書九一ページより訳文引用》

そしてもちろん、ストーンヘンジは同時期に英国に建てられた何百というストーンサークルや立石のほんの一つである。ここで必ず注意しなければならないのは、年代が次々と、そしてしばしば劇的に再評価されていることである。シュメール人は、洪水前のアトランティスの主な植民地に戻ることを目指していたが、こうしたイギリス諸島その他の有名な建造物の中には、彼らが戻るよりずっと前にすでに建てられていたものがあったかもしれない。アトランティス人、あるいはシュメール帝国が建てたと考えれば、それらの石を太陽や月や星々の体系に非常に正確に並べ、しかも互いにエネルギー・グリッド（網）に沿って幾何学的に並ぶように配列した知識がどこから来たのか納得できるだろう。ワッデルは著書『ブリトン、スコット、アングロ・サクソンのフェニキア的起源』で、シュメー

27. "The Return Of The Serpents Of Wisdom（賢き蛇の再来）" 八一ページ

28. "Our Haunted Planet" 五一ページ（『宇宙からの福音《エウアンゲリオン》』九一ページ）

ルの印をストーンヘンジの石や、スコットランドを含むイギリス諸島中のほかの石に見つけた経緯を説明している。[29] 一九四五年から一九六一年までオックスフォード大学工学部名誉教授を務めたアレキサンダー・ソーンの発見によれば、ストーンヘンジの建造者はピュタゴラスの生まれる何千年も前に「ピュタゴラス学派」の幾何学的、数学的原理を知っていた。[30] ギザのピラミッドを建てた者たちにも同じことが当てはまる。理由を明らかにしよう。「私は大蛇（Python）である」や「私は蛇（Serpent）である」を意味する名を持つギリシャの天才ピュタゴラス（Pythagoras）[31] ほか、ギリシャの有名な数学者や哲学者、科学者、医者などはすべて、その知識を、実際には全部同じ民族であるシュメール人やミノア人、エジプト人から厳しい秘密主義の神秘主義結社《ミステリースクール》を通じて受け継いだのだ。そして、知識を伝えた彼らも、アトランティスやレムリアからそれを受け継いだのである。この流れを理解すると、歴史はずっと簡単になる。シュメールのエリートやその「黄金時代」の祖先もまた、物体の周りに磁場を広げて重力の法則を断ち切る方法を知っていた。重さを消してしまうことができたのだ。そういう技術があれば、ストーンヘンジやピラミッドのような「謎」の建造物のために巨大な石を楽々と運び、置くことができる！

29. "The Phoenician Origin Of Britons, Scots, And Anglo Saxons（ブリトン、スコット、アングロ・サクソンのフェニキア的起源）" 二三一ページ

30. Professor Alexander Thom, "Megalithic Sites Of Britain" (1967)

31. "The Return Of The Serpents Of Wisdom（賢き蛇の再来）" 二一七ページ

蛇のエネルギー・グリッド（経絡《チャネル》）とレイライン（竜脈）

地球のエネルギー・グリッド（網）と特に多くのエネルギーラインが交差する大きなボルテックス

（渦）・ポイントがこうした古代の民族にとってどれほど重要だったかは、いくら強調してもしすぎるということはない。このエネルギーは蛇で象徴されることが多かった。蛇の種族やその血族、蛇の知識にまつわる膨大な数の表象や資料を認め、その難解な研究に取り組む人たちは、これらが竜脈やレイ（ley）ラインとして知られるこの地球のエネルギー・グリッドに関する符号だと言っている（英国の地名に「レイ（ley）」がつくものが非常に多いのはそのためだ）。蛇の象徴が、この宇宙のエネルギーやその最も強力な中心を連想させるという考えはわかりやすい。しかし同時に、支配者がレプティリアンの形体をとっている証拠は明々白々であり、蛇や竜の血族との関係をただこのエネルギーやグリッドの知識を表す符号と片づけてしまうわけにはいかない。このグリッドについての知識をもたらした蛇の種族については、どれだけ同じ伝説や物語があることか。まさにこのグリッドのエネルギーは蛇と関係してくるのである。関係ないと？　前述したように、レイラインは互いに結合して磁気エネルギーの網（グリッド）を形成し、エネルギー、すなわち宇宙の生命力はこの地球を取り巻き、内側にも通っているレイラインに沿って流れるのである。

人体にもよく似た仕組みがあり、古代中国の鍼《はり》という治療術は、身体の「レイライン」または竜脈、あるいは経絡に働きかける。髪のような針を刺すのはそのためである。エネルギーの流れのバランスをとるのだ。アトランティスやレムリア、シュメール帝国などの古代人は、地球に対して鍼治療の針のように立石を用いた。中でも強力なボルテックスの中心は聖なる地と宣言され、世界中でそうした場所にストーンサークルやピラミッド、塚が築かれた（図13）。また、こうした場所と地球の磁場の「障害」の相関関係も明らかで、こうした磁気障害の起こる周辺では「ＵＦＯ」の目撃など「超常的

エネルギースポットの使い方を知り、利用する者は、レプティリアンの血筋以外には許されなかった！

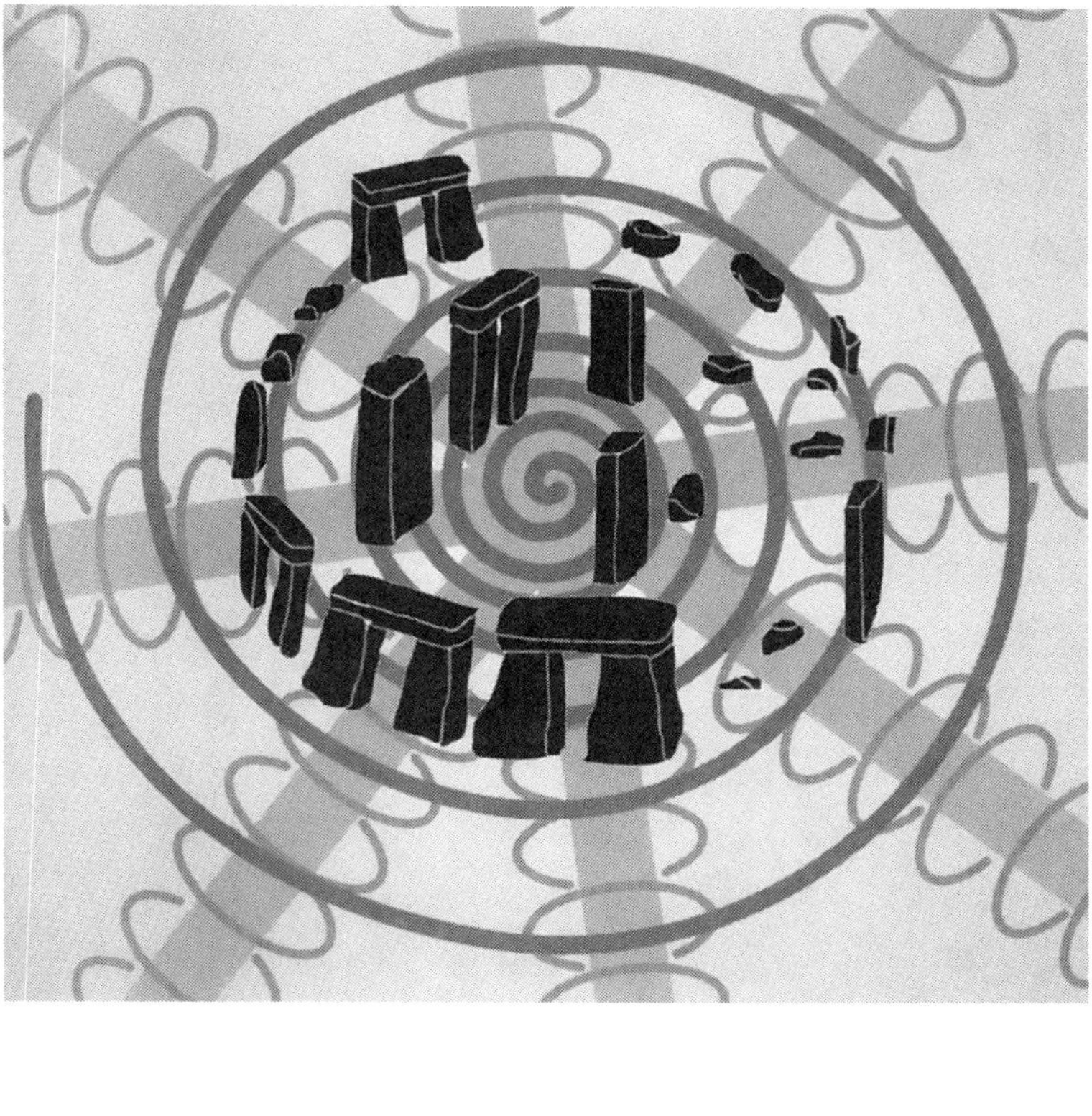

図13：ストーンヘンジのような世界の古代の聖地は地球のエネルギー・グリッドの交差する点上にあり、そこでは多くの「レイライン」（パワーライン）が交差して、巨大なエネルギーのボルテックスを作りだしている。ストーンサークルやピラミッド、主なフリーメイソンの神殿はそういう場所に建っている。エネルギー＝力である。問題は、使い方を知っているかどうかだ。

な」出来事や経験が非常によく起こっていることが研究によって明らかになった。セレナ・ロニー・ドゥーガルは著書『科学と魔法の接点（Where Science And Magic Meet)』(Element Books, Shaftedbury, England, 1991)の中で、イギリスの二八六のストーンサークルのうち二三五が二億五〇〇〇万年以上前の岩層の上に建てられているが、このことの統計学的な可能性は一〇〇万分の一以下であると指摘している。詩人で神話や神秘思想を専門とする作家のロバート・グレーヴズは次のように言っている。

「神聖な場所とされている中には、磁気を帯びた鉱石の放つ放射線によって神聖だとされているところがあります。たとえば私の村は、鉄鉱石を含む山に囲まれた一種の天然の円形競技場のようになっていて、この鉄鉱石が磁場を作りだしているんです。世界の聖地のほとんどは、英雄が死んだとか生まれたとかいう偶然ではなくて、この種のものが基になっています。デルファイという聖地も、ものすごく帯電していました[42]」

ギリシャのデルファイは「神託」の中心地である。この「神託」とは、意識を異次元の存在と接続して、彼らの言葉を伝える霊媒の女性、言い換えれば「経絡《チャネル》」のことだった。つまり、磁気障害を起こす土地がこうした異なる次元や密度への入り口として作用し、次元間の交信や移動を行いやすいことが知られていたということである。悪魔主義者《サタニスト》も世界中のこのような場所を、異次元の悪魔的な存在を呼び出すことを目的とした儀式に使っている。ローマ教会は教会や大聖堂をかつての異教の地に

42. 同　六四ページ

建てることを主張した。そこが異次元への入り口であり、門だったからだ。だから、悪魔主義者《サタニスト》は、キリスト教会を儀式に使いたがるのだ。教会が建っている場所のボルテックスのエネルギーを利用したいのである。フリーメイソンやほかの秘密結社の神殿もこういう場所にある。古代のアトランティス、レムリア、シュメールの知識は、この秘密のネットワークを通じて伝えられてきたが、人びとからは制度的に隠されている。宗教はこれを「邪悪」だと言って糾弾し、「科学」はナンセンスと片づけてきた。しかし、宗教と「科学」の源は、同じイルミナティのネットワークなのだ。意外に思われるだろうか？

歴史家たちは英国のドルイド（古代ケルト社会のドルイド教の祭司）がストーンサークルを建てたと主張しているが、これは使うことと建てることを混同している。今日それを儀式で使う集団があっても、その集団が建造したなどという仮説を立てる者はいないというのに！　こうした場所にドルイドの遺物を発見したというだけで、考古学者はストーンサークルを作りだしたのは彼らだと決めこんでいる。学者たちは、もっと後の中米のマヤや南米のインカに対しても同じ態度をとっている。後のドルイドの宗教や知識も、もともとはアトランティス人によってもたらされ、シュメール人の天文学や占星術、神聖幾何学、数学、レイラインシステムあるいは「エネルギー・グリッド」についての優れた造詣《ぞうけい》によって再び強化されたものだ。

アトランティス人やシュメール人は、いわゆる「歳差《さいさ》運動」についても知っていた。地球の「ぶれ」が地軸をゆっくりと移動させ、それによって地球は、何千年かずつ異なる星々、占星術で言えば異なる「宮」と向き合うことになるのである。一つの象徴的な「宮」を横切るには二一六〇年かかり、一二宮を一周するには二万五九二〇年かかる。ある人たちの信じるところによれば、私たちは今、この大きなサイクルの一つを終えつつあり、それは常に大きな変化のときだと言われている。古代のシュメール人やアトランティス人、レムリア人は、やはり歳差運動の知識にも関連させて、あるいはそれを踏まえた上で、さまざまな名の下に神殿や聖なる建造物を建てたのである。

聖《ボルテックス・ポイント》地のエネルギー・グリッドを封印するための建造物

私は、ボルテックス（渦）の上に建てられたピラミッドやストーンサークル、塚の少なくともあるものについて、物議をかもしそうな見解を持っている（この見解に対する世間の評価はそのうち変わるかもしれない）。一九九〇年の意識の旅の初めから、私はこうした建造物の多くを嫌な感じだと思ってきた。ニューエイジャーはそれらを聖なる場所と見なし、ストーンサークルやピラミッドへ行って儀式を行ったりしている。しかし、ボルテックス・ポイントが世界規模のグリッド上にある力の中心だからというだけでは、こうした場所に例の血統が建てた建造物が人類にとって真に最善であるように設計、設置されてきたということにはならない。すべての建造物がそうだというわけではないが、中でもギザとストーンヘンジは気持ちがよくない。こうした場所が途方もないエネルギーの中心でありながら、訪れると真の力の一部しか感じないのは、上に建つ建造物が力を抑えていることが多いからだ。私の意見を言わせてもらえば、それらはグリッドの真の力を封じ込めて、人間のエネルギー場を宇宙のエネルギー場から切り離すように設計されたネットワークの一部なのである。あらゆる惑星や星にはエネルギー・グリッドがあり、これらは広大な宇宙の網の中で互いに繋《つな》がっている。同様に、私たちも人間のエネルギー・グリッド、すなわち鍼治療の基本となる経絡系を通じて、このネットワークと繋がっている。人間のエネルギー場を惑星や宇宙のグリッドから切り離すことができれば、人びとを別々の振動の監獄に入れることになる。今日でも、イルミナティは同じ理由から、原子力発電所や幹線道路（高速道路）の交差点のような建造物をボルテックス・ポイントの上に設置している。イングランド地方ウィルトシャーでは、エイヴベリーの巨大なストーンサークル（ボルテックス）の中心を通るように、交通量の多い道路が建設されている。これは電気装置にスパナを放りこむようなものだ。何もかもがめちゃくちゃになってしまう。私は、こうした場所がもともとマイナスのものだと言っているわけではない。それらはただのエネルギーにすぎない。私が話しているのは、その上に建ってエネルギーの流れを操作している建造物のことである。水晶の結晶を入れた石やオベリスクなどを使えば、こうした場所をプラスにもマイナスにも働くように調整できるという点を人びとはわかっていないように思う。私は、多くの建造物がエネルギーを分断したり抑えたりするために置かれてきたのだと考える。これはただの私見だ。しかし、イルミナティは最も強力なボルテックス・ポイントを清浄で秘密のままにしておき、自分たち以外の存在には知らせていない。

西イングランド地方には、特徴的な古代の景観が今でも見られるところがある。あちこちにあるチョークの丘の斜面に刻まれた白馬である。そのうち最古のものは、従来の考古学ではエイヴベリーのストーンサークルから遠くないウィルトシャーの「白馬の谷」にある「アフィントンの白馬」とされている。これは紀元前三〇〇〇年のものとされてきたが、それはシュメールのフェニキア人が文化や宗教、知識を英国に導入（または再導入）しつつあった頃である。なぜ白馬なのか。シュメールのフェニキア人の基本的な宗教は太陽崇拝で、白馬は太陽の象徴の一つだった。[32] この白馬という象徴は、キリスト教のイエスやヒンドゥー教のクリシュナに関する白馬の話の源でもある。イエスやクリシュナは太陽の象徴で、シュメールの太陽崇拝や、その物語や象徴から生まれたものだ。どちらも実在したわけではない。アフィントンの「白馬」が実は竜だと信じる人びともいるが、そうだとすれば、フェニキア人の以前の名前であるカリア人、すなわち「アトランティスの火の神の蛇と海の民族」にふさわしい。

イングランド地方極西部コーンウォール州の錫鉱《すずこう》は、初めシュメール帝国によって開かれたのであり、「錫の土地の国」という言葉が彼らの文書に残されている。[33] キリスト教に取り入れられたフェニキアの神に、聖マイケルがいるが、ペンザンスに近いコーンウォールには干潮時にのみ陸続きとなる聖マイケル山がある。[34] 錫の船はここから運航し、この地域には「聖マイケル」の名を冠するものがほかにもたくさんある。ほかにもフェニキアやシュメールの神には、竜を倒してイングランドの守護聖人となったトルコのカッパドキアの聖ゲオルギウス（ジョージ）や、シュメール帝国によってイギリス諸島にもたらされたときに「ブリトン」になった男神のバラート（Barat）や英国の守護神「ブリタニア」になった女神バラティ（Barati）がいる[35]（図14）。

「竜の王朝とその騎士団（Imperial and Royal Dragon Court and Order）」の長たるローレンス・ガードナー卿によれば、「バラートアナ（Barat-Anna）」（火の石の大いなる母）は、シュメールのレプ

32. "The Phoenician Origin Of Britons, Scots, And Anglo Saxons（ブリトン、スコット、アングロ・サクソンのフェニキア的起源）"

33. "Egyptian Civilization（エジプト文明）" 一三ページ

34. "The Phoenician Origin Of Britons, Scots, And Anglo Saxons（ブリトン、スコット、アングロ・サクソンのフェニキア的起源）"

35. 同右

ティリアンの神々の主神アヌ（アヌンナキ）の妻を象徴していた（http://www.nexusmagazine.com/articles/ringlords1.html）。バラートやバラティに非常によく似た名前がインドの聖なる書ヴェーダに見られるのは、こうした記述が同じシュメール人（アーリア人）やアトランティス、レムリア人から影響を受けているためである。後に興ったローマはシュメールやアトランティスの知識や血統に基づく別の帝国で、バラティを「運命」と考えており、運命の女神としてのバラティ伝説がある。[36] ローマ人は、フェニキア人がバラティに、また、イギリス人がブリタニアに対して行ったように、この運命の女神を象徴し、記述を残している。エジプトにはブリスと呼ばれる水の女神がいたが、これもバラティの別の姿であり、クレタ島のミノア人（シュメール・エジプト人）は、この女神をブリトマティスと呼んでいたが、これも同様に、同じ主題の別の表れである女神ディアナやアルテミスを連想させる。[37]

36. 同右

37. 同右

イギリス諸島の象徴は、すべて中東由来

こうした情報はすべて、なぜイギリス諸島の主な象徴がみな中近東に由来するのかという「謎」に対する一つの答えとなる。たとえば、イングランドの旗（聖ジョージの十字）やスコットランドの旗（聖アンドルーの十字）、アイルランドの旗（聖パトリックの十字）は、スカンジナビア諸国の国旗と同じく、どれもフェニキア人の勝利の旗として掲げられていた。[38] アーリア民族のシュメール人がアイ

38. 同右

ルランドと関係していたという証拠も、この裏づけとなる。『ケルト文学講義（Cours De Literature Celtique)』の著者アルボワ・ド・ジュヴァンビルによれば、中世には、アイルランド人は「エジプト人」として知られていた。聖パトリックに関する文字としての証拠は発見されていないが、それがエジプトの神プタハのアイルランド名であり、シュメール帝国のエジプト人によってアイルランドに導入されたのだと主張する人もいる。[39] 聖パトリックは、アイルランドからすべての蛇を追い払ったと言われている。ここでは、北アフリカと「エメラルドの島」アイルランドの繋がりを少しだけ見ていくことにしよう。

アイルランド独特の円柱の塔はフェニキアに起源を持ち、アイルランドのハープ（とスコットランドのバグパイプ）は、昔からのアイルランドの象徴、「シャムロック（クローバー）」と同様、北アフリカに由来する。エジプトでは、葉が三枚ある植物はすべて「シャムルーク」として知られている。（シュメールの影響を受けたローマ人によって生み出され、太陽崇拝を基本とする）ローマカトリック教会のシンボルであるロザリオ（数珠《じゅず》）は中東に由来し、今でもエジプトで使われている。「ナン（修道女）」という言葉はエジプト語であり、修道女の服装は中東のものだ。プーカンと呼ばれるアイルランドの古い帆船は北アフリカで設計されたもので、ナイル川に浮かべて使われていた。古いアイルランドの文献はエジプトに見られるのと同じ様式をとっており、アイルランドの『ケルズの書』や『ダロウの書』に使われている絵の具までが中東の昆虫や植物から作られているのだ。ダブリンの北のニューグレンジにある古代の有名な塚には約一九メートルの狭い通路があって、冬至に太陽が昇る方向を指している。これは非常に正確にできていて、冬至の日の出には、輝く黄金の陽光がこの狭い

39. Bob Quinn, "Atlantean, Ireland's North African And Maritime Heritage" (Quartet Books, London, 1986) より引用

女神のシンボルとレプティリアン

図14：フェニキア人のバラティは、シュメール帝国の到達によって、英国のブリタニアになった。上はブリタニアを描いた英国の旧ペニー、下はフェニキア硬貨のバラティである。これらの女神については同じ話が語りつがれている。

通路を奥深くまでまっすぐ通って、塚の中心にある室を照らしだす。ニューグレンジやほかの古代アイルランドの立石や塚の現在の推定年代はまたもやシュメール帝国がやって来た時期に一致し、ニューグレンジで見られる二重螺旋《らせん》の像は、マルタのようなシュメール、レムリア／アトランティス帝国のその他の中心地で見られるものと同一だ。この帝国のほかの重要な建造物の入り口もニューグレンジのものと同じで、クレタ島のミノス（メネス）王のミノア宮殿と同じ形式である。私がアイルランドを何度も訪ねるうちに、古い地名の非常に多くに中近東の響きがあると気づいたわけもおわかりだろう。実際、研究者たちが示してきたように、ゲール語のような古代アイルランドの言語は、北アフリカのものと驚くほどよく似ている。理由は簡単だ。基本的に起源が同じなのである。ワッデルは『ブリトン、スコット、アングロ・サクソンのフェニキア的起源』で、次のように述べている。

「私は、古いフェニキア人集落の周辺で見られるさまざまな古代の文字や、キュプロス文字、カリア文字、アラム文字、シリア文字、リュキア文字、リュディア文字、コリント文字、イオニア文字、クレタ文字（ミノア文字）、ペラスギ文字、フリギア文字、カッパドキア文字、キリキア文字、テーベ文字、リビア文字、ケルトイベリア文字、ゴート語のルーン文字などとして知られている文字はすべて、実は、アーリア民族のフェニキア人船乗りの使った標準的なアーリア語族ヒッタイト・シュメール語の文字が地方によって変化したものであると理解した。彼らは、地中海沿岸を進み、（スペインと北アフリカの間の）ヘラクレスの柱を越えてイギリス諸島へヒッタイト文明を伝えた、かの古代の開拓者だったのだ[40]」

40："The Phoenician Origin Of Britons, Scots, And Anglo Saxons（ブリトン、スコット、アングロ・サクソンのフェニキア的起源）" 二七ページ

実のところは、彼らはノルディックや、ノルディックとレプティリアンの混血種である「アーリア人」で、大洪水後にやって来たアトランティスの祖先の地へ戻ろうとしていたのだ。この章で示したのは、何千年にも及ぶ隠蔽《いんぺい》工作の後でも存在する証拠の一部だが、メネスであり、マニシュであり、マニであり、サルゴンの息子であり、シュメール帝国の統治者であって、ギリシャ人にはミノス王としても知られていた人物が実はアイルランドで没したというワッデルの見解を支持している。[41] この話は、公式の歴史がどれほどばかげたものである可能性があるか、また、一つの誤訳によって実際の出来事がどれほどめちゃくちゃにされてしまう危険があるかを示している。一般的には、メネスは約六〇年間の統治の後、ナイル川から出てきた「ケブ（Kheb）の獣」に殺されたと言われている。この「ケブの獣」はカバと訳されてきた。しかし、ワッデルが指摘しているように、エジプト語の「ケブ」という言葉はジガバチやスズメバチをも意味する。[42] この話を伝える絵文字には、ジガバチやスズメバチと非常によく似た昆虫が描かれている。もし当時のカバには翼があって空を飛ぶ昆虫に似ていたというのでなければカバと思えるところは少しもない。だから、エジプトのアビドスの「墓所」（実際は、記念碑またはセノタフという葬礼用の墓で、遺体は収められない）に見られるメネスの死についての記述は、次のように翻訳できる（ここでは、別名マナシュまたはミナシュが用いられている）。

「マナシュ（ミナシュ）王であり、二つの王冠の地、ムシュシル（エジプト）の王《ファラオ》であり、西で命を落とした者、（太陽の）鷹の民族の、低地の（または日の昇る、あるいは東方の）、また日の沈む

41.『Egyptian Civilization（エジプト文明）』六〇―七〇ページ

42. 同　六四ページ

（または高地の、あるいは西方の）水と陸と海のアハ・マナシュ（またはミナシュ）であり、統治者であるムシュリム（二つのエジプト）の王、（太陽の）鷹の民族の偉大なるシャガナ（シャグヌ）の息子、王《ファラオ》、故人なる艦隊の総司令官」

「艦隊の総司令官（ミナシュ）は船で進んで、日の没する国の果てにたどりついた。彼は西の国々の査察を終えた。彼は（そこで）ウラニ国の所有権（占有）を獲得した。山頂の湖で、運命はスズメバチ（またはジガバチ）に二つの王冠の王マニシュを刺させた。木片を吊るしたこの文字板を（彼の思い出に）捧ぐ[43]」

アイルランド人、イギリス人がエジプト人子孫であるこれだけの証拠

メネスが死んだ場所をアイルランドと結びつけた人が以前にいなかったのは、何と言っても、この国がカバで有名ではないからである。アビドスの記述が明らかにしているように、メネスは「日の没する国の果て」の査察中に死亡した[44]。それゆえ、これは当時のエジプト・シュメール帝国の西である。ワッデルの仮説によれば、この場所はシュメールの錫《すず》の土地の国（コーンウォール）の先であり、アイルランドと特定できる[45]。ウラニという名前はエリンという言葉の原形で、これはアイルランドの古名なのだと彼は言う[46]。「日の没する国の果て」というアイルランドの表現はアイルランドの遺跡で発

43. 同　六三、六四ページ
44. 同　六六ページ
45. 同　六七ページ
46. 同右

見されており、その中には、ニューグレンジのいわゆる「カップの印がついた」石碑も含まれるが、これは、初期シュメールやヒッタイトの印章文字に見られるものの写しに近い。[47] ワッデルは、ティローン州の南の州境にあるクローガーの町に近いノックメニー（「メニーの丘」）の墓所で先史時代の石にシュメールの碑文を発見し、それによって自説を証明した。その碑文は、アビドスにあるメネスの「墓所」に刻まれていたものとほぼ同一のものだったのである。[48] 石の一つには、同じ「ウラニ」という名前のモノグラムと死因、すなわち、スズメバチの絵文字まであった。[49] そのままいけば、ノックメニーはイギリスとアイルランドを含むシュメール帝国の統治者メネスの本当の墓だと思われただろう。ところが、運の悪いことに、これらノックメニーの碑文は腐食性薬品を使って地衣類をごしごしと拭《ぬぐ》い去ったときに消えてしまった。しかしワッデルは、R・ウェルチ氏が一八九六年にすばらしい写真を撮影したと記録している。その写真は今でもどこかに保存されていると私は信じている。[50]

さらにワッデルの研究の裏づけとなるのが、エジプト人が約二七〇〇年前にイギリスの東岸沖で難破し、現在はハルという都市のある地域に移住したという証拠である。一九三七年にハンバー川の川岸の泥の中で見つかった三艘《さんそう》の木の船はバイキングのものだと考えられていた。しかし今では、それらは紀元前約七〇〇年のもので、かつてナイル川を航行していたものと同一だと言われている。[51] バイキングと混同されたのも理解できる。アトランティス滅亡後、スカンジナビアのノルディックがエジプトやシュメールへと南下し、そこに多くの類似点や共通の起源ができたに違いないからである。エジプト学者ロレイン・エヴァンズも著書『箱舟の王国』で、古代エジプト人が三五〇〇年前ケリー州に上陸した後、アイルランドに植民地を形成したと述べている。彼女の仮説によれば、侵略者たちを

47. 同　六八ページ
48. 同右
49. 同右
50. 同右
51. Lorraine Evans, "Kingdom Of The Ark（箱舟の王国）" (Simon & Schuster, London, 2000)

率いていたのは王《ファラオ》の娘であるスコタ姫で、アイルランドの先住民との間の血なまぐさい戦《いくさ》の後、亡くなったケリー州のトラリーから約八キロ離れた「スコタの谷」と呼ばれる地に埋葬されている。墓には石板が立てられているが、発掘されたことはない。エヴァンズによれば、スコタの子孫は続けてアイルランドの上王《ハイキング》（州王の中から選ばれる最も優れた有力な王）の座に就き、やがてスコットランド、すなわち「スコタの国」を侵略した。エヴァンズは、アイルランド人およびイギリス人がエジプト人の子孫であることを証明するのに、古い文書や考古学、言語学、ＤＮＡに関する資料を用いたと述べている。彼女によれば、スコタの本当の名前はメリトアテンといい、アクエンアテン王（ファラオ）の娘であり、ツタンカーメンの異母姉だった。ニューグレンジにほど近いミース州の「タラの丘」は、上王（英国の「ペンドラゴン」に相当する）の御座である。アイルランドとスコットランドの「エリート」の血統がイルミナティにとってきわめて重要だということは強調するに値する。ケリー州のディングル半島で発見された青銅器時代の盾はスペインで発見されたものと同一だったが、これは古代エジプトの武具であることが確認された。ほかの考古学者やエジプト学者はエヴァンズの主張を一蹴《いっしゅう》してきたが、彼女は、ハルその他の場所での自分の発見が私たちの祖先に対する考え方を一新するだろうと述べている。「英国の多くの民族がエジプトの遺産に気づきもせず日々の務めを果たしているというだけでも驚きです」[52]。だが、それが公認の歴史を書き換えることになるので支配者は人びとに知らせたがらないのだと考えれば、そう驚くこともない。

この章には、宗教の背景や今日の世界操作の性質や源を理解するのに欠くことのできない重要な点が多く含まれている。何千年も前には非常に進んだ世界的な帝国があったが、一連の世界的な大災害

52. 同書発売時のイギリスの全国メディアの報道より引用

によって滅亡へと至り、世界は白紙に戻った。世界が回復し始めてから、シュメール帝国が消滅し始める紀元前二〇〇〇年頃までは、別のほぼ世界的な帝国が発達した。支配はシュメールから行われ、支配層のエリートたちが持つ進んだ知識によって生み出された。この帝国は、大洪水前のアトランティスに普及していたのと同じ宗教や知識、文化を土台に築かれたが、アトランティスと同じ水準まで発達することはなかった。シュメール帝国の、つまりはその広大な国々と民族すべての基礎となった宗教は太陽崇拝であり、太陽や月や星や季節の周期を説明する多くの象徴的な物語が生まれることになった。

ここまでの話の中で強調すべきもう一つの点は、シュメール帝国の支配者たちが、血統によって選ばれていたということだ。この点は、これから見ていくように、非常に今日的な意味を帯びている。こうした血統の起源がわかったところで、ここから先は定説《ドグマ》のない領域に入ることになる。シートベルトを締めて、精神的、感情的な動揺に備えるのが賢明だろう。心を開くことができず、プログラムされたままの信念を持った読者、高空からはるかに大きな可能性を視野に入れるのが怖い読者は、これ以上危険を冒して進むべきではない。ここで当機を降りられる方は、お忘れ物にご注意の上、どうぞ安全なほうの旅をお楽しみください。

第5章

血の同盟

知とは無知の自覚である。

ソクラテス

天から来た神々《アヌンナキ》が超高度地球文明を創始

何千年もの間、政治や経済の要職には同じ血流の者たちが就任してきた。古代の王侯貴族に始まり、現代社会の主導的な政治家、銀行家、財界人、メディア所有者まで、すべてが繋《つな》がっているのである。その血流とは何か、また、その起源はどこにあるのだろうか？

シュメールをはじめとする偉大な文明は、その最盛期に始まり、その後衰退していったと言われる。これは、文明のスタート時点で膨大な知識が投入され、それが次第に失われていったことを示している。シュメール人は自ら語った文献を残し、それが数千年後に発見された。いわゆるシュメール文書だ。その詳細を見ていこう。一八〇〇年代の半ばからその後にかけて、古代シュメール文明が発展した地で何万枚もの粘土板が発掘された。場所は古代アッシリアの首都ニネヴェにあたり、現在のイラクの首都バグダードから約四〇〇キロの地点である。イギリス人のオースティン・ヘンリー・レイヤード卿が最初に発見し、その後、何人もが続いて発掘を行った。文書に書かれていた驚くべき内容は、シュメール文明のものであって、その後に発展したアッシリア文明のものではない。そこで、私はそれを「シュメール文書」と呼ぶことにする。シュメール文書が地中に埋められたのは紀元前二〇〇〇年頃と推測されるが、書かれている内容はその時代をはるかに遡《さかのぼ》り、アトランティスやレムリア、ムーの時代にまで行きつく。近年になって、シュメール文書の内容を翻訳した書籍がいくつも登場した。こうしたシュメール文明の詳細な記録や地球に大地殻変動が起こる以前の超古代の歴史は、公式に認められている歴史を覆《くつがえ》すものである。にもかかわらず、当局の教育機関によって、お決まりの歴史が子どもたちや学生に教えられているのである。

この碑文の翻訳を少しでも読めば、旧約聖書がシュメール文書の焼き直しにすぎないことがわかる。碑文には、先にも述べたように、サルゴン王がイグサで編んだ籠《かご》に入れられ、川に流されたという話が書かれているが、旧約聖書ではこれが「モーセ」の話になっている。碑文には、「エディン(E.DIN)」(「正しき者たちの住処《すみか》」)と呼ばれる場所について書かれている。これは聖書のエデンの園、つまり「神」の庭である。創世記の内容は、シュメール文書に書かれている物語と基本的に同じだ。しかも、碑文のほうが詳しく書かれている。面白いことに、旧約聖書の英語版で「神(God)」と訳されている言葉は、もともと複数形の「神々(gods)」であった。この神々についてシュメール文書では、天のどこからかこの星にやってきた種族で、偉大なる知識と技術をこの惑星にもたらした文明の創始者と書かれている。すでに述べたように、シュメール人は彼らをアヌンナと呼んでいた。後のセム語では「天より大地へと下りて来た者たち」を意味するアヌンナキ、または「火を噴くロケットに乗ってやって来た正しき者たち」を意味する「ディンギル(DIN.GIR)」という名で呼ばれている。アヌンナは「アン(後のアヌ)の息子たち」を意味し、[1]レプティリアンのアヌンナキがノルディックなど地球の人類と異種交配してできた「神の息子たち」のもう一つの起源らしい。碑文に書かれたシュメールを表す言葉は「キエンギル(KI.EN.GIR)」で、「火を噴くロケットに乗った王の治める土地」または「監視者の土地」という意味である。「監視者《Watchers》」という言葉は古代の神々について頻繁に用いられている。エジプト人は自分たちの神々をネテルと呼んでいたが、これも「監視者」とい

1. "Flying Serpents And Dragons(空飛ぶ蛇と竜、および人類のレプティリアン的過去)" 三ページ

う意味だ。

エジプト人によると、監視者は「天国の舟」に乗ってやって来たという。「神々（gods）」が何らかの飛行物体に乗って飛来し、当時の文化よりはるかに進んだ知識や技術をもたらして文明を築いたという古代の言い伝えは、世界中にたくさんある。インドではこの飛行物体をヴィマーナと呼んでおり、それには何種類かある。葉巻のような形をしたもの、船窓のついた円形ドームがある二階建てのものなどだ。ともに、今日たびたび目撃されているＵＦＯの記述と一致する。

古代インドの碑文には、「空飛ぶ円盤」に使用された反重力技術について記述したものがある。中国人がサンスクリット語の碑文をチベットで発見し、チャンディーガル大学に翻訳を依頼したところ、惑星間飛行ができる宇宙船を作るための情報が記載されていたという。これは同大学のルース・レイナ博士による話だ。[2] しかし、この碑文は何千年も前のものである。レイナ博士によれば、この宇宙船は「アストラ」と呼ばれ、どの惑星にでも飛行できる。月までの飛行記録も残っているほか、こうした宇宙船の製造法や操縦法のすべてについて詳細が記載されているのである。中国は、その一部を同国の宇宙計画に盛り込みさえしたようだ。[3] こうした宇宙船は、あちこちに記録されている「神々の戦争」に登場するものだ。この技術の基礎となる理論は反重力技術にも応用できる。つまり、巨大な岩石を重力の法則から分離することができるのである。アラブの伝説によると、レバノンのバールベックにある巨石群は大洪水後に「巨人族」が並べたとされている。同様にイギリスの伝説では、アフリカから来た巨人たちがストーンヘンジを作ったとある。大洪水が起こる前のレムリア／アトランティス文明の「黄金時代」は、はるかかなたの惑星からもたらされた知識で築かれたのだろうか？　また、

2. David Hatcher Childress, "Ancient Indian Aircraft Technology" http://www.farshore.force9.co.uk/India.htm《訳注：二〇〇七年二月現在該当ページなし》

3. 同右

当時の地球よりはるかに進んだ異次元の存在がそこに絡んでいたのであろうか？　古代の碑文はこのことを伝えているのである。シュメール文書同様、こうした古代の碑文の数々には、太陽系の惑星について、その数や位置関係など二〇世紀を待たねば確認できなかった内容が書かれている。天から来た存在は、後に「神々（gods）」つまりアヌンナキと呼ばれ、大洪水によって地球が破壊されるまで、はるかに進んだ技術を持った文明を築いたとされる。碑文には、大洪水についても詳しい記述がある。シュメール人の大洪水の主役「ウトナピシュテム」は、その後だいぶ経ってシュメール文書を基に創世記が編纂《へんさん》されたときには、「ノア」という名に置き換えられた。

さまざまな古代の記録に象徴として、あるいは明確に記述されているように、アヌンナキ、すなわち「神々（gods）」がほんとうに進んだ知識を持っていて、飛行することができたとすると、大洪水が起きる前に地球規模の文明が存在していたことにも、世界のあちこちにばらばらに存在していたと思われる人類が同じ技術を使っていたことにも説明がつく。さらに、ペルーのナスカの地上絵やピラミッドをはじめとする想像を超えた建造物を、技術的に「未開」であった人類がどうやって築いたのか、また、こうした驚くべき古代の建造物がただ整然と並んでいるだけでなく、太陽や月、惑星、星系の周期にしたがって配置されていること、古代人の天文学についての知識が、現代科学でさえごく最近まで知り得なかった、あるいは、まだ科学では解明されていないレベルにまで及んでいたのはなぜか、なぜ何千年も前に、氷河期が来る前の南極大陸の位置を正確に地図に示したり、惑星の配列を正確に示したりできたのか、どうして世界中のいたるところで同じ伝説や物語が語りつがれ、それがさまざまな宗教の基盤となっているのか、などに対しても説明がつくのである。さらに、今日残されている神殿などの建造物が、年代を遡れば遡るほど、より立派なものになっているのかという理由もわかるのである。シュメール文書は、アヌンナキが何十万年も前に地球に降り立ったことを示唆している。アヌンナキは、地球の大地殼変動や大洪水までのレムリアやアトランティス文明にかなり関わっていたはずだ。

シュメールの碑文によると、大災害の後、アヌンナキは再びやって来て地球規模の文明を再建したとあるが、これがシュメール文明である。その後しばらくは平穏だったものの、やがて神々は互いに争いを始め、それが何千年も続いたという。中でも、初期のリーダーの子孫、「エンリル（Enlil）」と「エンキ（Enki）」との争いは激しかった。エンリルとエンキは、人類をそれぞれ味方につけ、自分以外のアヌンナキ神を奉じる人間と戦わせた。こうして、当時としては驚異的な文明であったシュメール帝国も「黄金時代」を迎えるには至らず、やがて崩壊し、戦国時代を迎える。こうした戦いの多くが旧約聖書には記されているが、アヌンナキの中心地であり、現在のヒンドゥー教を含む主な宗教の発祥地である中近東では、誰もが誰もと戦っているような状態だった。旧約聖書の「私（エホヴァ）以外を神とするな」はここから来ているのかもしれない。アヌンナキの戦いでは、核兵器をはじめとするハイテク兵器が使用された証拠を提示する研究者がいるが、シュメールやインドの碑文にはその裏づけとなるものがある。河川や上水道を汚染し、シュメール一帯をその後長い間人が住めないほど荒廃させた「霧」は、核爆発によって地上に降った放射性粒子であるとも考えられる。アヌンナキは最終的に地球から出て行ったと信じられているが、私の見解では、いつか戻ると約束して地球を後にしたものもいれば、そのまま地球に残り、自分たちの血族や秘密結社を通じて世界を操作している者もいる。地球外生命体が人類に関わったという話は、ほぼ世界全域で伝えられているのだ。

地球以外に生命が存在することに違和感を覚えるのであれば、こう考えてほしい。従来の科学、すなわち絶望的なまでに限界のある「科学」にしたがってさえ、一つの銀河系から別の銀河系まで光が進むのに一〇〇年かかる計算になる。毎秒約三〇万キロの光速でもそうなのだ！　この宇宙には少なくとも一〇〇万個の銀河系、一〇億個の惑星、そして兆の何十億倍もの星々が存在する。カリフォルニア大学バークレー校化学部のメルヴィン・カルヴィン博士によると、可視範囲だけで、宇宙には地球と似た条件をもつ惑星が一億個もあるという。しかもこの数字は、この一つの密度ないし周波数帯域の存在においての話なのだ。私たちが物理的に感知できる領域を超え、ほかの周波数帯域すべてを使った場合、どれほどのスケールになるか想像してもらいたい。これだけの膨大な宇宙のなかに命というものが一つの小さな銀河のなかでも小さな太陽系のそのまた小さな地球というこの惑星にしか存在しないと、ほんとうに信じることができるだろうか。何？　信じられる？　だったら私は、ゴビ砂漠の真ん中に「海岸沿いの土地」を持っているとでも言ってみようか。広々とした砂浜つきですよ。お買いになりませんか？

吸血イルミナティの血族／エロヒム《地球外生命体》と人間（女）たちの混血種《ネフィリム》

今日世界が支配され操作されている実態を調査してみると、一九九〇年代全体にわたり、支配層にあたる家系とその傍系が、何らかの理由で自分たちの血族内で近親交配することに取《と》り憑《つ》かれていることがわかってくる。上の位階に行けば行くほど、遺伝子へのこだわりは大きくなる。これらの家系を遡《さかのぼ》ると、必ずと言っていいほど近親婚が繰り返されているのだ。ジョージ・ワシントンからジョージ・W・ブッシュまで、米国の大統領四三人の家系をたどると、「血統を守る」ために現在も近親婚をいとわないことで有名なヨーロッパの王侯貴族に行きつく。こうした家系だけでなく、今日の主要な政治家、金融界や財界の大物、メディアの所有者の家系も、ヨーロッパの王族や「貴族」（アーリア人）の家系、さらにはシュメールの古代の王やその帝国、そしてエジプトの王族にまで行きつくのである。この点は非常に重要なので、覚えておいていただきたい。シュメールの粘土板に刻まれた情報の中でも最も驚くべきは、おそらく、アヌンナキが人間の女性と交配して混血種を生み出したことであろう。当時の人類の遺伝子に「神々（gods）」の遺伝子を異種交配させたのである。ここでいう「人類」は、白色人種、またはノルディックのことで、この人類も元をたどれば地球外の生命体を起源としている。繰り返すが、これは世界中で繰り返し語りつがれてきた話であり、シュメール文明から内容を借用した旧約聖書にも書かれている。つまり、「神の息子たち」（正しくは「神々の息子たち」）が人間と婚姻して混血血族を生み出しているのだ。創世記には次のように書かれている。

「さて、地上に人が増えはじめ、娘たちが生まれた。神の子らは、人の娘たちが美しいのを見て、おのおの選んだ者を妻にした。……当時もその後も、地上にはネフィリムがいた。これは、神の子らが人の娘たちのところに入って産ませた者であり、大昔の名高い英雄たちであった」[4]（ここで「神

4.『創世記』第六章第一～四節　訳は新共同訳聖書による

（God）」とあるのは正しくは「神々（gods）」である）

ネフィリム（Nefilim または Nephilim）とは、「降り来たりし者たち」、「天から降り立った者たち」と訳すことができる。米国の研究家デーヴィッド・シーラフは、ネフィリムは「神々の息子たち（ベネ・ハ・エロヒム）」ではなく、聖書が「エロヒム（Elohim）」と呼ぶ地球外生命体と人間の娘たちの間に生まれた子孫であると主張している。だから、今日世界を支配しているイルミナティの系譜もネフィリム、つまり地球外生命体と人間の混血種だということだ。この混血種は、古代にはレファイム（Rephaim）、エミム（Emim）、ザムズミム（Zazummim）、アナキム（Anakim）などとも呼ばれていたが、みなかなり背が高いか「巨人」であった。[5] 聖書に出てくるゴリアテはレファイムであり、「レファ（repha）」はヘブライ語で巨人を意味する。[6] 巨人の話もあちこちで聞かれるものだ。日本、南米、サハラ砂漠などで見つかった洞窟の壁画には、丸顔をした巨人が狩猟を行う人間たちの頭上高くそびえ立つ姿が描かれている。ミネソタ州その他の塚では、身長二・五～三・六メートルに及ぶ巨人の骨が発見されている。アメリカ先住民のデラウェア族では、かつてミシシッピ川東岸の巨大都市に住んでいた巨人の種族について語りつがれているほか、同様の伝説はいたるところで聞かれる。[7] ネバダ州のラヴロック近郊の洞窟では、赤毛の巨人のミイラが多数見つかっており、その身長は二・一メートルもあった。[8] アメリカ先住民のピウト族の伝説によると、巨人は人食い人種で、ピウト族の亡《なき》骸《がら》を墓から掘り出してまで食べたという。[9] アトランティスの伝説では、赤毛の巨人は吸血鬼であった。巨人ネフィリムは人を食らい、その血を飲んだというが、それは今日のイルミナティ血族そのもので

5. "Flying Serpents And Dragons（空飛ぶ蛇と竜、および人類のレプティリアン的過去）" 一八七―一九四ページ
6. 同右
7. "Our Haunted Planet" 三八ページ（『宇宙からの福音《エヴァンゲリオン》』六九ページ）
8. 同 五九ページ（『宇宙からの福音』一〇六、一〇七ページ）
9. 同右（『宇宙からの福音』一〇七ページ）

ある。巨人はほかの人間とはなじまず、敵対さえしていたと多くの記録に書かれている。また、巨人は、今日のＵＦＯを思わせる「空飛ぶ円盤」のような奇妙な飛行物体と結びつけられることが多い。創世記によると、大洪水の前やその後も、神々の息子たちは人間の娘たちと結婚したとある。また、民数記《みんすうき》はネフィリムを「アナク（Anak）の息子たち」、「アナキム（アヌンナキ）の子孫」と言ってもいる。[10]

英雄《ヒーロー》崇拝／ホルス《イエス》は、ネフィリム・アーリア人種の「ヘル」

シュメール文書について多くの著書のあるゼカリア・シッチンによれば、創世記にある「名高い英雄たち」はシュメール文書に由来し、「天の乗り物の人びと」と解釈すべきだという。こうなると創世記全体の様相は変わってくるが、これで意味が通じる。「大昔の英雄」という言葉も非常に重要だ。「英雄《ヒーロー》（hero）」という言葉はエジプト語の「ヘル（heru）」を起源とするが、ウォーリス・バッジの研究によると、それは「太陽神の地上における代理としての王を指す」という。[11] 厳密には、「神でも悪魔でもない人間の英雄」を意味するのだそうだ。[12] この言葉は異種交配した種を意味していると推測される。紀元前八～九世紀の詩人ホメーロスは、「英雄とは、一般の人種のはるか上の身分の者たちだ」と記している。『大いなる秘密』を読まれた方にはおなじみの、紀元前五一八～四三八年の詩人ピンダロスは、「神々と人間の間」の人種をさすのに「ヒーロー」「ヘル」という言葉を使っている。

10．"Flying Serpents And Dragons（空飛ぶ蛇と竜、および人類のレプティリアン的過去）"に詳しい

11．"The Sirius Mystery" 一五五ページ（『知の起源』一六七ページ）

12．同右

今この瞬間、私の頭の中には、Mピープルの歌った「サーチ・フォー・ザ・ヒーロー（自分の中にヒーローをみつけよう）」という曲が流れだした！　エジプト神話の「神の息子」であり、ずっと後の「イエス」にそっくりの「ホルス（Horus）」あるいは「ハル（Haru）」という名前は、太陽神の地球の代表者、つまり、混血種またはアーリア人種を意味する「ヘル（heru）」という言葉に由来している可能性はかなり高い。シュメール語には「フー（Hu）」または「ハー（Ha）」という言葉もあり、これは鷹を意味する。鷹あるいは「太陽の鷹」はシュメール文明では太陽を象徴する。[13] 碑文によると、「ニビル（Nibiru）」または「ネビル（Nebiru）」というのがアヌンナキがもともと住んでいた惑星の名であるが、これは、研究者ロバート・テンプルによれば、エジプトで見つかった言葉「ネブヘム（Neb-Hem）」に由来するという。[14] また、「ネブヘル（Neb-Heru）」という星は惑星ではないということが、シュメール文書の叙事詩「エヌマ・エリシュ」にはっきりと書かれているという。[15]

再びシリウスの話にもどるが、太陽の星、犬星であるシリウスこそが「ニビル（ネビル）」なのであろうか。そうかもしれないし、違うかもしれない。エジプト神話の「神の息子」ホルスは、「ヘルセプト（Heru-Sept）」（「セプト」は「シリウス」を指す古代エジプト語）や「犬星（シリウス）」のホルス」という言葉があるように、シリウスとかなり関係が深い。[16] ホルスは「ヘルアミウ（Heru-ami-u）」として描かれることがあるが、鷹の頭を持つワニで、尻尾の先には犬の頭がついている。また、アヌンナキの王族のリーダーであるアンまたはアヌとしては、ジャッカルや犬あるいはオオカミの頭を持つ姿として描かれる。[17]「ヘル」、つまりヒーロー（英雄）である混血の血族とこれらの「英雄たち」が、シリウスの「神々（gods）」に代わって、少なくとも部分的に地球を治めているのであろ

13. "Egyptian Civilization（エジプト文明）" 二二ページ
14. "The Sirius Mystery" 一五七ページ（『知の起源』一六八ページ）
15. 同右
16. 同右
17. 同右

う。ヒーローには「ヘラ（Hera）に捧げられた男たち」という意味もある。これもやはりヘルやホルスなどと関係している。[18]

ユダヤ教やキリスト教の聖書学者や権威者は、創世記にあるネフィリムの記述についてずっと説明を避けてきたが、これはそれを宗教の方針や路線に含めることが難しいからである。だが、おい、これが神の御言葉だと言ってるのは、まさしくそういう連中だ。まさか神様がへまをやらかすはずはない――そうじゃないのか？　はっきりしていることは、こうだ。「神々の息子たち」という何らかの存在が地球に降り立ち、地球の女たちとの間に子どもをもうけた。よって、その子どもたちというのは混血種族、つまりネフィリムである。これは公式のものだ。神が言ったのだから。そうだろう、教皇さま？　いや、ラビどのでもいいが。この話を全部聞かせてくれ。一世紀の著述家にして歴史家、フラウィウス・ヨセフスは、「神々（gods）」と人間の女たちとの交配について言及した創世記について次のようにコメントしている。

「今や、神のみ使いたちの多くが女たちと交わりはじめ、そして、暴力にきわめてたけた、横柄で、いっさいの徳を軽蔑する子供たちを生んでいった。事実、言い伝えによる彼らの行為は、ギリシア人の語っている巨人族の行為に似ている」[19]《訳注：『ユダヤ古代誌　1』（フラウィウス・ヨセフス著／秦剛平訳／ちくま学芸文庫）四五ページより訳文引用》

ここでいう「み使い」とは、つまり「使者」であるが、人間と交配した非人類を連想させるように

18. Barbara G. Walker, "The Woman's Encyclopedia Of Myths And Secrets" (HarperSanFrancisco, 1983) 三九九ページ（『神話・伝承事典―失われた女神たちの復権』バーバラ・ウォーカー著／山下主一郎、栗山啓一、中名生登美子、青木義孝、塚野千晶訳／大修館書店　三一五ページ）

19. "Antiquities Of The Jews"（『ユダヤ古代誌』フラウィウス・ヨセフス著／秦剛平訳／ちくま学芸文庫　四五ページ）

なった。異種交配については、シュメール文書に創世記よりはるかに詳しい記述がある。アヌンナキは、異種交配を組織的に行って、後にホモ・サピエンスと呼ばれる奴隷《どれい》人種を作り出し、アジェンダ達成のために利用しようとした。そのために試行錯誤が繰り返され、今日で言う体外受精まで行われたことが記述されている。碑文には、男のアヌンナキの精液を使って人間の卵子を受精させ、その後、それを女のアヌンナキに移植して出産させたということが書かれている。こうしたことがすべて何十万年も前に始められたのだが、スケールの差こそあれ、これはその後もずっと続いている。私は、碑文に書かれている多くの出来事はレムリアやアトランティスでのことだと考えている。こうした話から、今日、人間ではない存在に誘拐され、セックスを強要されたり、卵子を取られたりしたという数多くの経験話が真実味を帯びてくる。こうしてできた子どもは、妊娠初期に消えてしまうことが多いが、医学ではそれを説明することはできない。もちろん、「誘拐」体験の多くは、単なる作り話かもっと世俗的な理由によるものだ。しかし、体験談の数は多く、内容に一貫性があることも多い。すべてを否定するのは、誰の言うことでもすべて信じるのと同様、ばかげていよう。

シュメール文書には、アヌンナキの主任科学者「エンキ（Enki）」（「地球の主」。「キ」は地球を意味する）と、「ニンティ（Ninti）」（「生命の女主人」）とも呼ばれる、医学の見識に優れた「ニンハルサグ（Ninkharsag）」によって交配計画が始められたと記されている。メソポタミア人は、ニンハルサグをへその緒を切る蹄鉄《ていてつ》型の道具をもつ姿で描いている。後に与えられた「マンミ（mammi）」という呼び名は、「ママ（Mama）」や「マザー（Mother）」の語源である。母親を「ママ」あるいは「マー（Ma）」と呼ぶ言語は世界中に多く見られる。ニンハルサグは、後に「母なる女神《マザー・ゴッデス》」という神性を与えられ、セミラミス女王をはじめ、イシス、バラティ、アルテミス、ディアナなどの女神、さらに聖書ではマリアの名で呼ばれている。また、男性的な太陽に対して女性的と考えられる月や水の女神など、女性のシンボルとしても使われる。これらの研究分野については、往々にして意見が二派に分かれる。こうした神性は天文学や神秘学上のシンボルにすぎないと考える一派と、もともと肉と血をもった地球外生命体である「神々（gods）」ないし「女神たち」であったとする派である。私の考えでは、絶対にとまでは言わないが、時にはこの双方が組み合わさっているのではないかと思っている。中には、アヌンナキのリーダーたちについての実際の描写が、何千年もの間に天文学や神秘学の何かのシンボルになっていったものもあるだろう。

ＤＮＡ操作で異次元間コミュニケーションテレパシー能力を奪う

数多くの失敗を重ね、おぞましい生き物をいくつも生み出した後、エンキとニンハルサグは、ついに人間との混血を生み出した。シュメール人は「ルル（LULU）」（「混ぜ合わされたもの」）と呼んだが、おそらくこれが聖書の言う「アダム」だ。レプティリアン・アヌンナキのＤＮＡとホモ・エレクトゥスという原人のＤＮＡを繋《つな》ぎ合わせたのである。ノルディックとの交配で、アーリア系レプティリアン・ノルディックという「支配種《マスター・レイス》」も作り出した。これがアヌンナキと人間の「中間人」あるいは「半神」として統治を行うよう設計されたものである。聖書で「アダム」あるいは「最初の人間」と呼ばれているのは、おそらく一人の人間ではなく、同じ遺伝子の流れをくむ人種を象徴したものであろう。聖書の「イヴ」は、創世記によるとアダムの肋骨の一本から創られたとされるが、「肋骨」の語源であるシュメール語の「ティ（TI）」は肋骨と生命の両方を意味する言葉である。[20]アダムの「生命」ないし生命のエッセンスから創られたと言うほうが、一本の肋骨から創られたと言うよりよっぽど理解できる。同様に、アダムがそれから創られたとされる「地の塵《ちり》」という聖書の言葉を正しく翻訳すると、「生命とともにあるもの」という意味のシュメール語、「ティ・イト（TI.IT）」となる。『大いなる秘密』に詳しく書いたが、人間の起源は、さまざまな文化や人種のＤＮＡを研究した結果、そのすべてが二〇万〜三〇万年前のアフリカの同一の祖先に行きつく。これはシュメール文書の内容と一致している。

シュメール語で人間は「ルー（LU）」と呼ばれるが、その本にある意味は「働く者」または「召し使い」であり、羊などの家畜をも意味する。周りを見回してみたまえ。今も昔も変わらず、人類の本質とはそういうものではないか。私は私自身の研究から、世界中の人間をすべてアヌンナキが創り出したという話はかなりの誇張だと考えるようになった。人間と、アヌンナキに限らず種族や起源もさまざまな「神々（gods）」との交配の例はたくさんあると思う。アヌンナキはより多く、自分たちのアジェンダにかなうようなＤＮＡの系譜つまり血族を創り出し、そのＤＮＡを人間に注入し続けてきたということだ。ＤＮＡを書き換え、異次元間のコミュニケーションやテレパシー能力を人類から奪ったのだ。こうして人類は、非常に狭い周波数域しか五感によって感覚することのできない振動の監獄に監禁されたのである。テレパシー能力が抑えられたことは、神々が人間にさまざまな言語を与え

20．ゼカリア・シッチンの翻訳による

て人びとを分割したという、世界中に残る古代の伝説に象徴されている。これについては後ほど詳しく述べることにする。公式な歴史によると、人類の祖先となる種は一つが絶滅してから次の種が発生したとあり、ネアンデルタール人の後にクロマニョン人が現れ、その後にホモ・サピエンス、つまり現代人が現れたとされている。だが、考古学者が中東で発掘したところによると、こうした種すべてが「同じ」期間に存在していたという。こうした種を繋ぎ合わせ、突然起きた劇的な変化やその身体的特徴を説明する「失われた環《ミッシングリンク》」など、見つかるわけがない。なぜなら、学界の権威者は、「地球外生命体」などという言葉を一言でも発するよりは、無知を通したいからだ。

シュメール文書の内容は、アフリカ南部に二人しか残っていない「サヌーシ」の一人、クレド・ムトワの話によって裏づけられている。サヌーシは「未婚の高貴な呪医」を意味する呼び名で、アフリカ・シャーマニズムの最高位である。クレドは七九歳。もう一人のサヌーシはクレドの叔母で九〇歳代だ。クレドはズールー族の史料編纂官にして作家である。ズールーとは「星から来た人」を意味する。ズールー族は、自分たちが地球外生命体の「王族」種と交配したと信じているのである。クレドには知識を継承すべき者がいないため、それまでに秘儀《イニシエーション》によって得た驚くべき情報を人びとに伝える必要性にかられていた。そこで私は彼とともに、『レプティリアン・アジェンダ　１・２』という二つのビデオを制作した。合わせて六時間以上に及ぶが、それでもそれは彼が持つ知識のほんの一部にすぎない。ビデオでは、クレドが絶対に公言しないと儀式で宣誓した内容まで明らかにされている。人類が置かれている危険な状態を考えれば、いったい今何が起きているのかを人類に知らせるほうが自分の誓約を守るより大切だと、クレドは語った。この情報は、ヨーロッパ人がアフリカを侵略し、イルミナティのリーダーが、クレドによれば、「シャーマンたちの心を搾り取り、そして殺した」時点で秘密にされた。もちろん、この情報を公にすることは自殺行為である。そこで、情報を守るために秘儀《イニシエーション》の極秘ネットワークが形成されたのだ。私の親友となったクレドは、やはり地球外生命体であるアヌンナキと人類とが異種交配して混血種を作ったという話をしてくれた。

　クレドは、この話を裏づける遺物「神秘の首飾り（次ページ参照）」を持っている。実際には肩に載せるような形の、きわめて重い銅製の「首飾り」で、記録では、五〇〇〇年前のものとされている。しかし、クレドによれば、少なくとも一〇〇〇年以上前のものだそうだ。首飾りには、人類の歴史を物語る大きなシンボルがぶらさがっている。前面の一番いい場所にあるのが（「さあ来い」という風情の）地球外生命体とその大きな銅製の男根と、それがぴったりとはまるようになっている地球人の女である。これは星々から来た生命体と人類との結合の象徴だとクレドは言っているが、こうしたものは世界中の古代文化に見られる。特筆すべきは、クレドの話では、男根はかつては金で作られていたのだが、盗まれて、銅で作り直したということである。これは、古代エジプトの伝説に登場する主神オシリスの金の男根に呼応するし、現在は、特にフリーメイソンのオベリスクに見られるように秘密結社のシンボルとなっている。クレドは、首飾りにかたどられた地球外生命体の姿は単なるシンボルだと言う。「神々（gods）」は明らかに人類とは違う姿（レプティリアン）であり、それを見たままに描こうものならただちに殺すと警告されているからである。こうして「神々（gods）」は象徴的に描かれていった。神秘の首飾りには、びっしりとシンボルが刻まれた大きな手がぶらさがっている。そのシンボルの中には「万物を見通す目」（イルミナティのシンボルで米国の一ドル札に印刷されて

ズールー族のサヌーシ（シャーマン）、クレド・ムトワ（79歳）は、生涯にわたりレプティリアン支配の秘密の知識を伝授されてきた。

古代や現代の情報からクレド・ムトワが描いたレプティリアン種族の一種。彼はこの種族をチトウリ（「蛇の子どもたち」あるいは「大蛇の子どもたち」）と呼ぶ。

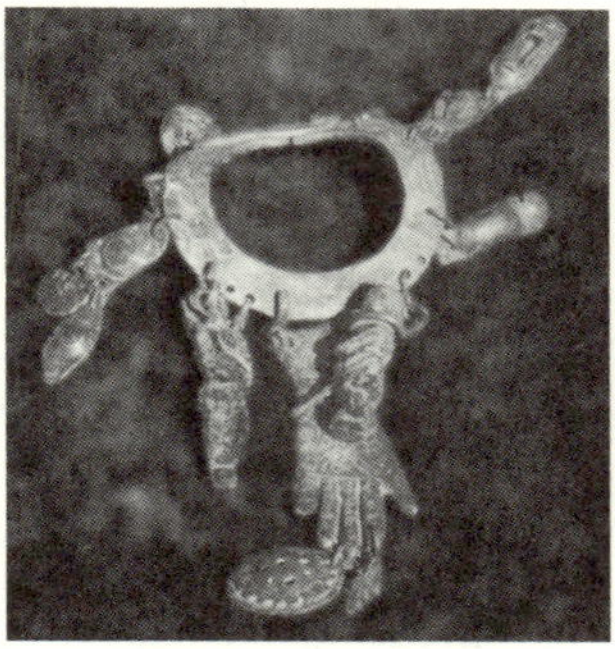

クレド・ムトワの神秘の首飾りは少なくとも500年は経たものだが、クレドは1000年以上前のものだと信じている。そのシンボルは、アフリカ人と彼らの起源たる異星人たちの物語を表している。

地球人女性の像の隣には大きなペニスを持った「異星人」のイメージ像がある。これは、チトウリと人類の女性との交配——古代世界ではこれがずっと繰り返されてきた——を描いたもの。「異星人《ET》」がイメージ像であるのは、チトウリが人びとに本来の姿を描くことを禁じたからである。

典型的な空飛ぶ円盤の形をしたものがついたシンボルの手。クレド・ムトワによれば、チトウリは地球の軌道上を回る大きな「母船」から、このような乗り物に乗ってやって来たという。

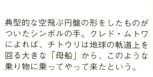

いるものと同じ）があるが、クレドはそれを「監視者」だと言っている。また、現代の研究家によって地球上の地球外生命体、特にレプティリアンの活動と再三関連づけられている「オリオン座」があり、さらに、通常は古代ユダヤ教のシンボルと思われているが、実態はまったく違う「ダビデの星」がある。ユダヤ教の歴史家によると、ダビデの星のシンボルは世界中のあらゆる地域ではるかに古い時代から存在したものであって、ユダヤ教の信仰と関連づけられたのは、一八世紀にイルミナティ血族である財界の名門ロスチャイルド家が使いはじめたからだという。私の講演でこの首飾りのシンボルを見たある研究者が、やはり、古代の記録にレプティリアン種がそこから地球にやって来たとされるシリウスとの関連を見出した。彼はこう書いている。

「南アフリカのシャーマンの首飾りですが、刻印のついた手にオリオン座が描かれていることに気がつきました。オリオン座の三つ星はシリウス二連星の方向を指しています。刻印のついた手では、オリオン座の三つ星が中心にある目をまっすぐ指しており、目のカルトとシリウスの間に関係があることを示しています。たしかに、カルトの歴史全体を通じて、シリウスは重要な星であり、古代世界の最も神聖な場所とされています。タロットカードの『星』のカードであり、クロウリーの魔術結社『銀の星』（A∴A∴）の銀の星であり、大ピラミッドの女王の間の天井の梁《はり》が指し示す星であり、マリのドゴン族が降臨した異星人ノンモがやって来たと伝える星でもあります」（クロウリーとは、悪魔主義者《サタニスト》のアレイスター・クロウリーである）

神秘の首飾りには、明らかに「空飛ぶ円盤」と思われるものもついている。伝説によれば、地球外生命体は巨大な「母船《マザーシップ》」から飛来して地球に降り立った。母船はその後も軌道を描いて飛び続け、リーダーたちは地殻の大変動が起きたときにそこに避難したという。フランスでは一万〜三万年前の洞窟壁画に、三本の脚で立った楕円《だえん》や円盤形の物体からはしごが降りている絵が見つかっている。中央アジアのフェルガナの崖には、「気密ヘルメット」をかぶり、背中に何かの機械装置を背負ったような人物の姿が刻まれている。これは紀元前七〇〇〇年のものだ。「空飛ぶ円盤」その他の飛行船の正体が何であれ、それらは何千年にもわたって目撃され、記録されてきたのである。

遺伝子への執着／人口削減策・地下潜行、前線組織イルミナティ

エンキと呼ばれるアヌンナキのリーダーは、「地球の主」であり主任科学者であったが、シュメール文書によると、地球での任務を担うアヌンナキのトップではなかった。エンキは、すべてのアヌンナキのボス、つまりアン（アヌ）の長男であり、アンはめったに地球を訪れたことがなかったと、碑文は翻訳されている。エンキの腹違いの弟のエンリルがこの任務の司令官になっているが、これはエンリルの母の遺伝子の純度のほうが、アヌがエンキをみごもらせた女の遺伝子より高いと考えられたからである。このため異母兄弟の間では争いが絶えず、やがてアヌンナキどうしの戦争が勃発《ぼっぱつ》し、人類も二派に分かれての大規模な戦いに発展したということが、旧約聖書にも記載されている。研究者

の間ではよく知られていることだが、イルミナティは世界制覇というアジェンダについては意見が一致していたが、それぞれの派閥や家系は絶えず覇権争いを繰り返している。イルミナティはアヌンナキ前線組織であり、秘密結社のネットワークは世界政府、世界銀行、世界軍、そしてマイクロチップを埋め込んだ人間を通じて極秘に人類を操作し、地球を制覇するというアジェンダを達成するための手段であることを考えれば、それも納得がいく。現在、こうした企《たくら》みのすべてが刻々と達成に向かって進んでいる。アヌンナキ（イルミナティ）の派閥間は、今日なお戦争状態にある。ある研究家は私に次のように説明してくれた。「やつらは銀行強盗のギャングのようなもの。盗むことについては誰も異論はないが、分け前をどうするかで争いが絶えない」。これがアヌンナキとその血流の実態である。

ところが、アヌンナキが表立っての支配から退き、特定の家系や人間の姿を使って裏からコントロールせざるをえなくなるような事態が起こった。アヌンナキの数は限られているが、大災害後、地球の人口は爆発的に増えている。そこで裏からコントロールするしか手段がなくなったのだが、それが碑文にあるような内部抗争がとんでもない混乱に突入しようという時期だったのだからなおさらだ。碑文（シッチンの翻訳による）によれば、任務の司令官であるエンリルは人口が急激に増加したことに不安をいだき、一度はアヌンナキの手で巨大な地殻変動を起こして人口を大幅に減らしさえしたということが何度も書かれている（今日のイルミナティも、戦争、飢饉《ききん》、病気など同じことを考えている）。アヌンナキが陰に引き下がることを決定した背景には、外部からの介入もうかがわせる。地球に並々ならぬ関心を寄せ、さまざまな目的でやって来ている地球外生命体がたくさんいるのは確実だ。

理由はどうであれ、アヌンナキは事実として、また象徴的にも地下に潜った。そして、人間世界での汚い仕事は特定の混血の血流を使うことにしたのである。

王の、そして大統領、銀行家などなどの「神授権」

エンリルがエンキより上とされた理由は遺伝子の純度にあったことから、アヌンナキが非常な階級社会であり、その階級は血統や遺伝子に基づいていることがわかるだろう。これと同じことは、シュメール時代以降、権力をもつ「人類」の家系にも起こっている。歴史を通じて支配権は血統によって決められてきた。何千年もの間それが公然と行われてきたし、今日では秘密裡の操作と秘密結社のネットワーク、つまり私がイルミナティと呼ぶものを通じて、同じことが実現されている。人類と交配を続けるにつれ、アヌンナキのもつ特性は巨大な遺伝子の集合体へと拡散されていった。しかし、アヌンナキの「王族」のリーダーによって特別に交配された血族がある。アヌンナキのアジェンダを遂行するために、その最前線兵《フロントマン》として人類を支配するべく生み出された人間であると、碑文には書かれている。これが、支配階級の家系が何千年もの間近親婚を繰り返してきた理由である。シュメール文書では、こうしたアヌンナキの「王族」の血族を「アブガル（AB-GAL）」と呼んでおり、その意味は「知の主」や「七人の長老」であるが、どうやら大洪水前、つまりアトランティスやレムリア時代の祭祀《さいし》王の一〇の家系に遡ると見られる。彼らは魚のような体をもち、エンキ自身、オアンネス（半人半魚の神）という別名を持っている。魚は神々が水陸両生であったことを象徴しているが、これはシリウスから来た地球外生命体が水陸両生であったことと一致する。

　こうした「王族」の血統は、近親交配によりアヌンナキの遺伝子を維持しようとするとともに、この目的のためにほかの人類に種を植えつけ続けてきたのである。ここから、非人類によってセックスを強要されたり、人工授精をさせられたという話が出てくるのである。シュメール文書によると、異種交配したアヌンナキの混血種は、「黄金時代」やシュメール帝国を通じ、統治権を持つ王族の座に据《す》えられたという。つまり、神々の代理として支配させる目的で、アヌが「アヌ―シップ」（後の「王権《キングシップ》」）を人類に授けたのである。王権《キングシップ》は、実は「親族の血統《キンシップ》」である。また、これこそが古代の「神授王権」の意味するところであり、血統による統治権なのである。「神（God）」とか神性はまったく関係ない。「神々（gods）」であるアヌンナキから、彼らのアジェンダにしたがって支配するよう授けられた権利なのである。実際にはさまざま血統の王や女王がさまざまな国々を支配しようと争ってきたわけだが、これはアヌンナキの内部抗争に端を発している。これが、たとえばイギリスのスチュアート王朝とチューダー王朝、イングランドとスコットランドの血族どうしの争い、そして今日の財界、業界、政界、マスメディアをめぐる争いに通じているのだ。これについて、三〇年前に研究者のジョン・A・キールが、次のように書いている。

「こうした伝説につきまといまひとつの題目は、神王が普通の女性と通じて孕《はら》ませ、いわゆる王家の血統ができることである。俗に青い血というが、この不自然な婚交のゆえか、彼らの血液は事実青かったと古伝は語っている。こんにちでさえも、血友病に悩む王族は存在するのである。（中略）土地に対するその所有権は、そのまま後継者の人間王によって引きつがれ、以来数千年にわたって、まるで地球全部がわずか数十の王家によって分割所有されるようなことが続いたのである。王家同士で婚を通じたりして、この制度の維持に努め、近世にまで至った。王制は徐々に衰えたが、事実上完全に崩壊したのは一八四八年を過ぎてからである」[21]《訳注：『宇宙からの福音《エウアンゲリオン》』（ジョン・A・キール著／北村十四彦訳／角川春樹事務所）二二七、二二八ページより訳文引用》

だが、この血族による支配は、ただ崩壊したように見えているだけだ。実際は、王族による公然とした支配から、政治、金融、業界、マスメディアを通じた隠然たる支配に転じただけである。シュメール、エジプト、バビロン、ギリシャの支配者たちに始まり、何千年にもわたって、同じ血族の者たちが世界に影響を与えてきた人物は全員シュメール帝国の一派ないし末裔《まつえい》であり、同じ「神々(gods)」の知識、文化、血統による階級を基盤としている。この血統を千年遡ると、ジョージ・W・ブッシュまでのアメリカ大統領四三名全員がウィンザー王家をはじめとするイギリス王族の家系にたどりつくことがわかる。こうした家系は、キリスト教や、エホバの証人やモルモン教などの宗教を作り出して人類におしつけた張本人でもある。一七八九年の初代大統領以来、アメリカの歴代大統領四三人のうち三四人は、現フランスの最も有名な王族であり、イルミナティとその血族において重要な人物であるシャルルマーニュ（カール大帝）との遺伝子的な繋《つな》がりがある。[22]

二〇〇〇年の大統領選で最後の数週間に繰り広げられた茶番劇において、私の主張を裏づけてくれ

21. “Our Haunted Planet” 一五〇ページ（『宇宙からの福音』二二七、二二八ページ）

22. マサチューセッツ州ボストン歴史系図協会

たのが、「高貴な血筋」の聖典《バイブル》とも言うべき王族と貴族の系譜、『バーク貴族名鑑』という本だ。この本によれば、その四年前にビル・クリントンとボブ・ドールが対決したときも含めて、アメリカの大統領選では、ヨーロッパの王族の血が最も濃い候補者が必ず勝っている。この流れは、クリントンからジョージ・W・ブッシュへと、乱されることなく引き継がれた。二〇〇〇年一〇月一七日付のロイター通信は、『バーク貴族名鑑』によってジョージ・W・ブッシュと「対立候補」のアル・ゴアがともに王族の末裔《まつえい》であること、ブッシュのほうが「高貴な」血が濃いことが確認されたと伝えた。私はこの血統のことを知り、あとは見えない舞台裏での展開を見るだけで、二〇〇〇年の選挙が行われる三年も前に、ブッシュが大統領になると予言することができた。ロイターによれば、ブッシュはヨーロッパの君主すべて（今は王政をとっていないアルバニア「王家」のようなケースも含む）と繋がりがあり、イギリスの王家のメンバー全員と血縁関係にあるという。ジョージ・W・ブッシュは、（かなりのレプティリアンである）イギリスの皇太后とその娘であるエリザベス二世の遠縁にあたり、いったん王位継承からはずされたチャールズ皇太子とは一三親等離れた「また従兄《いとこ》」になる。さらに、ヘンリー三世やメアリー・チューダー（ヘンリー八世の妹で、フランスのルイ一二世の妻）の直系の子孫であり、少し下ったイングランド王チャールズ二世の末裔《まつえい》でもある。『バーク貴族名鑑』の発行主任ハロルド・ブルックス＝ベイカーは、ロイターに「ゴア氏とブッシュ氏が異様に多くの王族、貴族の血を引いていることは明らかだ」と述べている。しかし、「異様」に思えるのは、真相を知らないからだ。さらに「現実として、二人の大統領候補で王族の血の濃さがこれほど拮抗《きっこう》した例は米国史上初めて」であった。[23] ブルックス＝ベイカーによれば、ホワイトハウスを目指す者は必ず強い「王族

23. 二〇〇〇年十月十七日付ロイター記事

の因子」を持っていて、なかでもジョージ・ワシントン、トーマス・ジェファーソン、セオドアとフランクリンの両ルーズベルト、ロナルド・レーガンなどは特に高貴な血筋との繋がりが強かったという。アル・ゴアは、元大統領のリチャード・ニクソンの血縁だが、実はイングランドのエドワード一世の子孫で、その祖先は神聖ローマ帝国を通り越して西フランク王国のルイ二世、その父シャルル一世（カール二世）、さらにはその父で分裂前のフランク国王だったルイ一世（ルードヴィヒ一世敬虔《けいけん》王）まで直接遡れる。つまり、ゴアは八世紀のカール大帝の子孫だということになり、[24] したがってジョージ・W・ブッシュとも血縁関係にあるのである。

メロヴィング朝の血統／ウィンザー家にはダイアナ妃《ノルディック》のＤＮＡが必需

さて、カール大帝はフランスのメロヴィング朝に繋がる。パリを築き、ヨーロッパの王族すべてに繋がる王族の血統である。当時、影響力の強かった人物、たとえばモルモン教祖のジョセフ・スミス、ハイラム・スミス、ブリガム・ヤングなどはすべて、メロヴィング朝の血統である。メロヴィング朝の血統や、この血族が操作に利用しているフランスのシオン修道会については、最近多くの書籍が出版され、ベストセラーになっている。こうした書籍には興味深く重要な情報が記載されているが、そこでは、メロヴィング朝はイエスと、彼らによればイエスが「マグダラのマリア」の間にもうけたという子どもたちの家系だということが主張されている。イエスが「十字架」にかけられた後、マグダ

24：同右

ラのマリアはその子どもたちとともに南フランスに逃げたという。だが、イエスなどいなかったのだし、マグダラのマリアも存在しなかった。そのことは後ではっきりするだろうが、存在しなかった二人がどうやって子どもをもうけ、そこからメロヴィング朝の血統が生まれたというのだ。さっぱりわからない。この血族がきわめて重要な家系であることは間違いない。だが、イエスの家系だからという意味ではない。メロヴィング朝はアヌンナキの混血種で、彼らの主要な血族の一つなのだ。面白いことに、「MAG《マグ》」というのはどうやら女たちを通じて受け継がれたレプティリアンDNAの暗号らしい。そして、私の理解では、オリオン座と関係しているようだ。ダン・ウィンターのウェブサイトには、レプティリアン人種の遺伝子について詳しい情報が掲載されている。《訳注：二〇〇七年二月現在、同サイトは事実上利用停止状態になっている》

私は、メロヴィング朝の血統について、支配階級の家系の一つとして常に研究を続けてきた。この血統はシュメール帝国など古代の中近東にまで遡れるが、さらにアトランティスやレムリアまでたどりつくことはほぼ間違いない。後にメロヴィング朝として知られるようになるこの家系は、現在のトルコを舞台としたトロイ人とギリシャ人によるトロイ戦争（紀元前一二〇〇年頃）に関わっていた。その後、この家系は、スキタイという名で南ロシアのコーカサス山脈を超えてヨーロッパに入り、「シカンブリアのフランク人《シカンブリアン・フランクス》」として知られるようになった。これが「フランス」の語源になる。これは四世紀末の一族の女王カンブラと民族の創始者フランシオにちなんで名づけられたもので、フランシオは聖書の大洪水に登場するノアの末裔《まつえい》だという。[25] ノアは伝説上の人物であるが、おそらく、アトランティス時代に実際にいた人物で、アヌンナキの交配種の流れを汲《く》んでいると思われる。ここで

25. メロヴィング朝の初期の歴史は、パリ国立図書館の『Fredegar's Chronicle』に詳しい

はっきりさせておくが、ノアとアブラハムは実際に存在した人物だが、ヘブライ人ではない。この時代にはヘブライ人はいなかったからだ。サイラス・ゴードン教授の『ギリシャ文化とヘブライ文化の共通背景（The Common Background Of Greek And Hebrew Civilization）』（W. W. Norton and Company, New York, 1965）によると、ヘブライ人は、シュメール・エジプト文明の流れを汲む者たちである。「ノアの末裔《まつえい》」というのは、イルミナティのイニシエイトが、自分たちがアヌンナキの血族であることを象徴するために言う言葉だ。シュメール版の「ノア」の話は、彼とアヌンナキ、特にエンキとの密接な関係を物語っている。

フランク人は、自分たちをニューマージュ（「契約の民」）と呼び、ケルンを中心としたゲルマニア（「真正なる者」という意味の言葉からローマ人が名づけた可能性がある）に定住した。シュメール帝国の人びとは、何世紀もかけて陸づたいにヨーロッパへ移住していった。そして、その途中のさまざまな地域で、いろいろな呼び名がつけられた。そうやって名前が変わるたびに、前のシュメール帝国やアトランティスやレムリアからきた同じ人種であったことがわからなくなっていったのである。それらの呼び名のなかには、スキタイ（サカ、サキ、サクセン、サクソン）人、ゴート（ゴール、ガリア）族、キムメリオス人がある。アングロ人とサクソン人は、合流してアングロサクソン人となったが、これもシュメール人とその帝国の流れを汲む同じアーリア人である。[26] ヨーロッパへ大移動した部族のなかにはシカンブリアのフランク人もいた。興味深いことに、これらのフランク人は、ギリシャのアルカディアに住んでいたことがあるとも言っている。アルカディアという名はアトランティスを指すとする研究者もいる。ドナウ川流域（ダナーン人の起源の地）にもシカンブリアのフランク人が

26. "The Phoenician Origin Of Britons, Scots, And Anglo Saxons（ブリトン、スコット、アングロ・サクソンのフェニキア的起源）"

移住したが、ここはこの血族とその交配に長期にわたって関係した土地である。四八八年にフランク族の守護者となったメロヴィス（メロヴェ）と呼ばれる王の時代から、一族はメロヴィング家と呼ばれるようになる。伝説によると、メロヴェは人間の母とキノタウルスという海の生物との間に生まれたというが、このキノタウルスは、レプティリアン・アヌンナキのエンキ、エア、オアンネスといった「魚神」に酷似している。フランク人の初代王クロディオンに育てられたメロヴェは、「海の息子」と呼ばれた。これこそが、メロヴィング朝の血統がイルミナティにとってかくも重要である理由を示す象徴的な起源なのである。

メロヴィング朝は六世紀にパリに開かれた。

パリという名はトロイ王プリアモスの息子、パリス王子にちなんで名づけられたものだ。パリス王子はメロヴィング家が巻き込まれたトロイ戦争に登場する人物である。メロヴィング朝は古代神話の偉大なる女神の一人、ディアナ（アルテミス）を崇拝していたが、これはアトランティスでも崇拝された女神である。トロイの町は現在のトルコがある小アジアに位置し、エフェソスと同じ地方にある。エフェソスには私も行ったことがあるが、そこはアルテミス（ディアナ）崇拝の中心地である。メロヴィング朝は地球のエネルギー・グリッド（網）上の大きなボルテックス（渦）がある場所にパリを築き、儀式の中でもこのエネルギーを利用したり、生贄《いけにえ》を女神ディアナに捧げたりするために、最初の居住地を囲むように地下室を建設した。まさにその場所が、いまだに地下にある。ここはアルマ橋トンネルと呼ばれ、女神にちなんで名づけられたダイアナ元皇太子妃が一九九七年八月三十一日の日曜日に暗殺された場所である。女神ディアナは「月の女神」の象徴で、「アルマ橋」とは「月の女神の橋または通り道」を意味する。ダイアナの暗殺については『大いなる秘密』で詳しく述べているので、[27]それを読めば、この血統とイルミナティのネットワークが象徴《シンボリズム》と儀式にいかに執着しているかがおわかりいただけるだろう。彼らの行いはすべて、シンボルと儀式であり、それを研究すれば、世界中の出来事に刻まれた彼らの刻印を見つけることができる。いずれにせよ、パリとロンドンはイルミナティにとって最も重要な地球的中心地であり、どちらもトロイ時代から脈々と受け継がれてきた血族によって築かれた都市である。イギリスとトロイとの関係は、この血統がメロヴィング朝として知られるようになるよりはるか前にまで遡る。

トロイの「王族」ブルートゥス（「トロイのヘレネ」の親族）はトロイ陥落後、西に船を進めてブリタニアにたどりつき、そこで「カエル・トロイア」（ニュー・トロイ）を紀元前一一〇三年に築いた。これが後にルグドゥヌム（Lugdunum）となり、今日、ロンドンと呼ばれるようになった。これは、一二世紀の歴史家ジェフリー・オブ・モンマス（モンマスのジェフリー）によって語られており、それをL・A・ワッデルが調査して確認し、その著作で概説している。

メロヴィング朝の傍系のいくつかは、一二世紀、北フランスやベルギーを後にしてスコットランドにわたり、「スコットランド」貴族の名家の家系となった。この中にはダイアナ元皇太子妃の祖先もいる。これがイルミナティがスコットランドを重要視する理由の一つであり、フリーメイソンのスコティッシュ・ライトと呼ばれる世界最大の秘密結社が存在する理由でもある。ダイアナの儀式的殺害に間違いなく関与していたウィンザー家も、メロヴィング朝の子孫だ。三つの先端をもつ百合形紋章《フラ・ダ・リ》（アトランティスやレムリアではトライデントだったもの）がメロヴィング朝の血統の象徴となった

27. 第7章「月の女神」の残酷なる生贄（上巻三二六―四五八ページ）

ため、英国の王室やホワイトハウスの門のような公の建物、教会など、あちこちでそれが目に触れるようになった（図15）。蜂もメロヴィング朝の象徴であるが、これは女神アルテミス（308ページ参照）をはじめ、バビロンのセミラミス女王など多くの女神と関連がある。セミラミスは、イルミナティでは鳩で象徴される。鳩はイギリス王室の儀礼的な金物――いや失礼、聖なる王笏《しゃく》のもう一つのテーマとなっている。

レプティリアンの血族は、秘密の奥義《おうぎ》や魔力（ナチスが「蛇《ヴリル》」の力と呼んだもの）を持っていると考えられており、このためメロヴィング家の人びとは「魔術師の王」と呼ばれていた。その魔力についてはもっと驚くべき話を後で述べる。それまで、シートベルトはどうぞそのままで。この家系の男女は互いに好き合って近親結婚したわけではない。それはもっと大きな目的のためであり、あるものがその計画のすべてを左右していたのだ。ウィンザー家は、自分たちの目的のためにダイアナの遺伝子を欲しがっていた。それはダイアナがノルディックと密接な繋がりのあるDNAを持っていたからであり、レプティリアン混血種は時々自分たちの血統にこのDNAを注入する必要があるのだ。だから、金髪碧眼《へきがん》の人間にこだわるのである。ダイアナとチャールズ皇太子との間に子どもが生まれると、それ以上はもう用はないというわけで、儀式的に排除されたのだ。ダイアナが秘密を打ち明けた九年越しの親友、クリスティン・フィッツジェラルドは、「ダイアナは自分のことをウィンザーの種雌馬と言っていた」と教えてくれた。ダイアナ亡き後、血族の責任を果たしたチャールズ皇太子は、「結婚」当時もずっと密かに交際を続けていた女性、カミーラ・パーカー・ボールズとはばかることなくつきあえるようになった。

イエスの聖杯を受け継いだとされるメロヴィング朝＝レプティリアンのシンボルマーク

図15：３つの先端を持つ百合形紋章《フラ・デ・リ》は、メロヴィング朝の血を引くレプティリアンによって広く使用されているシンボルである。

ロスチャイルド家の血統／アイネイアス、アレクサンダー大王、カール大帝

メロヴィング家は絶えたと思われているが、実は名前が消滅しただけで、血統は最近まで途絶えていない。血統はチャールズというフランク王国の王、つまり有名なカール大帝に引き継がれた。そのカール大帝には米国の歴代大統領四三人のうち三四人までが、さらにその他非常に多くの重要人物が関係している。カール大帝はフランク王国の領土を大きく拡げ、ローマ帝国の血統によって作られ、支配された教皇の帝国の西ローマ皇帝として統治した。この流れは、シュメール帝国の王族の家系であり、アトランティスやレムリアの末裔《まつえい》、さらにはレプティリアン・アヌンナキとノルディックとの交配種の血族である。イルミナティ血族の重要人物、アレクサンダー大王は、カール大帝はもとより今日の主要なイルミナティ血族の祖先にあたる。アレクサンダー大王はノルディックの強力なＤＮＡを持っており、アトランティス崩壊後に地中海沿岸やエーゲ海沿いに移住したバイキングの子孫である。大王は一時期トロイを治め、三三歳の紀元前三二三年にバビロンで死ぬまで、彼の軍はかつてシュメール帝国が支配していた広大な地域を制圧した。これにはエジプト、メソポタミア、インドが含まれる。彼はまた、エジプトにアレキサンドリアの都を築いた。アレクサンダー大王は、「蛇の息子」と呼ばれ、アレキサンドリアは「蛇の息子の町」と呼ばれた。[28] ここでも、また同じ話だ。伝説によると、アレクサンダー大王の実父は蛇神のアモンである。これは、メロヴィング朝を開いたメロヴェの話と通じる。歴史を通じ、レプティリアンはできるだけ自らの遺伝子に近い相手と結婚し、「きわめ

28. "The Return Of The Serpents Of Wisdom（賢き蛇の再来）" 二五六ページ

て純粋な」血流を維持してきた。重要なのは、これらの血族が正式なパートナーとのみ交配していたわけではないという点だ。かなりの数の非嫡出子が生まれているのである。こうした傍系は、ロックフェラーやロスチャイルドといった名門のイルミナティ家系とは別の名前で育てられる。そこで、たとえばクリントン、ルーズベルトなど誰でもかまわないが、こうした子どもたちが権力を持つようになっても、苗字が違うためにイルミナティ血族とは関係ないと思われるのである。いくらでも言おう。彼らは同じ血族だ。彼らはこうやって自分たち種族を、アヌンナキの遺伝的ネットワークを世間から隠しているのだ。

アメリカ在住のフィリップ・ウジェーヌ・ド・ロートシルトは、フランスのロスチャイルド家のフィリップ・ド・ロートシルトの非嫡出子であることを公言しているが、ほぼその生涯を通じてイルミナティの悪魔的ネットワークに関わっている。この人物については、後で詳述しよう。フィリップの話では、主要な「ネフィリム」の血統はアイネイアスと呼ばれる人物と繋がっているという。アイネイアスは、子孫のロムルスとレムスの功績によって「ローマ建国の祖」とされている。ロムルスとレムスはこの血族のコードネームであって実際の人間を指しているわけではない。このことはアイネイアスについても言えるだろう。「ノア」や「ダビデ王」にしても血族の暗号として使われていたのであって、記述されていたとおり実際に存在していたわけではない。アイネイアスの伝説は、トロイとの関係を含め、イルミナティ血族とそのコードネームにぴったり当てはまる。アイネイアスは、メロヴィング朝やテンプル騎士団にとって聖なる町であるトロイで誕生したとされる。アフロディーテ讃《さん》歌《か》の中で、アフロディーテーは、人であるアンキセスとの間にもうけた息子アイネイアスがトロイを統治するようになり、さらにその子孫代々にわたって支配は続くと宣言している。[29] 古代トロイと、その崩壊を招いたトロイ戦争については、紀元前八～九世紀頃のギリシャの詩人ホメーロスの作品が主な情報源となる。『イリアス』と『オデュッセイア』の二大叙事詩がホメーロスの作とされている。近代の考古学的発見は、ホメーロスの作品の正確さを確認した。『イリアス』では、アイネイアスの口から彼の誕生とトロイで対戦したアキレウスの祖先についてが詳しく語られる。アイネイアスによれば、彼の母と父は双方がともに「神聖なる不死の血族」である。神聖なる不死の存在とさまざまな名前で呼ばれるアヌンナキとの関係は古代の伝説に繰り返し登場する。女神アフロディーテを母に、アンキセスを父に持つアイネイアスの血統は、ゼウスの息子であり、トロイ人（レプティリアンとノルディックの混血種、アーリア人、支配種《マスター・レイス》）の開祖である伝説的人物、ダルダノスにまで遡るということである。また、ダルダノスはゼウスとエレクトラとの間にできた傍系であり、サモトラケの出身だとも伝えられている。サモトラケはエーゲ海にうかぶ女神崇拝を行う神聖な島だ。ダルダノスは、大洪水が起こったときに、サモトラケからトローアド（トロイ）にやって来たという。『イリアス』でアイネイアスから授けられたとされている際立った特質は、神々との密接な関係である。アイネイアスの伝説には、「神々（gods）」との血の繋がりを示唆する暗号にあふれている。だから今日、イルミナティ血族の暗号や象徴言語において彼が重要な位置を占めることには、何の不思議もないのである。

　フィリップ・ウジェーヌ・ド・ロートシルトによれば、この「アイネイアス」の血統は、バウアー家のロスチャイルド家（同じ家系の別名）とバッテンベルク家とが一つになって、彼が言うところの

29. アイネイアス伝説についての詳細は、http://ccat.sas.upenn.edu/~awiesner/vergil/comm2/legend/legend.html《訳注：二〇〇七年二月現在該当ページなし》

いわば「ロスブルク王朝」となったという。これがメロヴィング朝の血統であり、何百年も神聖ローマ帝国を支配してきたハプスブルク家の血族でもある。九六二年から一八〇六年にかけて中央ヨーロッパほぼ全土とイタリアを支配した中世国家である。オランダの研究家フランス・カンプによると、ハプスブルク家は、古代レプティリアンと交配したノルディックであるという。また、レプティリアンであるロレーヌ家とも繋がりがある。フィリップ・ウジェーヌによると、「ロスブルク」の血族はイルミナティ内部では「氏族《ゲンス》（Gens）」と呼ばれているという。これの語源となるラテン語は「種」、「族」、「男系子孫」を意味し、「子をもうける」という意味の「ギニェーレ（gignere）」という語に由来している。[30]

亡くなったルイス・マウントバッテン卿は、高名なイギリス王族だが、その甥にあたるフィリップ殿下（エディンバラ公）はバッテンベルク家の血筋で、イルミナティの悪魔主義者《サタニスト》である。マウントバッテン卿がイギリス南部のワイト島の州知事となっているのは、そのためだ。ワイト島は地球のエネルギー・グリッド上の重要な位置にあるため、イルミナティやその悪魔主義者《サタニスト》にとって非常に重要な場所である。これについても詳しくは後で述べよう。エディンバラ公とエリザベス二世の婚姻を取り決めたのがマウントバッテン卿であり、その後イギリスの王族はマウントバッテン＝ウィンザーと呼ばれるようになった。ウィンザー家もマウントバッテン家もドイツの系で、以前はサックス＝コーバーグ＝ゴータ家とバッテンベルク家として知られていた。ドイツと対戦した第一次大戦中は広報活動のために名前を英国風に変えたが、両家ともナチスを支持していたし、エディンバラ公フィリップはナチスの青年教育プログラムが運営するドイツの学校に送られている（『……そして真実があなた

30. http://encarta.msn.com/encnet/refpages/search.aspx?q=gignere&Submit2=Go

を自由にする』と『大いなる秘密』を参照のこと）。この「アイネイアス」の血族について、ロートシルト家の傍系、フィリップ・ウジェーヌは次のように述べている。

「アイネイアスは、カール大帝に収束するさまざまな血流のすべてを象徴していると思われる。なにしろカール大帝には、ダビデ王（ユダヤ人）とアレクサンダー大王（アーリア人）の両方の血が入っているのだ。よみがえったローマ帝国を支配している『貴族』を構成するのは、これらローマ時代の『氏族《ゲンス》』やヨーロッパ王家の現代版である。こうした『王族』の家系は、その血統を同族結婚で守っている。反キリストとして初めて登場した人物（最も純粋な血族）は、バビロンを創設したニムロデであった。この歴史的にも遺伝子上でも最後のローマ皇帝に繋がるのは、カール大帝とその子孫であり、ユリアヌス皇帝の流れを汲む支配層のトップの一人、フィリップ・マウントバッテン（ジュリアス・アレクサンダー・バッテンベルク王）のような人びとなのだ[31]」

秘密の監視者／すべての秘密結社に君臨する「イルミナティ」

シオン修道会はメロヴィング朝の血統、すなわち「赤い蛇」に仕えるために、一二世紀にエリート秘密結社として作られたが、テンプル騎士団とかなり緊密な関係がある。ちなみにテンプル騎士団はフランスのトロワという町で正式に結成されたのだが、この町の名はシカンブリアのフランク人（メ

31．フィリップ・ウジェーヌ・ド・ロートシルト本人からの個人的な情報提供

ロヴィング家）がかつての故郷トロイにちなんで名づけたものである。シオン修道会とテンプル騎士団は、何世紀にもわたって反目し、ついには分裂したが、マルタ騎士団でもしばしば同様な紛争が起こっていたように、それは血族内での権力闘争であり、血族と外部との争いではなかった。ここを取り違えたために、非常に多くの研究者が間違った方向に流れてしまったのではないだろうか。彼らはみなアヌンナキによるグローバル支配というアジェンダを基盤としている。しかし、それぞれがトップに立ちたいという欲望をもっているのである。今日この血族の二大勢力となっているロスチャイルド家やロックフェラー家にしても同じことだ。トップレベルで言えば、シオン修道会、テンプル騎士団、マルタ騎士団、チュートン騎士団、薔薇十字団、フリーメイソンなどなど、その他多くを含め、これらはすべて同じ組織であり、私がイルミナティと呼んでいる、すべてを網羅するネットワークなのである。なお、一七七六年五月一日（儀式にとって重要な日）に正式結成されたバイエルンのイルミナティという組織と混同しないでいただきたい。バイエルンのイルミナティは、このネットワークの一派であってネットワークそのものではないのだ。

この章の終わりに、もう一つ強調しておきたいことがある。それは南ロシアのコーカサス山脈で繰り返し聞かれる話についてである。私が研究を始めた初期の頃から、この地域は例の血族、特にアーリア人種との関係で何度も登場する場所であった。北米では白人種を「コーカサス人」と呼ぶ。私の知人のあるスウェーデン人はロシアの「ＵＦＯ研究」の第一人者と長いつきあいがあるが、その人物はシークレット・サービス（諜報部）との繋がりがあることがその後わかったという。彼女の話では、この人物がコーカサス山脈は異次元へのポータル（出入り口）であり、ほかの次元の生物はそこを通って私たちが物理的世界と呼ぶこの周波数帯域に入ってくることができるのだと言ったそうだ。この地域は、中近東に由来する血統が混じり合っている場所としても知られているし、極東やロシア北部の種と交配していることも間違いない。ロバート・テンプルは、『知の起源』の中で、コーカサス山脈のふもとに住むコルキス人の重要性を強調し、この種族と、シリウスを象徴する多くの暗号を含むギリシャ神話のイアソンとアルゴナウテスの話を関連づける確かな証拠があると言っている。[32] この神話で、イアソンはコルキスの王から金の羊毛を盗む。今日の基準と比べても長生きをしたグルジア人はこの地方に住んでいる。ここから南にそれほど遠くないところにはアララト山がある。聖書のノアの箱舟が象徴的にとまった場所だ。ギリシャの歴史家ヘロドトスは、肌の浅黒いコルキス人はエジプト人の子孫であり、古代エジプトのファラオ、セソストリスの軍隊であったと言っている。学者たちによれば、セソストリスはラムセス二世の別名だという。セソストリスは、ロスチャイルド家、ロックフェラー家、ブッシュ家、そしてイギリス王族など数限りない血族の系譜に顔を出す人物である。

　ここに書いたことは、シュメール文書だけでなく、さまざまな記録や伝説、世界中の言い伝えによって裏づけられている。また、イルミナティ内部の裏切り者や以前イルミナティにいた者たちも、シュメール帝国、アトランティス、レムリアなど非人類による交配が行われた時代に起源を持つ、異種交配で生まれた血族によってコントロールされていることを確信させてくれた。

32. "The Sirius Mystery" 一四〇―一四二ページ（『知の起源』一五五ページ）

第6章　邪悪な協定

すべてを知っているという人は、要するに、何もわかっていないということだ。

デーヴィッド・アイク

ノルディックの関与／人間に悪意を抱いていないレプティリアンも

レムリアやアトランティスの時代には、地球外生物や異次元生物が地球上のあちこちで活動していた。多くの地球人種に「種」が植えつけられたのも、数十万年前のこの頃である。これにより、驚くほど姿かたちのさまざまな人種が生まれた。私たちの中には、アヌンナキ・レプティリアンだけでない無数の血統が混じっているのである。

内部情報や私独自の調査によれば、こと座やプレアデス星団、アルデバランなどの金髪碧眼《へきがん》の「ノルディック」と、りゅう座やオリオン座やシリウス星系に本拠地を置くレプティリアンの数派は、銀河系のあちこちで長期にわたり抗争を続けてきたらしい。少なくともレプティリアンの一部は地球に起源を持つものだが、「ノルディック」によってある時期地球から追放されたか、あるいは文字どおり地下に追いやられたかした可能性がある。これは、それらの種族全体の話ではない。関わったのは、一部の有力なグループだけだった。地球上でのこの戦いは、竜を倒したというフェニキアの「聖ジョージ」やアイルランドから蛇を一掃したという「聖パトリック」の話などに象徴されている。だが、レプティリアンとノルディックの間では異種交配も行われ、混血の血統を作ってアーリア人の王朝の圧倒的な支配血族となった。ブリンズリー・ル・ポア・トレンチは著書『仮説宇宙文明』（小泉源太郎訳／大陸書房）で、蛇の種族と白色人種との交配は、大変動で壊滅する前の火星にいた頃から始まっていたと書いている。

イルミナティのマインドコントロールの犠牲者であり、生贄《いけにえ》儀式の司祭であったアリゾナ・ワイルダー（元の名は、ジェニファー・グリーン）は、「訓練」時に聞いた話を私に教えてくれた。レプティリアンとノルディックは火星で戦ったが、地球に来る以前の火星でも、すでに交配は行われていたというのだ。レプティリアンは何十億年もの間、ノルディックを銀河中追い回していたそうだ。それは、金髪碧眼の種族の血がレプティリアンにとってきわめて重要だからである。

先にも述べたように、現代の「UFO」研究では、この惑星の種の起源に最初から関わっている地球外生物には「ノルディック」、「レプティリアン」、「グレイ型異星人」の三つのグループがあり、昆虫型異星人《インセクトイド》もその過程のどこかで関与していることがわかっている。また、レプティリアンはグレイ（これも外見は爬虫《はちゅう》類《るい》型である）を支配しているとも、この両グループは長身で金髪の「ノルディック」（容姿がスカンジナビア人と似ていることからこう名づけられたのだが、背はずっと高い）の一派と協定を結んでいるとも言われている。読者が地球外生物の関係についてどう思われようと、一つだけ確かなことがある。シュメールとその帝国を支配した血族は長身で金髪碧眼のアーリア人タイプであったし、同国ではずっと蛇の神々が崇拝されていた。これが本当にただの偶然だろうか？

ノルディックやレプティリアンと思われる姿の「エイリアン」に誘拐されたと訴える人は世界中に、しかも昔からいた。私の親友である七九歳の南アフリカ、ズールー族シャーマン（「サヌーシ」）、クレド・ムトワが、これを裏づけてくれた。一九九八年に初めて会ったとき、彼は自分で描いた長身で金髪碧眼の生物の絵を見せてくれたが、アフリカの黒人種族は、ヨーロッパから白人がやって来るはるか以前に、アフリカ大陸のいたるところでそれを目撃していたのだそうだ。ズールー国公式の歴史編纂《へんさん》官であるクレドはこう言っている。ヨーロッパ人が初めてやって来たとき、アフリカの黒人たちはあの白い「神々」、彼らが呼ぶところのムズング（２２５ページ参照）が戻って来たのだと思った。それで、彼らはヨーロッパからの移住者を同じ名前で呼んだ。これとまったく同じことが、中央アメリカでも起こった。一五一九年、コルテスとスペイン人の侵略隊がアメリカ大陸に着くと、人びとは彼をケツァルコアトルという神の再来だと思った。この神もまた、色が白く背が高いと言われており、「羽蛇」という彼の称号はレプティリアンを象徴している。

私は、あるアメリカ人女性から、彼女の父親が一九七〇年代の初めに体験したという、地球外か異次元から来た白い種族に深く関係する出来事を聞いた。当時、彼らはトルコに住んでいて、父親はアメリカ陸軍情報部で通信電波傍受の仕事をしていたという。ある晩、父親はひどい状態で帰宅した。どうしたのかと訊くと、彼はただこうつぶやいた。「世界は俺たちが思っているのとは全然違ってい た」。その日、めったに酒を飲まない父親が、スコッチを一杯くれと言い、お代わりまでした。やがて落ち着くと、彼は娘にその日トルコ基地勤務のパイロットから聞いた話を語った。そのパイロットが北極近くを飛んでいたときのことだ。突然エンジンが停止し、すべての電気系統が切れたという。飛行機はひとりでにゆっくりと地面まで垂直に降りていき、すると、信じられないことに山頂が口を開け、飛行機はその中に入って停止したのだそうだ。そこで彼が見たものは、ジェームズ・ボンドの世界さながらの光景だった（「００７」シリーズの原作者イアン・フレミングは、元イギリス諜報部員である）。いったいどうなっているのかと思いながらが飛行機を降りると、そこには長身で金髪、「真珠」色の肌に「青っぽい紫色」の目をした人びとがいた。その目は電気でも通しているかのように、レーザーのような光を発していた。（神々や「神々の子どもたち」に関する古文書の中にもこれと同じような目の描写が見られる）。山の内部にいた人びとはみな、長い白のローブをまとい、鎖に通したマルタ十字のメダルをつけていた。マルタ十字はマルタ騎士団のシンボルで、イギリス王室の象徴によく見られる。ジェームズ・チャーチワードによれば、それはレムリアやムーのシンボルでもあり、私自身、レムリアに関連するこうした外見の生物のことを聞いたことがある。モルモン教の創始者ジョセフ・スミス（フリーメイソンの高位階者でメロヴィング朝の血族）は、一八二一年九月二十一日に「ビジョン」を見たといった。そのビジョンの中で、彼は「神からの使者」が「これ以上ないという白さ」の長いローブを着ているのを見た。この「ビジョン」からモルモン教が生まれた。宗教の一つの宗派が、真実であるにしろないにしろ、似たような経験談を基に創設されたのである。ムハンマドとイスラム教もその一例だ。ジョン・A・キールもまた、金髪碧眼というテーマを著書『宇宙からの福音《エウアンゲリオン》』の中で強調している。

「アジアのなかでも隔絶した地域の住民にほとんど共通の伝説によれば、最初の偉大な王者は天降《あまくだ》った神王で、たいへんに超人的な諸能力にめぐまれて一帯を平定した。紀元前五〇〇〇年から一〇〇〇年の間に、この種の神王が世界中に輩出《はいしゅつ》したことは確かである。強大なオシリスとイシスは、どこからともなくエジプトの地に現れて、一手に統治《とうち》をひき受けた。ギリシアやインドや南米の神話や伝説は、神王の治世について明らかにしている。どこの神王も、当時の衆人にすぐれて丈高く堂々とした体軀《たいく》で、長い金髪と、大理石のような白い皮膚と、それに奇跡をあらわすことのできる神通力《じんつうりき》をも

っていた」[1]《訳注：同書二一七、二一八ページより訳文引用》

古代人は彼らのことを「大理石のような」白い肌をしていたと言い、現代のパイロットは、「真珠のような」肌だと言った。パイロットは、ジェームズ・ボンドの山の内部で初めて「古《いにしえ》の青い目」を持つ者たちに会った後のことは記憶があいまいだと言っているが、ある部屋でその生き物たちが会議用テーブルについていたことははっきりと覚えている。やがて、彼はまた飛行機のところに連れて行かれ、飛行機が山から浮き上がると、エンジンと電気系統が再始動したという。山の内部に住むこのような生物については、現代も多くの報告がある。カリフォルニア州のシャスタ山もその一つで、そこはレムリア人が大変動の前に逃げ込んだとされている場所である。ここで、古代「エノク書」には「監視者」についてどう書かれているか見てみよう。「するとそこに、二人の男が現れた。地球上では見たことがないほど背が高く、顔は太陽のように輝き、目はランプのように光っていた。……その手は雪よりも白かった」古代の「神々（gods）」には「輝く者たち」と呼ばれる神がいた。現代の地球外生物研究のテーマや誘拐被害者からの報告によれば、プレアデス星系、いわゆる「七人姉妹」には、金髪碧眼の種族（とレプティリアン）が住んでいるという。プレアデス崇拝もやはりシュメール帝国やそれ以降の時代に見受けられる。プレアデス星団は、実際には二〇〇の星が集まったもので、七個の星だけで構成されるものではない。プレアデス星団で最も明るい星アルキオネは、太陽と太陽系が公転している銀河のこの部分の中枢センターであると指摘する者もある。北中米のチェロキー族やマヤ族の伝説や、ギリシャの歴史家アポロドロスやディオドロスにも、プレアデス星人がアトラン

1. "Our Haunted Planet" 一四四ページ（『宇宙からの福音《エヴァンゲリオン》』二一七、二一八ページ）

ティスを訪れたことへの言及がある。この二人の歴史家は、プレアデス星人がアトランティスの王ポセイドンと結婚し、その子孫が社会をなしたと言っている。ディオドロスは、プレアデス星団を象徴する七人の「姉妹」のうちの二人、ケラエノとアルキオネが「最も有名な英雄や神と寝て、人類の大半の種族の最初の祖先となった」と述べている。ノルディックとレプティリアンの交配か？　こと座は、UFO研究や金髪碧眼の種族に誘拐されたという話と深く結びついている。赤色巨星アルデバランは直径が太陽の約四〇倍という大きな星で、ノルディックに関係のあるもう一つの星であり、とくに、ナチスの秘密結社ネットワーク内で知られている。これはおうし座のなかにあり、北半球では最も明るい星である。

　多くの誘拐被害者が、プレアデス星団から来たと名乗る長身で金髪の生物との愛の行為について、レプティリアンに誘拐された人びとと同じように語っている。しかし、ここではっきりと念を押しておかなければならないが、この本を通して私が提唱しているのは、すべての「ノルディック」や「レプティリアン」が人間に対して悪意のあるアジェンダを抱いているということでは、断じてない。そういうことを目論《もくろ》んでいるのは、ほんの一部の派閥なのだ。彼らの遺伝子血統は、銀河宇宙のいたるところに幅広く分布している。彼らの中には、人間と同じように建設的なアジェンダを持っている者もいれば、中立的な立場の者もいるし、支配しようと目論む者もいる。研究者フランス・カンプは、特に意欲的なノルディック系地球外生物がアトランティスからヒマラヤ山脈に逃げ、以来、そこから指令を出していると信じている。[2] 確かに、世界でもその地方には、長身で金髪碧眼の「超人間」が地下や山の内部に住んでいるという言い伝えが多く、それはあのアメリカ人パイロットの経験談とも酷

2. フランス・カンプの著者との会話より

似している。

これらの生物の多くは、私たちと同じ密度（次元）の者でさえないかもしれない。先にも述べたように、宇宙は生命の振動スピードが異なる無数の次元から成り立っている。なかには、自分の周波数を変えて次元を移動できる種族もいる。ラジオをチューニングするようにして次元間を行き来することで、現れたり「消えたり」するのである。だからこれまで、人びとは異星人が目の前から「消えた」のを目撃したと報告してきたのだ。実際には、決して「消えた」わけではない。異星人たちは、目撃者がチューニングできない次元に去っただけなのだ。クレド・ムトワが私に教えてくれたところによれば、ノルディックのムズングに関するアフリカの文献には、彼らがある種の金属の玉を持っていて、自由自在に現れたり消えたりする彼らの能力はその玉と関係があるようだと書かれているという。私たちがカウントしている時間もまた、私たちの精神を閉じ込めている幻影だ。理解しづらいのはわかる。だが、過去、現在、未来はすべて同時に起こっているのである。だから、地球外からの来訪者の一部は、さまざまな時間帯の周波数域を移動することによって、未来（今、私たちが考える「未来」）から、文字どおり戻って来ることができるのだ。タイムトラベルはもはや神話ではない。エリートたちが語らないだけだ。ある人たちによれば、アトランティスやレムリアは、実は三次元ではなく四次元に存在していたのだが、ある出来事の結果として周波数が下がり、あらゆるものの密度が高くなったのだという。そうかもしれない。いわゆる「人間の堕落《だらく》」は、火星を壊滅させ地球を危うく破壊するところだった途方もない出来事のせいで、地球の周波数が四次元から三次元に落ちたということだったのかもしれない。制限つきの現実にがんじがらめにされた頭を一度解放してやれば、まさにさまざまな可能性が見えてくる。

レプティリアンの関与／残虐行為の犠牲者に何の哀れみも感じない

異星人や異次元の種族がこれほどごった返している中で、人間をコントロールするという意図が最も顕著に現れているのは、レプティリアンの一派である。人間ではない生き物に誘拐されたと訴える多くの「誘拐被害者」は、レプティリアン、グレイ、ノルディックの間には繋《つな》がりがあると言っている。この種の生物たちは同じアジェンダのために協力しているというのだ。またある者は、レプティリアンはある種の催眠フィールドかホログラフィック・フィールドを使って「ノルディック」に仮装し、誘拐被害者たちをだましているという。金髪碧眼だと思ったら、次の瞬間にはレプティリアンになっているというわけだ。もし姿かたちを変えられるなら、あるいはどのような姿に見えるかを操作できるなら、そいつが何者なのか、いったい誰にわかるだろう？　シュメール文書を読めば納得がいくが、そこに登場するアヌンナキはレプティリアン種族から派生したものである。紀元前三五〇〇年ごろに書かれたシュメール文書の「爬虫類族が本当に降りて来た」[3]という記述は、間違いなくアヌンナキの到来を表しているのである。ヘブライの神話では、聖書の「ネフィリム」つまり「神々(gods)の息子たち」はアウィームと呼ばれるが、その意味は「破壊者」または……「蛇」である。

3.『Flying Serpents And Dragons（空飛ぶ蛇と竜、および人類のレプティリアン的過去）』六七ページの引用アヌンナキは地球の種族と交わったが、特に、人間として姿を現して世界を操ることができる血流を作るために、ノルディックやその子孫と交配した。フォートコリンズにあるコロラド州立大学の元自然人類学教授、アーサー・デーヴィッド・ホーン博士のような学識者でさえ、人類の種の起源は異星人種族にあり、アヌンナキはレプティリアンであると推断している。しかも、このレプティリアンこそが何千年にもわたり世界を支配し続けてきたと信じているのだ。そのことは、彼の著書『人類の異星人的起源（Humanity's Extraterrestrial Origins）』（A. and L. Horn, PO Box1632, Mount Shasta, California, 1994）に説明されている。

レプティリアン、少なくとも彼らのうち、この操作をしている一派は、感情面があまり発達しておらず、ワニやトカゲのそれとあまり変わらない。哺乳《ほにゅう》動物と同じようには感じないのだ。だが、知的感覚は鋭く、科学技術を作り上げたり利用したりするには非常に適している。レプティリアンの精神の働き方は、例えるならコンピュータだ。ある程度まではかなり効果的に働くのだが、感情が乏しいために、その能力には限界がある。同じことがこのレプティリアンの操作者たちにも言える。感情を発達させない限り進化できない。だから、自分たちと同じ周波数を持つ種族のＤＮＡを欲しがっているのである。どういうわけか、ノルディックの遺伝子コードは彼らにとって最も重要なのだ。また、感情のバランスを欠くレプティリアンの精神構造は、この上なく残虐な行為をしながら、犠牲者たちに何の哀れみも感じることがない。だからイルミナティは、戦争を起こし、何千万人を殺害したり、不自由な身体にしたりすることができるのだ。レプティリアンたちは、自分が起こした行動によって相手がどう感じるかなど考えない。それはちょうど、おぞましい動物実験をする科学者と同じで、「被検物」が苦しもうが何も感じるところがない。それがレプティリアンの精神構造なのである。レプティリアン混血種の女性と結婚したオランダ人研究家のフランス・カンプは、一二年半後に離婚し、その後に真実の追求という長旅を始めた。彼がレプティリアンとノルディックの関係について出した結論は、私が論ずるところと同じである。

「人類型異星人《ヒューマノイド》の起源はこと座周辺からやってきた異星人だが、ほかにプレアデス星団やアルデバランの生物も混ざっている。彼らはもともと、別の次元に人間と同じ姿で存在していた。平和に暮らす人びとで、青い目に白またはブロンドの髪をしていた。しかし、爬虫類人《レプトイド》とＤＮＡを交わらせた結果、もともと素朴だった性格が変化し、爬虫類気質が入った。これが人間の堕落である。もっともなことだ。これは、まさに今も起こっている。だが、人類の祖先は知っていた。だから、異次元の生物や異星人とのセックスが禁止されていたのだ。交配方法をコントロールしないと人類が優勢になることを、爬虫類人たちは知っている。忘れるな。爬虫類人は人類を恐れている。非常に恐れているのだ。彼らは感情が非常に乏しいことで、人間に劣等感を抱いている。奴らは必死だ。すでに敗色は濃い。もし第三次世界大戦が起こるとすれば、それはＤＮＡ戦争になるだろう。なぜなら、爬虫類人たちは人類のＤＮＡを必要としているからだ[4]」

4. 著者宛の書簡

ノルディック血流に潜り込み、DNAを作り変え、「王族」となるレプティリアン

今日私たちは、DNA遺伝子コードに関わるアジェンダをクローン実験急増にはっきりと見ることができる。人類の遺伝子が、少なくとも有史以来かつてないほどおおっぴらに操作されていることも明白だ。地下基地では、何十年にもわたって、クローン人間の作成が行われてきた。何年か前は、研究者たちがこのことを言っても一笑に付された。しかし今や、人びとは笑うのをやめた。それが今、彼らの目の前で行われているからだ。だが、それこそが人間をロボットのようにしている条件づけの根深さであり、人は今も自分がプログラミングされた理解水準を超える事象すべてを「そんなことはありえない」と笑っており、同じように事実が目の前に突きつけられるまで続くだろう。実際、クローン操作は何十年も前から、おそらくは何千年も前から行われていたと私は思っている。同じ人間の一団を作るためのクローン実験場が地下にあるという昔話はたくさんある。ノルディックは、レムリアとアトランティスに関係した重要な地球外種族の一つである。その昔、彼らはレプティリアンと戦争になり、レプティリアンたちを地下や宇宙の他の場所、あるいは異次元に追いやったという話がたくさんある。以来、レプティリアンは、自分たちのものになるべきこの惑星を再び支配しようと取り組んできた。そして、「王族」の血統であるノルディックと交配することが、そのために最も効果的な方法だったのだ（このことは、後で見ていくことにする）。『アトランティス・コネクション（The Atlantis Connection）』の著者W・T・サムセルも同じような結論に達している。

「その昔、『神々』が、アトランティスの人びとと肉体的に交わりはじめたことが、『王家』すなわち『王の血族』が権力の座に就き、アトランティスの人びとを支配するきっかけとなった。当時、王族はアトランティスの人びとから神々と崇《あが》められていた。これらの人間が、レムリア・前期アトランティス時代に終止符を打った最初の大変動が起こるまで、アトランティスを支配していたのだ。これとほぼ同時期、あるいはもう少し後に、レプティリアンも同じようにしてこの地域で人類と関わりを持った……という可能性はある」

「人類は、紀元前七万年あるいはレムリア・前期アトランティス時代の中盤あたりから、管理・支配されてきた。これには地球外生物のグループがいくつも関わっており、どれか一つだけのグループに帰することはできない。直接接触するという計画に参加した主要グループは三つあり、これらのグループがこの種の操作やら何やらを始めたのだ。レプティリアンも独自の目的のために似たような調査を行っており、これら星間連合の警備部門にもまず間違いなく潜り込んでいる[5]」

しかしながら私自身は、レプティリアンは昨今ますますこの人類操作における支配的勢力になってきたように感じている。彼らは交配計画を通じてノルディックの血流に潜り込み、密かに彼らのDNAを作り変えて彼らの「王族」となった。このようなことが、最古のサンスクリット文書の一つである『ドジアンの書』や、叙事詩「マハーバーラタ」と「ラーマーヤナ」のようなインド（かつてイン

5．著者のウェブサイト中のW・T・サムセルの記事「Concerning the Reptilian Agenda（レプティリアンのアジェンダについて）」（http://www.hiddenmysteries.org/author/samsel/reptagenda.html）

ダス文明が栄えた地）の作品のなかにはっきりと書かれているのを私は発見した。『ドジアンの書』には、そこでは「サルパ（Sarpa）」または「偉大なる竜」と呼ばれるレプティリアンの種族が空からやって来て世界に文明を授けたと書かれている。また、「黄金時代」を終わらせた大洪水は「巨人族」（ノルディックのことか？）を絶滅させたが、蛇神たちは戻って来て支配したとある。彼らは、人間の顔をしているが、竜のしっぽがついている。[6] そのリーダーは「偉大なる竜」と呼ばれ、これがペンドラゴン（「偉大なる竜」）という古代イギリスの王の中の王を表す称号の起源である。アメリカのあの悪名高きフリーメイソンの「神」、アルバート・パイクが創ったイルミナティの秘密結社、クー・クラックス・クランは、今日でも「大いなる竜（グランド・ドラゴン）」という言葉を使っている。アヌンナキとの混血種族を指すインドのヒンドゥーの言葉は「ナーガ（Nagas）」だが、「ドラヴィダ人《ドラヴィディアン》（Dravidians）」（ウェイコーで集団自殺したカルト教団「ブランチ・ダヴィディアン（Branch Davidians）」の名前とそっくりだ）や「ダスユ（Dasyus）」の名前でも知られていた。

ジェームズ・チャーチワードの調査によれば、ナーガはレムリアからやって来た。シリウスから来たノンモやバビロニア伝説のアンネドティのように、ナーガは水と深い関係があり、井戸や湖や川から地下基地に入ったと言われている。中国の半人半蛇の「竜王（Lung Wang）」も同じである。ナーガは人間と蛇神たちとの混血種族の子孫だと言われている。初め、こういった交配は黒い種族、先にも述べた黒人のように肌の黒い地球人と行われたのだと思われた。というのも、混血種は肌が黒く鼻が低いというふうに描かれていたからだ。これは、中南米の古代遺跡に描かれていた顔とよく似ているように思われる。けれども、インドの二つの叙事詩は、レプティリアン・ナーガが肌の白い人びと

6. "Flying Serpents And Dragons（空飛ぶ蛇と竜、および人類のレプティリアン的過去）" 三九、四〇ページ

と交雑した様子についても言及しており、二つの種族はしばしば対立や不信の関係にありながらも、交配して爬虫類種と哺乳類種の混血を作り、それがアーリア人の王となったと、それらの英雄詩は歌っているのだ！[7] これらは「神聖な」王家の血族あるいは「半神」の血族であり、シュメール帝国を支配したのと同じ血流であり、今日権力を握っている者たちはここに繋がっているのである。現在のトルコであるメディアで、イラン人は王たちを「マー（Mar）」と呼んでいた。マーとはペルシャ語で蛇（火星の「Mars」は蛇の複数形か？）を意味する。彼らは「メディアの竜王朝」あるいは「竜の子孫たち」と呼ばれていた。

一九世紀後半、ムー（レムリア）の存在についての熱心な研究家、ジェームズ・チャーチワード大佐は、北イタリアにある修道院の秘密の地下室で古代文献を見せてもらった。そこには、レムリア（ムー）大陸から来た「ナーカル（Naacals）」、すなわち「ナーガ・マヤ（Naga Mayas）」（「蛇たち」）がビルマを通ってインドにたどり着き、そこにコロニーを形成した様子が書かれていた。チャーチワードは何年もかけてその文献を研究し、苦労の末、母なる大地ムー大陸の消滅がどのように描かれているか、ナーガ・マヤすなわちナーガがどうやってインドまで行ったかを明らかにした。[8] 古代ヒンドゥーの聖典『ヴェーダ』の研究者、デイヴィッド・フローリーは、『ヴェーダ』によれば、インドの王族の血統の祖であった祭祀《さいし》王は、海の向こうからやって来たブリグ族の子孫であると説明している。ブリグ族は古代の知識を授けられ、それに精通した一つの階級だった。フローリーは著書『神々、聖人たち、そして王たち——ヴェーダに書かれた古代文明の秘密（Gods, Sages, And Kings: Vedic Secrets Of Ancient Civilization）』（Passage Press, Salt Lake City, Utah, 1991）の中で、これらの血流

7. 同 四〇ページ

8. "The Return Of The Serpents Of Wisdom（賢き蛇の再来）" 四七、四八ページ

の君主には「蛇神ナフシャ（Nahusha）」もいると言っている。彼らは五つの種族に分かれ、インドの人口の大部分を占めるようになった。[9] ムー文明に関する多くの優れた本を著したジェームズ・チャーチワードは、ナーガは中国、チベットやアジアの各所に住んだと言っている。母なる女神を信仰するナーガ・マヤは、メキシコのマヤ族の起源でもあった。研究者マイケル・モットは著書『洞窟、大釜、そして潜伏する生物たち（Caverns, Cauldrons, And Concealed Creatures）』（Hidden Mysteries, Texas, 2000）で次のように書いている。

「ナーガは高度に発展した科学技術を持つ非常に進んだ種族であると書かれている。彼らは人類を蔑《べっ》視《し》しており、誘拐や拷問《ごうもん》や交配をするほか、食べることさえあると言われている。おそらく、その交配により、完全に爬虫類的な姿からほぼ人間に近い姿まで、さまざまな形の生物が生まれたと考えられる。彼らが使うたくさんの装置のなかに、『殺人光線』と円盤状の飛行機『ヴィマーナ』がある。この飛行機については、『バガヴァッド・ギーター』や『ラーマーヤナ』を含む多くの『ヴェーダ』文献に長々と説明されている。ナーガ族はもう一つの地下種族であるヒンドゥー教の鬼神、『ラークシャサ（Rakshasas）』と繋がりがある。彼らは一人ひとり『魔法の石』、すなわち眉間《みけん》に『第三の目』を持ってもいる。これは、東洋の神秘主義を学ぶ者ならたいてい知っているものだが、人間の神経システムの中でもより高いチャクラ、つまりエネルギーを通すポイントの一つである。チャクラは『内視』、直感、その他の深遠な概念と結びついている。[10]」

9. 同　四九ページ

10. 未出版の原稿から引用。現在は出版されているので、著者のウェブサイト上の本棚から入手可能。www.davidike.com 非常にお薦め

ナーガ（インド王家）は人間にも爬虫類にも自在に変身《シェイプ・シフト》

支配者たる「王族」や皇帝が「蛇の神々」の子孫であり、神々から統治権を授けられたというテーマは、古代世界のいたるところに見られる。こういった血統や繋がりは、竜、蛇、スフィンクス、羽蛇、あるいは木の十字架、アンク十字をかたどった王族の紋章に象徴されている。エジプトには「ジエディ（Djedhi）」（スター・ウォーズのジェダイか?）と呼ばれる階級《オーダー》があった。[11]「Dj」は蛇を意味する。つまり、ファラオの中には、ジェル（Djer）、ジョセル（Djoser）、ジェドエフラー（Djedefra）といった蛇の血流の王がいる。インドの仏教典『翻訳名義大集《マハーヴィユトパッティ》』にはナーガの子孫である王、「蛇王」八〇人が記されている。ヒンドゥーの伝説では、ナーガは人間の姿にも爬虫類の姿にも自在に変化することができたと言われている。これがいわゆる「変身《シェイプ・シフト》」である。インド中の支配者がみな、ナーガの子孫だという理由で権力を主張した。ブッダもナーガの王家の血筋だと言われているが、当時のインドの王族はみんなそうに違いないのだ。今日カシミールと呼ばれる地に王国を築いたのもナーガで、ここでもまた彼らの子孫が支配を行った。中国の皇帝もまたしかり。彼らは「竜（Lung）」として知られ、初期の皇帝の多くはナーガによく似たレプティリアンの姿に描かれている。そのうちの一人、始皇帝は、生まれたとき「竜のような顔つき」をしていたと言われている。北斗七星から金色の光線が母親の腹に入り、それで彼をみごもったのだそうだ。[12] 北斗七星にはエジプトの悪神セトの星、りゅう座《ドラコ》の α星《アルファ》がある。りゅう座の α星は、「ドラコ」・レプティリアンの「王

11. "The Return Of The Serpents Of Wisdom（賢き蛇の再来）" 九九ページ

12. 同 一四〇、一四一ページ

族」の本拠地と言われている。中国の伝説の一つに、始皇帝は死んで天空の竜となり、不死の国へ飛んでいったという話がある。ペルーのインカ帝国の祭祀王は蛇をシンボルにし、蛇をかたどったブレスレットやアンクレットをつけていた。中米の初期の王族の血統は、遺伝的に言って、蛇神であるケツァルコアトルやイツァムナーの子孫である。

ギリシャのミケーネ時代の王たちは、作家ジェーン・ハリソンの言葉を借りれば、「ある意味、蛇とみなされて」いた。[13] アテナイの最初のミケーネ王、ケクロプスは蛇のしっぽを持った人間、と描写された。ほかにも、エレウシスの神秘主義結社《ミステリースクール》を始めたエレクテウスは死後に生きた蛇がその化身として崇《あが》められるようになったし、伝説によればカドモス王は死んだのち、生きている蛇に変身《シェイプ・シフト》したという。[14] 蛇をシンボルとした古代の王族は、どの大陸にも見られるのである。

イランにも同じような話がある。アラブの詩人フェルドウスィー（フィルドゥシー）によって紀元後一〇一〇年に完成された、イランの伝説や歴史の叙事詩『シャー・ナーメ（王書）』には、「デーモン」（「監視者」）の子であるザール（Zal）が生まれると、その容貌に父親のサーム（Sam）王はショックを受けたとある。フェルドウスィーによると、このザールという監視者の混血は、ルーダーベという他国の王女と結婚した。彼女は「蛇王」ザッハークの子孫で、ザッハークはイランを一〇〇〇年間統治したと言われている。ルーダーベはチークの木《訳注：通常三〇～四〇メートルにまで成長する》のように背が高く、象牙のように肌が白かった。こうした容姿は、この古代という時代における「監視者」の子どもには、お馴染《なじ》みである。中国、アフリカ、中近東、ヨーロッパ、アジアと、肌の色や信仰にかかわらず、王族あるいは部族の支配者は、蛇神の子孫であることを理由に統治権を主張

13. Jane Harrison, "Themis: A Study Of The Social Origins Of Greek Religion" (Peter Smith Publishing, Glouster, Massachusetts, 1974)

14. "The Return Of The Serpents Of Wisdom（賢き蛇の再来）" 一〇四、一〇五ページ

している。すでに見てきたように、古今最も有名な君主であり征服者であるアレクサンダー大王も、「蛇の息子」として知られていた。アレクサンダーはイルミナティの血流のなかでもノルディック・レプティリアン系にとってきわめて重要な人物だ。伝説によれば、アレクサンダーの実の父親は蛇神アモンで、不可解にも、アレクサンダーの母親のベッドにこっそり入り込んだことで彼を身ごもらせたということだ。[15] 同じ話が、メロヴィング朝の始祖メロヴェ受胎にも登場する。こうした象徴的な話を裏づける、レプティリアンに妊娠させられた「処女懐胎」の話は、古代から現代まで数多くある。レプティリアンに誘拐された女性が妊娠したという話は今日も世界中にあるのだ。ときには、ズールー族のシャーマン、クレド・ムトワが話してくれたアフリカ人女性のように、お腹のなかにいた赤ちゃんが子宮から「消える」ということもある。アヌンナキはあらゆる種類の遺伝子の流れと交配し、それが彼らの血族としてそれぞれの国や地域を統治する権利を握っていたのだ。人びとは自分たちと同じ民族に統治されていると思っていたが、実はある共通の種族によって支配されていたのだ。爬虫類人的異星人と哺乳類としての地球原人の混血種がすべての人びとを統治していたのである。これとまったく同じことが、現在も起こっている。これらの混血種が、白人種やアラブ、アジア、ユダヤ、中国、中南米などなどの人びとをコントロールしているのである。

前にも述べたが「ノアの子孫」であるということは、イルミナティの血流であることを意味する。古代の書物や文献を調べれば、彼の出生に関する不可思議な記述が見つかるだろう。エチオピアの古文書『ケブラ・ナガスト』(「ナガスト」とはナーガのことか?)は何千年も前のものであるが、それには人類の女性と「神々(gods)」との性的結合から生まれた巨大サイズの赤ん坊のことが書かれて

15. 同 二五七ページ

いる。「……カイン（ノルディック）の娘たちは天使（アヌンナキ）の子どもを身ごもった……子どもを産むことができずに死んだ」。また、何人かの赤ん坊は帝王切開で生まれたことが書かれている。「……母親の腹を切り開くと、赤ん坊たちはへそのところから生まれてきた」。もう一つは、シュメールの洪水の英雄という意味のセム語ウトナピシュティム、つまりノアに関する話だ。古代ヘブライ語の文献「ノア書」とそこから派生した「エノク書」にはノアの誕生について触れられており、その話は一九四七年にイスラエルで発見された「死海文書」にも現れる。この文書は二〇〇〇年前パレスチナで栄えたエッセネ派と繋がりがある。ノアはレメクの息子だが、人間らしくなく、どちらかというと「天使の子ども」のようだったと書かれている。それが誰のことか、もうおわかりだろう。レメクは妻にノアの父親について尋ねている。「見よ、あのとき心の内で、この受胎は監視者や聖なる者たちによるもの、……あるいはネフィリムによるものではないかと思ったのだ。……ゆえに私の心はこの子のことで思い悩んだのだ」。レメクの子どもノアは白い肌にブロンドの髪をして、その目は家中を「太陽のように照らす」ほど明るかった。[16]

UFO研究者や多くの誘拐被害者のあいだでは、レプティリアン「王族」の最高カーストは、故郷であるりゅう《ドラコ》座にちなんで「ドラコ」という名で知られている。この異星人たちはアルビノ（色素欠乏症）のように白く、目からはレーザービームのような光を放つと言われている。まさに、あのジェームズ・ボンドの山にいた真珠色の肌をした者たちのように。シュメール文書によれば、エンリルは地球でのアヌンナキのリーダーだった。そこには、彼のことは「光る目を持つ輝かしき蛇」と描写されている。これは当時の混血児に共通する描写だが、私は今日でも同じような話を耳にしている。音

16.『エノク書』は www.davidike.com から入手可能

楽教師を辞めて調査に専念するようになった前述のオランダ人、フランス・カンプは、結婚相手の女性がレプティリアンの混血だということを、後から知った。彼は元妻の目が光るのを見たときのことを私に語ってくれた。

「ある晩、私たちは口論になった。望むものを得られず、かっとなった妻は、ドアをバタンと叩きつけるように閉めると、アパートを出ていった。私が妻を追って外に出ると、辺りはすでに暗くなっていた。妻は車へと歩いていき、車のドアをつかんだ。その瞬間にそれは起こったのだ。彼女の目が光った。目から光が出ていた。妻が車に乗り込むと、その光はボンネットを越えて車の前の地面にまで達していた。それを見たとき、私は驚きはしたが、不思議とショックはなかった。それよりも、『やっぱり!』とか『思ったとおりだ』というふうに納得したのだ[17]」

レプティリアン血流の証「恥の印」「司祭の印」

「創世記」にはこんなくだりがある。ノアはワインで酔いつぶれ、テントの中でひっくり返っていた。息子ハムがテントに入ると、父親は裸になっていた。ハムは父親の身体を覆うものを見つける前に兄二人を呼んだ。ノアは意識を取り戻すと、怒りくるって、ハムとその息子カナンを呪った。これは、なにか一大事が起こったということではないだろうか? ハムがノアの身体に、神々(gods)の子

17. 著者宛の書簡

どもであることを示唆する何かを見たというような。これくらい時代を遡ると、混血人のなかにはまだ爬虫類の片鱗をはっきり残している者もいたようだ。胸が鱗《うろこ》状になっていることは、特に多かった。ヒンドゥーの古典『マハーバーラタ』では、「カルナ（Karna）」という半神の混血が、地球人の女性と太陽神「スーリヤ（Surya）」との間に生まれた。その子どもは、「神のように甲羅に覆われて」いたと書かれている。「ノア」の時代、アトランティスの最後の大変動の直前ぐらいまでには、人類はアヌンナキ・ネフィリム支配に対して反感を抱くようになっており、混血の血流を持つ者たちは深刻なほど人気がなくなっていた。彼らは「恥の印」を負っていると言われた。おそらく、爬虫類独特の肌が身体のどこか、特に胸に残っていたのだろう。アヌンナキの「神々（gods）」は、同じ理由から自分たちの本来の姿を隠しはじめた。人間とレプティリアンの混血の司祭を「神（すなわち神々）」に近づく」ことを許された唯一の者とし、それを隠れ蓑《みの》に操作を行うようになったのである。スラブ語の「エノク書」には、ノアの甥《おい》メルキゼデクが、「司祭の印を胸に持って生まれた。それは見るからにすばらしかった」とある。[18] 現代でも、同じような報告が上がっている。フランス・カンプの妻は写真のモデルをしていたが、彼が言うには、彼女の肌は獣の皮のような奇妙な感じになったという。

「妻の肌は肌荒れというか、いや、皮のトラブルと言うべきだろうか？　写真モデルにとって肌はきわめて重要だ。写真家が最初に見るのは肌なのだから。で、その肌のトラブルというのは、まず赤い斑点《はんてん》ができ、やがてそれが硬く尖《とが》った薄片になる。ユトレヒト最大の大学で診てもらったのが、教授にもそれが何かはわからなかった。ありとあらゆる検査をしたが、結局、どうにも説明がつかなかっ

18：“Flying Serpents And Dragons（空飛ぶ蛇と竜、および人類のレプティリアン的過去）”一七九—一八一ページから引用

たのだ」[19]

古文献によれば、ノアは甥メルキゼデクのことを人びとに知られてはいけないと言ったとある。その奇妙な姿を見られたら、殺されてしまうだろうと。「司祭の印」は、神授の王権と同じくレプティリアンの血流の証だった。メルキゼデクは高名で非常に有力な司祭になったのだが、今日、モルモン教の最高位階はメルキゼデクの長老と呼ばれている。モルモン教会はイルミナティ・レプティリアンから一〇〇パーセントの出資を受けている。しかも、ユタ州ソルトレイクシティにあるモルモン教の神殿の下には、レプティリアンの地下基地があると軍関係者が語っている。モルモン教会は広範囲に及ぶ支配者エリートたちの邪悪な行為や儀式の隠れ蓑となっている。といっても、圧倒的多数のモルモン教徒は、こんなことが行われているとはこれっぽっちも知りもしないのだが。彼らは単に、見えない力にコントロールされている羊の群れにすぎない。ところで、モルモン教を始めたのは誰だったか？　ジョセフ・スミスとハイラム・スミス、それにブリガム・ヤングだ。彼らはみな、フリーメイソンの高位階者であり、メロヴィング朝（アヌンナキ）の血流を汲《く》む者たちである。

レプティリアンと人類の混血というテーマは、エデンの園（古代シュメール人にとっては「エディン」すなわち「正しき者たちの住処《すみか》」）のアダムとイヴの話にも出てくる。ユダヤの伝承では、蛇に誘惑されたイヴはもちろんネフィリムの母なる先祖であり、その名はヘブライ語の「命」や「蛇」といった言葉と関連がある。[20] 魔王《サタン》は『旧約聖書』やユダヤ教の経典『トーラー』に、「老蛇」または「竜」と書かれており、主権を争った宇宙戦争に敗れて地球内部に逃げ込んだネフィリム族の支配者

19. 著者宛の書簡

20. "Flying Serpents And Dragons（空飛ぶ蛇と竜、および人類のレプティリアン的過去）"

だったとされている。イヴを誘惑した者の名前はヘブライ語で「ナハシュ（Nahash）」というが、これは「蛇」という意味があると同時に、「秘密を知る者」とも読める。これもまた、レプティリアンの神々（gods）のテーマである。[21]ノアと同じくエノクは「神々（gods）とともに歩く」と言われていた。古代の「エノク書」には、人類に秘密を漏らした監視者の名前は「ガドレエル（Gadreel）」だとある。これが、イヴを誘惑した蛇とされている「堕天使《だてんし》」である。そして彼は、のちに「神々（gods）」から知識（しばしば火や明かりにたとえられる）を盗み、人類に教えた多くの神々の行動のもとになった。

アダムとイヴ／クローンから代理創造《性交・出産》者に

前にも少し触れたように、聖書のアダムとイヴにはそれぞれ「the」という冠詞がついているため、おそらくはある個人ではなく、混血種の血流を指していると思われる。当初、交配で生み出されたのはかなり爬虫類的な生き物だった……それが、「神」（神々）が人間を彼の（彼らの）姿に創ったということだ。聖書の「神は御自分にかたどって人を創造された」というフレーズは、ここからきたとしか他に説明のしようがない。[22]この時代、シュメールの記述で確認できるように、アダムとイヴの種《しゅ》はクローン作成されたが、繁殖させることができなかった。これはアヌンナキにとっては問題だった。地球で実行しようとしていたアジェンダのために働かせる奴隷《どれい》を充分に作れなかったからだ。結局、

21. 同　七ページ

22. 『創世記』第一章二七節　訳は新共同訳による

奴隷たる人類は生殖能力を与えられ、そのため哺乳類が思った以上に増える結果となったと、R・A・ブーレーは、非常にお薦《すす》めの優れた著書『空飛ぶ蛇と竜、および人類のレプティリアン的過去(Flying Serpents And Dragons, Mankind's Reptilian Past)』(The Book Tree, USA, 1997)の中で語っている。この、単なるクローンという存在から代理創造者に変わったことは、エデンの園でイヴが出産の痛みに耐えよと言い渡されるシーンに象徴的に表されている。創造物間のセックスはエデンの園のエピソードで「禁断の実」として象徴された、とブーレーは言う。この経緯の責任者は「エンキ」という「神」で、エデンの園でイヴを「誘惑」した蛇だった。彼は後に、人間の数が爆発的に増えたために、他のアヌンナキのリーダーたちから相当疎《うと》まれるようになったと、シュメール文書は告げている。ちなみに、科学と医学のエキスパートだったエンキのシンボルは、二匹の蛇が棒に絡《から》み合う図となっているが、これはレプティリアンのDNA構造とそっくりである。私たちはこれを使者の杖と呼んでおり、今日の医術のシンボルとなっている。このレプティリアン的な外見から哺乳類的な外見への進化は、古い伝承の抄録である古代のヘブライ語の聖典『ハガダー』(「伝えること」の意)の中にも描かれている。

「かつて、彼らの肌はごつごつとした鱗《うろこ》のような棘《とげ》に覆《おお》われ、輝ける雲に包まれていた。だが、命令に背《そむ》くやいなや、輝ける雲と棘だらけの皮膚が落ち、彼らは丸裸で恥ずかしげに立っていた」[23]

この記述は、「堕落」する以前、人びと(「人間」)は「太陽の光のようにまぶしく、照り輝くロー

23. "Flying Serpents And Dragons(空飛ぶ蛇と竜、および人類のレプティリアン的過去)" 一五三ページから引用

古代の神殿に刻まれた牛人間、ライオン人間は、生物実験でつくられた実在の生きものだった⁉

人間創造の仕事を進める母なる女神ニンフルサグとエア（エンキ）。

神々が次々に人を生産している様子。この人類たちは、それ自身では繁殖機能をもたない（南エラムの岩絵より）。

［出典：『人類を創成した宇宙人』ゼカリア・シッチン］

ブのようなものに身を包んで」いたという伝説と合致する。[24] このような外見は、後に失われたが、「ノア」や大洪水の時代の混血種には、その名残りを残している者もいた。今日でも、政府の遺伝子実験に携わっている人びとで、レプティリアンの肌の一部を作りだしたという者がいる。大洪水前の時代の記録では何千歳とも言われた彼らの寿命が、哺乳類の遺伝子を組み込むことで爬虫類の姿が失われていくにつれ、何百歳というところに減ってしまった。レプティリアンの「神々（gods）」はいつも途方もない長寿と結びつけられてきた。また、蛇はシュメールやエジプトでは不死の象徴だった。彼らは肉体的には不死ではない。肉体的に遥《はる》かに寿命の短い者からすれば、不死のように見えるだけなのだ。ほかに古代において重要な人物は、「ヤレド（Jared）」という名で知られるエノクの父だろう。ヤレドは、遺伝子的な理由から自分の子や姉妹と子どもを作るというアヌンナキの習慣に背き、姉妹と結婚しなかった最初の族長だった。ネフィリム、いわゆる神々（gods）の息子たち（または「主の天使たち」と呼ばれることもある）が、人間の女性と「結婚」する場面が現れるのが、太古の「黄金時代」、ヤレドの時代だった。今日、アメリカ合衆国では「ヤレドの息子たち」という、「監視者たち、すなわち歴史を通じて人類を支配し続けてきた悪名高いファラオや王や独裁者の子孫たちと徹底的に戦う」ことを誓っている組織があるという。彼らの機関誌『ジャレダイト・アドヴォケイト（The Jaredite Advocate）』は、監視者たちを「……極悪人で、神を名乗りながら世界を支配するマフィアのよう」だと非難している。

アヌンナキはこれまで、自分たちと人間のあいだに「媒介者」を置くことによって、人前に姿をさらさないで済むようにしてきた。この媒介者のことを、私は混血の司祭たちと呼んでいる。古代には、

24. 同右

この司祭の階級だけが、唯一「神（神々）への拝謁《はいえつ》」を許されていた。ヘブライ語の『トーラー』に書かれているレヴィ人の司祭も、そのほんの一例だ。いろいろな記録からすると、シュメール人司祭のほとんどは、司祭であっても神々（gods）と直接会うことがなかった。そして、その司祭たちが見えざる神々に代わってあらゆる国事を管理していた。ヤハウェ（エホヴァ）はいつも何と言っていた？　彼は見られてはならなかったのだ。「……あなたはわたしの顔を見ることはできない。人はわたしを見て、なお生きていることはできないからである」[25]。神の「偶像」を創ることを禁止していたのも、おそらく、一つにはこのためだったのだろう。ヤハウェ（エホヴァ）もまた、一部の意見ではレプティリアンを連想させると言われてきた。シュメール文書には、神殿や宮殿の近くにある大きな階段状のピラミッド、「ジッグラト」から街を見下ろす様子が描かれている。ジッグラトの頂上は「聖域中の聖域」、つまり、神々（gods）が「住む」「内陣」だとある。そこは、王や女王やあらゆる社会組織のリーダーとなる血族を生み出すため、アヌンナキ「王族」と交わらせる目的で、遺伝子によって選ばれた人間が連れてこられる場所だった。いや、今日も状況は変わっていない。ジッグラトはしばしば「山々」といわれ、そのため、「山の某」と呼ばれる神々（gods）もいる。ジッグラトの形は、私たちのピラミッド型の社会構造を完璧《かんぺき》に象徴している。ピラミッドのてっぺんにいるほんの一握りのトップ、つまりアヌンナキが私たちを支配するために作った地球という監獄《グローバル・プリズン》を管理しているのである。この構造によって、彼らが存在するという秘密自体が守られている。混血の司祭たちは、今日では、政治、経済、銀行業、メディアのいたるところに、そして特に、秘密結社ネットワークの高位階にいる。

25.『出エジプト記』第三三章二〇節　訳は新共同訳による

人類の人口に比べれば、これらレプティリアンやその純粋な血統は多くないので、次のような社会構造を導入すべく手を回し、操作しなければならなかった。つまり、(a) 権力を常に集中させ、重要な事項はなるべく少数で決定する、(b) 人類を、自ら規制させ、精神的、感情的な牢獄に入れてお互いに監視させるようにする、といった構造だ。レプティリアンは三種類に分けられると思われる。肉体を持ち、ほとんどは地球内部に住んでいる者（地球内種族）、肉体を持ち、他の星々からやってくる者（地球外種族）、そして肉体を持たない者。この肉体を持たない者たちこそが権力を握っている中枢で、姿を現さずして異次元から混血族を操っているのである。レプティリアンたちはこういった悪巧みを銀河のあちこちで働いているらしい。何もかも、まったくもって異様でばかげたことに聞こえるだろう。そう思われるのも無理はない。条件づけされた考え方で見れば、確かに奇妙に思えるはずだ。しかし、残念ながら、これは笑い話ではない。そうだったら、どんなにいいか。レプティリアン現象について長年調査をしている、ラスベガス在住のジョン・ローズは、次のように彼の出した結論をまとめている。

「レプティリアンの軍隊『ETs《イーティーズ》』は、……地下基地から人類とレプティリアンの交雑種のネットワークを確立し、それを軍産複合体、政府機関省庁、UFOや超常現象の研究機関、修道会や友愛会（司祭たちの会）など、表の文化のさまざまなレベルに潜り込ませている。これらの交雑種は、自分のレプティリアン遺伝子に『組み込まれた《マインドコントロール》』指示に気づいていない者も含め、『レプティリアン工作員』としての破壊工作を実行に移し、レプティリアン率いるET（地球外生命）の侵略の舞台を作っている」[26]

最後の部分はまだ調査の余地があるが、ジョン・ローズのコメントの基本的な部分が真実であることを示す一連の証拠をこれからお目にかけよう。私はラスベガスで彼と奇妙な会合を持った。彼の家族は、ベトナム戦争時代にＣＩＡが運営していた航空会社エアアメリカと繋《つな》がりがあったようだ。正直言って、私は彼の説を受け入れるのには慎重である。だが、先ほど引用したような彼の説を裏づける証拠はあとを絶たない。

妖精の種族《フェアリー・エルフ》／死の女神《ヘル》が司る地下世界《ニブルヘイム》に潜む

フェアリーやエルフのような妖精、小鬼《ゴブリン》、悪魔《デーモン》、竜《ドラゴン》、その他の人間以外の生きものが住む地下世界の話は、世界中の民話にあふれている。そしてそれらは古文書の中で、アヌンナキや「神々（gods）」の別名と同じく「輝く者たち」と呼ばれることがあった。基本テーマをちらっと見るだけでも、これらの物語が、誘拐被害者や今日の地下基地の研究者が言っているのと同じ「異星人」の話だということがわかる。古代スカンジナビアの民話にある大洞窟や網の目のようなトンネル、時には巨大都市である場合もあるが、そういった地下世界は、「ニブルヘイム（Niflheim）」と呼ばれている。ネフィリムとの近似性は明らかだし、ネフィリムは地球の内部に住んでいたと言われている。古代ス

26. http://www.reptilianagenda.com/research/r100799k.shtml

カンジナビアの人びとによれば、ニブルヘイムを支配していたのは死の女神「ヘル（Hel）」だという。これらの地下ネットワークへの出入り口は、塚や古代人が丘の上に建てた要塞《ようさい》、聖域と言われる山や丘や湖だったかもしれない。名前も外見もさまざまなこの「妖精の種族」は、混血の血流を作るために人間と交配し、地上の人びとを誘拐し、人間の血を飲み、人間から生殖に必要な材料を取ると言われていた。聞き覚えがあると？　しかも、この「フェアリー」やら「エルフ」やらは、レプティリアンの姿で現れることが一番多かった。「エルフ（elf）」あるいは「エルヴェン（elven）」も、レプティリアン血族を表すイルミナティのコードネームである。人間でない「神々（gods）」が山の内部に住み、その山から地下センターへ入っていけるという話は、数々の神話で山が「神聖な」ものとされている由縁であると思われる。ギリシャ神話の神々の家であるオリンポス山も、その一例である。ギリシャの神々の王ゼウスは、人間の女性とのあいだに子どもを作るために山から下りてきた。また、神話のモーセとその神が会うのも、ほとんどが山である。現代の「異星人たち」と民話の「妖精たち」の古代と現代における関係は、後ほど本書の中で検証していくことにする。[27]

アヌンナキの戦争／「メイ」を携えた「邪悪な竜」シン

ゼカリア・シッチン［＊］らシュメール文書の翻訳者によれば、アヌンナキの派閥間で戦争があったという。そこには、エンリルやエンキといった指導者たちがやがて子どもたちに大きな権力を与え

27. マイケル・モットの著書『Caverns, Cauldrons, And Concealed Creatures（洞窟、大釜、そして潜伏する生物たち）』は、これらの話や今日の経験といかに合致しているかを説明するすばらしい書籍である。

るようになり、世界を分割してそれぞれに分け与え、統治して発展させるようにしたとある。エンリルの長男ナンナ（Nannar）は、ウルの町からメソポタミア、パレスチナ、ヨルダン、シリアを統治した。彼のシンボルは三日月で、これはイスラムの世界に受け継がれている。ナンナはセム語のシン（Sin）という名前でも知られており、このレプティリアンの神の名前から、シナイ（Sinai）半島とかキリスト教の「罪（Sin）」などの言葉が生まれた。キリスト教の十字架は「輝く者」と言われるウトゥ（U-TU）、すなわちシュメール人にとってのシャマシュ（Shamash）のシンボルだった。彼はエンリルの孫で、シンの息子であるとシュメール文書にはある。シャマシュはレバノンを支配した。そこは当時広大な森で、首都はベス・シャマシュ（「シャマシュの家」）で、私たちにはバールベックという名で知られている場所だ。そこは、ジャンボジェット三機分より重い巨石もある、奇妙な建造物があるところだ。エンリルの下の息子は、アナトリア（現在のトルコ）の統治を任された。これがイシュクル（Ishkur）あるいは「山の地の人」で、彼はノルディック・アーリア民族のヒッタイトの神となった。旧約聖書ではアダド（Adad）とかハダド（Hadad）と呼ばれている。R・A・ブーレーはこれもまた、ヘブライの神ヤハウェ（エホヴァ）であると信じている。シンの娘イナンナ（Inanna）、セム語でいうイシュタル（Ishtar）は戦いの女神で、さまざまな地でさまざまな呼び名がある。イシュタルはライオンとプレアデス星団をシンボルとした。彼女はシン（シャマシュ）、イシュクル（アダド）とともに、さまざまな名前で古代の三位一体《さんみいったい》の神となった。父と子、そして女である。イシュクルとイシュタルから、「アシュタール・コマンド（Ashtar Command）」というニューエイジの神話が生まれた。多くのニューエイジャーたちは、これは地球外からやってきた「救世者」の一団で、茶色の物体が回転するプロペラに当たるとき、選ばれし者たちを地球から救い出してくれるのだと言っている。宇宙船に乗ったイエス・キリストといったところか。

[＊] ゼカリア・シッチンは、証拠が山ほどあるにもかかわらず、説明不可能な何らかの理由で、蛇の種族やレプティリアンが古代に存在していたことを受け入れようとしない。一九九八年にメキシコのカンクンで話したとき、彼はそんな種族が存在した証拠は何もないと言った。そして、テーブルの向こうから身を乗り出して言ったのだ。「その話はやめろ」。もちろん、言われたとおりにいたしましたとも。

シュメール文書によれば、大変動後に代替わりしたアヌンナキ・リーダーの重要人物としては、ほかにエンキの息子のマルドゥク（Marduk）が挙げられる。マルドゥクは古代バビロニアの神である。古文献や石板や伝説には、これらの神々（gods）が世界を牛耳るための権力をかけた戦いを始めたときの様子が描かれている。人類を捨て駒に使ったこれらの紛争は、旧約聖書にも一部登場する。シュメール文書に描かれたある決定的な出来事には、シンの名で知られるアヌンナキの「神」が関与している。この名前はシュメール語の「ス―エン（SW-EN）」や「ズ―エン（ZU-EN）」からきており、ブーレーが『空飛ぶ蛇と竜、および人類のレプティリアン的過去』に書いているように、「ズー神話」と呼ばれるシュメールの物語では、シンは明らかに「悪役」として登場する。神話の中で、「邪悪な竜」たるズー（シン）は、「メイ（ME）」という「パワーストーン」を盗んで地球やアヌンナキの幹部を服従させようとする。このパワーストーンは何かの理由でアヌンナキ支配の要となっており、もしかすると、コンピュータ・チップかコンピュータ・プログラム、あるいはある種のクリスタルだったのかもしれない。それは何らかの方法で輝いたり光を放ったりするという記述がある。学者たちはこのメイを天命あるいは神通力の書板と訳しているが、私は、神通力を発する装置だという「契約の箱」《訳注：十戒を刻んだ二枚の石板を納めた箱》と関係があるのではないかとにらんでいる。シュメール文書にはこういう「ズー」（シン）の言葉がある。

「私は神聖なるメイを手に入れ、
神々の託宣をひとり統御しよう。
玉座を確保し、すべてのメイを管理しよう。
私はイギギ（『観察する者たち』あるいは『監視者』）全体に命令を下そう」

さらに、その後の部分には、こう書かれている。

「彼はメイを手中にいれ、
エンリルから主神権を簒奪《さんだつ》した。
ズーは空を飛んで、
自分の砦《とりで》である山に去った[28]」

28．“Flying Serpents And Dragons（空飛ぶ蛇と竜、および人類のレプティリアン的過去）” 九二ページ

核による大破壊／八〇〇〇～一万二〇〇〇年前五〇万人死亡

物語には、アヌンナキの「神」ニヌルタ（Ninurta）が「メイ」の石を取り返しに行こうと申し出るいきさつが語られている。ズーは力場《りきば》のようなものを作って攻撃から身を守っており、シュメール文書には、「彼がマイを操作すると、矢は彼に近づくことができなかった」とある。科学技術部門の主任であるエンキは、ズーの防御を突破する新しい兵器を生み出し、最終的にはズーが負けた。ほかのアヌンナキたちも「メイ」の石を盗もうと企て、アヌンナキたちの間で力と権力の奪い合いが続いた。まさに、今日の世界とまったく同じである。ズー（シン）は裁判にかけられたが、その結末は知られていない。聖書に出てくる「シン」という言葉は、「神」すなわち神々（gods）の意思に逆らったことに起源があるのは明らかだ。ズーとニヌルタとの戦いの物語からはハイテク兵器を使用したことがうかがえる。そんなことが何千年も前に起こったはずがないと思われるかもしれないが、事実、証拠がそれを物語っているのだ。インドのラージャスターンでは、ジョドプルから遠くない八平方キロメートル近い土地が放射性の灰で覆われている。ここは、癌や奇形児の発生率が高い地域で、放射線数値が異様に高くなったときには、インド政府によってこの土地は封鎖された。古代都市が発掘され、そこが八〇〇〇～一万二〇〇〇年前に原子爆弾によって破壊されたという証拠が示された。爆発ではおよそ五〇万人の人びとが亡くなったと考えられる。それは、少なくとも一九四五年に日本を打ちのめした原爆と同規模のものだった。こうしたことは現代になって発見されたが、古代文書のなかで裏づけとなるものが記されている。『マハーバーラタ』の叙事詩は、次のように語る。「放たれたそれ一つにあらん限りの宇宙の力がこめられ、……白く輝く煙の柱が立ち上って、一万の太陽にも値する眩《まぶ》しい炎がすさまじく燃え上がり、……それは見たこともない兵器であり、鉄の雷撃、種族全体を丸ごと灰に変える巨大な死の使いであった」。遺体はひどく焼けただれて、誰とも見分けがつかなかったという。毛髪や爪は抜け落ち、陶器が「わけもなく」壊れ、鳥は白くなった。数時間のうちに、食料品が汚染された。これが核爆発の描写でなければ、いったい何だろう？

　このほかにも『ラーマーヤナ』のように、インド人とアトランティス人との恐るべき戦争を描写した文書は枚挙《まいきょ》に暇《いとま》がない。インド人はヴィマーナと呼ばれる空飛ぶ乗り物を、アトランティス人は「ヴァイリクシ（Vailixi）」を使って空中戦を展開した。インドの記録によれば、彼らは月でも戦ったとあり、このことは、マインドコントロールを受けてイルミナティの高位階で働かされていたアリゾナ・ワイルダーのような人びとの主張によって裏づけられている。彼女によれば、レプティリアンと金髪碧眼のノルディックは、古代に地球だけでなく月や火星でも戦ったという。これらすべては、大変動が起こる前のアトランティスやレムリアの「黄金時代」に起こったことであり、このことは、かつて強大な勢力を誇ったアトランティスがハイテク戦争と大変動のさなかで終わりを告げたという話を成り立たせている。しかし、アヌンナキは大変動の後で戻ってくると、また同じことを考え、事実が示すようにさらなる核兵器による殺戮《さつりく》を犯した。インダス川での考古学的発見により、紀元前三五〇〇～前三〇〇〇年（当時、アヌンナキのシュメール帝国支配は盤石《ばんじゃく》だった）の時代、そこに都市が建設されていたことがわかっている。しかし、それらの都市は紀元前二〇〇〇年頃、巨大な武力によって破壊された。さらに注目すべきは、この一帯で発見された遺骨からは高度の放射能が検出されるのである。同じく紀元前二〇〇〇年頃に、シュメールも放射性降下物らしき「邪悪な風」によって終わりを迎えた。この「風」は、シュメールと近隣のアッカド人たちに突然の終焉《しゅうえん》をもたらしたのだ。哀歌《あいか》として知られる文書には、シュメールに降りかかった「惨事」は「人類が今までに見たことも聞いたこともないようなもの」だったと書かれている。戦争で起こったすさまじい風と「焼けつくような熱」を含んだ「邪悪な風」が起こった。雲のようなものが現れ、昼は太陽を、夜は星を隠した。
文書は以下のように続く。

「人びとは恐れおののき、ほとんど息ができなかった。
邪悪な風は人びとを捕らえ、翌日まで生きることを許さなかった……
口の中は血だらけになり、頭は血まみれだった……
顔は邪悪な風のせいで真っ白だった」

「それは都市を無人にした。
家々から人が消え、
露店から人が消え、
羊の囲いも空っぽになり……
シュメールの川には

苦い水が流れ、
耕された土地には雑草が生え、
牧場にはしおれた草だけが伸びていた」[29]

神々（gods）でさえ、これらの地から避難せざるをえなかった、とある。そして、同時期に、シュメールのすべての都市が同様の被害をこうむっていた。インダス川流域の核による破壊は、シュメールのこの有毒の「邪悪な風」の時期と一致している。つまり、聖書に登場するソドムとゴモラが壊滅した時期とも一致する。多くの資料が、これらの都市が現在のイスラエルの死海の南端にあったことを指摘している。そこは、今日でも放射能レベルが異常に高い地域である。彼らはそこを、聖書のソドムとゴモラの話の登場人物にちなんで「ロトの海」と呼んでいる。しかも、それは何千年にもわたり、死の象徴という連想をさせてきた。話の中で、ロトの妻はソドムとゴモラが破壊されているときに後ろを振り向き、塩の柱になったとあるが、この「塩の柱」と訳された言葉は、「蒸気の柱」とも訳すことができる。[30] こちらのほうが「塩」よりも理にかなっているだけでなく、ここで明らかになった実態とも合致する。ソドムとゴモラの破壊の記述には、「神」がこれらの都市を破壊することを決心し、友人たちに逃げるように警告したとある。なんという偶然だろう！　シュメールの石板にも、エンリルとその子孫が率いるアヌンナキ幹部（神《God》＝またしても神々《Gods》）が、例によって内戦中——このときはエンリルの異母兄弟エンキの息子であり最大のライバルであるマルドゥクとの戦い——のそれらの土地を破壊することを決心したいきさつが詳細に説明されているのだ。今日でも、イルミナティ

29. "Gods Of The New Millennium" 二二三ページから引用（邦訳『神々の遺伝子』では割愛されている模様）

30. ゼカリア・シッチン訳

で最も分裂しやすく、今も進行中の争いを作り出しているのは、アヌンナキのエンリル派とエンキ派なのである。

秘密非公然支配のレプティリアン新秩序へ

シナイ（Sinai = Sin-ai）半島には、二九〇平方キロメートルにわたって、不自然で巨大な傷痕がある。表面だけが黒変した石がシナイ半島東部の広範囲で見られ、それは古代にハイテク兵器は存在しなかったとする従来の歴史や考古学からすれば、「謎」のままである。[31] しかしながら、明らかに核爆発があったと思われるこの場所はシュメールの西にあり、シュメールの哀歌では、水や大気を汚染し、文明を一瞬に終わらせた「邪悪な風」は「稲妻」のなかで作られ、「西で起こった」と記されている。シュメールの突然の消滅の謎は、これで解けたのでは？「邪悪な風」とは放射性下降物のことではなかったのか？ 紀元前一四五〇年頃、古代ミノア文明（シュメールの前の文明）は、考古学者や歴史学者が説明できない突然の大惨事にみまわれてクレタ島で崩壊した。ここでもまた、すべての都市が「炎」の大惨事によって同時に破壊されたのである。

この一連のすさまじい暴力的事件とアヌンナキ間の内部抗争の狭間《はざま》で、シュメール帝国は崩壊した。世界中にあったシュメールの領土は、少なくともしばらくの間は、前の支配者の知識、組織、信仰、神話をもとに自治を始めた。それ以来、レプティリアン・アヌンナキは、陰から混血種族を使って操

31. "Gods Of The New Millennium" 二二六、二二七ページ（邦訳『神々の遺伝子』では割愛されている模様）

作し、公然と支配を行っていた以前の地球規模の帝国（彼らの言う「旧世界秩序《オールド・ワールド・オーダー》」）に代えて、秘密裏に支配を行う世界帝国（彼らの言う「新世界秩序《ニュー・ワールド・オーダー》」）を今にも打ちたてようとしている。今や私たちの周囲に広がりつつある世界的中央集権の導入の陰に潜む勢力が、彼らなのだ。アヌンナキは、少なくとも最後のアトランティスの大変動のあとは、彼らの爬虫類的な容姿をできるだけ民衆の目に入らないように隠そうとしている。

真相はこれだけではない。

古代の神秘主義結社《ミステリースクール》の多くは、人間社会の中で密かに暗躍し続けるレプティリアンの血流によって作られた。真の歴史的知識を守るため、アトランティス、レムリア、そして大変動以降の世界、特にシュメール帝国の秘儀的・専門的な科学知識を貯蔵するためである。また彼らは、もっと賢明なアジェンダを持った他の神秘主義結社をも掌握した。これは、紀元前二〇〇〇年頃から竜王朝（あるいは「蛇のブラザーフッド」の名で知られている）に課せられた役割の一つだった。当時、竜王朝は好ましい性質を持ったさまざまなエジプトの神秘主義結社に潜り込み、それらをレプティリアンの「神々(gods)」の媒体物にしてしまった。フリーメイソンの歴史家マンリー・P・ホールがこの成り行きを概説しているが、そこで言う「アトランティスの黒魔術師」は「レプティリアン」と読み換えることができる。

「古代の精密な典礼魔法は必ずしも悪ではないのだが、その倒錯から間違った妖術の宗派がいくつか出現した。これが、すなわち、（エジプトの）黒い魔法である。（中略）アトランティスの黒い魔法使いたちは、その超人的な力を発揮し、はては原初の『密儀』の品位を完膚《かんぷ》なきまでに貶《おと》しめ、穢《けが》すに至った。彼らは（中略）以前は密儀参入者が持っていた地位を簒奪し、霊的世界の支配権を掌握した」

「こうして黒い魔法は国家宗教を独占して個人の知的、霊的な活動を麻痺させてしまった。祭司階級の政略に則《のっと》った教義に全く無条件で従うように要求したのである。ファラオーは『緋衣の枢密院』――祭司階級によって権力の座に祭り上げられた大妖術師たちからなる諮問機関――の手に操られる人形にすぎなくなった[32]」

これはまさに、アトランティス時代後半に起こったことであるが、政治家たちを「権力」の座に就かせて陰から操るというのは、今日もなお行われていることであり、その黒幕であるイルミナティが政治家たちの行動や政策を決定しているのである。イルミナティに従わない政治家たちは、暗殺されたり、「スキャンダル」によって失脚させられたり、「病気」になったり、彼らを排斥しなければと民衆に思わせるようなマスコミ戦略を受けたりするのだ。シュメール帝国ではレプティリアンの「神々(gods)」が司祭に指令を出し、司祭が金融大臣や国務長官に命令を下していた。それと同じ構造が現在も残っているのだ。アヌンナキは「司祭」であるイルミナティの血流を持つ選ばれた者たちに陰から指令を出し、指令を受けた者たちは金融大臣や国務長官に命令する。彼らのアジェンダは、これを地球規模の構造（世界政府、中央銀行、軍、通貨）に拡大することだ。秘儀伝授のレベルが厳しく

32. Manly P. Hall, "The Secret Teachings Of All Ages" (The Philosophical Research Society. Los Angeles, California, 1988) Aーページ（『象徴哲学大系2』マンリー・P・ホール著／大沼忠弘ほか訳／人文書院 二一一、二ページより訳文引用）

細分化されていた昔の神秘主義結社のネットワークは、今日の世界規模の秘密結社ネットワークに発展した。これの「冠石」つまり頂点にあるのがイルミナティで、その最高位に公然と座しているのがレプティリアン・アヌンナキなのだ。それがこうして秘密裏に行われなければならなかったのは、現在進行中の真実がある程度の人間の知るところになれば、人類の人口に比べてさほど多くない彼らのほうが圧倒されてしまうからである。今日の秘密結社ネットワークは、大変動前の時代に悪意を持った勢力によって吸収合併されたアトランティスやレムリアの神秘主義結社が、そのまま現代版になったというだけである。ポジティヴなアジェンダを持つ者たちとネガティヴなアジェンダを持つ者たちは、大洪水の後に復活した神秘主義結社の主導権を握ろうと争った。最終的には悪意を持つ勢力がその戦いに勝利し、その勢力を再び世界に向けて密かに伸ばしはじめた。彼らは自分たちだけの秘密の言語を持っていた。それは、選ばれし者たちだけが読み方や意味を教えられる象徴言語である。私はこのネットワークを蛇カルトとか、蛇の兄弟たち《ブラザーフッド》とか、イルミナティと呼んでいる。この三つは同じ勢力を指す。彼らの暗語には、かがり火（光を与えられた者たち《イルミネイテッド・ワンズ》）、ピラミッドや万物を見通す目（アトランティスにいたシリウスの蛇種族が使っていたらしい）、ライオン（「太陽」と蛇のカルトのシンボル）、蛇、魚、空飛ぶ爬虫類（ガーゴイル）、その他のレプティリアンの象徴記号、強く発音される「K」で始まる名前や単語、白地に火（赤）の十字（イングランドの旗）、それに、三位一体図（三叉《みつまた》の鉾《ほこ》や、後のフラ・ダ・リ、その他の三点が尖った形で象徴される）などがある。

　レプティリアン・イルミナティは、男と女のバランスの取れた融合エネルギーが非常に強力な第三の力を作り出すことを知っている。これが、彼らが「三位一体」に執着している理由の一つである。

ニューエイジャーたちも、男と女がバランスを取ることが必要だと語っている。彼らの言っていることは正しい。だが、この融合にはさまざまなレベルが存在することを理解しなければ、私たちは間違った方向に進んでしまう。両エネルギーのネガティヴな局面を融合させて悪意のある「第三の力」を作ることもできれば、男と女の高い次元の周波数のバランスを取ってポジティヴな第三の力を作ることもできる。事実、私たちの周りの世界は、これらのエネルギーのネガティヴなバランスと相互作用の現れなのだ。私たちは、これを男性支配による世界だと信じるように仕向けられているが、それは単に表面だけのことなのである。陰から本当にコントロールしているのは、女性エネルギーのネガティヴな部分なのだ。極端な男性エネルギーが、三次元世界の私たちの目に見える「外側」にある。主要銀行、大企業、主なメディア企業、軍隊で指導権を握っているのは、銃を持ち制服に身を包んだマッチョな男たちである。しかし、彼らを権力の座につかせ、戦争を起こし、アジェンダを進展させているのは、女性エネルギーの極端にネガティヴな面であり、それが密かに陰から操っているのだ。いやむしろ、真の権力の座であるイルミナティは女性によって支配されているのである。極端にネガティヴな女性エネルギーが密かに情勢を操作し、極端にネガティヴな男性エネルギーがそれを私たちの目の前に現しているのだ。だから、私たちはこの世界を男性支配によるものだと思い込んでいるのである。そういうふうに見えはするが、目に見えるものがすべてではない。

古代知識の破壊／視野と可能性を限定する「科学」と宗教

レプティリアンの秘密結社ネットワークには、古代から二大目的があった。まずは、進歩した知識を選ばれた少数の者たちだけに伝え、彼らのそれぞれにどこまで情報を伝えるかをコントロールすること（細分化）。そして、公の場で起こったことを操作し、そこに残ったすべての進歩した秘儀的知識が広まるのを防ぐこと。彼らは、視野や可能性を厳しく限定した「科学」もどきや宗教を作ることによって、この目的を達成した。この「コインの裏表」である宗教と科学は、当時、隠蔽《いんぺい》された知識に邪悪であるとか、ばかげているというレッテルを貼った。彼らが占星術を非難したのも、その一例である。

イルミナティは、コロンブス、コルテス、カボット、クックといったフロントマンを利用してシュメール帝国、アトランティス帝国、レムリア帝国の元の土地についに戻った。そこで、彼らは「キリスト教」（イルミナティが作った）の名のもとに、できるだけ多くの古代知識を徹底的に破壊した。この任務は、とくにシャーマンのような、知識を持っている人たちを中心に大量虐殺を行うことで、遂行されることが多かった。クレド・ムトワはアフリカでの経験を、「彼らはシャーマンが何を知っているか聞き出し、その後で殺した」と語った。彼らが知っていることを探り出し、その後、絶対に誰にもしゃべれないようにするのだ。だから、レプティリアン・チトウリ（異星人）に関するクレドの情報がこれほど長い間、世間に流れずにいたのだ。アヌンナキ・イルミナティにとって、北米先住民、中・南米の先住民、アフリカの黒人、オーストラリアのアボリジニといった人びとの文化や、俗にいう「異教」の宗教を、破壊したり故意に過小評価したりすることは、きわめて重要なことだった。もちろん、彼らがやってきたこれらのことは従来の歴史の記録にもあるのだが、その真の理由や、陰から命令していたのが本当は誰なのかということは、まったく記録には載っていない。彼らは、これらの先住民文化をキリスト教、ユダヤ教、イスラム教、ヒンドゥー教、その他を押しつけ、それに置き換えさせることによって、厳格な教義で真の知識を押しつぶしたり、ヒンドゥー教のカースト制度のような遺伝的「優位性」の恐ろしい階級構造のなかに閉じ込めたりすることができた。

新大陸発見の裏側／コロンブス、クックも事前に地図を与えられ

イルミナティの相互ネットワークは、クリストファー・コロンブスの話からもうかがえる。一四九二年にアメリカ大陸に渡ったとき、彼は最初から、自分がどこに向かっているのか承知していたのだ。なぜなら、彼の義父はエンリケ航海王子側近の船長であり、エンリケはポルトガルのキリスト騎士団という秘密結社のグランドマスターだったからだ。キリスト騎士団とは、一三〇七年の粛清後にフランスからポルトガルやスコットランドに逃げたテンプル騎士団が名前を変えたものだった。[33] コロンブスは、この地下に潜った秘密結社から、アメリカ大陸が記されている古代の地図を手に入れたのだ。彼が「インド」に出発したときに「奇妙な地図」を持っていたことは知られている。コロンブスは秘

33. この説に関する優れた情報源として挙げられるのは、"The Temple And The Lodge" by Michael Baigent and Richard Leigh (published by Arcade Publishing. New York, in 1989) (『テンプル騎士団とフリーメーソン——アメリカ建国に到る西欧秘儀結社の知られざる系譜』マイケル・ベイジェント&リチャード・リー著／林和彦訳／三交社)

密結社のイニシエイト（秘儀を受けた会員）の一人だった。しかも、アメリカのフリーメイソンの歴史家マンリー・P・ホールによれば、後にジョン・カボットとして知られる男と同じ、イタリアのジェノヴァにある秘密のネットワークと繋がりがあった。[34] コロンブスがアメリカ大陸に上陸した五年後、カボットはイギリスのブリストルにあるテンプラー港から、現在北アメリカ大陸と呼ばれているものを「発見」するために航海に出た。彼らにこのようなことができたのは、秘密結社を通じて、シュメールの船乗りや、もっと遡《さかのぼ》ってアトランティスやレムリアの船乗りたちが描いた地図を手に入れたからである。何千年も前に世界がきちんと地図に描かれていたことを立証する古代の地図がいくつも発見されているが、このことは、「歴史」の主流の記述からは削除されている。前にも述べたように、オスマントルコのピリ・レイス提督は、一五一三年に南極の氷の下の大陸がどうなっているかを詳しく記した地図を作成した。この地図は、説明がつかないことながら、きわめて正確なものであることが、現代の測量によってわかっている。だが、もちろんそれは説明がつく。彼自身が言っているように、太古の地図——南極大陸が氷に覆われる前に編纂《へんさん》された地図——を見て描いたのだ。レイスは、コロンブスが航海に出たわずか二一年後に地図を描いた。

コロンブスは、カボットや後のキャプテン・クックのように、レイスと同じ、あるいはそれ以上の資料を手に入れていたのだ。三人とも地図を与えられ、レプティリアンの血流やそのネットワークに資金を出してもらった。たとえば、キャプテン・クックの後ろ楯はフリーメイソンのロンドン王立協会であり、コロンブスの後援者は現在スペインと呼ばれている地のフェルナンド王とイサベル女王、それにヴェネチアの悪名高きイルミナティの血流、メディチ家だった。彼らはみんなその血統をたど

34. マンリー・P・ホールの"America's Assignment With Destiny, The Adepts In The Western Esoteric Tradition" (published by the Philosophical Research Society, Los Angeles, California, in 1979) を参照

れば、シュメールやもっと前のアトランティスやレムリアの王にたどり着く。今日に至るもう一つ重要なイルミナティの血流は、フランスのロレーヌ（Lorraine）家（L'Orion《ル・オリオン》か？）だ。ロレーヌ家はコロンブスを雇っていたことがあったが、このロレーヌ家とメディチ家の両方で働いていたことのある、歴史上のもう一人の有名人は……ノストラダムスである。ノストラダムス＝ミシェル・ド・ノートル・ダム、つまり「聖母マリア《アウワ・レディ》のミカエル」は、当時にしては異常に秘儀的な癒しの知識を持っていた。なぜなら、シュメール、アトランティス、レムリアからの古代知識を公の場に流れるのを計画的に防いでいる一方で、それらを秘密結社のネットワークに保持していた、そして今なお保持している例の血流と繋がりがあったからである。

要するに私たちは、あの同じ血流とその秘密結社のネットワークによって、レプティリアンによる地球征服という明確なアジェンダのもとに改竄《かいざん》された歴史を通し、隙《すき》のない作文――そして理論体系――を見せられているのである。彼らはその勢力を、海路と陸路を使って何世紀もかけて中近東の外へと伸ばしていった。彼らはどこへ行っても、王権の、政治の、金融のリーダーの地位に就いた。やがて、ふたたび「地球規模」に近づけるチャンスがめぐってきた。血流の一人、オラニエ公ウィレム（オレンジ公ウィリアム）が一六八八年にオランダからイギリス海峡を渡ったとき、メアリー女王といっしょに統治するためにイギリスの王位につくように仕向けられた。これは、シュメール帝国によってその昔イギリス諸島に連れてこられた人びとやブリテン島でアトランティスの大変動を生き抜いた人びとと、陸路でヨーロッパに進出してきた血流たちとの、象徴的な協調体制だった。ウィレムが侵攻した海岸は、紀元前一一〇三年ごろにブルートゥスがトロイ人とともに上陸し、「ニュー・トロイ」（今のロンドン）を創設した地点からほど近かった。非常に都合のいいことに、ロンドンはウィレムが上陸する二〇年前の一六六六年（六六六はイルミナティの悪魔の符号）の大火で荒廃しており、イルミナティの高位階メンバーが丸ごと新都市を建設することが可能であった。メンバーの中で最も有名なのは、サー・クリストファー・レンで、彼はラドゲイト・ヒルのてっぺんにセントポール大聖堂を建設した。セントポール大聖堂が建てられたのは、女神ディアナが祭られた古代遺跡があった場所で、ダイアナがチャールズ皇太子と結婚式を挙げた場所でもある。（ちなみに、レンの「サー」という称号は、女王とイギリス政府から奉仕の見返りとしてこの日に与えられたもので、古代レプティリアンの「サー」という名の蛇の女神に由来し、アヌンナキの女神と関連がある）。

見える独裁制から隠れた支配への移行

新しいロンドン・シティは、大火の後、イルミナティ血流の世界最大の拠点となることを意識して再建された。だから、オラニエ公ウィレムの到着後だったのである。ウィリアム三世となった彼は、ヨーロッパのすべての王族と親戚関係にあった。一六九四年、ウィリアムはイングランド銀行設立に調印し、スイスの国際決済銀行のような組織の精通者が彼らすべてに方針を伝令することで、完全な中央銀行制度が姿を現しはじめた。イルミナティのロンドンの運営拠点が設置された後は、大英帝国その他のヨーロッパの帝国が築かれていった。そして、これらの帝国が世界中に進出し、南北アメリカ、アフリカ、アジア、中国、オーストラリア、ニュージーランドを支配していき、それとともに彼らは血族や秘密結社をそこへ持ち込んで、先住民の知識や文化を破壊するためにありとあらゆる努力をした。さらに、これらの国々の中にも、その昔アヌンナキと選ばれた家系との交配でこれらの土地に生まれた混血種がおり、そういう者たちは、ヨーロッパから来た植民支配者が引き上げて、その国が「独立」することを認めた後も、権力の座に残っていた。クレド・ムトワには、「独立」後のアフリカの黒人リーダーの多くが以前と同じ「神々(gods)」の末裔である「王族」の血筋だと断言する。

これらヨーロッパの帝国は崩壊あるいは撤退したように見えたが、それはあくまでも表面上のことであり、支配の根源は変わっていなかった。独裁制には二つの形態がある。一つは共産主義やファシズムのように目に見える専制政治である。もう一つは、目に見えない独裁制で、なぜ見えないかというと、極秘で行われているからである。見えない独裁制は隠れた癌《がん》のように、社会のあらゆる分野において権力を持つ地位に食い込んでいくのだ。明らかにそれとわかる独裁体制は寿命が限られている。なぜなら、目に見え、触ることができ、味わうことのできる支配に対しては、いつかは反乱が起こるからだ。そこには、注目すべき特定のターゲットがある。ところが、陰から支配する秘密の独裁制は、その仕組みが暴かれるまでは永久にそれを続けることができる。人びとは、自分が自由だと思っている限り、不自由だといって反抗することはないからだ。大英帝国やヨーロッパの帝国が解体したように見えたときは、単に、目に見える支配から目に見えない支配に代わっただけなのだ。表面的には植民地に「独立」が与えられたように見えたが、レプティリアンの血流とその秘密結社ネットワークはそれらの国内にそのまま残り、その後もずっと支配を続けてきたのである。けれども、それを知る者もいなければ、目の前には自分たちと同じ主義、あるいは同じ民族の大統領や首相がいるので、自分は「自由」であり、そこは自治を行っている国なのだと思い込まされてしまう。私は『大いなる秘密』で、アメリカ合衆国は今日までロンドンの支配から逃れられたことはない、アメリカの連邦レベルの政府機関はヨーロッパにコントロールされている私企業であると書いた。合衆国大統領はこの企業の一時的な最高経営責任者にすぎず、その役割は、一六〇四年にイギリス国王と「王族」血流が北アメリカを盗むために最初に創設した、かつてのヴァージニア会社の社長と同じなのだ。突拍子もない話だが、これが真実だ。アメリカの独立宣言に調印した五六人中、少なくとも五〇人がフリーメイソンのメンバーだが、そうでないことがわかっているのはたった一人である。

フリーメイソンのグランドマスターだったジョージ・ワシントンが初代大統領となり、一一人の最高裁判事を任命したとき、そのうち少なくとも六人がフリーメイソンのメンバーだったと確認されている。今も相変わらず、同じことが続けられている。一七八九年のワシントンの就任式はフリーメイソンの儀式であり、宣誓に使われた聖書はフリーメイソンのものだった。二〇〇一年一月のジョージ・W・ブッシュ大統領が宣誓に使ったのもそれと同じ聖書であり、一〇年以上前に彼の父親が使ったのもそれだった。報道によれば、それはニューヨーク・ロッジの所有物だということだ。イギリス国王に反旗を翻すようアメリカ植民地の軍隊に命令したワシントンはガーター騎士団の騎士《ナイト》だったが、このガーター騎士団とは、イギリス国王を長とするイルミナティ・ネットワークの中でも最高のエリート集団の一つなのだ！　これはまったく矛盾しているように見えるが、ペテンの内容を知れば、完全に筋が通ることである。(アメリカの「独立」戦争の背景についての詳細は、『大いなる秘密』を参照のこと)。

私のこの主張に関して、アパルトヘイト時の南アフリカ共和国ほどよい例はない。当時、その国は大勢のうちのほんの少数が公然と独裁支配をしていた。その結果、矛先が向けられるべきははっきりしており、内外からの反乱で政権撤退に至った。ついで現れたのが初代黒人大統領のネルソン・マンデラだ。彼はきっと立派な人なのだろうが、実際には実権のない操り人形で、その後、タボ・ムベキが大統領になった。今や黒人は選挙権を持っている。だから南アフリカ共和国は自由の国だ。いいぞ！　だが、本当にそうだろうか？　イルミナティ支配の世界構造は、区分化されたピラミッド、あるいはクモの巣にたとえることができる。中央で操っている「クモ」は、ロンドン、パリ、ブリュッセル、ベルリンといったヨーロッパの主要都市にいる。アジェンダは、そのヨーロッパから、世界各国の、私が「血族の支部長」と呼んでいる家系に伝えられる。アメリカ合衆国のロックフェラー家やカナダのブロンフマン家のような「血族の支部長」たちは、クモの巣内のそれぞれの国や領土で政治、金融、ビジネス、報道、軍隊などをコントロールしている周囲の血族たちとのネットワークを持っている。それは、アヌンナキの神々(gods)が、中央から指令を受けたアジェンダに従って支配するようにと、それぞれ領土を与えられたのと同じである。しかも、神々(gods)が互いに争い、他の者の領土に割り込もうとしたように、今日のイルミナティの支部長たちも同じことをやっている。したがって、彼らの間には内紛や紛争がある。国内の行事や政策を、中央で決定されるアジェンダの要求に沿うように調整するのが、「支部長」の仕事である。このため、同じ行事や政策がいたるところで、時には同時に展開されるのである。

さて、南アフリカ共和国は自由の国、そうだろうか？　南アフリカの血族の支部長は、オッペンハイマー家とそのネットワークである。あからさまな独裁制であるアパルトヘイトのもと、彼らは国の株式市場の約八〇パーセントを操作し、経済の頼みの綱の金山やダイヤモンド鉱山を所有し、さまざまなフロントマンを通じてメディアをコントロールした。マンデラとムベキの選挙以来、現在はアパルトヘイトによる独裁制は終わり、「自由」になった。それは本当である。ニュースでそう言っているのを聞いたのだから。しかし、この「自由」の陰で、オッペンハイマー家とそのネットワークは現在も、南アフリカ株式市場の約八〇パーセントをコントロールし、経済の頼みの綱の金山やダイヤモンド鉱山を所有し、彼らのフロントマン、特にジンバブエ大統領ロバート・ムガベやヘンリー・キッシンジャーの友人であるアイルランドの資産家、トニー・オライリーを通じて、メディアをコントロールし続けている。自由とはすばらしいじゃないか！　この幻の「独立」の後に同じ勢力による支配が続くという状態は、あちこちで起こっている。南アフリカの軌跡を見るがいい。アパルトヘイトのあからさまな独裁制の下では、国の内外から反乱が広まった。しかし、現在の隠された独裁制の下では……何も起こらない。だれもが、南アフリカは今や自由で「独立」していると思っているのだ。

人びとをコントロールし、事態を左右するには、「隠れた手」の手法が断然効果的であることが、これでおわかりいただけただろう。あからさまな支配から隠れた支配への移行は、どの大陸でも起こっている。これが今日、アヌンナキやその混血種族が世界をコントロールしている方法なのである。

第7章

竜に仕える——過去

偉大なる精神の持ち主は、常に凡庸《ぼんよう》な心の持ち主の激しい反発にあってきた。

アルベルト・アインシュタイン

「子羊《ラム》」が起源の五芒星形《ペンタグラム》、ピラミッド、セミラミス

古代世界には、蛇や竜の種族と、蛇の神々から統治権を与えられたと主張する王や女王、皇帝の物話があふれている。

シュメール人の物語には、空飛ぶ蛇や火を吹く竜（彼らの飛行機の象徴的表現か？）、大洪水よりもはるか昔の約二四万年前に神々と人間との結合によって誕生した「取替え子」の王の話がある。シュメール帝国の名高い統治者であったサルゴン大王はその結合によって生まれたことを公言し、「王権」はこれらの神々から授けられたものであると言った。「まさしく爬虫類《はちゅうるい》が降り来たった」と言われているように、それらの神々がレプティリアンの神であることは明らかだ。また、シュメールの文献には、神々を、火を吹き、翼を持つ蛇であるとするものが多く見られる。シュメール語で大蛇を意味する「ウシュムガル（U-SHUM-GAL）」という語はエンキを表すこともあり、「火を吹きながら空を飛ぶ蛇」と訳される。炎を噴射する飛行物体に乗る竜にぴったりの言葉ではないだろうか。実際、「シュム」という言葉は「空の乗り物」と関係がある。[1]

「火を吹く」シンボルの由来については、別の説もありそうだ。アヌンナキの一人、ニヌルタは、「ムシュシャトゥルガルガル（MUSH-SHA-TUR-GAL-GAL）」（「炎の一瞥《いちべつ》を発する空飛ぶ蛇」）と呼ばれるが、これは古代から現代までのアフリカの伝説を集めたズールー族のシャーマン、クレド・ムトワの著書にあるレプティリアンの記述とぴったり一致する。ムトワによればレプティリアンは二つ

1．ゼカリア・シッチン訳

の目の間に第三の目を持ち、その目は上下にではなく、横に開くのだという。アフリカの伝説で「燃える赤い目」と呼ばれるものだ。その目からは赤いレーザー光線のような光が放たれ、それには人を倒して麻痺させる力があるそうだ。「凶眼（evil eye）をくれる」という英語の語源は、こんなところにあるのではないだろうか。[2] 中国では、龍王の額に「魔法の珠」があったが、それは一種の「神の目」で、不思議な力の源泉であったという。フランス、アルプス地方の伝説の中には、額の真ん中に血のようなルビー色の「目」[4]をもつ竜の話が伝えられ、その輝きは炎を放つようであったという。[3] この第三の目は「ドラコンティア（dracontia）」と呼ばれるが、額の真ん中に目があるとされたキュクロプス（サイクロプス）などもこの類だろう。クレド・ムトワをはじめ現代の誘拐《アブダクション》経験者は、「王の血をひく」年長のドラコ族が生やしていた角について語っている。中には、映画『スター・ウォーズ』のダース・モールのように頭にこぶか「角」を持つ者もいた。ハリウッド映画で多くの真実がフィクションの形で語られたのは、こうした話を暴露しようとする者や、将来現れる生き物の姿に人類を慣らそうとする者が両方いたためだ。私は、『スター・ウォーズ』の監督、ジョージ・ルーカスはその後者であると考える。シュメール人は兜などの被《かぶ》り物から角のつき出た姿で「神々」を描いたが、これはやがて混血の血流の王位・王権の象徴となり、王冠となった。ダース・モールを見れば王冠の原型がどういうものかわかるだろう。クレド・ムトワは、ビデオ『レプティリアン・アジェンダ』の第一部で、ダース・モールが昔も今もアフリカに残る伝説上の爬虫類に似ていることに驚いたという。悪魔主義の象徴として広く使われる子羊あるいは山羊の頭はアヌンナキの「王位」の象徴であり、悪魔はその王に仕えるために生み出されたものなのだ（図16）。子羊をあらわす「ラム（ram）」という

2.「The Reptilian Agenda, part one（レプティリアン・アジェンダ 1）」（クレド・ムトワとデーヴィッド・アイクの対談

3. Rene A. Boulay, "Flying Serpents And Dragons（空飛ぶ蛇と竜、および人類のレプティリアン的過去）" 三一ページ

4. 同右

言葉はアトランティスの火の神ヴォタンにも関係がある。この「ラム」こそが、五芒星形《ペンタグラム》（pentagram）、ピラミッド（pyramid）、セミラミス（Semiramis）、ラムセス（Ramses）、ラーマ（Rama）、ラムサ（Ramtha）、さらにはイルミナティの核心をなすプログラム（program あるいは programme）、といった言葉の起源なのだ。

竜の王族／ユーサー・ペンドラゴン（アーサー王父）

レプティリアンの血流に連なる歴代の王は「竜《ドラゴン》」の名で知られている。戦《いくさ》に多くの国がともに戦ったり王国の連合が形成されたりするときには、王の中の王が選出された。彼らは「偉大なる竜」、はたまた「ドラコ」という名で呼ばれた。聖杯伝説に登場するアーサー王の父ユーサー・ペンドラゴンにも見られる「ペンドラゴン」というケルトの称号は、この変化形である。聖杯伝説では、象徴的存在であるアーサーは竜の子孫とされ、その兜《helmet》（あるいは「El-met」。これは、レプティリアンの女神エルにちなんでいる）には竜の意匠《いしょう》が施《ほどこ》されていた。ウェールズの象徴である赤い竜は、「赤い竜はブリテン民族の象徴である」としたアーサーの教育係、魔術師マーリンの言葉に由来する。マーリンは地底の生き物である父親と人間の母親との間に生まれた半人であると言われる。アーサー王伝説はあらゆる古典的要素が散りばめられた作品であり、人間と人間以外の交わりから生まれた王の血統や変身《シェイプ・シフト》、真実の姿を隠す光の像や、競い合う竜の話が語られる。一二世紀の歴史家モンマスのジ

有翼、アルピノのドラコ・レプティリアンはその姿をめったに人に見せることはない！

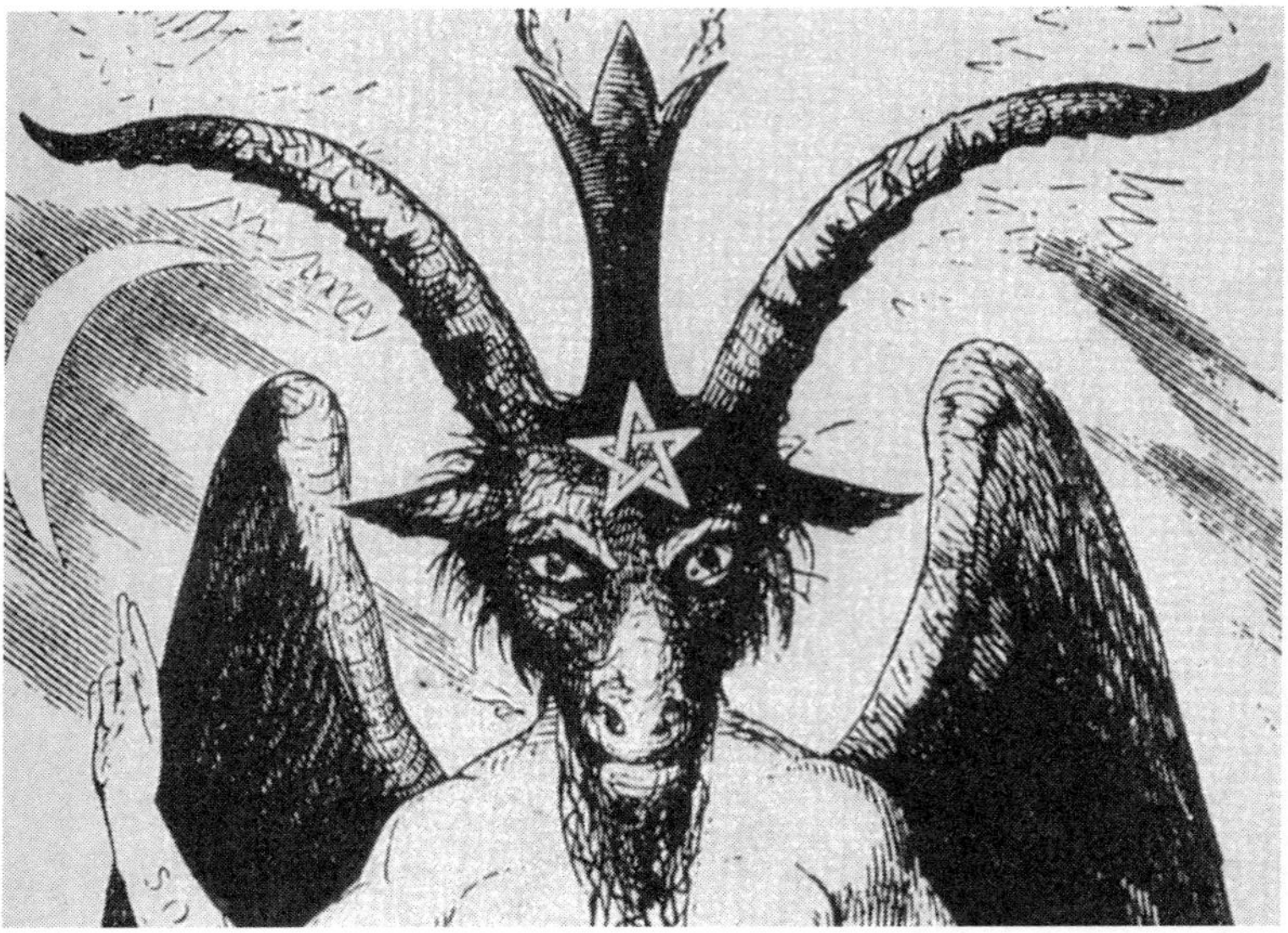

図16：悪魔のもつ山羊の頭は、角の生えた「ドラコ」の象徴でもある。

エフリー（ジェフリー・オブ・モンマス）によると、マーリンはもともとアンブロシウスという名であったという。とすれば、その名から、レプティリアンが好んで飲むとされていた経血をあらわすギリシャ語「アンブロシア」を連想することもできるだろう。[5]「湖の貴婦人」というのも登場するが、これは、地下に住むナーガのような蛇人間に崇《あが》められている女神の物語と結びつく。ケルトの伝説や民話と同様、古代ギリシャの文化もシュメールや初期のアトランティス／レムリア文化の影響を受け、名前の違いこそあれ、ほとんど同一の物語や伝説が下敷きになっている。古代では世界中に同じような蛇神の物語があった。シュメール帝国全域で人びとは蛇神を崇拝したが、ジョン・バサースト・ディーンは、著書『蛇崇拝（The Worship of the Serpent）』で、次のように記している。

「テーベを建国した五人のうちの一人は、その名をフェニキアの蛇神オフィオン（Ofhion）にちなんでいた。……キュクロプスのために建てられたアテネで最初の神殿は、蛇の女神『オプス（Ops）』に捧げられた。……ギリシャでは象徴としての蛇崇拝があまりにも普及したため、殉教者ユスティヌスは、蛇をあらゆる神の神秘の属性に取り入れたとしてギリシャ人を非難している」[6]

ヘブライ世界の蛇／手・脚・翼がある天使セラフィム

ヘブライ神話で「神々の息子」を表す聖書の「ネフィリム」が、破壊者あるいは蛇をあらわす「ア

5. "The Woman's Encyclopedia Of Myths And Secrets" 六五〇ページ（『神話・伝承事典―失われた女神たちの復権』二二ページ）

6. Reverend John Bathurst Deane, "The Worship of the Serpent" (J. G. and F. Rivington, London 1833)

ウィーム」と呼ばれていることはすでに述べた。エデンの園にいた蛇は、まるで人間のように歩き、話をしたともいう。古代の口承伝説を収めたヘブライの聖典『ハガダー』によると、この蛇は二本の脚で直立し、背丈は「ラクダの高さ」ほどもあったという。[7] スロバキアの『アブラハムの黙示録』には、イヴと話をした蛇には手と脚と翼が生えていたと書かれているが、[8] 昔も今も「ドラコ」はそのように描写されることが多い。ヘブライの物語はシュメール、アトランティス／レムリアの物語から伝えられたものであるが、その多くは典礼書にふさわしく変更が加えられ、蛇という直接的な言い方は消えている。これらはしかし、伝播《でんぱ》の道を逆にたどることによって、名前を特定することができる。

ヘブライ語の、翼の生えた「天使」セラフィム[9]（Seraphim）は蛇の意で、『アブラハムの黙示録』のエデンの蛇と同じように六枚の翼を生やしていた。聖書に出てくる空飛ぶ天使は、レプティリアンの象徴で、古代から現代にいたるまでの記述を見ると、レプティリアンの中には翼を持ち、空を飛べた者がいたという。これは例の血族の自宅や教会、大聖堂、英国国会議事堂などで目にする空飛ぶレプティリアン「ガーゴイル」にも象徴されている。欽定英訳聖書では天使は「火を吹く蛇」と訳されているが、これはノア伝説の原型となった『ギルガメシュ叙事詩』中のシュメール語の「セル（seru）」と同じ語源に由来していると思われる。また、サンスクリット語の「サルパ（sarpa）」は、インドの蛇神ナーガを表す。

ユダヤ教の律法とその解説・伝承などの集大成である『タルムード』は、アヌンナキの象徴であるとして、太陽や月とともに竜を描くことをも禁じた。ロバート・アイゼンマンの訳したヘブライ語の死海文書の断片には、「ベリアル（Belial）」（太陽神「ベル（Bel）」と「バアル（Baal）」に由来する

7. Rene A. Boulay, "Flying Serpents And Dragons（空飛ぶ蛇と竜、および人類のレプティリアン的過去）" 七ページ
8. 同　九ページ
9. 同　一〇ページ

ガーゴイルはレプティリアンの象徴！

レプティリアンのガーゴイルはレプティリアン血流やその支配を象徴している。レプティリアン血族の城や大邸宅、イルミナティが建てた教会や大聖堂の上に見られる。

ものか?)という「監視者」のことが書かれている。文書によると「監視者」は「暗黒の王子」「悪の王」と呼ばれ、「毒蛇のような相貌」の恐ろしい姿であったという。研究者であり霊媒師でもあるW・T・サムセルは、著書『アトランティス・コネクション（The Atlantis Connection）』で、アトランティスの精神的崩壊を引き起こした陰には、「ベリアルの息子たち」の名で知られる勢力があったと書いている。興味深いことに、イルミナティの「教育」センターであるオックスフォード大学にはベイリオル（Balliol）という名の学寮《カレッジ》がある。そこはイルミナティのアジェンダを推進する多くの政治家が育った場所だ。学寮の名は、創設者で、スコットランドの王女ダーヴォギラ・オブ・ギャロウェイ（Dervorguilla of Galloway）と結婚したジョン・ベイリオルにちなんでいる。やはりジョン・ベイリオルを名乗ったその息子は、一二九二年から一二九六年までスコットランドの王位に就いた。ベイリオル家は一流の家系で、象徴や名前や言葉の響きへのイルミナティの非常なこだわりからすれば、ベリアルとベイリオルには何らかの関係があると思われる。もちろんその精神には関係がある。ベイリオル学寮は、オックスフォード大学全体がそうであるように、未来の役人が集うイルミナティの本拠地なのだから。

グノーシス派（グノーシスとは「知識」をあらわす）の古い物語の中には、明るい光に照らされた蛇神の話がある。彼らによれば、まず「リリス（Lilith）」（イヴ）が創られ、その後に伴侶としてアダムが創られたとある。ヘブライの書『タルムード』も、リリスは吸血鬼で、アダムの最初の妻であったとしている。言うまでもなくこれは象徴だが、何の象徴だろう？　リリス（「リリベット（Lilibet）」も「エリザベス（Elizabeth）」も同じ）は、今日に至るまで、例の血族の女性に特有なコード・ネームの一つとなっている。リリスはシュメールでは「リル（Lil）」、バビロニアでは「リリトゥ（Lilitu）」としても知られる。ヘブライの伝説では、リリスはアダムとアダムの神に反抗し、自分の産んだ子を食べると洞窟に逃げこんだ。そこで彼女は地底の悪魔と暮らし、交合したという。彼女はアダムとイヴに、自分も子孫も人間の子どもを誘拐し、地底に連れていくと告げた。ローマカトリック教会は、彼らが人間と神の間に媒介者が必要でないとすることを理由に、グノーシス主義を激しく弾圧した。媒介者であるキリスト教の司祭には受け入れられない話だったわけだ。初期キリスト教会の「教父」であり歴史家でもあったヒッポリュトスは、北アフリカ北部の多くの初期グノーシス主義者は「ナアセニ（Naaseni）」つまり「蛇」として知られ、金または青銅製の蛇である「ナフスタン（Nahustan）」を木の十字架につけて崇《あが》めていたと書いている。ナアセニ（ナーガ）は、後に蛇を表すギリシャ語の「オフィテス（Ophites）」になった。ギリシャ人によると、蛇は偉大な知識を持つ生き物で、神託を告げる霊媒師である。つまり他次元ないしは異界と交信するものであったのだ。モーセの物語にも象徴としての蛇が多く登場する。

世界に遍在する楽園／エデン、エディン、ヘデン

聖書のエデンの園でイヴを「誘惑」した蛇は、数ある象徴の中でもとりわけ有名だ。この話は実は、古代のシュメールの物語にいうエディン、つまり「正しき者たちの住処《すみか》」を書き換えたものにすぎな

い。楽園の蛇神もまたありふれた題材であり、ジェームズ・チャーチワードの著書、『ムー大陸の子孫たち』によると、その「楽園」とはすべて先祖の地であるレムリア（ムー）のことだという。おそらくそのとおりだろう。ペルシア人は至福と喜びの地を「ヘデン（Heden）」と呼んだ。そこは全世界のどこよりも美しい場所であり、蛇の姿をした邪悪な霊に誘惑されて禁断の実を口にするまで、最初の人類が住んだ場所である。また、インドの「イエス」である例のクリシュナ神が、ガジュマルの木の下で、とぐろを巻く蛇の姿になって人類に知恵を授けたという話もある。古代ギリシャには、「幸福の島」と、不死の「黄金の林檎《りんご》」が実る「ヘスペリデスの園」がある。そして、その園は竜《ドラゴン》によって守られている。中国の聖典にも不死の果実のなる木が植わった庭があるが、その庭もまた、竜《ドラゴン》と呼ばれる翼の生えた蛇に守られている。古代メキシコにもいわゆるイヴ伝説があり、やはり巨大な雄蛇が登場する。古代インドでは、聖なるメル山の番人は恐ろしい竜《ドラゴン》であった。よく似た話が古代にはいたるところにあったのだ。蛇または半蛇、半人、人類への知識の伝授などは世界に遍在する伝説なのである。

アジア《インド》の蛇／ナーガ「コブラの民」

インダス川流域に形成されたシュメール帝国やレムリアの文化とそこに成立したヒンドゥー教やインド神話には、蛇神と空飛ぶ竜についての物語が多く見られる。それらの神々は知識をもたらし、大空で互いに戦った。人々はこの神々をすでに述べたように「ナーガ」と呼んだ。神々はいつでも自在に、人間にもレプティリアンの姿にも変身できた。レムリアに生まれたナーガは「王家」の祖となり、白色人種と交配したと言われている。ナーガあるいは「コブラの民」はすべてインドの蛇の女神「カドル（Kadru）」の子で、カドルは自身の経血を飲ませて、その子らを不死身にしたという。[10] この種の蛇の女神もしくは蛇の女王の物語はいたるところにあるもので、これについては後に詳述する。図17はインド美術に見られる半人半蛇の乙女の象徴である。インドの叙事詩『ラーマーヤナ』にはセイロン島に渡った魔王ラーバナ（Ravan）の話がある。[11] セイロン島は多くの蛇の種族の中心地であったらしい。古代中国の文献には、セイロン島は「爬虫類のような不思議な生き物」、ナーガの故郷であると書かれている。[12] ナーガが中国人と交易をしながらも正体を明かさなかったというのは、興味深い。中国の商人が値札をつけた商品を置いて立ち去るまで、ナーガは姿を現さなかったという。[13] ナーガは敵を麻痺させたり生命力を失わせたりする「特殊な武器」を持っていたと言われている。現代では誘拐《アブダクション》にあった人間が同じような経験を語っている。インドでは、今なお蛇崇拝が行われていることは、いうまでもない。

10. "The Woman's Encyclopedia Of Myths And Secrets" 九〇三ページ（『神話・伝承事典―失われた女神たちの復権』七一五ページ）
11. 同　四一ページ
12. 同右
13. 同右

極東の蛇／中国、チベット、ゴビ砂漠、日本

中国の文化のすべては、竜と蛇の種族に基づいている。中国もまた、何千年も前に高度な文化の栄

世界中で見られる「半人半蛇」もまたドラコ・レプティリアンの象徴である！

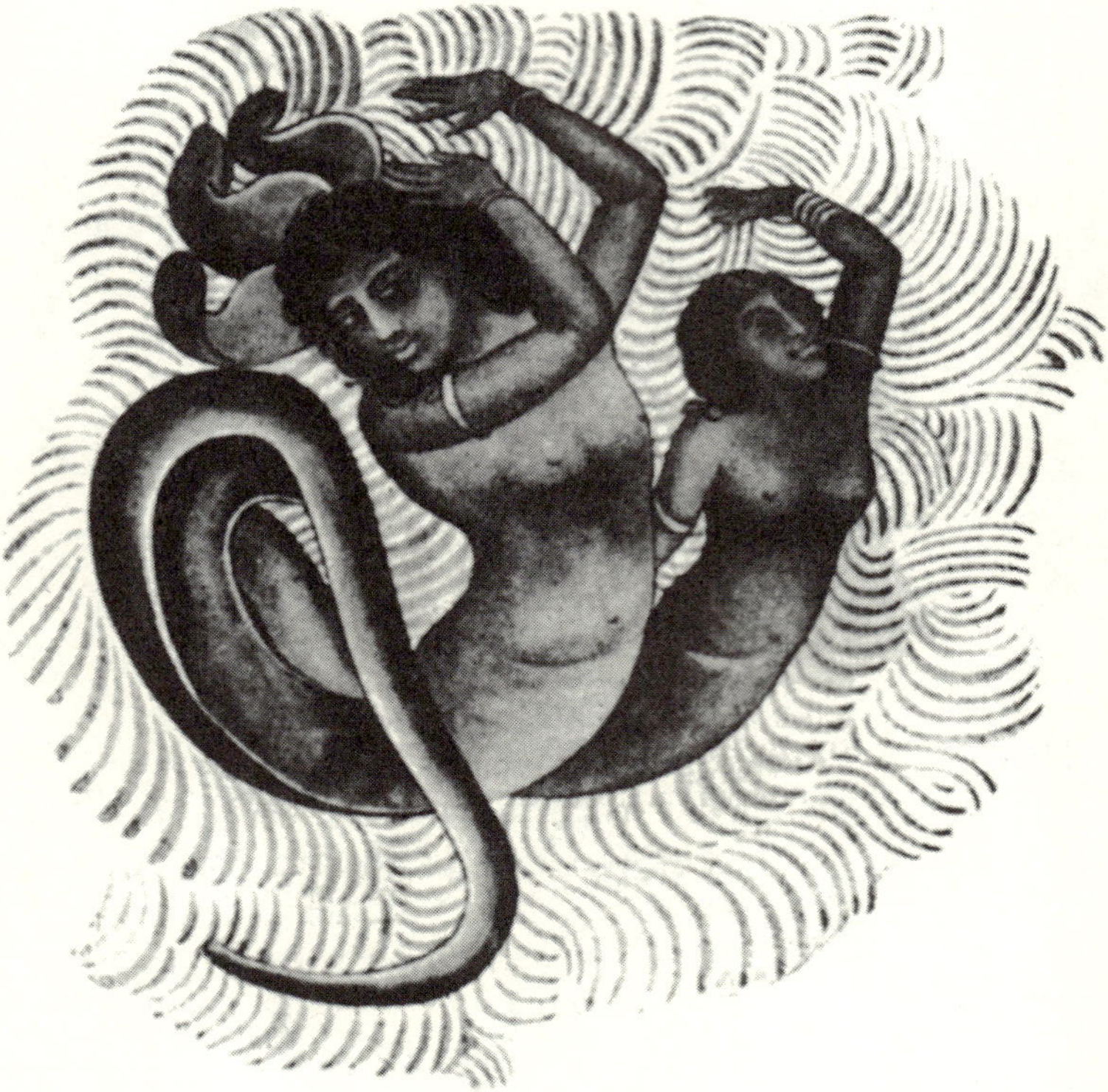

図17：インド美術には半人半蛇の乙女への信仰が象徴的に描かれている。

えた場所だが、それはレムリアに刺激され、後にはシュメール帝国の影響を受けた文化だった。今日でもその言語や文字には、神話や伝説同様、著しい類似が見られる。中国文化が最盛期を迎えたのは紀元前二八〇〇年頃からと見られ、この時期はまさにシュメール帝国の絶頂期でもあった。中国の歴史では、最初の人間は半人半竜の古代の女神、女媧《じょか》によって創造されたとされる。中国古代の書『易経』によると、竜と人間とはその昔平和に暮らし、種族を超えて結婚し、交配したという。[14] 古代中国の歴代皇帝は、「顔は竜で」竜神のような姿をしていたという。日本の歴代の天皇も自らを同種の「神々」の子孫であると称しており、伝説によると、日本の島々には天から降りてきた人びとが住んでいたそうだ。ジェームズ・チャーチワードは、日本民族もレムリア（ムー）大陸と関係があるとしている。日本には蛇や竜にまつわる伝説があまた存在し、人間との結婚や交合によってレプティリアンと人間の混血の子孫が生まれたという。蛇族は美しい男女の姿に変《シェイプ・シフト》身し、人間の兵士や指導者を魅惑して交わりを結んだ。『洞窟、大釜、そして潜伏する生物たち（Caverns, Cauldrons, and Concealed Creatures）』の著者マイケル・モットは、蛇の種族に誘惑された花御本《はなのおもと》という娘の話を伝えている。

14. 同　四八ページ

「御本は竜の恋人にふたたび逢うことはなかったが、竜の血をひく子どもを産んだ。その子は『あかがり（あかぎれ）大太《だいた》』と名づけられた。この名は、その子の肌がひび割れて皺《しわ》が寄り、蛇のような鱗に覆われていたことに由来する。太古の伝説が実際の歴史に現れるのはここからだ。直系の子孫、緒方三郎は源氏を助けた武将であるが、祖先と同じように鱗に覆われた体を誇りにしていたという。

三郎は大太の五代の孫である。ここでもやはり名家がターゲットとされて最初の遺伝子交換が行われ、以後たびたび繰りかえされてきたのである。東洋では『竜の血』の流入が非常に誇らしいものと考えられたが、西洋では蛇やかえる王子は演出を凝らした『お伽噺《とぎばなし》』の形で伝説となり、霧に包まれてきた。西洋の感覚では、少なくとも表面的にはこの種の密通は反感を買う。これは宗教的な理由のためだが、それがすべてではない。なぜなら、地下に住まう種族は、札付きの残忍で利己的な悪意の持ち主であると思われているからだ[15]」

紀元前二五〇〇年頃に遡《さかのぼ》る中国の十二支は動物によって象徴されるが、すべて実在の動物の中で唯一の例外が、竜である。象徴とする動物を選ぶのに、ほかは全部実在の生き物を選びながら、一つだけ別だということが考えられるだろうか？　ではまた、中国におけるレプティリアンの血流を見ていこう。古代の中国人は最初の王朝を建てた「神聖なる」皇帝の父は竜だと信じており、歴代の皇帝は蛇神の子孫であることを理由に統治権を主張した。皇帝の玉座にも、舟にも、寝台にも、象徴として竜の意匠が施されている。現在、イルミナティには多くの中国の血流も入っている。代表的な例に、フリッツ・スプリングマイヤーがその著書『イルミナティ　悪魔の13血流――世界を収奪支配する巨大名家の素顔』で紹介した李家がある[16]。本書が印刷される直前の二〇〇一年三月に、スプリングマイヤー夫妻はウェイコーの集団自殺事件に関係した複数の連邦捜査官から強制捜査を受け、調査資料を没収された。

ムー大陸が存在したかどうかについて大規模な調査を行ったジェームズ・チャーチワードは、イン

15: Michal Mott, "Caverns, Cauldrons, And Concealed Creatures（洞窟、大釜、そして潜伏する生物たち）"

16: Fritz Springmeier, "The Top 13 Illuminati Bloodlines"（『イルミナティ　悪魔の13血流――世界を収奪支配する巨大名家の素顔』フリッツ・スプリングマイヤー著／太田龍監訳／KKベストセラーズ）

ドの僧院で見た古代の碑文を調べたところ、蛇との混血種であるナーガは中国、チベットおよびウイグル帝国まで含めたアジアの大部分にいたと主張している。[17]「世界の屋根」といわれる中央アジアのパミール高原は、伝説の上では、レムリア（ムー）の人びとと関係があるらしく、そこには「ナーガの湖」あるいは「蛇の湖」と呼ばれる湖があった。[18]これらの血流の子孫の中に色白のアーリア人がいると言われているのは、やはりレプティリアンとノルディックとの繋がりを示している。「蛇」の植民地なら、中国にもピラミッドがあるんじゃないかと思うかもしれない。そう、あるのだ。中には、高さ二五〇メートルに達するものもあるが、これはギザのピラミッドの中でも最大のクフ王墓の倍の規模だ。それを取りまくように林立するピラミッドが、巨大ピラミッドの遺跡とともに現在にいたるまで残っている。中国の文献によれば、それは五〇〇〇年前のものとされる。

秘密結社のイニシエイトであるゲオルギー・イヴァノヴィッチ・グルジェフは、ゴビ砂漠に埋もれたウイグル帝国発見のための遠征に参加したが、結局失敗に終わったと言っている。彼は中央アジアの太陽／月のブラザーフッドに入会したが、会の創始者は古代に火星から飛来したと教えられたそうだ。[19]ジェームズ・チャーチワードによるとウイグル帝国の民は、もとはレムリア人であったという。後にロシアの考古学者、コスロフ教授がゴビ砂漠の同じ地域で見つけた墓からは、多くの工芸品が出土している。その中には支配者夫妻の肖像画もあったが、教授はその制作年代を少なくとも一万八〇〇〇年前であると判断した。[20]円と十字の紋章も発見され、その中心にはギリシャ文字のミュー（μ）に似た記号のようなシンボルが描かれていた。アメリカ自然史博物館の調査チームは一九九三年に、ゴビ砂漠で不可解なほど多くの恐竜の化石を発見した。野球場ほどの土地に、三時間で四〇から五〇

17. Mark Amaru Pinkham, "The Return Of The Serpents Of Wisdom（賢き蛇の再来）" 五〇ページ

18. 同　五三―五四ページ

19. 同　五一ページ

20. 同右

の恐竜の骨が見つかったのだ。[21] マーク・アマル・ピンカムは著書『賢き蛇の再来』で、「クマラ（Kumara）」と呼ばれる地球外生命体の種族がレムリア（ムー）に神秘主義結社《ミステリースクール》を創設し、後にそれをモンゴル、ゴビ砂漠地方、さらにはチベットへと移したと述べている。[22] 確かにチベットは古代における知識の宝庫であり、そこには超人の住む地底都市やそれらを結ぶトンネルについての言い伝えが豊かに残っている。とりわけ名高いのは、アガルタ（Agartha）とシャンバラ（Shamballa）だ。中国がチベットに侵攻し、占領したのは、政治的な意味合い以上にこの物語に深い関連がある。チベットは古代には神秘と伝説の地であり、現在はイルミナティと深い繋がりを持つ場所で、ここもまた、蛇のシンボルの発祥地である。虹蛇を崇拝する古代（前のレムリアの）オーストラリアのアボリジニの文化も同じだ。

地球のエネルギー・グリッド（網）を表すレイラインあるいは子午線を、中国では「竜脈」と呼ぶ。レプティリアンがこのグリッドのエネルギーを利用しようとしてボルテックス（渦）・ポイントに神殿や建築物を建造したことを考えれば、これはもっともなことだ。古代中国の竜王の物語には、変身《シェイプ・シフト》についてはっきりと書かれたものもある。もともと奇怪な物語の中でもこの部分が一番驚く場面で、これらのレプティリアンは自らの外見を、人間とレプティリアンの姿に自由に変身《シェイプ・シフト》できるというのである。例を挙げよう。リィウ・イエという人物は「竜族」の王女に求婚しようとしたのだが、すると、皇帝の宮殿が目の前で様変わりし、廷臣らは消えて本来の姿にもどったという。リィウがそこで見たのは、とぐろを巻く竜の体、輝く翼、竜の目であった。伝説によると、リィウ・イエの姿も地上のものではなくなり、竜となって空に住むようになった。以来、彼は不死となったという。[23]

21. http://www.amnh.org/Research/Gobi/gobi.html《訳注：二〇〇七年二月現在該当ページなし》

22. Mark Amaru Pinkham, "The Return Of The Serpents Of Wisdom（賢き蛇の再来）" 五二ページ

23. "Flying Serpents And Dragons（空飛ぶ蛇と竜、および人類のレプティリアン的過去）" 四八―五〇ページ

南アメリカの蛇／タウ十字を携えたケツァルコアトル

蛇の神々を古代の神話や伝説の中心とする南北アメリカにも、両大陸全体に同じような話が存在する。マヤ人が『チラム・バラムの書』と呼んだ書物には、メキシコ大陸ユカタンの最初の定住者は「チャン（Chanes）」、すなわち「蛇族」と書かれている。[24] 彼らは、「イツァムナー（Itzamna）」と呼ばれる神に率いられて海を渡って来たという。イツァムナーが、トカゲまたは爬虫類をあらわす「イツェム（itzem）」に由来する言葉であることは明らかだ。[25] よって、「神聖なる神の町」を意味する「イツァムナー」は、「トカゲの住処《すみか》」あるいは「イグアナの家」を表す。[26] イツァムナーのシンボルはタウ十字だが、これはフリーメイソンではTスクエアとして知られるものだ。ケツァルコアトルは、中央アメリカで最も有名な「蛇神」だが、やはりタウ十字を携えている。この十字は、キリスト教の十字架と同じように、イルミナティの象徴主義では異種交配《クロスブリーディング》を表すものであり、よく言われるような、「両極の融合」を示すものではない。中央アメリカ、テスココ近くを発掘していた考古学者のウィリアム・ニーヴンは二万以上の碑文を発見したが、その中にはジェームズ・チャーチワードがインドで見たナーカル碑文と同一のシンボルが数多く見られたということだ。[27] チャーチワードの発見した碑文は、両文化の起源であるレムリア（ムー）に関連したものでもあった。イツァムナーは、「人間」に命を吹きこんだ創造主である神であったが、インドの神も半人半蛇である。「羽のある蛇」であるケツァルコアトルは同地の文化の主神であり、他の神々と同じように「空飛ぶ舟」に乗って移動した。

24. Mark Amaru Pinkham, "The Return Of The Serpents Of Wisdom（賢き蛇の再来）" 六七ページ
25. 同　六六―六七ページ
26. 同右
27. 同　六八―六九ページ

ケツァルコアトルはアヌンナキのＤＮＡをもつ魔法使い、エンキの別名である可能性がある。アステカ文明の神話によれば、ケツァルコアトルは蛇女「シワコアトル（Cihuacoatl）」の助けを借りて人間を創造したとある。そして、シュメール碑文には、アヌンナキのニンハルサグがエンキと協力したと書かれていた。

古代の中央アメリカの聖地にはいたるところに蛇のシンボリズムが見られるが、これらの場所は、信じがたいほどの規模で人間が生贄《いけにえ》にされたところだ。マヤン・ブラザーフッド・オブ・シュトールに入会を許されたアメリカ人考古学者のエドワード・トンプソンは、メキシコ、ベラクルス州にあった古代都市タモアンチャンの名は「蛇の種族が降り立った地」の意であると聞かされた。[28] 彼らは「蛇の皮膚を覆う鱗のように光る」舟に乗り、「風変わりな衣服を着て、額には絡み合う蛇の紋章のようなものをつけて」やって来たという。[29]「蛇」のアトランティス人が降り立った場所には、ヴァルム・ヴォタン（Valum Votan）もある。スペイン人の年代記編者によると、パカル・ヴォタンとその側近はここから上陸したらしい。パカル・ヴォタンとは「蛇の血族」の意である。[30] パカル王はパレンクという都市を建設し、そこがユカタン半島のマヤ文化の中心になった。パレンクは、ギザの大ピラミッドと同様、大陸の中心に位置する。[31] メキシコ、ティオティワカンにある太陽のピラミッドはギザの大ピラミッドと同一の測量単位が使われており、その計算方法は世界中の古代建造物に共通している。[32] なぜか。それは、それらがすべてレムリア／アトランティスの血統とその専門的知識を起源としているからである。中央アメリカのオルメカ人の文化は、その根底に蛇崇拝があった。発掘によって、蛇の姿や蛇の頭、竜のような胴体が描かれたオルメカの遺物が発見されている。

28. 同　六五ページ
29. 同右
30. 同　六六ページ
31. 同　八七ページ
32. 同右

アメリカ先住民族の文化には、総じて多くのレプティリアンの姿が描かれており、地に降りて地上の女と交わった「天の神」の物語も少なくない。オハイオ州には、蛇の形をした不思議な正体不明の小丘が、長く忘れられた文化の遺物として残っている。アリゾナ州の先住民であるホピ族は、バホリンキンガ（Baholinkinga）という名の、羽の生えた蛇神を信仰していた。彼らは、一族の出身地であるシパプニ（Sipapuni）という地下世界について語っている。地中にいる間、彼らは「蟻の種族」に養われていたといい、また祖先のことを「蛇の兄弟」と呼んでいる。こういった話はシュメールの物語の内容に近い。ホピ族の地下儀式のうち最も神聖なのはスネークダンスである。これはメキシコ、ユカタン半島のチチェン・イツァ遺跡のような場所で行われる舞踏の儀式とよく似ている。ホピ族は、自分たちの先祖は蛇を崇拝するペルーのチムー族と同じ、つまりレムリア人だと信じている。[33] チムー族は、「チャンチャン（Chan-Chan）」すなわち「蛇、蛇」という名の都市を建設した。彼らの「竜の神殿」[34]は今なお残っており、僧侶は蛇の這《は》う音をたてながら「蛇のマントラ」を歌い、蛇の神々に呼びかける。アリゾナ、ユタ両州にまたがるホピ族、ナバホ族の土地が、現代のUFO研究家や誘拐《アブダクション》経験者から、レプティリアンの大きな地下基地がある場所と言われていることは、暗示的だ。ことに、アリゾナ、ユタ、コロラド、ニューメキシコの四州が接するフォーコーナーズはそうだ。古代のイニシエイト集団であるホピの蛇族《スネーク・クラン》は、地底のトンネル構造の中にある「蛇の家」に連れ去られた少年が祖先であると主張している。[35] また別のホピ族の伝説によれば、ロサンゼルスの地底にも古代にはトンネル構造があり、五〇〇〇年前にはそこに「トカゲの種族」が住んでいたという。一九三三年にロサンゼルスの鉱山技師、G・ウォーレン・シューフェルトがこの施設を発見したことを発表したが、

33. 同　一五五ページ
34. 同　一五四ページ
35. 同　一八〇ページ

そのニュースはただちに隠蔽《いんぺい》された。現在では、フリーメイソンの邪悪な儀式がそこで執り行われているとも言われている。アパッチ族の首長であったジェロニモによると、子どもを食べるという竜や蛇の種族の伝説もある。ジェロニモによると、彼の部族は巨大な竜を退治したアパッチという少年にちなんで名づけられたという。その物語は、竜を倒す聖ゲオルギウスというよりも、ゴリアテを打ち負かすダヴィデのような趣を持つ。『賢き蛇の再来』を著したマーク・アマル・ピンカムは、蛇のシンボルが爆発的に現れたのは、それが力と精神的秘儀の伝授を表すものであるためだと指摘する。私はその説を部分的には認めるが、むしろシンボルにはもっとありのままの理由があるのではないだろうか。とにかく、ピンカムは世界中の蛇のシンボルを詳しく調査するというすばらしい仕事をした。その中にはアメリカ、いや「アマラカ（Amaraka）」も含まれている。

「初期のレムリアの記録係の血をひくアンデスの古老によると、アメリカ大陸全体が古くは『アマラカ』、すなわち『不死者の地』、『賢き蛇の地』の名で知られていた。アマラカという名前はケチュア語とレムリア語の蛇を表す『アマル（Amaru）』に由来する。（インカの言語であるケチュア語は、レムリアの第一言語であったルナ・シマ（Runa Sima）語から派生したもので、語尾の『カ（ka）』という音節は、蛇と知恵を表す）。H・P・ブラヴァツキーが、ヒンドゥー教の聖典『プラーナ』の中でアメリカの起源は『ポタラ（Potala）』、つまりナーガの王国であるという見解を『秘密教理』の中で示したのは、このアンデスの古老による回想を繰り返したものだろう[36]」

36．同　五五ページ

北アメリカの蛇／「懐かしき赤い大地」から「亀の国」へ

アメリカの先住民族は、レプティリアンの先祖にちなんでアメリカを「亀の国」と呼ぶ。南アメリカの二つのインカ帝国を創ったのはともに「マンコ（Manco）」または「マンコ・カパック（Manko Kapac）」である（「カパック」は、知恵と豊かな精神を持つ蛇の意）。アンデスに移住したかつてのレムリアやアトランティスの人びとの中には、北上して現在の合衆国の先住民となった者もある。アリゾナのメスカレロ・アパッチは、自分たちは大西洋に沈没した大陸からペルーを経由して来た子孫であると主張している。[37] これは、ルシル・テイラー・ハンセンの著書、『古代の大西洋』に記されている。[38] メスカレロ・アパッチの酋長アサ・デルジオは、ハンセンに彼らの先祖は大西洋に沈んだ大陸から来た「蛇」であると言い、その大陸を「パン（Pan）」とか「懐かしき赤い大地」と呼んでいた。紛争のため、ペルーを離れることを余儀なくされた彼らは、北に向かい、北アメリカ大陸でその土地の部族と戦った。男は殺されたが、女は勝者と交わってメスカレロ・アパッチと呼ばれる血族を生み出した。ハンセンは、アパッチと、やはり自らをアトランティス大陸出身であると主張する北アフリカの部族の間には重要な関係があると指摘する。メスカレロ・アパッチのクラウン・ダンスは、体じゅうに蛇の絵を描いた踊り手によって演じられる。酋長はアトランティスの火の神であるヴォタンをあらわす一三の突起のついた王冠をいただき、中心となる踊り手たちは三叉《みつまた》の被り物をつける。三叉は、アトランティスとレムリアのシンボルである。

37. 同　六〇—六一ページ
38. 同右

ハンセンは、自らをアトランティス人であるとする北アフリカのトゥアレグ族に同じ踊りがあることを証明した。古代エジプトの工芸品にも、まったく同種の踊りを示すものがあるとしている。スー族もまた自らをアトランティスからペルー経由でやって来た民族であると主張するが、やはりその伝承に登場する蛇とレプティリアンの描写は非常に特徴的だ。[39]「スー（Sioux）」とは「蛇」の意で、イロコイ（Iroquois）族が「蛇」の意であるのと同じである。スー族の古代の記録によると、アトランティス大陸が消滅の後に、彼らが「亀」と呼ぶ祖先たちがカリブ（Carib）海（「Ka-rib」、すなわち「アトランティスの蛇の民」に由来する）の島々に渡り、[40]そこから南アメリカ大陸を経由して北アメリカへ向かった。彼らによると、これらの「亀」の種族は、ラコタ族やスー族（「蛇の種族」）となった。この物語を象徴するのは、亀が蛇を率いる絵が描かれたオハイオ州の蛇塚《サーペント・マウンド》である。塚《マウンド》はもともと広さ五六〇〇平方メートル、高さ三〇メートルを誇る大規模なものだった。ラコタ族、スー族およびペルーの先住民族の言語の中には、同じ言葉がいくつかある。「流れ星」と呼ばれたスー族の酋長は、ペルーを訪問した際に次のように語った。

「ここがわれわれの始まりの土地であり、われわれが沈没前の『懐かしき赤い大地』からやって来た場所である。なぜなら、この土地は火の神の『竜の国』と同じように、歴史ある土地だからだ[41]」

言うまでもなく、これはアトランティス大陸のことである。その他のアメリカ先住民（その多くが名前に硬く発音する「k」の音を含む）も、自分たちは大陸の沈没によって北アメリカ大陸に逃げて

39. 同　六三ページ

40. 同　六二―六三ページ

41. Lucille Taylor Hansen, "The Ancient Atlantic（古代の大西洋）" (Amherst Press, Amherst, Wisconsin, 1969)

来たアトランティスあるいはレムリアの人間であると言っている。イルミナティのアメリカの重要な中心地であるオクラホマは、「赤い土地の太陽の民」という意味である。[42]ルシル・テイラー・ハンセンの集めたアメリカの先住民族の伝説を読むと、いくつかの民族がヴォタン家の最後の祭祀王と推定されるヴォタン三世の孫王子に率いられてアトランティス大陸から移って来たと書かれている。ハンセンによると、このアトランティスの王家の血流を受け継いだ孫が『私が蛇であることの証（Proof That I Am A Serpent)』を著し、この書は長くアメリカ先住民族の中で流通していたが、ヨーロッパ人の侵入によって失われたそうだ。北アメリカへのヴォタン王子の到着は、毎年感謝祭として知られる儀式で祝われた。この祭はヨーロッパからやって来た入植者たちに盗用され、現在なお米国の大きな祝祭の一つとなっている。[43]イルミナティの儀式とマインドコントロール・プロジェクトが行われる場所として重要な土地はカリフォルニア州北部のシャスタ山だが、ここは蛇や大洪水前後に定住したレムリア人の伝説がとりわけ多く残っている場所である。かつてのアトランティス人やレムリア人と同様に、彼らも憑《つ》かれたように聖地に建造物を立てた。北アメリカには四万にのぼるストーンサークル、ピラミッドや塚《マウンド》がつくられた。[44]塚の頂上には火が焚かれ、それを絶やすことは決して許されなかった。これらは「偉大なる魂」あるいは「蛇の火」のシンボルで、アトランティス大陸の「火の蛇」崇拝が継続していることの象徴だ。[45]イルミナティで最も多用されるシンボルは松明《たいまつ》である。それは古代と同じく「永劫《えいごう》の火」という名で呼ばれている。アメリカ先住民族は、秘密結社や「蛇族《サーペント・クラン》」、「雷鳥族《サンダーバード・クラン》」といった「氏族《クラン》」を結成した。雷鳥は、雨を降らす中国の竜の一種の変形である。こうした集団の指導的なメンバー（イニシエイト）は人間の姿をした蛇であると信じられた

42: Mark Amaru Pinkham, "The Return Of The Serpents Of Wisdom（賢き蛇の再来）" 六三ページ

43: 同　六四ページ

44: 同　八四ページ

45: 同右

が、それは血流を物語る象徴であった。マーク・アマル・ピンカムはこれらの部族について、次のように記している。

「彼らは、死をもたらす生きた蛇の力を有し、人を怯《おび》えさせる気性と不快な獣の姿をしていることで知られている。彼らが毒蛇のパワーを持つしるしに、「蛇」のイニシエイトは蛇皮や蛇のタトゥーで体を飾り、蛇の牙を首の周りにつける。薬袋には蛇の毒液を入れて持ち運び、振るととぐろを巻いた蛇のたてる気味の悪い音がする蛇飾りのついた鳴り物を携えることもあった。イニシエイトたちは、爬虫類のように人目を避けてひっそりと暮らすようになり、人里離れた暗い場所を探して住む者もあれば、ある者は夜行性の生活をする者もあった」[46]

こうした氏族《クラン》の通過儀礼《イニシエーション》には、生きた蛇に巻かれたり噛《か》まれたりするものもあった。指その他の体の部位を切断して蛇に食べさせるという儀式まである。（これについてはとやかくいうまい！）聞けば涙が出るばかりだ。この蛇族《スネーク・クラン》の主神は「大きな角のある蛇」である。

アフリカの蛇／緑の沃野《よくや》破壊のチトウリ《蛇の子どもたち》

ズールー族の史料編纂官であるクレド・ムトワは、古代から現代に至るまでのこれらのレプティリ

46．同　一七八ページ

アンの姿を参考に絵を描き（195ページ参照）、無理やりに押しつけられた遺伝子による階級制について語った。低い階層は「兵士」や「気の毒な血まみれの歩兵」と呼ばれる。彼らは「王の血を引く」角と尾をもつ指導者に支配されており、頂点に立つのはアルビノのように白い肌をした者であって、ほかの緑や褐色の肌を持つ者ではない。アルビノのような肌のレプティリアン種を見たという目撃者や誘拐《アブダクション》経験者からの報告があるが、そういう姿は古代の文献にも書かれている。アフリカでは、レプティリアンは「チトウリ（Chitauri）」すなわち「蛇の子どもたち」あるいは「大蛇の子どもたち」の名でも知られる。これは中央アメリカの「蛇の民」という語に近い。アフリカにもやはり、蛇の種族の伝説があふれている。アヌンナキ、アンネドトゥス、ナーガ、ドラヴィディアンなどは「チトウリ」と読み替えるとよい。名前は違っても同じ種族だ。

クレド・ムトワは、『レプティリアン・アジェンダ』のビデオの第一部で何時間にもわたってチトウリの背景と歴史を語り、変身《シェイプ・シフト》について証言し、チトウリの血族が人間とレプティリアンの両方の姿をとることも明言した。ムトワは、地球をかつて覆っていた水蒸気（「フィラメント」）の天蓋《てんがい》が大洪水によって消失したときの様子も語った。この水蒸気ゆえに、地球は太陽の厳しい熱から守られ、全体が潤い、湿気を帯びて一定の気温を保つようになっていたのだ。地球は豊かな実りと広大な森のある場所だった。それが「黄金時代」、レムリアの「エデンの園」だったのだ。しかし、ムトワによれば、チトウリが水蒸気の天蓋を破壊した（聖書では、四〇日と四〇夜続く雨の形で象徴される）ために、気候全体が変化して、太陽光線がかつては緑あふれる沃野であったエジプトを焼き尽くし、砂漠を形成しはじめた。今ではサハラ砂漠の一部となったエジプトも、かつては緑の沃野であったというのが科学者の一致した見解だ。これで、スフィンクスに見られる浸食作用を説明できるだろう。人民を分割統治するために、チトウリは人間を地球全体に撒き散らし、異なる言語を与え、意思疎《そ》通《つう》を阻んだのだとムトワは言う。この伝説も世界に遍在するもので、旧約聖書のバベルの塔にのみ限られるものではない。それは、さらに多くの古代の伝説から盗用されたものなのだ。ホピ族の伝説では、彼らが「クモ女」の命令に従って地上にたどりついたとき、「マネシツグミ」がやって来て彼らの言葉を混乱させ、さまざまな部族がそれぞれ異なった言葉を話しはじめたということになっている。

生涯にわたって何度も秘儀《イニシエーション》を受け、この秘密の知識を授けられたクレドは、チトウリのレプティリアンはあらゆる種族と交わってレプティリアンと哺乳類《ほにゅうるい》の混血種を生み出し、彼らを通じて支配するようになったのだと語る。彼によれば、アフリカ文化においては血統が非常に重要視されるのだが、ブラックアフリカ（サハラ以南のアフリカ）の「王族」の血統は、彼らが白人その他世界中のほかの人種と同一の「神々」の子孫であると主張しているらしい。さらに重要なことには、ムトワによれば、これらの黒人の王の血流は白人の国々同様、大部分が明らかな世襲による支配をやめ、その代わりに彼らは政府の行政官、銀行家、実業家、政治家などになって、「任命」や「選挙」による支配を行うようになった。ムトワの知る限り、ヨーロッパの白人国家からの「独立」後に権力を握り、大統領の座に就いたのは、ブラックアフリカの王族と同一の血流の人びとである。彼は、例としてジンバブエのロバート・ムガベを挙げる。ロバート・ムガベは『……そして真実があなたを自由にする』にあるように、ヘンリー・キッシンジャーやキャリントン卿と同様、イルミナティの操作によって権力の座に就いた一人である。ムガベは貧困と飢えと混乱を、アフリカで最も豊かであるはずの同国の黒人ばかりか白人にももたらした。その一方で、「勝つための」不正選挙を行い、人民の富をかすめとって億万長者になった。アフリカでも、すでに見たように、マリ共和国のドゴン族は、シリウスからの宇宙人の来訪を受けたと主張している。ドゴン族は、自らをギリシャ神話のアルゴ船乗組員の子孫であるとするギリシャ人の血を引いているらしい。彼らは初め、リビアに移住し、そこからマリに南下して黒色人種と交わったという。

「拷問者《マンティンディン》」グレイ型異星人もピンキーなレプティリアンの仲間

クレドはさらに、「グレイ」と呼ばれる最も有名な宇宙人をレプティリアンの取り巻きであるとする、多くのUFO研究家の見方を支持している。しかし彼の考えはそれだけにとどまらない。グレイ自身、レプティリアンだというのである。世界支配も世界からの注目もヨーロッパと北アメリカに集中してきたが、UFO研究においても長らく同じ事情が続いてきた。そのために多くの研究家は、広大なアフリカ大陸をはじめ、南アメリカやオーストラリアの先住民の持つおびただしい情報に気づかなかった。ニューメキシコ州ロズウェルで一九四七年に目撃された「灰色の宇宙人」の真偽が議論されている間にも、ブラックアフリカの民族は今日に至るまで何百年と、茂みの中にいるグレイを目撃し続けている。ブラックアフリカンはグレイを「マンティンディン（拷問者）」と呼ぶ。クレドによると、グレイが戸外で死ぬと、遺体は政府当局や飛行機で来た彼らの「友人」によってすみやかに持ち去られる。しかしときおり、死んだグレイが発見され、部族の人びとによって片づけられることがある。クレドは遺体が解体され、調査される現場を目撃した。彼は『レプティリアン・アジェンダ』というビデオの中で、グレイの身体の一部をそれが何であるかを知らないまま食事に供されて、心身に善悪両面で絶大な影響を受けたと明かしている。ビデオをご覧になりたい方のために、クレドの鮮やかな描写を私が台無しにすることは控えておこう。彼によると、彼らは見た目と違い、実は「灰色《グレイ》」ではなく、大きな黒い目もしていない。灰色の「皮膚」に見えるのは、変わった種類のスーツで、驚くほど破れにくい性質を持っている。そのスーツを切るには、新しい斧《おの》であることはもちろん、それをできる限り鋭く砥《と》いでおく必要がある。ようやく破られた「スーツ」から現れるのは、ピンクの鱗《うろこ》に覆われた、ワニのように瞼《まぶた》を上下させる生き物だ。アフリカ人は、「スーツを着ていない」状態の彼らを「ピンキー、ピンキー」と呼ぶ。大きな黒い目は本物の目ではなく、太陽から目を守る非常に精巧なゴーグルなのだ。なぜかはわからないが、レプティリアンのグレイ種とその他のレプティリアンのある種のものは、直射日光に耐えられないか、またはさらされまいとしてそのスーツを着用し、目に保護物を当てるか夜以外は出歩かないようにしている。まじめな話だとはわかっているが、何もかも妙ちきりんで、笑わずにはいられない。灰色のスーツに黒いサングラスの異星人が歩きまわり、そうでない者はマリオブラザーズやＰＰＭの歌った「パフ・ザ・マジック・ドラゴン」まがいの格好だ。誰か、私を夢から覚ましてくれ。研究者のアラン・ウォルトンも、グレイは「レプティリアン型、両生類型、さらにはトカゲ類の」遺伝子ベースを持っており、鱗に覆われた皮膚と水かきのついた鉤爪《かぎづめ》のような指を持つと指摘している。ウォルトンによると、縦にスリットの入った瞳孔が彼らの「何らかの生体力学的な皮膜に覆われている」ようにも見える「釣り上がった黒い大きな目」の中に認められるという。また、彼らにはインセクトイド型のＤＮＡも混じっているように見えるという。フランス・カンプも独自の研究の中で同じように、レプティリアンが太陽光から目を背《そむ》けるという話を書いている。

「レプティリアンは直観力のある、つまり超常的な能力のある生物だ。彼らは太陽の光を避けて地底に住む。太陽光はセロトニンの生産を減少させる。脳下垂体と松果体を刺激してメロトニンを生成するにはセロトニンが必要なため、彼らは地底に留まるほうがよいのだ。メロトニンは、生存に欠かせない。メロトニンが多ければそれだけ生気が高まる。直観力や超常能力が高まるほど、メロトニンの生成能力も高まるのである[47]」

ドラコ《吸血鬼》＝ドラキュラ《串刺し公ヴラド》／姉妹の子孫にエリザベス女王

『吸血鬼ドラキュラ』の物語の象徴性は、ある部分ここから採られている。アイルランドの作家ブラム・ストーカーによるこの作品は一八九七年に出版された。数え切れないほどの吸血鬼伝説を何年も調べ上げた作者は、真相を知っていたのではあるまいか。ヒストリー・チャンネルが放映したストーカーのドキュメンタリー番組では、人の生気と生き血を吸う吸血鬼の神話や伝説のない場所は世界の

47. 著者宛の書簡より

どこにも、どの時代にも存在しないと結論づけた。本書のこれまでの内容に照らし合わせてこの物語の主たる要素を考えてみよう。主人公の名はドラキュラ。（ドラコ座は、王族たるレプティリアン血流の故郷であると言われている）。呼称はドラキュラ「伯爵」。（これは、ドラコの血流が「人間」の王族貴族に受け継がれてきたことを象徴している）。ドラキュラは吸血鬼である。（ドラコ・レプティリアンの血流が人間の生き血を飲み、人の生気を吸い取る必要があることの象徴だ）。ドラキュラは変身《シェイプ・シフト》し、現れたり消えたりする。（これはレプティリアンの変身《シェイプ・シフト》の象徴だ。これについては詳しく後述する）。直射日光に耐えられない。（クレドらがレプティリアンやグレイについて言ったとおりである）。「窓」から忍び込む。（次元間の出入り口を抜けてレプティリアンがこの世界に入ってくることの象徴だ）。イニシエイトであったり、あるいは丹念な調査によって、実に多くの有名な作家や画家が芸術と「虚構《フィクション》」を通じて物語のさまざまな要素を描いてきた。ストーカーの描いた主人公は、一五世紀に現在のルーマニア（Romania の「Rom」は、レプティリアンの血流を表す）の一地方の支配者であった「ドラキュラ公」あるいは「串刺し公ヴラド」と呼ばれた人物をモデルにしている。黒海にほど近いその地方は、かつてトランシルヴァニアと呼ばれ、ドイツからルーマニアを通って黒海へと注ぐドナウ川の谷にあたる場所であり、例の血流の歴史を紐解くときには必ずと言ってよいほど言及される場所である。串刺し公ヴラド（ドラキュラ）は、何万人もの人びとを惨殺し、そのうちの多くは杭で串刺しにした。

　彼は累々《るいるい》と死体の積み上げられた山の中に座して血に浸したパンを食したという。公爵はいつも犠牲者の両脚にそれぞれ馬をくりつけ、尖《とが》らせた杭が徐々に肉体に食い込むようにしたという。杭の先端には常に油がひかれ、杭の先が鋭くなりすぎないよう気が配られた。公爵は、ショックを与えてあっけなく犠牲者を死なせることは好まなかった。幼児の場合は、母親の胸を貫いた杭に串刺しされる場合が多かった。記録によると、犠牲者は、頭が下になるようさかさまに串刺しにされることもあったという。串刺しによる死は、じわじわと進む苦痛に満ちたものであった。犠牲者の苦しみは何時間にも、あるいは何日間にもわたることがあった。ドラキュラ公爵は人を刺した杭を並べて幾何学模様を作ったが、そのうち最もよく作られたのは同心円を並べた輪であった。屍《しかばね》を貫く槍の高さは、犠牲者の階級を示しており、これは儀式に敏感なレプティリアンの心を非常によく表している。屍は朽《く》ちるままに何カ月も放置された。侵攻してきたトルコ軍が、ドナウ川の河岸に並べられた腐りゆく串刺し死体を目の当《ま》たりにし、震え上がって逃げたという話も記録されている。

一四五三年にコンスタンティノープルを征服したメフメト二世は、臆病者と噂されるような人物ではなかったが、ドラキュラ公の都トゥルグムレシュ郊外で二万にのぼる腐乱死体を見ては、さすがに胸が悪くなった。メフメト二世は、ドラキュラ公に対する軍事作戦を部下に任せ、コンスタンティノープルに戻ったとのことである。ドラキュラ公爵がかつて住んだトランシルヴァニアの都市シビウでは串刺しにされた者の数が一万に上った。一四五九年の聖バルトロマイの祝日には、三万に及ぶ商人その他の市民をトランシルヴァニアの都市ブラショフで串刺しにした。その時代の木版画のうち最も有名なものの一つには、ブラショフ郊外の串刺し死体の山の中で、執行人が犠牲者を切断している横で公爵が食事をとる光景が描かれている。串刺しはドラキュラ公爵の好んだやり方であったが、想像を絶する恐怖を味わわせる手段はこれだけではなかった。この異常者の採用した拷問リストには、頭部への釘の打ち込み、四肢の切断、視力剝奪《はくだつ》、絞殺、火あぶり、鼻そぎ、耳そぎ、生殖器切除（特に女性）、頭皮はぎ、皮膚はぎ、悪天候または野生動物への野ざらし、生きながらの釜茹《かまゆ》でなども含まれていた。ドラキュラ公爵に目をつけられて免れた者はいない。犠牲者には女性も子どもも、農民も領主も、諸外国からの大使や商人もいたのである。

串刺し公は、一四三一年に神聖ローマ皇帝によって竜騎士団《ドラゴン》への入団を許されたヴラド・ドラクル公の息子であった。この騎士団のシンボルは、十字架と翼を広げた竜である。ヴラド二世はこの象徴を身につけ、公国の貨幣には竜のシンボルを施した。騎士団のメンバーはみな紋章に竜をあしらい、公爵は「ドラクル（Dracul）」（悪魔、もしくは竜）の異名をとった。息子のヴラド公は「悪魔の息子」を意味する「ドラクレア（Draculea）」あるいは「ドラクリア（Draculya）」をその署名に使い、これが「竜の勲章を持つ者の息子」というような意味の「ドラキュラ（Dracula）」となった。いかにもぴったりだ。これは、『聖杯の血流（The Bloodline of the Holy Grail）』の著者、ローレンス・ガードナー率いる現在のイギリスの竜の騎士団と同一のものである。ところで、ジョージ六世の母つまり現エリザベス女王の祖母であるメアリー・オブ・テックことメアリ王妃は、その「ドラキュラ公」の姉妹の子孫である。家族に加えるには実にふさわしい。

イギリスおよびヨーロッパの蛇／ドルイド《魔法使い》、ダナーン《巨人》、ワイト島《竜の島》

イギリスやヨーロッパにも、竜やレプティリアンにまつわる言い伝えはあふれている。ブリテン諸島で竜の話が伝わるのは、たとえば以下のような土地である。エイヴベリー、バンバラ、バスロー、ベトスイコエド、ビショップ・オークランド、ブレント・ペラム、ブレットフォートン、ブリンソップ、ブロムフィールド、ビュアズ、バーリー、カースル・ネローシュ、コーソン、チッピング・ノートン、クロウコム、ダートフォード、ディアハースト、ディナス・エムリス、ドロンリー、ダンスタンバラ、ダラム、グナートン、ヘンハム、ハイクレア、ホーシャム、ヒューエンデン、ハットン・ラドビー、ケリントン、カー・ムーア、キルブ、キングストン、ルワニック、リントン、スランデイロ、グラバン、リンキンチ、ロンドン、ロングウィットン、ラダム、リミンスター、ミドルウィッチ、モーディフォード、ノートン・フィッツウォーレン、ノリッジ、ナニントン、オックスフォード、ペンマニーズ、ペンショー、レンウィック、サフロン・ウォルデン、セントレナーズ・フォレスト、シャヴィッジ・ウッド、スリングスビー、ソックバーン、タンフィールド、トラル、アフィントン、ウエールズ、ウェストベリー、ファーンクリフ、ファーウェル、ワイヴリスコム、ワームブリッジ、ワーミングフォード、ワームヒル、ワームズヒル。（「ワームとは「翼のない竜」の意）。ブリテン諸島の竜や蛇の伝説は、どれも似たような話となっている。[48]

ブリテン諸島は大洪水以前、アトランティス／レムリア大陸の植民地だった。やがてシュメール帝

48．イギリスの竜伝説および現代のレプティリアンについての詳細は、以下のデーヴィッド・アイク公式サイト内の記事を参照いただきたい。http://www.reptilianagenda.com

国がかつての母なる国の中心地だった各地に勢力を広げはじめると、その血流はフェニキア人、エジプト人などと名を変え、島々に戻ってきた。アトランティス／レムリア文化の知識をイギリスやヨーロッパに運んできたのは、ウェールズ語で蛇を意味する「ナドレッド（Naddred）」あるいは「アダー（Adder）」（毒蛇）と呼ばれる人びとだった。[49] 彼らはアイルランドの言語であるゲール語で「賢者」、「魔法使い」あるいは「蛇」を表す「ドルイド（Druid）」という名でむしろよく知られており、「蛇の司祭」と呼ばれている。あるアイルランドの写本によると、ドルイドの技の達人はトゥアハ・デ・ダナーンすなわち「蛇の女神ダナの民」の子孫であると書かれている。[50] トゥアハ・デ・ダナーンは「スーマー（Sumaire）」とも呼ばれていたようだ。彼らは、小アジア（トルコ）に移住したかつてのアトランティス人で、その後ヨーロッパに広がっていったのだ。ブリテン島を、古代ダナーン人の司祭ダナウス（Danaus）の長女アルビナ（Albina）にちなんで「アルビオン（Albion）」と名づけたのも、彼らであった。[51] ダナーンとカナンは地理的に非常に近く、この二つの民族が世界の同じ場所を起源としていることは明らかだ。ダナーンとカナンが同一の民を表す言葉だということが、そのうちに証明できるだろうと私は思っている。彼らの仲間の一人であったブルートゥスがダナーン人やトロイ人を率いてイギリス諸島に入植し、「カエル・トロイア」（ニュー・トロイ）、つまり今のロンドンを創設したのである。伝説によると、ダナーン人は小アジアにいたギリシャ帝国末期のミレシア人に征服されたが、その際に結ばれた平和協定の条件として、ダナーン人は地上を去り、アイルランドの「空洞の丘《ホロー・ヒル》」から地底の王国に移り住むこととなった。[52] ダナーン人は、戦闘的な巨人族であったが、地上で暮らし、世代を経るに従って身体が小さくなっていったと言われている。アイルランドでは同

49. Mark Amaru Pinkham, "The Return Of The Serpents Of Wisdom（賢き蛇の再来）" 二四四ページ
50. 同右
51. 同右
52. 同 二四五ページ

様のことがフィルボルグ、フォーモリア、ネメディア人についても言われている。彼らも戦いに敗れ、地底に追い立てられて巨大な体軀《たいく》を失った。巨人が地底に追われて背丈が縮むという話は世界中に見られるもので、たとえばダナーン人などは、私が「ノルディック」と呼ぶような姿で描写されている。これらの人びとが地上から人間を誘拐して彼らと交わったという話も、やはりよく聞かれる。マイケル・モットはその著書『洞窟、大釜、そして潜伏する生物たち』の中でやはり、トゥアハと、ファラオがそこを通って不死の世界に旅立つと信じられていたエジプトの地界、「トゥアート（Tuat）」がよく似ていることを指摘している。

　ドルイドの司祭は、ダナーン人が地界に追いやられた後も地上でダナーン人の知識を利用し続けた。ドルイドのピラミッド構造の最高の位階に位置するのが、「アーチドルイド（Arch Druid）」だ。ドルイドの神殿は特にエネルギーが集まる場所だという理由で、水に囲まれた島に建てられた。そこがたまたまエネルギー・グリッド（網）上の大きなボルテックス（渦）・ポイントにある場合は、その力は著しく増大する。アーチドルイドが本拠地としていたのは、アイリッシュ海に浮かぶマン島（古代にダナーンの神秘主義結社《ミステリースクール》の置かれた場所）、北ウェールズ海岸沖のアングルシー島、「竜の島」の異名をとるワイト島——私はイングランドの海岸沖のこの島に二〇年間住んでいる。[53] 研究者のマーク・アマル・ピンカムによると、ワイト島は（今でも）北半球の重要なボルテックスの上にある。イルミナティの重要人物を含む悪魔主義が横行しているのも当然だ。ストーンヘンジ、エイヴベリー、グラストンベリ・トール、バース、アイオナなどもドルイドの重要な中心地である。グラストンベリ・トール（「トール」とは、「丘」あるいは「塚」の意）はアヴァロン島にあるが、アヴァロン

53．同　二五一ページ

(Avalon)はこれら「蛇」の中心地によくある名で、「不死者の島」の意である。スコットランド沿岸に浮かぶアイオナ島は、かつては「ドルイドの島」として知られていた。アーチドルイドは胸に七つの「蛇の卵」をつけている。[54] 女神アルテミス(ダナあるいはディアナ)もやはり、胸に卵をつけた姿で描かれる。アイルランドから蛇を追い出した聖パトリックの伝説は、アイルランドからドルイドあるいは毒蛇のネットワークが駆逐されたということなのか? そうだとしても、一般にそう思わせるために表向きに駆逐されたというだけで、秘密結社では蛇のネットワークは生きつづけていた。

エジプトの蛇／アモン《太陽》、アレクサンダー《蛇の息子》、セラフィム《聖書の蛇》、クレオパトラ《ナイルの蛇》、イエス

蛇をシンボルとする同種の物語は、現代のイルミナティのシンボルやコードと関係の深いエジプトにもよく見られる。エジプトの太陽神である「アモン(Ammon)」または「アメン・ラー(Amen Ra)」の神殿には、テーベやカルナック(「アメン」あるいは「アモン」は、キリスト教の祈りの言葉「アーメン(Amen)」の起源である!)の巨大な霊場に建てられた。テーベやカルナックの地下には、「蛇の地下墓地」の名で知られる地下道の網が張りめぐらされている。フランスのブルターニュ(Brittany = Barati)地方にあるカルナック遺跡はシュメール帝国から旅立ったエジプト人(あるいはシュメール地域にやって来たノルディック)によって造られた。かつては一万の石が立ち並び、一一キロあまりにおよぶ蛇の像を形成していた。カルナックとは「蛇の丘」の意である。[55]「ピラミッ

54. 同 二五〇―二五一ページ

55. 同 八〇ページ

ド文書」の名で知られる古代エジプトの物語によると、蛇は地底にも天上にも存在していたという。エジプトには空飛ぶ蛇の伝説がいくつも見られるが、シュメール帝国の重要な植民地だったのだから、予想のつく話である。それらもやはり不死のシンボルだった。空飛ぶ蛇は、王たちを不死の地へ運ぶ姿で、天上の星座に描かれた。蛇のシンボルの一つに、エジプト歴代の王の被《かぶ》り物にあしらわれた聖なる毒蛇アスプがあり、戴冠式にはワニの脂が使われた。エジプトの古代都市アレキサンドリアは「蛇の息子（アレキサンダー大王）の土地」と呼ばれ、そこでは蛇神セラピスが崇拝された。セラピスは「聖なる蛇」、「火の蛇」の名で知られ、ヤハウェ（救世主）を連想させる聖書の蛇「セラフィム」の由来となった。

アレキサンドリアのセラペウム（セラピス神殿）は、頂上にイルミナティの重要なシンボルであるかがり火、すなわち永劫の火が燃える高さ一二〇メートルの「ファロスの灯台」などとともに、古代世界の七不思議の一つに数えられている。神殿には、セラピスが蛇の巻きついた棍棒《こんぼう》を持ち、ワニの背に乗った巨大な姿で描かれた。棍棒の最上部にはライオン、犬、狼の頭があしらわれていたが、これらはみな蛇のカルトにつきものの古典的シンボルである。[56] クレオパトラをはじめとするエジプト女王は「ナイルの蛇」として知られていたし、女神をあらわすヒエログリフはウラエウスという蛇である。[57] 後期グノーシス派のキリスト教徒は、「ウラエウス」をひそかに神を表す名として採用した。[58] グノーシス派の多くの伝承では、蛇は「イエス」と同一視されている。[59]

蛇神を戴《いただ》く多くの文化がそうであるように、初期エジプト文明でも、蛇の神々は慈悲深い存在、あるいは、慈悲深い面とそうでない面を併せ持つ存在として記録されている。どんな考えも区別せず示

56. 同　二六〇ページ
57. "The Woman's Encyclopedia Of Myths And Secrets" 九〇六、一〇二八ページ（『神話・伝承事典―失われた女神たちの復権』七一五、八一〇ページ）
58. 同　一〇二八ページ（『神話・伝承事典』八一〇ページ）
59. 同　九〇七ページ（『神話・伝承事典』七一八ページ）

す民族ならば当然だ。しかし、そのうちにエジプトではこのイメージが劇的に変わる時期がくる。突然、蛇は悪者となった。古王国、中王国（紀元前一六四〇年頃まで）の時代には、蛇は好印象を持たれていた。しかし新王国の到来とともにすべては変わってしまった。とりわけ、紀元前一五四六年に始まる第一八王朝では、蛇は憎悪の対象となり、さまざまな儀式で蛇の駆逐《くちく》が行われた。エジプトでのこうした蛇のイメージの変化は、中王国崩壊後に何百年も続いた混乱期に出てきたものだ。[60] 第一八王朝になると、王はヒクソスを放逐した。エジプトを侵略し、紀元前一五五〇年頃までここを統治していたヒクソス（「異郷の王族」の意）は、支配権を握ると、それまでの宗教の信仰の地を破壊した。R・A・ブーレーの著書『空飛ぶ蛇と竜、および人類のレプティリアン的過去』によると、ヒクソス人はヘブライ人にはアマレク人の名で知られ、レプティリアンであるネフィリムの子孫、レパイム族に属すと考えられる。[61] アポプ（Apop）はエジプトを統治した最初のヒクソス人だったが、その名はエジプトで一般に「邪悪」なイメージを持たれはじめた「蛇」を象徴するものとなった。

蛇は「アペプ（Apep）」あるいはアポプ（ギリシャ語では「アポーフィス（Apophis）」）と呼ばれ、アポプは「出エジプト記」時代のパレスチナとエジプトを占領していた蛇族の象徴とされた。アポプを抹殺するエジプトの儀式は、ナーガ退治のために執り行われるアジアの儀式とよく似ている。私の意見では、ヒクソスはレプティリアンの血統であり、エジプトに神秘主義結社《ミステリースクール》を普及させるために重要な役割を果たした。紀元前二〇〇〇年頃のエジプトには、「竜の王朝とその騎士団（Imperial and Royal Dragon Court and Order）」の前身である竜王朝が、「竜の血流」に仕え、これを守り、発展させる目的でメンデスの司祭たちによって形成されたが、四〇〇〇年後の今なお、この組織はイギリス

60. Rene A. Boulay, "Flying Serpents And Dragons（空飛ぶ蛇と竜、および人類のレプティリアン的過去）" 一四三ページ

61. 同右

のローレンス・ガードナー卿によって運営されている。これがドラキュラ一族に最も誉れ高き称号を授けた組織であることを、お忘れなく。

古代世界には、蛇の神々やその血を受け継いだ混血の王族、時にグロテスクな彼らの行動を伝える伝説や物語が明らかに満ちている。彼らに人の目の前で姿を変える力があるという何より異様な話でもそうだ。彼らは変身《シェイプ・シフト》することができるのだ。

第8章

変身《シェイプ・シフト》する者たち

真実と知識を審判しようなどと思い上がれば、必ず神々の嘲笑《ちょうしょう》にあい、破滅させられる。

アルベルト・アインシュタイン

メキシコ大統領ミゲルが面前でトカゲに変身《シェイプ・シフト》

人類がレプティリアンにコントロールされているのは、古代世界に限らないことは、これから見ていく証拠により、明らかになるだろう。イルミナティのとてつもないマインドコントロール・プログラムの犠牲者であるキャシー・オブライエンは、著書『恍惚のうちに作り変えられるアメリカ』で、自身の体験を語っている。私はこれまでの著書でキャシーの体験について詳細に書いてきたが、本書でも後ほどマインドコントロール・プログラムについて詳しく述べよう。もちろん彼女は、アメリカ合衆国の大物政治家たちがレプティリアンだなどということは、マインドコントロールの一部だと信じている。しかしながら、キャシーの見聞きしたことが彼女の考えているようなイリュージョンどころではないことは、これからお見せする証拠でおわかりいただけるだろう。マインドコントロールされて働いている自分の目の前で、いかに多くのアメリカの政治家がレプティリアンの姿になり、再び「人間」に戻ったかを、キャシーは語っている。その中にはアヌンナキ（メロヴィング家）の血統であるジョージ・ブッシュ大統領父子も含まれている。父親のブッシュ元大統領は、自分たちは世界を支配していた宇宙人の子孫だが、人間のような姿をしているので誰も気がつかないのだと、彼女に言った。父親のブッシュ大統領時代にホワイトハウスで体験した重要な出来事として、キャシーはメキシコのミゲル・デラマドリ元大統領のことを書いている。以下が、『恍惚のうちに作り変えられるアメリカ』に語られた内容だ。

「デラマドリ元大統領は、私に『イグアナ伝説』のことを語り、マヤ人はトカゲのような姿をした異星人の子孫であると説明した。マヤのピラミッドや進んだ天文技術、それに処女の生贄《いけにえ》の習慣も、トカゲ型宇宙人がもたらしたものだろうという。デラマドリが言うには、異星人は自分たちが憑依《ひょうい》できる生物の形を作り出すためにマヤ人と交配し、そのとき、人間の姿とイグアナの姿を自由に行き来できるカメレオンのような能力を手に入れたのだそうだ。デラマドリは、自分の体にもマヤ人（異星人）の血が流れているので『好きなときにイグアナの姿に戻れる』と言って、ブッシュ大統領が儀式《イニシエーション》で行ったのと同じようなホログラムを作ってみせた。トカゲのような舌と目のホログラムが作り出した幻影で、デラマドリ元大統領はイグアナに変身したように見えた」[1]

メキシコのユカタン半島へ最初に移住したのはチャン（「蛇の民」）だったとマヤ人が言っていたことを、思い出してほしい。彼らを導いてきたのはイツァムナー神で、その名は「トカゲ」あるいは「爬虫類《はちゅうるい》」という意味の「イツェム」という語に由来していた。つまり、イツァムナーの聖なる町は、「トカゲの住処《すみか》」あるいは「イグアナの家」を意味することになる。キャシー・オブライエンの報告は、ホログラムやイリュージョンという言葉を除けば、出来事の概略を見事に伝えている。彼女が見たのはレプティリアンのホログラムなどではなく、変身《シェイプ・シフト》と呼ばれているものだ。仮にホログラムだったにせよ、ホログラフィーで作られた「カバー」は、「人間」の姿のほうだ。変身《シェイプ・シフト》とは体の概観を変える能力のことで、この場合は人間とレプティリアンの姿の間での変化を指す。ロードス島の

1. Cathy O'brien and Mark Phillips, "Trance-Formation of America, The True Life Story of a CIA Mind Control Slave (恍惚のうちに作り変えられるアメリカ)" (Reality marketing, PO BOX 27740, Las Vegas, Nevada, 89126, 1995) 二〇九、二一〇ページ

テルキネスと呼ばれる、古代ダナーンのブラザーフッドのイニシエイトや魔術師は、どんな姿にも変身《シェイプ・シフト》できたと、ギリシャの歴史家ディオドロスは書いている。[2] 変身《シェイプ・シフト》は、奥義《おうぎ》を究めた「魔法使い」や高位のイニシエイトに共通する話だ。私は世界中の数百人におよぶさまざまな立場の人びとから、彼らの目の前で著名人、あるいは無名の人間が、人間の姿からレプティリアンに変身し、再び元の姿に戻るのを見たという話を聞いた。ジョージ・ブッシュ（父親のほう）は、そういった話に最も多く登場する。変身《シェイプ・シフト》するレプティリアンについては、過去数千年にわたって報告されている。インダス川流域とヒンドゥーの文化に見られるナーガと呼ばれる蛇の神々もその一例だ。おもしろいことに、ジェームズ・チャーチワードは、中央アメリカのマヤとアジアのナーガが、もともと同じレムリア人だと証明した。ビデオ『レプティリアン・アジェンダ（The Reptilian Agenda）』では、ズールー族のシャーマンであるクレド・ムトワが変身《シェイプ・シフト》するレプティリアンについての情報やその証拠を明らかにしているのを見ることができる。[3] シュメールとバビロンの「海」の蛇神や「魚」の神々は、いつでも好きなときに人間の姿になれたと言われている。『メン・イン・ブラック』にあったように、姿が現れたり消えたりするのも、変身《シェイプ・シフト》のうちだ。ジキルとハイドの物語もまた、変身《シェイプ・シフト》を象徴するものである。

2. "The Return of The Serpents of Wisdom（賢き蛇の再来）" 四二ページ

3. "The Reptilian Agenda, parts one and two（レプティリアン・アジェンダ1、2）"

影の子孫たち《アヌンナキ》／「トート《エジプトの神》のエメラルド・タブレット」で知る

メキシコにあるマヤの神殿の地下で見つかったとされる古代の銘文には、レプティリアンとその変身能力《シェイプ・シフト》について書かれている。その話は、現代の体験談と驚くほど似通っている。それらの銘文は、「トートのエメラルド・タブレット」として知られているが、トート（Thoth）はエジプトの神である。タブレットは、三万六〇〇〇年前に「アトランティスの祭祀《さいし》王」トートによって書かれたと言われている。エジプトに植民地を作ったとされる人物だ。トートのタブレットは、エジプト人の「ピラミッドの司祭」によって南アメリカにもたらされ、やがてメキシコのユカタン半島にあるマヤの太陽の神殿に置かれたそうだ。タブレットの銘文を翻訳したという「ドリール」（モーリス・ドリール）と名乗る人物は、それを持ち出して完訳したのは一九二五年のことだと言っている。しかし、その一部を出版することに同意したのは、その後ずいぶんたってからのことだ。銘文の完全な内容は、http://www.crystalinks.com/emeraldprefacebw.html で読むことができる。また『エメラルドタブレット』（林鐵造訳／霞ケ関書房）として出版もされている。だが、この銘文に書かれていることと、今明らかにされつつあるものと間の共通点を理解するのに、銘文の隅から隅まで読む必要はない。今話題にしている問題に関する部分のみ、ご紹介しよう。《訳注：以下、「トートのエメラルド・タブレット」からの引用は、林鐵造訳『エメラルドタブレット』（霞ケ関書房）による》

「われ、古代アトランティスにつき語らん。蔭の者らの国の時代につきて語らん。蔭の子らの来ることにつきて語らん。彼らは地球人の智恵により大深淵より呼び出されたり。偉大なる力を得んとて呼ばれたり」

「アトランティスの存せし以前のはるかなる昔、暗黒を詮索する者らありて暗黒魔術を使い、我らの下なる大深淵より存在者を呼びおりき。彼らはこの宇宙サイクルにと来りぬ。彼らは異なる振動の形なき者にして地球人の子らには見えずして存せり。血によりてのみ彼らは形ある者となり得るなり。人間を通してのみ彼らはこの世に生き得るなり」

「彼らは古き昔に聖師たちにより、彼らの来たりし下方にと追い戻され征服されたり。されど人々の知らざる諸区域諸空間に隠れ残りし者ら若干ありき。彼らはアトランティスに陰として住みぬ。されど時には人々の内にあらわれぬ。しかり、血の献ぜられし時人々の間に住まんとていで来たりしなり」

「彼らは人の形もてわれらの間にて活動せるも視覚においてのみ人の如く見えたるなり。彼らは魔術の解かれし時は蛇頭なるも人々の間にては人の如くあらわれたりき。彼らは人々に似たる形をとりて諸会議に忍び入りぬ。彼らの術策によりて国々の首長らを殺し、彼らの姿をとりて人々を支配せり。彼らは魔術によりてのみ、音によりてのみ発見し得るなり。彼らは蔭の国より人々を滅ぼしその代わりに支配せんと求めおりしなり」

「されど聖師たちの魔術強大にして蛇人らの顔よりベールを取り去り得、彼らのもとの場所にと戻し得しことを汝知れ。聖師たちは人々のところに来たりて人間のみが発音し得る語の秘密を教えたりき。それより人々はすみやかに蛇人よりベールを取り去りて人々の間に占めし地位より追放しぬ」

「されど用心すべし。蛇人らは時折この世に開放さるる場に今もなお住めり。彼らは儀式のとなえられ来たりし諸所にて汝らの間を見えずして歩くなり。時すすみし時彼らは再び人の姿をとるならん」

「彼らは白または黒の魔術を知れる師たちによりて呼び出し得るなり。されど聖者のみ肉体にありし間に彼らを支配し束縛し得るなり」

「蔭の国を求むること勿れ。必ず悪のあらわるる故なり。後期の聖師のみが恐怖の蔭を征し得る故なり」

「おー、わが兄弟よ、恐怖は大なる障害なるを知れ。光輝の中にてすべての支配者たれ。蔭は間もなく消え失せん。汝、わが智恵に聞け、しかして留意せよ。光の声は明白なり。蔭の谷を求むること勿れ。しからば光のみがあらわれん」

素性はどうあれ、この文章には、数十万年におよぶ地球の生命の物語と、今日この世界をコントロールしている者たちの起源が書かれている。主な政治家、銀行や企業の経営者、メディアのオーナー、そして軍のトップは、人の姿をしたアヌンナキの蛇たちだ。とんでもない話だとはわかっている。多くの人びとは「ナンセンス！」と思うだろう。だがそれは、これが条件づけされた考え方と相反しているからだ。これが真実なのだ。そしてもしここで読むのをやめれば、それが真実であるという、これから示す大量の証拠を見逃すことになる。これらの銘文に描かれている話は、現代の体験談や急速に増えているイルミナティ内部からの情報によって、裏づけされている。いくつかの例をご紹介しよう。

「彼らは異なる振動の形なき者にして地球人の子らには見えずして存せり」

私自身の研究として示してきたが、世界は、別の次元あるいは「周波数」に存在するレプティリアン、あるいは別の姿をした者たちにコントロールされている。私たちがいるのは三次元であるが、彼らは四次元、つまり私たちが体感できる領域のすぐ外側の周波数から操作を行っている。私たちは四次元の密度を自分の周りにある「波動」として感じることはできるが、目で見ることはできない。それを見るには、意識をほかの周波数域につなぐ「霊視」によって周波数を調節しなくてはならない。超能力者や「チャネラー」がやろうとしているのはそういうことで、能力の高いわずかな人びとだけが、自分の内なる「ラジオ」のダイヤルを別の周波数に合わせることができる。私がここで明かそうとしているこの蛇の種族の「本部」は、この世界に非常に近い位置にある低層四次元の周波数帯にある。それは私たちの体感できる世界のすぐ周縁にあるのだ。「並行宇宙」とか「並行世界」とも呼ばれ、私たちが見ている世界の鏡のようだが、違う速度で振動している。猫は四次元を見ることができるので、私たちには「何もない」と思われる空間に現れる何かに対して反応する。同じ能力が、無知な世界によって精神が閉ざされる前の赤ん坊にもある。地球の周波数を操作し、コントロールするために、四次元にいるレプティリアンは三次元の人間の体を必要としている。遺伝子の宇宙服を作って、その中に隠れることが必要なのである。

デラマドリ元大統領がキャシー・オブライエンに話したように、それは人間とレプティリアンのDNAを交配した血流を作ることで実現された。これらの血流の人びとは遺伝子的に、よって周波数的に、四次元のレプティリアンと三次元の「人間」の姿の間を行き来できるのである。言い換えれば、特別なDNA配列を持たないその他の血統の人間よりも、ずっと簡単に、またより効果的に、自分たちが占拠できる体を作ったというわけである。この遺伝子構造を保持するために、イルミナティの血流は常に近親交配をし続けているし、そうしなければならない。これらの血流を権力の座に就ければ、低層四次元からその体をコントロールすることによって、彼らが権力を握ることができる。今日の世界の権力者の血筋をたどると、シュメール、エジプトなどを支配していた王族たち、すなわちアヌンナキの混血種の血統に行き着くのは、こういうわけなのである。アトランティスを最後の大激変が襲う前の時代を描いた古代の『エノク書』は、ネフィリムの子孫たちが、「祖先の魂」（低層四次元からのレプティリアンの憑依）によって、「人を苦しめ、虐《しいた》げ、叩《たた》きのめし、攻撃し、戦いを起こし、破滅を引き起こす」ことを運命づけられたと言っている。ネフィリムは基本的に人間の生贄と飲血という行為に結びついている。それは、今日のイルミナティと同じだ。『エノク書』には、人間の女たちから生まれたネフィリムの子孫たちの行為がこう書かれている。

「そして、彼女らは身ごもって巨人を産んだ。（中略）巨人たちは人間から奪ったものを食い尽くした。人間に差し出す物がなくなると、今度は人間を貪《むさぼ》り食った。鳥や獣、爬虫類や魚にも罪を犯すようになり、互いの肉を貪り、その血を飲みはじめた。地球はこの無法者たちの罪をとがめた」

今も同じだ。

血を飲む者たち／世界の要人が集うボヘミアン・グローブ

「血によってのみ彼らは形ある者となり得るなり。人間を通してのみ彼らはこの世に生き得るなり」

内部情報によれば、本来の姿を現そうとするレプティリアンのＤＮＡコードを止め、人間の姿を保つには、レプティリアンは（哺乳類の）人間の血を飲むことが必要なのだそうだ。これまで見てきたように、ネフィリムの伝説にも、飲血という行為が含まれている。これはすべて、例の血流が古代から現在にいたるまで常に人間を生贄にし、血を飲む儀式を行っている理由を説明しうるものである。この事実については、『大いなる秘密』で詳しく述べた。そこには、ジョージ・ブッシュ、アル・ゴア、ビル・クリントン、ヘンリー・キッシンジャー、ロックフェラー家、ロスチャイルド家、エドワード・ヒースらイギリスの首相といった人びとも含まれている。そして、イギリス王室――そう、特に女王と皇太后は、その仲間だ。アメリカの上流階級の人びとが「ボヘミアン・グローブ」と呼ばれる場所で古代の悪魔儀式を行っていることについては、私は何年も前から書いてきた。ボヘミアン・グローブは、北カリフォルニアのセコイアの森に囲まれた、面積約一一〇〇ヘクタールにおよぶ人里離れた土地である。たいていの人はいつものように笑うだけだろうが、私がこの本を書きはじめた頃、アメリカのジャーナリストでドキュメンタリー作家、またラジオのパーソナリティーも務めるアレックス・ジョーンズが、参加者の着るフード付きのローブで変装し、彼らの儀式に首尾よく潜入した。そして儀式をビデオに収め、私や他の多くの人びとがボヘミアン・グローブについて語っていたことが真実だったと証明した。www.infowars.com が、彼の公式ウェブサイトである。

ボヘミアン・グローブの過去および現在の参加者の中には、次のような人物がいる。ジョージ・ブッシュ父子、アル・ゴア、ロナルド・レーガン、リチャード・ニクソン、ジミー・カーター、ジェラルド・フォード、ドワイト・D・アイゼンハワー、リンドン・ジョンソン、ハーヴァート・フーバー、セオドア・ルーズベルト、ダン・クエール、ロバート・ケネディ（ケネディ大統領の上の弟）、ジョゼフ・ケネディ（ケネディ大統領の父）、アール・ウォーレン（ケネディ大統領暗殺事件を「捜査」

した、ウォーレン委員会の委員長)、デイヴィッド・ロックフェラー、ローレンス・ロックフェラー、ネルソン・ロックフェラー、ヘンリー・キッシンジャー、ミハイル・ゴルバチョフ（ソビエト連邦と「西側」は、つねに同じ力によってコントロールされていた)、アメリカの雑誌編集者でイルミナティの一流工作員であるウィリアム・Ｆ・バックリー、レーガン大統領時代に国務長官を務めたジョージ・シュルツ、アメリカで最も有名なニュース・キャスターであるウォルター・クロンカイト、アメリカ新聞業界の大物ウィリアム・ランドルフ・ハースト、イギリス・メディアのエグゼクティブで、ルパート・マードックの世界的メディア帝国と密接な関係があるアンドリュー・ナイト、エドワード・テラー（「水爆の父」)、プルトニウムを開発したグレン・シーボルグ、作曲家のバート・バカラック、歌手のビング・クロスビー、ＭＩ６の工作員だった喜劇俳優ボブ・ホープ、マクドナルドが世界的なファースト・フード・チェーンになる基礎を築いたレイ・クロック、作家のマーク・トウェイン、イルミナティの隠れ蓑《みの》である環境保護団体「シェラクラブ」の創設者ジョン・ミューア。[4]

以上は参加者のごく一部にすぎないが、彼らはレプティリアンの血流あるいはイルミナティに対する忠誠で結ばれている。ケネディ家はアメリカにおける重要な家系だが、イルミナティのアジェンダがその行動を必要としたからといって、何人《なんぴと》たりと彼らの犠牲にしてもいい者はいない。マインドコントロールから回復した多くの奴隷《どれい》たちは、自分たちがエドワード・ケネディ上院議員からどんなに残酷な性的虐待を受けたかを私に話してくれた。自分自身がマインドコントロールされてイルミナティでマインドコントロールの技師をしていたある女性は、私にこう言った。「(エドワード・) ケネディ上院議員とケネディ家の人びとは、全員イルミナティのメンバーです。私はケネディ家がわが国の

4. フリッツ・スプリングマイヤー著"Bloodlines of The Illuminati"の四七九―五〇五ページ（『イルミナティ　悪魔の13血流――世界を収奪支配する巨大名家の素顔』）には、ボヘミアン・グローブの参加者の膨大なリストが掲載されている。

政治的な象徴であることを知っていますが、彼らはどっぷりとイルミナティにはまっています」。フィリップ・ウジェーヌ・ド・ロートシルトは、自分は数十万人もいるロートシルト家の非嫡出子の一人だと言っている。彼は、イルミナティの重要な工作員たちは、表向き「普通」の生活をしながら、その陰でアジェンダを指示し、人間を生贄にする儀式に参加しているのだと強調する。これは私がイルミナティ内部の複数の関係者と話した後に、個人的に得た情報だ。しかし彼は、イルミナティの悪魔のピラミッドの高位階者には多くの公人がいると言い、彼が出席した儀式ではエディンバラ公フィリップが重要な役割を果たしていたと強調した。

「ロックフェラー家とブッシュ家が儀式に参加していたのは確かだが、彼らは主導権を握っているわけではない。私は今でも、彼らが単なる下僕で、オカルト的パワーの真の仲介者ではないと考えている。連邦準備制度理事会の元議長アラン・グリーンスパンを除く参加者の大半は、主に経済的な力と名声のためにオカルトの同調者となっているだけだ。グリーンスパンはとてつもない精神とオカルトのパワーを持った人物で、ブッシュ家や、ロックフェラー家の若い連中は、ちらっと見られただけで縮み上がっていた。(過去四〇年間で最も重要なCIAのトップである)ケーシー元CIA長官、キッシンジャー、アメリカの元国務長官ウォーレン・クリストファーは、儀式以外の集会やちょっとしたオカルトの儀式には参加していたが、見物人としてはかなり後ろのほうにいた」

「儀式の最前列にいたのは、エディンバラ公フィリップを頂点としたヨーロッパのロイヤル・ファミ

ボヘミアン・グローブに集う者たちは、レプティリアンかその憑依である！

イルミナティの儀式の中心地である北カリフォルニアのボヘミアン・グローブでの7月のワン・シーン。この写真が撮られたのは1957年である。話しているのは世界にプルトニウムをもたらしたグレン・シーボーグ、その両脇にいる2人は、後にアメリカ合衆国大統領となる男たちだ。左側が当時B級映画俳優だったロナルド・レーガン、そして右側がリチャード・ニクソンである。トリッキー・ディッキー（ニクソン）は、このときまだジョン・F・ケネディに対抗して大統領選に出馬する3年前だった。大統領は、投票ではなく血統によって選ばれるのだ。

リーだ。殿下は、現代のヨーロッパの君主の多くと同様、カール大帝、メロヴィング朝、アイネイアスの血筋の人間だ。しかし、現在の頂点にいるのは彼である。彼の母方の染色体が、現在の『反キリスト』ネフィリムであると、私は確信している。フィリップ殿下は……あなたの言う『レプティリアン』の最も重要な生物学上の子孫である。殿下のすぐ下は、廷臣のように論理面と作戦指示を任されている、わがロートシルト家の男どもだ。現在のオランダ、スペインの君主や、かつてのオーストリアの皇帝一族（ハプスブルク家）が、オカルトの力やこの陰謀の中ではその次に位置する」[5]

ダイアナ妃「彼ら《ウィンザー王家》は、人間ではない。トカゲ、爬虫類だ」

エディンバラ公やウィンザー家の背景については、『大いなる秘密』で詳しく述べた。ほかにも、イルミナティのマインドコントロール・プログラムの犠牲者からは、さまざまな情報がもたらされている。たとえば、ニューヨーク州ロングアイランドのモントーク岬に関するものは、多くの書籍で話題にされている。マインドコントロールされた奴隷がレプティリアンとその血流が彼らのアジェンダを進めていくために広く利用されているのは、私のこれまでの著書でも詳しく記してきたとおりだ。レプティリアンたちはプログラミングされた人間で世界的な軍隊を作り上げた。彼らは命令に従い、儀式を運営し、疑問を持つこともなく、どんなことでも言われたとおりにする。一部でもマインドコントロールが解けた人びとの中には、その計画から逃げ出し、自分の身に起こったこと

5. フィリップ・ド・ウジェーヌ・ロートシルトの著者宛の書簡

を思い出せる者もいる。彼らは、ここ一〇年の間にだんだんと声を上げるようになったが、メディアの主流は彼らの話を報道することを拒んでいる。あるマインドコントロールの犠牲者は、自分が目撃した生贄の儀式について、私に話してくれた。モントークで行われたその儀式には、ウィリアム・F・バックリーも参加していた。バックリーはアメリカの有名な編集者だが、ボヘミアン・グローブのメンバーであり、ベルギーにあるNATO本部を拠点とする「ヤヌス」と名づけられた一流のマインドコントロール作戦を指揮している。アリゾナ・ワイルダーは、同じような儀式で何度もバックリーを目撃したという。モントークのマインドコントロール奴隷だった男性は、それらのプロジェクトで得た知識により、どのようにレプティリアンたちが変身《シェイプ・シフト》するのかを知ったと言っている。彼によれば、DNAには閉じた配列と開いた配列があるという。開いているコードは身体的な特徴となって現れるが、閉じているコードは表に現れない。レプティリアンの混血種は一つのコードが開いている間、別の遺伝子のコードを閉じておく能力があるそうだ。それが行われると、文字どおり細胞の構造が変化し、哺乳類《ほにゅうるい》から爬虫類の姿に変化する。「だから、人間の姿がどこかに消えてしまうというわけではない」と、彼は私に言った。「ただ変化《シフト》しているだけで、レプティリアンのコードが開いているから、レプティリアンの姿になっているというわけだ。彼らはまたそれを元の状態に変化《シフト》させる能力も持っている」。これを理解することはなかなか難しいだろうが、彼がDNAコードについて話していることは概《おお》ね正解である。

あなたは、現代でも尻尾のついた人びとが生まれてくるのを知っているだろうか？　そう、いるのだ。それは、体の発達の過程で閉ざされて休眠状態となるはずの、私たちがレプティリアンだった過去から受け継いだコードが、その人びとの中で開いたというだけのことだ。人間の胎児は、主な進化の過程と結びついたいくつもの段階を経て、現在の人間の赤ん坊の姿になる。途中段階では、霊長類ではない哺乳類、爬虫類、魚類とも結びついている。独自の発達段階に入る第八週までは、えらがある時期や、鳥や羊や豚にそっくりな段階がある。開かれるべきではないコードが開かれると、赤ちゃんは尻尾をつけて生まれてくる。現在、これは「尾肢《びし》」という名で呼ばれている。医師は通常ただちに尻尾を切除するが、世界にはそうした処置を受けられず、尻尾を持ったまま一生を送る人びともいる。今では背骨の一番下にかつて尻尾のあった場所を感じることができるだけで、まれな場合を除いて人間に尻尾が生えていないのは、DNAの青写真で昔開いていたコードが今は閉じられているというだけの話なのだ。このマインドコントロールの犠牲者はただ、私たちが自分自身行っていることを知り、現代の人間の科学者よりはるかに高いレベルでDNAを理解しさえすれば、すぐにでもそのプロセスを起こせると言っているだけなのだ。

　彼によれば、レプティリアンたちが哺乳類のコードを開いて人間の形をとどめておくためには、一定レベルの哺乳類のホルモンが必要なのだそうだ。彼らの「基本」の状態はレプティリアンなので、人間の血を頻繁に摂取していなければ、哺乳類のコードが閉じてしまうのである。彼らはまた、極度の恐怖を感じたときに血液中に大量に分泌されるアドレナリンを欲してもいる。したがって彼らは、生贄にされるとわかっている人間を犠牲者にし、死に至るまでの間に恐怖を盛り上げていくような儀式を行う。そうすれば、彼らはアドレナリンがたっぷりと入った血を飲むことができるのだ。

　アリゾナ・ワイルダーは、まさにそれと同じような情報を、自身の恐ろしい体験から提供してくれた。彼女がスコットランドのバルモラル城のような場所で、アメリカの上流階級とイギリス王室のメンバーのために生贄の儀式を執り行ったことは、『大いなる秘密』やビデオ『母なる女神《マザー・ゴッデス》の語る真実(Revelations of a Mother Goddess)』で明らかにしたとおりだ。またアリゾナは、レプティリアンが最も欲しがるのは、人間の姿を保つ目的のために最も効果的な金髪碧眼《へきがん》の人びとの血だとも語っている。私が出会った「エリート」のマインドコントロール奴隷もほとんどそうだったが、アリゾナもブロンドの髪に青い目をしていた。精神的肉体的な奴隷状態から逃げ出した後、彼女はその髪を染めている。金髪碧眼の人びとは、イルミナティの生贄に選ばれることも一番多い。赤毛の人びともまた重要らしいが、イルミナティがとりわけ欲しがるのは思春期前の子どもと若い処女の血だ。これは血の清浄さと子どもたちの持つエネルギーに関係があり、セックスや思春期を経験すると人間のエネルギー・フィールドの内部に変化が起こるためだ。こうしてイルミナティはほかのどんな人びとよりも子どもたちや若い娘を多く生贄にし、それが神々に「若い処女」を捧げるという物語が歴史のいたるところで語られる源となっているのだ。

科学者たちも変身《シェイプ・シフト》現象の一部を発見している。たとえばポリマージェルは、変身《シェイプ・シフト》する物質として注目されている。ポリマージェルは、酸度や気温の小さな変化にさらされただけで、形態や大きさを劇的に変化させる。酸度と気温の違いは、単に波動の違いである。波動の変化が鍵となっているのだ。ジェル内部の分子間に働く力は繊細なバランスで常に綱引きをしており、外部の刺激によって、ある状態が勝ったり、別の状態が勝ったりする。徳島大学の三澤弘明教授《訳注：二〇〇七年二月現在、北海道大学電子科学研究所教授》のグループがポリマージェルの円柱の中央にレーザー光を照射すると、一瞬のうちに円柱の中央部が細くなり、ダンベルのような形になった。レーザーを遮断すると、すぐに元の直径に戻る。ジェルの変化は、人間とレプティリアンの変身《シェイプ・シフト》と同じで、双方向の変化が可能なのである。[6]

　アリゾナは、イギリス王室のウィンザー家の人びとが、レプティリアンに変身《シェイプ・シフト》しているところを何度も見たと言っている。故ダイアナ元皇太子妃が信頼を寄せていたクリスティン・フィッツジェラルドから聞いたところによると、ウィンザー家ではレプティリアンのＤＮＡが濃くなりすぎ、これ以上この世代は人間の姿を保っていられなくなったために、金髪碧眼であるダイアナの遺伝子と交配したがったのだそうだ。ウィリアム王子の顔立ちが王室のほかのメンバーとは違っているのはわかるだろう。これは、ノルディックが勝る母ダイアナのＤＮＡを受け継いだからだ。クリスティン・フィッツジェラルドは、ダイアナがウィンザー家のことを陰で「爬虫類」、「トカゲ」などと呼び、「彼らは人間ではない」と大まじめで言っていたと語った。[7] 昔レプティリアンのメロヴィング家が女神ディアナ（ダイアナ）に捧げる儀式を行った場所で儀式的にダイアナを殺したのは、レプティリアンの血流とそのネットワークだった。プエルトリコやメキシコ、フロリダ、あるいは大西洋の北西部には、吸血鬼チュパカブラが現れて動物の血を吸い、干からびさせるというが、これはレプティリアンの特徴に見事に一致する。それらを含め、世界中で起きている家畜バラバラ事件のミステリーは、血のために死にものぐるいになる彼らの性質で説明がつくというものだ。こうした数多くの報告と「急激に増加した」吸血行為は、ＵＦＯが目撃された地域とも一致している。人間からレプティリアンへの変身には、また別の説明もある。目撃者の精神が四次元レベルにチューニングして、三次元の体に隠れ

6. http://scientificamerican.com/news/110900/4.html《訳注：二〇〇七年二月現在該当ページなし》

7. 著者との会話記録による

たレプティリアンの姿を見る場合もあるし、四次元のレプティリアンが、私たちの体感できる周波数帯に一時的に入ってくるために自身の周波数を低くしていることもある。これについては、後の章で説明しよう。これら吸血鬼が欲しているのは、人間の血を飲むことだけではない。レプティリアンたちは、人間の感情エネルギーも摂取している。恐怖その他ありとあらゆる方法を通じて私たちに多くの感情を生み出させれば、彼らはより大きなエネルギーを吸収し、またその力を私たちに使うことができる。ブラントンの名で本を書いている研究者のアラン・ウォルトンも、同じ趣旨のことを暴露している。

「彼らの『母星』（地球）を取り戻そうという『ドラコニアン』側の『家父長的な』縄張り本能はともかく、最悪なレプティリアンの種族の中には、もっとひどい目的さえ持つ者もいる。それら吸血鬼タイプは、私たちの世界のみならずこの次元そのものに侵入するために必要であるらしいエネルギーを手に入れるため、人間の感情エネルギーと生命力（生命のエッセンス）を実際に吸いたがっている。より『闘争本能』が働くように設計された遺伝子を持つようになったことで、それらが持っていたかもしれない『精神面』へのわずかな繋《つな》がりが消滅し、征服し、食らいつくすことをたった一つのアジエンダだと思っているかのように、集団の捕食本能だけに突き動かされている。そのことはすべて、多くの誘拐事件、とくにここ最近の事件によって立証されている[8]」

8. http://www.angelfire.com/ut/branton および http://www.reptilianagenda.com/ を参照のこと

静かなる侵略／「権力の座」「諸会議」に憑依する

エメラルド・タブレットに戻ろう。

「彼らは人の形もてわれらの間にて活動せるも視覚においてのみ人の如く見えたるなり。彼らは魔術の解かれし時は蛇頭なるも人々の間にては人の如くあらわれたりき。彼らは人々に似たる形をとりて諸会議に忍び入りぬ。彼らの術策によりて国々の首長らを殺し、彼らの姿をとりて人々を支配せり。彼らは魔術によりてのみ、音によりてのみ発見し得るなり。彼らは蔭の国より人々を滅ぼしその代わりに支配せんと求めおりしなり」

過去に起こり、現在なお起こりつつあることが、ここには見事にまとめられている。アトランティスも今も変わりはない。イルミナティ（アヌンナキ）は権力の座、すなわち「諸会議」に彼らの血流を送りこみ、その体を支配する。それを私たちは憑依と呼ぶ。フリーメイソン、マルタ騎士団、テンプル騎士団など、イルミナティがコントロールする秘密結社によって執り行われる儀式はその手段の一つだ。イルミナティの血流のトップは自分たちが何者かを知っているが、下にいる数多くの者たちはそれを知らない。自覚なく血流の体を占めている人びとは、秘密結社の蜘蛛《くも》の網に招き入れられ、大半の者には少しも理解できない「イニシエーション」の儀式を受けさせられる。これらの儀式は、進んだものになるほど、四次元のレプティリアンがその体に憑依できる波動環境を作るようにデザインされている。イニシエーションの段階が進むと、それまで以上に強力な儀式が黒魔術によって執り行われ、徐々に四次元の存在がその人間の思考や感情を強く支配するようになり、ついにはレプティリアンが完全に主導権を握る。言い換えれば、「彼らの術策によりて国々の首長らを殺し、彼らの姿をとりて人々を支配」するのである。これらの人びとが、大統領や首相、銀行やビジネス界の大物、メディアのオーナーなど、アヌンナキのアジェンダを遂行し、管理する人間になるのだ。だが、その陰では、最も力の強いレプティリアンが糸を引いている。「彼らは蔭の国より人々を滅ぼしその代わりに支配せんと求めおりしなり」。「蔭の国」とは低層四次元のことである。まさに、そのとおりだ。

蛇と音／邪心と恐怖の感情が危ない

「彼らは魔術によりてのみ、音によりてのみ発見し得るなり。（中略）されど聖師たちの魔術強大にして蛇人らの顔よりベールを取り去り得、彼らのもとの場所にと戻し得しことを汝知れ。聖師たちは人々のところに来たりて人間のみが発音し得る語の秘密を教えたりき。それより人々はすみやかに蛇人よりベールを取り去りて人々の間に占めし地位より追放しぬ」

数多くの情報源からわかったのは、「蛇人らの顔よりベールを取り去」る鍵が音の周波数だということだ。それが、人間の姿のイリュージョンを奪い、彼らを本来の爬虫類の姿にするのだ。音は、「人間」の姿を維持するためのコード開いたままにしておけないような、ある周波数を発する。これと同じ趣旨のことが、ジョン・カーペンター監督の映画『ゼイリブ』[9]の中にも見られる。彼が作った映画のリストを見れば、彼が真相を知っていることは明らかだ。私が言っていることを映像的に感じていただくためには、ぜひ観ていただきたいが、この映画は、人間の姿を借りて地球を支配した地球外種族の話である。彼らはイルミナティとまったく同じ方法で秘密結社や思考の条件づけによって支配を行っている。映画の最後で主人公たちは、権力者たちが幻影を維持するために作り出していた音の周波数を変化させ、異星人たちのペテンを暴く。周波数が変化したとたん、大統領その他の権力や影響力を持った者たちは元の姿に戻り、人びとは支配者たちの正体を見ることができた。正しい音の周波数を見つければ、今日の権力者たちにも同じことが起こる。そのときは、ウィンザー家の面々を見に、どこへでも行きたいものだ。

「蔭の国を求むること勿れ。必ず悪のあらわるる故なり。後期の聖師のみが恐怖の蔭を征し得る故なり。（中略）おー、わが兄弟よ、恐怖は大なる障害なるを知れ。光輝の中にてすべての支配者たれ。蔭は間もなく消え失せん。汝、わが智恵に聞け、しかして留意せよ。光の声は明白なり。蔭の谷を求むること勿れ。しからば光のみがあらわれん」

「オカルト」と呼ばれるものに手を出す人びとは、多くの誤った邪悪な者の住処《すみか》であり、悪魔や「邪

9. 映画『ゼイリブ』(Alive Film, 1988)

悪な」魂の物語あるいは伝説の源である低層四次元によって操作されやすい。「オカルト」という言葉はたいてい悪い意味で使われているが、実際はそうではない、不等に悪く評価されている。「オカルト」には「隠された」という意味しかなく、一つの知識が良くも悪くも使われる。ここでも波動が鍵になる。心に愛を持って前向きな意図で「オカルト」の知識を使うならば、波動は高く保たれ、高いレベルの意識に繋がる。もし理解もせず（こっくりさんで遊ぶなど）、あるいは邪悪な意図を持って使うならば、相応の周波数帯域、つまり低層四次元に自身を繋げてしまうだろう。碑文は、恐怖心を持たずに生きることを強調している点も重要だ。私が本やビデオ、講演を通じてこれまで言ってきたように、世界は恐怖によってコントロールされている。自分が他人にどう思われているかという恐怖、死、孤独、貧困に対する恐怖、家族や子どもたちのために感じる恐怖、戦争の恐怖。数えだしたらきりがない。恐怖の感情は、低層四次元の周波数帯に共鳴する。だから、私たちが恐怖におののいているときは、四次元の存在から影響されやすく、コントロールされやすくなる。そこでイルミナティは、絶えず戦争のような状況や構造や出来事を作り出し、人びとをさまざまな恐怖の中に置いておくよう計画している。また、私たちが怯《おび》えているときは、そのエネルギーが同じ周波数で共鳴している四次元世界の存在によって吸収される。彼らはそうやって増幅したパワーを使って、私たちへのコントロールをさらに強めている。恐怖が私たちと彼らを繋ぎ、彼らにエネルギーを与えているのだ。

「彼らは古き昔に聖師たちにより、彼らの来たりし下方にと追い戻され征服されたり。されど人々の知らざる諸区域諸空間に隠れ残りし者ら若干ありき。彼らはアトランティスに陰として住みぬ。されど時には人々の内にあらわれぬ。しかり、血の献ぜられし時人々の間に住まんとていで来たりしなり」

「彼らは地球人の智恵により大深淵より呼び出されたり。偉大なる力を得んとて呼ばれたり」

このレプティリアンの種族が、はるか遠い昔、三次元へ楽々と移動できる次元間の「出入り口」を閉ざされたことによって、地球から姿を消したのではないかと言う研究者もいる。こうした「出入り口」は地球のエネルギー・グリッド（網）上の三次元と四次元が繋げられる場所にあり、その多くが古代人によって重要な聖地にされている。細かい部分はともかく、これと同じようなタイプの「出入り口」が、映画『スターゲイト』に登場した。思い出したかもしれないが、この映画は、古代エジプト人が高度な文明を持つ異星人の「神々（gods）」にコントロールされているという話だった。アトランティスの伝説にも、進んだ知識を持ったある集団がそれを邪悪な道に使いはじめ、「出入り口」を再び開き、四次元の存在がこの世界にどっと戻ってくるのを許したとある。その出入り口のうち大きなものがロシアの南、トルコの北にあるコーカサス山脈にあるようだが、ここは私の研究にいつも登場してくる場所だ。四次元のレプティリアンの血流やイルミナティにとって重要なこれらの場所は、彼らの主たちの地下の定住地とも繋がっている。悪魔主義者《サタニスト》は儀式で低層四次元の存在が出てこられるような周波数の「扉」を作り、自分たちの前に彼らを召喚する。言葉、色、シンボルなどはすべて、エネルギーを振動させる。（あらゆるものがエネルギーを振動させる）。秘密の儀式は、そのうち目的とする波動の効果を持つものを組み合わせて使っている。イルミナティが今日も古代と同じ神々に対し、同じ儀式を行っているのは、そういう理由からだ。彼らがそうしなければならないのは、そこに波動の「扉」を開くのに必要な言葉、色、シンボルの組み合わせが含まれているからだ。

研究者のアラン・ウォルトンはこう書いている。「クロウリー派の儀式とモントーク・プロジェクトは、……私たちの次元と彼らのいる次元とを分ける時空の構造を破るのに非常に効果的だったと主張するものもいた」。思うに、一九五〇年代以来の核爆発もまた、「スターゲイト」を開く効果を持っていたのではないだろうか。[10] エメラルド・タブレットにはこう書かれている。「されど用心すべし。蛇人らは時折この世に開放さるる場に今もなお住めり」。（低層四次元には、スターゲイトを通じてアクセスできる）。「彼らは儀式のとなえられ来たりし諸所にて汝らの間を見えずして歩くなり」。（スターゲイトを開くイルミナティの儀式）。「時すすみし時彼らは再び人の姿をとるならん」。（そうなっている）。「悪魔」の描写は、「ドラコ」として知られるレプティリアンの「エリート種族」の描写と非常によく似ているし、聖書には悪魔、あるいはサタンがレプティリアンだとはっきり書いてある。たとえば『ヨハネの黙示録』では、フェニキア人の守護神である大天使ミカエルが、ドラゴンに勝利したと記されている。二つ目のパラグラフでは、エメラルド・タブレットに書かれているのと同じように、封印された次元間の出入り口を通ってレプティリアンがこの三次元に入って来るということが、たしかに記載されている。あるいは、ただ単に、地球内部に蛇人間が閉じ込められていることを言っているだけかもしれないが。

10. http://www.angelfire.com/ut/branton および http://www.reptilianagenda.com/ を参照のこと

「この巨大な竜、年を経た蛇、悪魔とかサタンとか呼ばれるもの、全人類を惑わす者は、投げ落とされた。地上に投げ落とされたのである。その使いたちも、もろともに投げ落とされた」

「この天使は、悪魔でもサタンでもある、年を経たあの蛇、つまり竜を取り押さえ、千年の間縛っておき、底なしの淵に投げ入れ、鍵をかけ、その上に封印を施して、千年が終わるまで、もうそれ以上、諸国の民を惑わさないようにした」[11]

先にも簡単に述たように、地球内部には肉体を持ったレプティリアンや他の存在がいたし、現在もいる。この聖書の一節は、レプティリアンが「彼らのもとの場所にと戻し」とか「我らの下なる大深淵より存在者を呼びおりき」というエメラルド・タブレットの言葉と関連づけられる。ネフィリム、またの名では巨人のティターン族も、太陽の光が届かない地下深くに追い払われた。マインドコントロールから逃れたある男性は、最初に地球を植民地化しようとしたのはレプティリアンで、それが彼らが地球を自分たちのものだと考える理由だと聞いたという。アフリカの伝説から、クレド・ムトワもまさに同じことを言ったし、ほかの多くの情報源からもそう聞いている。彼らは他の研究者たちと同様に、ほかにもっと「人間的」なグループがやって来てレプティリアンと地上で戦い、それが勝って、レプティリアンは地下に逃れたのだと指摘している。「地獄」と地下に住む「サタン」という古代の物語に表れる象徴は、ここから来ている。この、より「人間的」なグループというのは、金髪碧眼だった。そのマインドコントロールの犠牲者は、この戦いが起こったのは約二〇万年前だと考えて

11.『ヨハネの黙示録』一二章九節、二〇章二節と三節。訳文は新共同訳による。

いる。彼はまた、こうも言っている。

「最初にいたレプティリアンたちは戻って来て、今ここにいる。一方、地球に残っていた者たちは、全体的な計画に反するような独自の文化を形成していた。それで彼らは、自分たちの仲間を恐れている。戻って来た最初のレプティリアンから身を守るために逃げまどっていると言ってもいい。数年以内に、この地球で大きな戦争が起こるだろう。戦争になり、ここにいる人間とレプティリアンの混血種は、純血種である最初のレプティリアンから身を守らなくてはならなくなるだろう」

この人もエメラルド・タブレットも、やはりレプティリアンと銀河のさまざまな場所からやって来たノルディックとの衝突について語っている。エメラルド・タブレットを見つけたと主張するモーリス・ドリールは、カリフォルニアでの講演の後で二人の金髪碧眼の男性にカリフォルニア北部にあるシャスタ山の地下都市に招かれたと言っている。研究者や情報提供者たちは、その街をギリシャ語で「最大の目的」という意味の「テロス（Telos）」と呼んでいる。ドリールは、地下組織、特にヒマラヤの地下にある古代記録センターへの訪問で、地球の真の歴史を知ったと言っている。スカンジナビア人の祖先は中国とモンゴルにまたがる今のゴビ砂漠（かつてそこは熱帯地方だった）に住んでいたという。彼らはそこに、核エネルギーや『ヴェーダ』に記録されている「ヴィマーナ」と呼ばれる航空機などの科学技術の発達した社会を築いていた。ドリールは、こうしたノルディック種族が常に、当時亜熱帯だった南極に本拠地を置く、変身《シェイプ・シフト》するレプティリアンの種族の攻撃にさらされていたことを知ったと言う。たしかにプレアデス（ノルディックか？）とオリオン（レプティリアンか？）が、少なくとも象徴的に、地上の死と破壊に関係していると、古代の文献には書かれている。南極大陸は、戦後ナチスの残党の一部が逃げ込んだ場所だとも言われ、そこには地下基地があるという話も数多くある。ドリールは、これらカメレオン・レプティリアンがこの星の支配権をめぐる戦いの中でどうやって人間社会に潜入していったかを教えられたと言っている。変身《シェイプ・シフト》している者たちは、言葉によるあるテストによって見破ることができると、ドリールは言う。レプティリアンには「キネネゲン（kin-in-i-gin）」という言葉が発音できないそうだ。（さて、あなたはこれが言えるだろうか？）

　ドリールの話では、レプティリアンたちをなんとしても食い止めようとして、「ノルディック」は南極大陸に向けて「超兵器」を発射した。すさまじい爆発が地球を揺るがし、それによって地軸が傾いた。両極は移動し、想像を絶する天変地異が次々に起こった。そのほかのレプティリアンの植民地は、地下で生き延びた。研究者のアラン・ウォルトンによると、その一つは「パーターラ（Patalas）」の洞窟だった可能性がある。ヒンドゥーの言い伝えによると、地下七層におよぶ共同体が、インドのベナレスからチベットのマナサロワール湖まで広がっていたという。ウォルトンによれば、地元民の中には、この地方でレプティリアンの「ナーガ」に出くわした人や、ナーガの飛行機が山を出入りするのを見た人がいるという。モーリス・ドリールは、「ノルディック」もかなりの都市が地下に移動し、東方で「アガルタ（Agharta）」として知られるような地下ネットワークが形成されたと言っている。[12] 両勢力の争いは長く続いたが、レプティリアンとノルディックの数派との間には協調関係もあった。ロバート・E・ディクホフは、著書『アガルタ――虹の都』（関口野薔薇監修／

12．モーリス・ドリールの話は以下のサイトを参照した。http://www.angelfire.com/ut/branton

石川亘祐訳／密教科学社）の中で、あるチベット僧が、レプティリアンと「人間」の黒魔術師の同盟が、私たちが魔法と呼ぶもの、言い換えれば、エネルギーの操作によって人びとの心に邪悪なエネルギー・フィールドを発生させ、地上社会に混乱と破壊を引き起こしていることをつきとめたと書いている。ディクホフによれば、その僧は四〇〇人の僧兵を率いて、洞窟の中で「蛇のカルト」およびレプティリアンと戦ったという。

ノルディック系の「人類」と蛇のカルトとの戦いというテーマは、二〇世紀前半にL・A・ワッデルが英訳した古代ブリトン人による『エッダ』（ブリティッシュ・エッダ）にも見られる。ワッデルは異星人レプティリアンや「ノルディック」のことはまったく知らなかったが、彼の翻訳は地球の支配権をめぐるこの古代の戦争に多くの裏づけを与えている。『エッダ』（ブリティッシュ・エッダ）はまた、イルミナティ・レプティリアンの儀式の別の一面、すなわち女神崇拝の確証ともなっている。

第9章

竜の女王《ドラゴン・クイーン》

真実を語るのに、何かをわざわざ覚えておく必要はない。

マーク・トウェイン

蛇の女神の系譜／海の貴婦人・牡牛、ヘカテ、アテネ、ピュタゴラス《私は蛇》

イルミナティは表面上、男性が支配しているように見える。だが実際は、儀式において女最高司祭が男の最高司祭と同等に扱われるし、イルミナティの象徴主義《シンボリズム》の中心にあるのは女神——蛇の女神の崇拝がある。

ニューエイジ運動が「女神」の復活を求めるのは、それを女性エネルギーと同一視するためであり、女性を抑圧から解放する意味がある。この意味では、私も賛成だ。だが、ニューエイジャーもその他の人も理解しておかねばならないのは、それとイルミナティやその役人たちが言う「女神」の象徴主義《シンボリズム》は別物だ。蛇の女神は世界中でさまざまな名前で呼ばれている。ディアナ、アテネ、セミラミス、バラティ、ブリタニア、ヘカテ、レア、ペルセフォネ（「第一の蛇《ファースト・サーペント》」）などなど。こうした女神の名前は、月の満ち欠けや女性エネルギーといった秘教的な概念の象徴として使われるが、イルミナティの女神崇拝はその根底で女性を介したDNAの伝達に関係しているとみられ、オリオン座に端を発している可能性もある。このDNAの源という概念は、さまざまな文化で「竜の女王《ドラゴン・クイーン》」、「オリオンの女王（女王たち）」、「母なる蛇」に象徴化されていると聞いている。内部情報や堅実な研究者から聞いた話では、成熟したレプティリアンの社会にはちょうど女王蜂のような存在がいて、それが卵を産み、その卵から例の血筋やその傍系が生まれているという。イルミナティの主たる女神であるアルテミスは、胸に多くの卵を抱えた姿で描かれ、蜂とも結びつきがある。メロヴィング朝血族の主要なシンボルの一つであり、それゆえにアルテミスやディアナの女神崇拝に関連するのが、蜂と蜂の巣である。こうした象徴主義《シンボリズム》はフリーメイソンにも見られる。誘拐《アブダクション》の経験者や目撃者からは、レプティリアンやグレイがまるで蜂のような群れ意識を持っているという報告がたびたびなされているが、彼らは人類にも同じように行動させようとしているのである。研究者のフランス・カンプは、同様のオリオンの女王の話に遭遇している。

「女王蜂は群れを持っている。群れの記憶は、女性（女王）によって彼らに伝えられる。これにはフエロモンという化学物質（ホルモン）が必要とされるが、これは直観（異次元への接続）に多量のメラトニンが必要なのと同じである。この記憶が群れの行動を規定する標準的なルールとなっている。動物は純粋に潜在意識によって行動する。つまり、直観のみで生きている。だが、われわれはこれを超常能力と呼んでいるのである。われわれ人間は脳を使い、脳がすべてを行うと考えている。残りが本能だ。ところが、直観は潜在意識である。われわれのDNAにはすべての情報がある。人間を生かしているのはDNA（潜在意識）であって、その人間の脳ではない。オリオン座から来た人びとは四次元ではまだ動物であるため、彼らの総体としての潜在意識は（オリオンの）女王によって互いに結びつけられている。どの群れにもそれぞれ女王がいる。女王には純系の血が流れている。……ミトコンドリアDNAは女性によってのみ受け継がれるもので、そこには最強のDNAがある」[1]

女性によってレプティリアンの血統に伝えられるDNAは彼らにとって最も重要であり、それで

1．著者宛の書簡

「女神」や「蛇」の象徴は古代から結びついているのだという話は何度も聞いてきた。ローレンス・ガードナー卿は、「竜の女王《ドラゴン・クイーン》たち」のＤＮＡを植えつけられた「竜の血族」の利益を代表する「竜の王朝とその騎士団（Imperial and Royal Dragon Court and Order）」のスポークスマンである。同氏によると、この「竜の女王《ドラゴン・クイーン》」の概念と象徴主義《シンボリズム》は、彼が言うところの「ティアマト（Tiâmat）」と呼ぶ「創設の母」に起源するという。ティアマトはメソポタミア神話の海の竜《ドラゴン》である。こうした女神たちは、通常、人魚（水陸両生？　シリウス星人か？）の姿をとり、「湖の貴婦人」（http://www.nexusmagazine.com/articles/ringlords1.html を参照のこと）と呼ばれることも多いという。アトランティスやレムリアの人びとが移住した土地ではみな、蛇の女神と、その「蛇の息子」（しばしば牡牛によって象徴される）への信仰が見られる。ジェームズ・チャーチワードは古代の碑文と遺物から、レムリア人は「ムー女王《クイーン・ムー》（Queen Moo）」という女神を崇拝し、レムリア（ムー）大陸を「母なる国」と呼んでいたことを明らかにした。地中海沿岸では、祭祀《さいし》王は「蛇の女神の子どもたち」と呼ばれていた。[2] この地域では、神殿や神秘主義結社《ミステリースクール》は蛇の女神の名を冠して作られており、中でも有名なのが、古代世界の七不思議に数えられるトルコのエフェソスにあるアルテミス（ディアナ）の神殿である。トルコ（旧小アジア）、ギリシャ、サモトラケ島、キプロス島、クレタ島は女神を奉じるカルトの中心地になっている。「聖なる小島」サモトラケ島は、地中海・エーゲ海地域のなかでもその本拠地のようだ。ここでは、女神ヘカテの「娘たちのシスターフッド」の儀式が行われる。[3] ヘカテは、下半身が蛇で髪の毛の代わりに蛇を生やした姿で描かれる。[4] ヘカテにとって聖なる動物である犬は、新月の時期に儀式の中で女神への生贄《いけにえ》にされる。ヘカテ神話での犬への注目は、ヘカテと

2. "The Return of The Wisdom（賢き蛇の再来）" 二〇六ページ
3. 同　二〇八ページ
4. 同

レプティリアンの本拠地である「犬星」シリウスを結ぶ象徴とも考えられる。古代エジプト人たちが移住したコーカサス山脈の麓のコルキスにはヘカテに捧げる聖なる墓地がある。「アルゴの船員《アルゴナウタイ》の伝説に登場するイアソンは、コルキス（Colchis）でヘカテに生贄を捧げたとされている。[5]（コルキスに由来する「コルチェスター＝Colches-ter」は、イギリス史上最古の町で、同国最初のローマ帝国の植民都市になっている）。イルミナティの悪魔的ネットワークは、ヘカテに捧げる生贄の儀式を今も変わらず行っている。『大いなる秘密』に書いたように、この女神は、ダイアナ元皇太子妃の儀式殺人をとりまく象徴主義《シンボリズム》の大半を占めており、ダイアナを生贄とする儀式殺人に強く関わっているのである。実際、ダイアナは、シリウスA、B、Cを象徴する三つの頭を持つ女神ヘカテに捧げられた可能性が高い。ヘカテの名は文字通り「一〇〇」という数字を意味する。[6]シリウスBとシリウスCはともに五〇年かけてシリウスAの周りを一周し、「双子星」の公転周期を合わせた「一〇〇」というシンボルは、ロバート・テンプルの『知の起源』によれば、シリウス系を示す符号として頻繁に使われている。もう一つ重要なポイントとしてテンプルが指摘しているのは、女神を表す古代エジプトの言葉とそのヒエログリフは同時に蛇も意味しており、シリウスのヒエログリフには歯という意味もあるという点である。となれば、「蛇の歯」は「女神シリウス」と読み換えることができる。エジプト語の「歯」という語には「犬」という意味もあり、さらには「犬の神」や「一〇〇」という数字も表している。[7]

　クレタ島のミノア文化はシュメール帝国の一部であり、蛇と牡牛の文化であった。アーリア人のミノス王の家系は「蛇の女神の息子たち」と呼ばれたが、これもやはり、アーリア人の血統が最も純粋

5. "The Sirius Mystery" 一四七ページ

6. 同 一五九ページ（『知の起源』一六四ページ）

7. 同 二六七、二六八ページ（『知の起源』二二七ページ）

なレプティリアン混血種だったからである。これらはアトランティスを統治し、その後シュメール帝国を支配した蛇の王たちである。古代クレタ島は繋がりのあるその他の中心地と同様「ラビュリントス」と呼ばれる迷宮で有名であるが、「ラビュリントス」とは「二重の斧の家」あるいは「蛇の女神の家」という意味の言葉である。[8] ギリシャにも蛇の女神文化がある。女神は「アテネ」と呼ばれ、巫《み》女《こ》（異次元と交信するチャネラー）が蛇の女神の託宣を告げるデルファイでは「デルフィニア」という名で知られていた。[9] 巫女は蛇の目を見つめて、トランス状態になる。大麻を使ったり、女神あるいは「巫女（pythoness = python-ess）」の聖なるハーブである月桂樹の葉をかんだりする。月桂樹の葉は、イルミナティがフリーメイソンのシンボルに使っているもので、国際連合のロゴにも使用されている。国連のロゴでは、地球が秘教的に重要な意味を持つ三三という数に分割されている（図18）。ギリシャの有名な英雄にして数学者であるピュタゴラス（Pythagoras）は、蛇の女神のカルトという神秘主義の中で育った。ピュタゴラスという名前は「私は大蛇（Python）である」、または「私は蛇（Serpent）である」という意味である。

竜の女王《ドラゴン・クイーン》のＤＮＡ／経血「星の炎《スターファイアー》」「神力の赤ワイン《アンブロシア》」「神酒《ソーマ》」を飲む

著述家ローレンス・ガードナー卿によれば、古代の「竜の王朝とその騎士団（Imperial and Royal Dragon Court and Order)」は、紀元前二一七〇年頃に、神官であったアンクエフエンコンス

8. "The Return of The Serpents of Wisdom（賢き蛇の再来）" 二一〇ページ
9. 同 二一二、二一三ページ

国連のロゴマークは蛇の口に飲み込まれる地球のイメージが隠されているともいわれる！

図18：国際連合はイルミナティが全面的に所有する子会社のようなものだ。国連のロゴには、月桂樹の葉と33分割された地球が描かれている。たびたび登場するこの33という数字には秘教的な意味合いがあり、フリーメイソンのスコティッシュ・ライトも33位階となっている。

（Ankhfn-khonsu）王子の保護の元に古代エジプトの竜王朝として始まったという。その後、セベクネフェル（Sobeknefru）女王（紀元前一七八五―八二）の尽力で王朝の「公的機関」となり、「科学と学問を集積した独特の王立アカデミー」として運営されていたという。これはその公式サイト（http://www.mediaquest.co.uk/RDCsite/RDChome.htm《訳注：二〇〇七年二月現在、該当ページなし》）からの情報である。竜王朝は、一五世紀にハンガリーで再び立ち上げられるが、これは「ドラキュラ」と深い関係がある。ガードナー卿は、好んで自身を「サンジェルマンの騎士にして、一四〇八年に再建された『竜の王朝とその騎士団』（オルド・ドラコニス、サルカニー・レンド）大保護領大使」と称した《訳注：「オルド・ドラコニス」はラテン語、「サルカニー・レンド」はハンガリー語での「竜の王朝とその騎士団」の呼び名》。ガードナー卿の数ある著作の中の『聖杯の血流（The Bloodline of the Holy Grail）』（Element Books, Shaftesbury, Dorset, 1996）では、メロヴィング朝とイギリスのスチュアート王家などその傍系は、イエスとマグダラのマリアの血筋だとしている。

後で述べるが、これは間違っている。「イエス」と「マグダラのマリア」の血統ということに、ある象徴的な真実はあるかもしれないが。ガードナー卿は、実際に語っているよりもはるかに多くのことを知っているのではないかと私は見ているのだが、それを読んでみれば、行間にすでにかなり多くのことが語られているのはわかるだろう。同氏は、世界操作の陰謀暴露を標榜するオーストラリアの「ネクサス」誌でかなりの名声を博している。

ガードナー卿によると、例の血統（「竜の王たち」）は、アヌンナキに代わって支配を行うために、アヌンナキによって特別に受胎されたものだという。この血筋の者は「星の炎《スターファイアー》」と呼ばれる経血を飲むというが、その血が生贄にされた人間のものかどうかは今日まで明言を避けている。経血を飲むことは「赤い蜂蜜酒」や「赤ワイン」で象徴されるが、その歴史は長く、古代の暦の多くは月経サイクルに基づいている。ギリシャではこれを「アンブロシア（女神ヘラの『神力の赤ワイン』）」と呼び、インドでは「ソーマ（Soma）」（神酒）、ペルシャでは「ハオマ（Haoma）」と呼んだ。経血は神聖なもので、不死をもたらす生命のエッセンスであると信じられていたのである。ローレンス・ガードナー卿はアヌンナキの血族を「竜の血筋」と呼んでいるが、それは古代エジプトの王家の儀式でワニの脂が使われたからというだけだとしている。なるほど、ローレンス君、なんなら私の一物を熱気球からぶらさげてやってもいいぞ。

　ガードナー卿はこの血族が変身《シェイプ・シフト》したレプティリアンだという説を完全に否定しているが、古代にそう言われていたことは認めている。「ネクサス」誌で彼は、文明の発達した今の時代に、こんなことを考えるヤツ（私のことだ）がいるとは信じがたいと書いている。ふうむ。また、ガードナー卿は、シュメールの記録をひもとけば、アヌンナキが「王族」の血流を作るための「製造室」を持っていたことがわかると言い、家系が上流かどうかは「竜の女王《ドラゴン・クイーン》のミトコンドリアＤＮＡ」によって決まるとも言っている。また彼は、「王族の血脈」、あるいは「竜の女王《ドラゴン・クイーン》の胎内」にある「聖杯《サン・グラール》（Sang Graal）」についても語っている。別のフランスの文献は、この血族を「ル・セルパン・ルージュ」（「赤い蛇」）あるいは「蛇の血」）と呼んでいる。[10] 女性あるいは「女神」のＤＮＡがここでは最も重要な鍵となる。

10．一九六〇年代、出所不明の文書『Le Serpent Rouge（赤い蛇）《ル・セルパン・ルージュ》』がパリの国立図書館で発見された。中にはメロヴィング家の系図、メロヴィング朝時代の「フランス」の地図二枚、ローマカトリック教会のパリにおけるオカルト研究の中心地、サンシュルピス教会の平面図が含まれていた。『大いなる秘密』（上）三五六ページを参照のこと。

レンヌ・ル・シャトー／カタリ派大虐殺のローマカトリック教会も同族《エルフ》

一三世紀にローマカトリック教会に虐殺されたカタリ派（アルビジョア派）の信徒は、ガードナー卿によれば、「エルフ」つまり竜の血族の擁護者だったという。女のエルフは「エルベ（elbe）」と呼ばれ、カタリ派（アルビジョア派）信徒の中心地アルビ（Albi）はこれにちなんで名づけられたという。アルビは南フランスのラングドックにある彼らの本拠地である。先にも述べたが「ジェン（Gen）」とは種族を意味し、現在まで例の血族を示す符号として使われてきた。カタリ派はテンプル騎士団と緊密な繋がりがあったようだが、テンプル騎士団も同じレンヌ・ル・シャトーにある山頂の怪しげな村あたりに多く住んでいた。この山はレプティリアンの地下基地に通じる入り口なのだろうか？　少なくとも異次元世界への入り口であることは確実と思われる。私もレンヌ・ル・シャトーに行ってあちこち歩き回ってみたが、あたり一帯で異様な波動を感じた。インノケンティウス三世（ローマ教皇）とローマカトリック教会の軍隊によるカタリ派の信徒の恐るべき大虐殺は、一二四四年モンセギュールの山頂要塞《ようさい》を軍が包囲して終結した。ローマカトリック教会は、八世紀にメロヴィング朝を権力の座から引き下ろして「竜」の系統を根絶やしにし、自分たちがカール大帝らを王族に指名して、それが後のフランスとなったというのがガードナー卿の主張だ。その上、カトリック教会は、女性や「女神」（竜の女王《ドラゴン・クイーン》）への信仰を弾圧し、男性優位の宗教にしたという。[11] だがこれは間違っている。ローマカトリック教会やキリスト教は、表向きは男性優位の宗教だが、密かに異端の女神崇拝

11. ローレンス・ガードナー卿の主張については、以下のサイトで三編の記事の要約が参照できる。http://www.nexusmagazine.com/articles/starfire1.html

を続けている。また、レプティリアンの血族内では権力争いが絶えず、ローマカトリック教、シャルルマーニュ朝（カール大帝）、メロヴィング朝は、名前こそ違うが同じレプティリアン血族が権力の座をめぐって互いに争っているだけなのである。

『エッダ』は北欧神話ではない／古代トロイ、カッパドキア、ドナウ川事蹟

地球支配をめぐるノルディック、レプティリアン間の闘争は、シュメール時代の出来事を記したL・A・ワッデル翻訳の古代イギリスの叙事詩『エッダ』（ブリティッシュ・エッダ）にかなりの詳細が記されている。蛇のカルトで女性が重要な意味を持っていたこともそこに確認できる。『エッダ』は一二世紀にアイスランドで発見され、アイスランドやスカンジナビアを起源であるとする学説によって、そう信じられてきた。しかしワッデルは、『ブリティッシュ・エッダ（British Edda）』で、『エッダ』が実は古代ブリテン語で書かれていたことを明らかにした。古代ブリテン語は、古英語、アングロサクソン語、西ゴート語と緊密な関係がある。ゴート人はシュメール人に由来し、そのシュメール人はアトランティス／レムリア大陸から来ている。『エッダ』はアイスランド起源ではなく、イギリスのものだ。[12] どうやら、スコットランドやオークニー諸島、ヘブリディーズ諸島、北ブリテン島からアイスランドにやってきた入植者によって持ち込まれたらしい。こうして移住してきた者の中には、スコットランドのセントアンドリュースに本拠地を置くカルディー（Culdees）《訳注：古代

12. L.A. Waddell, "British Edda（ブリティッシュ・エッダ）" (Christian Book Club, Hawthorne, California, 1930)『エッダ』本文の起源について、序文で概要が述べられている。この書籍は著者のウェブサイト「Hidden Mysteries」で購入できる。

アイルランド、スコットランドの修道士。アイルランド語で「神のしもべ」の意》もいた。セントアンドリュースは今日でもイルミナティと深い繋がりがある。[13] カルディーは、カルデア人（Chaldees）、つまりメソポタミアでシュメール帝国にしたがい、母と息子のカルトを崇拝した人びとに由来する。このカルトは、彼らを救うために神の息子が死んだと主張している。だがこれは、キリスト教が生まれるはるか以前のことである。そしてもちろん、これらヨーロッパ北部は、何千年も前に中近東まで南下し、「シュメール人」、「フェニキア人」、「エジプト人」という名前で戻ってきたノルディックの領土であった。

『エッダ』について、学者の言うことは間違っている。スノッリ・ストゥルルソン（一一七九—一二四一年）というアイスランド人がここから翻訳した文章を自著に入れてしまったことが主な原因だ。このためスノッリ・ストゥルルソンが編纂《へんさん》したという誤解が広まっている。ストゥルルソンは内容の一部を使っただけだが、かなり誤訳をしている。同じ人物の名前や身分を間違えて別の名前をつけたりし、全体の意味がそこなわれている。[14] ワッデルが古代言語の知識を用いて『エッダ』を改めて翻訳したところ、そこに語られているのは現在のトルコに当たる古代トロイやカッパドキア、またヨーロッパのドナウ川流域の出来事だという。こうした出来事は、その英雄や悪漢たちとともにシュメール文明全体の神話や伝説の基礎となり、後には文書化されて聖書の原典となる。

この章には、人物やシンボルとその繋がりがたくさん出てくる。はじめの数分は頭が痛くなるだろうが、さまざまな名前や称号が実は同じ人物を指していることがわかれば多くの謎が解ける。（a）「ノルディック」とレプティリアンないし蛇のカルトとの戦闘、（b）ノルディックとレプティリアン

13. 同右

14. 同右

の血族との異種交配、（c）レプティリアンにとっての女神の重要性――この三つがこの章のテーマである。L・A・ワッデルが一見無関係に見える人物や出来事に繋がりがあることに気づきはじめたのは、インドでヒンドゥーの歴史と神話を研究しはじめた頃だった。『エッダ』の中でヨーロッパや北欧でトール（Thor）の「神」を表す「エインドリ（Eindri）」は、ヒンドゥー教の神インドラに驚くほど似ているのである。レムリアやシュメールの伝説や物語に影響を受けたインドの『ヴェーダ』に描かれているインドラは、長身で美しく、無敵であり、稲妻で武装している。これは、『エッダ』のエインドリやトールについての描写と同じである。研究を重ねた結果、ワッデルはヨーロッパの神トールとヒンドゥー教の神インドラは同じ人物であり、シュメール帝国の最初の「アーリア人」の王であったと結論づけている。『ヴェーダ』では、インドラをギリシャの神ゼウス、ローマ神話のユピテル（ジュピター）と結びつけている。一部のサンスクリット学者はインドラをユピテルと同一とみなし、インドラを英雄的な人間の王で、初期のアーリア人、つまり「ノルディック」を「蛇のカルト」との戦争で勝利に導いた人物であると考えている。ワッデルは、一連の証拠を出してヒンドゥー教の神インドラと木曜日の語源となった（Thursday = Thors-day）ヨーロッパのトールが同一人物あるいは同一神性であるとしている。彼はまた、トール伝説がアーサー王伝説の基となったとも言っている。トールは『エッダ』ではヘルソル（Her-Thor）と呼ばれており、それがアーサー（Ar-Thur）となったというのだ。「Her」も「Ar」も語源は同じ「アーリア人（Aryan）」である。[15] また、古代メソポタミアのシュメール初のアーリア人王の名前がインダラ（Indara）、インドゥール（In-Dur）、イントゥール（In-Tur）、ないしトゥール王であると言えば、もっと霧が晴れてくる。[16]

15. 同右

16. 同右

ワッデルによれば、これが後の北欧のトールとギリシャのプロメテウスになるという。インダラは文明の創始者と伝えられ、シュメール人によって神格化されていた。[17] 悪魔を退治し、蛇やドラゴン、さらには「巨人」を殺したとされる。シュメール帝国でのシュメール語の称号は『エッダ』と同じもので、エインドリまたはトールとなっている。トール同様、シュメールではインダラもハンマーを持った姿で描かれている。『ジャックと豆の木』や『巨人退治のジャック』の童話はインダラ（トール）の伝説に基づいている。『エッダ』でのトールの称号は「シグ（Sig）」または「ユグ（Ygg）」であり、シュメールやカッパドキアの碑文では「Zagg」ないし「Zakh」と綴られている。これがジャックという名前の由来である。[18] インダラについて、ワッデルは次のように書いている。

「彼に関するシュメールの記録は、ひ孫による聖なる器あるいは『聖杯』の刻印にある紀元前三二四五年頃にまで遡《さかのぼ》る。……そこには、インドラとその后《きさき》、優れた騎士である息子とその配下のゴートの戦士族など、その性格や功績についてかなり詳細に書かれており、それぞれの肖像や聖なる紋章が石に刻まれているが、ヨーロッパのゴート人や古代ブリトン人、アングロサクソン人、中世画に描かれた『エッダ』の英雄がかぶっていたような角のついた帽子をかぶっている。インドラの名を表す絵文字の山羊や鹿の象徴は、シュメール人やヒッタイト人にさかんに使われたが、『エッダ』ではトールを表すのに使われている。さらに、インドラが聖なる器ないし『聖杯』を手に入れて神聖化したことは、『エッダ』のトールないしヘルソル（アーサー）の話と一致する。山羊によって守られるインドラの聖なる木、ナナカマドは、シュメール人やノルディック・アーリア人、ヒッタイト人、カッパ

17. 同右
18. 同右

ドキア人に描かれており、『エッダ』でもそのままトールの世界樹《ユグドラシル》(Ygg-drasill)として描かれている」[19]

初代シュメール王インダラ/アーサー、トール、オシリス、ミダス、聖ゲルギオウス

ワッデルは、シュメールやヒッタイトの碑文から、『ブリティッシュ・エッダ』に記述されているシーンが描かれた一〇〇点あまりの紋章や石版を提示した。三〇〇点出すことも可能だと、彼は言っている。トール王ないしアーサー王は、歴史上最初の王であるシュメール王インダラの別名であることに間違いないとワッデルは言う。後に演出されたアーサー王の物語はこうした繋がりを記述せず、非常に象徴的な寓話《ぐうわ》として創作されている。ワッデルによると、エジプトではインダラ(トール)はアサリ(Asari)と呼ばれ、これがエジプトの太陽崇拝の主神オシリス(Osiris)になったという。オシリスは、インダラ同様、もっぱら碧眼のアーリア人として描かれている。インダラ王、シュメールのドゥールないしトゥール王、インドのインドラ、『エッダ』のトール、エインドリ(Eindri)ないしアンドヴァラ(Andvara)(アンドルー)、エジプトのオシリス、そしてアーサー王の原型はすべて同じ人物だとワッデルは主張している。また、ホメーロスの『イリアス』に出てくるトロイの最初の王ダルダノス(Dar-Danos)も同じだとされる。トールはダン(Dan)とも呼ばれるが、それがドナウ(Danube)川、デンマーク語綴《つづ》りのデンマーク(Danmark)の語源となっている。この名はア

19.同右

トランティスを起源に発するダナーン族と関係がある。イギリスのあるイスラエル人グループは、「イスラエルの失われた一〇支族」の中のダン（Dan）族が中東を脱出してブリテン諸島やヨーロッパに移住したと主張している。「ダン」はドナウ川やデンマークに通じることから、英国人とその血族は神に「選ばれた民」であるというのだ。彼らは話の筋をまったく見失っている。聖書が正しいという考えに捉われているからだ。だが、そうではない！『エッダ』によると、トール（ダン）とその仲間のアーリア人たちはヨーロッパを出発してまずトルコやメソポタミアに定住し、そこでシュメール文明を築いたとされる。先にも述べたが、これが事実として正しい。また、ドナウ川流域のアーリア人は、メソポタミアに下る前にすでに他の地域に比べかなり進んでいたという。[20] ドナウ川流域は例の血族にとってたいへん重要な地域だ。ドナウ川は、ヨーロッパ第二の長さを誇る河川で、ドイツを起点としてルーマニア（「ドラキュラ」の国）を横切り、黒海に注いでいる。

『エッダ』によれば、トールは（トルコの）フリギアの蛇の崇拝者と戦って、これを打ち負かしたという。フリギア（Phrygia）はシュメール語の「フィリグ（Firig）」ないし「ピリグ（Pirig）」に由来し、「ライオンの土地」を意味する。[21] 古代の石版では、トールがフリギア人との戦いで「ライオン」と戦って手なずける姿が象徴的に描かれている（363ページ図19）。また、ヘブライの物語にはライオンを手なずけるダニエル（Dan-iel）という象徴的な話がある。トールはさらに、触れたものすべてが金に変わるという「ミダス」王でもある。[22] 彼がフリギアに勝利したことは、これら古代の土地で「ミダス王の墓」として知られる（実際には墓ではない）記念碑に記されている。記念碑には巨大な聖ゲオルギウス（トール、インダラの別名）の十字架（セント・ジョージ・クロス）が九つかけら

20．同右

21．同右

22．同右

れており、紀元前一〇〇〇〇年頃のものと推測される。[23]

赤十字／聖ゲオルギウスの十字《セント・ジョージ・クロス》、テンプル騎士団、マルタ騎士団の象徴

レムリア／アトランティスからシュメール時代を超えて今日のイルミナティまで一貫して使われているものに、太陽十字のシンボルがある。この十字はキリスト教の「イエス」の十字架の起源となったもので、中央に太陽が象徴されている。ワッデルによれば、シュメール／エジプト皇帝メネスの「墓」とされるものには、太陽十字（赤十字）が赤い顔料で描かれているのが見られるという。これは「聖ゲオルギウスの十字（セント・ジョージ・クロス）」となったシンボルと同じもので、後にシュメール／フェニキア人定住後のイングランド国旗となっている。赤い太陽十字は、例の血流において何百年にもわたり重要な役割を演じてきた秘密結社、テンプル騎士団のシンボルでもあり、知ってのとおり、赤十字社のロゴでもある。赤十字社は、『大いなる秘密』でも書いたとおり、戦争中には当事国を操り、ついで人道主義援助の名の下に世界を操るためにイルミナティが作った組織である。これは、赤十字社の職員の大半はまったく知らないことだ。赤十字は、イルミナティの最前線部隊長《フロントマン》であったクリストファー・コロンブスの船団にたなびく旗にも描かれていた。ちなみに、歴史家はいまだに、アメリカ大陸を発見したのはコロンブスと主張している。赤十字つまり太陽十字は、もともと「T」の形に描かれていたもので、これがフリーメイソンの「Tスクエア」や「タウ十字」となっ

23. 同右

ライオンもまたドラコ・レプティリアンの隠喩《いんゆ》である！

図19：紀元前3350年頃のナイフの柄の象牙に刻まれた、トール（ダール）がフリギア（「ライオンの地」）の象徴であるライオンを打ち負かす図。

た。外側が広がったマルタ十字はイギリス王室のお気に入りのシンボルだが、これもやはりシュメール帝国の洞窟に描かれているのが見つかっており、今日ではマルタ騎士団（元の「聖ヨハネ騎士団＝エルサレムの聖ヨハネ病院騎士修道会」、「ロードス騎士団」）のシンボルである。マルタ騎士団もまたエリートによる邪悪な秘密結社で、テンプル騎士団とほぼ同時期に結成された。支配階級の血族とその秘密結社のネットワーク、イルミナティは象徴主義《シンボリズム》と儀式に執着しており、先にも述べたようにシュメール帝国やアトランティス／レムリアを支配していた祖先と同じシンボルと儀式を今日も使い続けている。

蛇の三位一体／蛇の女神《エル・マリア》、夫ヴォーダン《火の神》、息子バルドル

『エッダ』には、トール（インダラ）が蛇のカルトと常に戦っていたという話がある。『エッダ』は、カッパドキア（トルコ）の竜退治の「聖ゲオルギウス（ジョージ）」と、やはり「竜退治」のヨーロッパの神トールを同一視している。ともに「地底の竜」と戦ったというが、これはイルミナティの地下洞窟群や基地を指しているのだろうか？『エッダ』では、蛇のカルトが人間を生贄にして血を飲んだとされている。またこの話だ。ここでもノルディック、つまり「アーリア人」が蛇の種族と争っている。『エッダ』によれば、この蛇のカルトには三人のリーダーがいたという。「エル（El）」と呼ばれる蛇の女神、その夫の「ヴォーダン（Wodan）」（「ヴォタン（Votan）」はアトランティスの火の神

だった）、そして息子の「バルドル（Balder）」である。これが蛇の「三位一体」――母・父・息子である。エルは「エルディ（Eldi）」、あるいは「燃えさかるエル」、「猟犬」とも呼ばれたが、特に「マリア」と呼ばれたことは重要だ。[24] このカルトと「燃えさかるエル」から「地獄《ヘル》（Hell）」、「地獄で焼かれる」、「地獄の炎」というような語が生まれた。エルやヘル（Hel）は北欧の地下世界の女王であり、その信奉者は「ヘルの血族（kinsman of Hel）」と呼ばれるようになった。[25] 中世になると、これがコロンバイン（ラテン語で「鳩のような」という意）の恋人の「ハーレクイン（Harlequin）」に象徴される。《訳注：コロンバイン、ハーレクインは、ともに神聖劇に起源を持つパントマイムの登場人物》。はと座（Columba）、コロンバイン、鳩のシンボルはすべて『エッダ』の蛇または竜の女王であるエルの象徴であり、別名である。調べれば調べるほど、私たちの足の下にある地下世界の重要性が見えてくるようだ。地底にある「地獄」は、「悪魔」や悪霊が棲《す》む裁きと永劫《えいごう》の懲罰の場と考えられている。調べるほどに、このことと、この世界を操っている種族とその血族との関係がわかってくるだろう。エルはヘブライ語で「神」を表し、「ハイディ（Heidi）」、「イダ（Ida）」とも呼ばれた。旧約聖書の神々である「エロヒム（Elohim）」は、竜の女王《ドラゴン・クイーン》であるエルの種族だった。

ギリシャ人は、エルをアルテミスと呼んだが、これは残忍な母神で、人間の生贄を要求したという。アルテミス（別名ディアナ）はメロヴィング朝にとって重要な神である。アルテミスは、メロヴィング朝の血統同様、蜂に象徴される。これは、「純粋な女王蜂」と呼ばれるデメテルなど、ほかの女神でも同じで、アフロディーテのシンボルは金の蜂の巣であり、その女神官は「女王蜂」を意味するメリッサと呼ばれた。ハネムーンという言葉もここから来ている。これは通常五月の一太陰月（新月か

24. 同右

25. "Caverns, Cauldrons, And Concealed Creatures（洞窟、大釜、そして潜伏する生物たち）"

ら次の新月まで）の期間だが、五月の「May」は「処女マヤ（Maya）」の名を取ったもので、これもまたエルの別名だ。ハネムーンには新婦の月経期間が含まれる。経血と蜂蜜を混ぜたものは、かつて不老不死の霊薬と信じられていた。エルはバビロニア人にも影響を与えたが、「ハバードおばさん（Mother Hubbard）」の童謡のモチーフにもなっている。ハバードおばさんは犬（飼い慣らした狼）にやる骨が見つからないと言って、取り乱す。「ティアワス（Tiawath）」とも呼ばれる「マザーフブル（Mother Hubur）」は、「疫病、恐るべき竜、光り輝く竜、蛇の口で貪《むさぼ》る女の精霊」として描かれている。『エッダ』の蛇の三位一体のほかの二人、夫のヴォーダンと息子のバルドルは、レプティリアンがコントロールしたナチスにとって重要な「神々（gods）」であった。ナチスは、ドイツのチュートン騎士団のネットワーク（イルミナティ）が創った組織で、ハプスブルク家として知られる高位の重要なレプティリアン血族と密接な繋がりがある。チュートン騎士団は、テンプル騎士団やマルタ騎士団と同時期に同じ「聖地」で活動した組織で、同じレプティリアンのアジェンダのために働いている。ヴォーダンとバルドルはチュートン族の国家的な神々であった。メキシコにマヤ文化を築いた伝説の創始者もヴォタン（Votan）、あるいはヴォータン（Wotan）と呼ばれていた。

女戦士《アマゾン》たち／狼族、ワルキューレ、レスボス、ヘカテ、女神レア

『エッダ』では蛇のカルトを「アマゾン」、「狼族」、「ワルキューレ」などと呼んでおり、リヒャル

ト・ワーグナーの作曲した「ワルキューレの騎行」はここから題材を取っている。かつてヒトラーは、ナチスを理解するにはワーグナーを聴かなければならないと言った。古代神話のアマゾンは女戦士の部族であり、伝統的に男のものとされるような特質をもって描かれている。シュメール神話を継承するギリシャ神話にはアマゾンの伝説がたくさんあるが、北欧ではヴァルハラから来た女戦士ワルキューレとして知られている。ギリシャの歴史家ヘロドトスによると、アマゾンはギリシャの敵であり、スキタイやサウロマティア（Sauromatia: sauro＝トカゲ、mater＝母）として知られていたウクライナや南ロシアのステップ地帯に棲んでいたという。ほかにもリュキアやフリギア、カッパドキアといった名前が母国として『エッダ』に語られており、タウロス、レムノス、レズビアンの語源になったレスボスもそうである。アマゾン族は南ロシアのコーカサス山脈の山麓地帯を中心に暮らしていたが、ここはノルディックとレプティリアン血族の異種交配が行われた主要拠点であったようだ。リビアにもアマゾン伝説があるが、当時リビアと言えば、エジプト以外の北アフリカ全域を指した。南アメリカのアマゾン川とその流域は、ポルトガル人の探検家が一六世紀にそこに住む女戦士を発見したことから名づけられた。伝説や記録によると、アマゾン族は女性が支配する遊牧民族であり、非常に儀式を重んじたようだ。ギリシャの地理学者ストラボンによると、アマゾン族は動物のように一年のうち二カ月しか「交接」しないという。セックスは子どもを産むためのものでしかなかった。[26] 彼女らが崇拝していた神々や女神たちには、やはり後に『エッダ』で「エル」と呼ばれたアルテミスや、暗い月の女神であり、「地獄の技の女神」であるヘカテがいた。アマゾンは「月の女」を意味していたようであるが、これもまた『エッダ』の蛇のカルトの記述に一致する。

26. Kara Parsons のウェブサイト「The Amazons」を参照。http://www.plu.edu/'parsonkj/《訳注：二〇〇七年二月現在該当ページなし》

アマゾン族にとって重要な土地は「トカゲの母」、サウロマティアだ。これは黒海とカスピ海の沿岸地域で、ペルシャ帝国に国境を接するマギ族イニシエイトの地である。サウロマティアはヨーロッパ貴族と長年の繋がりがあるが、その理由がこれだ。たとえば、ポーランド貴族の紋章はサウロマティア人ないしサルマタイ人の魔術の印である「タムガ」に由来する。事実、ポーランドはサルマタイやサウロマティアと呼ばれることがある。[27] 史実には、サウロマティアのアマゾン族がスキタイ族の戦士と交配したとある。スキタイ族は、中近東からコーカサス山脈やサウロマティアを通って北ヨーロッパに移住したノルディック・アーリア系民族で、この中にはシカンブリアのフランク族、そしてメロヴィング朝の血統が混じっていた。ここでも、ノルディックとレプティリアンの交配が登場する。アマゾンとスキタイの言語は混じり合い、サウロマティア語になった。スキタイ族はアマゾン族と同じ女神を崇拝していた。

ギリシャではアルテミスとして知られるこの女神に捧げる儀式では、自らを去勢して女性の衣服を身にまとったという。スキタイ族のパルティア（Partia）と呼ばれる地は、この女神に敬意を表して「処女の地（Virginland）」とも呼ばれた。イルミナティがアメリカに移動した際、同じシンボルをバージニア（Virginia）という地名に使った。エリザベス一世の別名である「処女王（virgin queen）」にちなんで名づけられたなどというのはたわごとだ。第一、マドンナが処女でないのと同じで、エリザベス一世は処女じゃない。スキタイ族は祭祀女王を戴いていたが、これは老齢の女性である場合が多かった。一九五四年、南ロシアのパジリク（Pasyryk）で「女王の墓」とされる墳墓《クルガン》が四基発見されている。祭祀女王は生贄を捧げるとその血を「聖なる大釜」に入れ、男たちとともに戦場に出て勝

27. Rafal T. Prinke, "The Occult Meanings Behind Polish Heraldic Devices" http://w3.iac.net/~moonweb/archives/RTP/Polish1.html

利の呪文を唱えた。これも『エッダ』の文面と一致するし、これがシェイクスピアの『マクベス』に登場する魔女の原型になったことはほぼ確実だ。ケルト族の伝説によると、大釜は地下世界に通じるもので、「死の女神」の子宮に繋がる象徴である。このテーマに沿って言えば、血族の子どもたちは「大釜＝レプティリアンＤＮＡである『王家の血』を持つ女たちの子宮から出てきた」ことになる。スキタイ族の「三日月型の鎌」は神々を去勢する神話上の武器であるが、これが草刈鎌となり、「死神」に繋がる。死神は女神レアに関係する。レアは血の衣をまとい、わが子である神々をみな貪り食った。レアはケルトの女神リアノンとなった。ケルト語でアイルランドを意味する「エール（Eire）」は女神エリン（Erinn）にちなんでおり、エリンもヘラ（Hera）ないしレア（Rhea）の別名である。

北アフリカのベルベル族はアマゾン族と繋がりがあるとされ、自らをアマジグ（Amazigh）と称している。アマゾン族には、「狼に変身した」ネウリ（Neuri）と呼ばれる種族がある。「狼の種族」という言葉は女神崇拝ないし雌狼に関係がある。これもおそらく犬星、つまりシリウス崇拝の一種だろう。クレド・ムトワによると、ズールー族は長年シリウスを「狼の星」と呼んでおり、「海に住む魚人」はシリウスから地球にやって来たと古代から言い伝えられている。彼らは人類のように見えるが、爬虫類のような皮膚をしているそうだ。面白いことに、『エッダ』でも、トール（インダラ）の支配下にあったノルディックの祖先は「海からきた狼族」であるという。アイルランドのオソリーに棲む一族は、クリスマスの祝宴や儀式に参加している間は狼人間になり、人間の姿に戻るまで狼のように家畜の肉を貪るという。これはただの象徴だろうか？　それとも、かつて悪魔主義者《サタニスト》が実際に存在すると言っていた「狼男」に関係があるのだろうか？　「トロル（Troll）」、あるいは「トゥルーリ

（Trulli）」という悪魔の伝説もアマゾンやワルキューレと関連があるようだ。ふしだらな女（売春婦）という意味の「Trull《トラル》」の語源にもなっているが、トロルはペガン（異教徒）の「鬼婆《ハグ》（Hag）」ないし地球の女神官である可能性もある。北欧神話では、トロルが橋の下で待ち伏せし、捧げものをせずに橋を渡る者を食べるという話が出てくる。ワルキューレは「ビフロスト」という天に通じる橋を守っているとされている。また、死の天使は、「トローラ・シング（trolla-thing）」という儀式に参加すると言われている。

ウォーデンの日《水曜日》／かくなる「蛇前世」を経て仏陀に⁉

『エッダ』によると、ヴォーダン（Wodan）は竜の女王「エル」の配偶者であり、古代神話の主神である。ヴォーダン（「ヴォータン（Wotan）」あるいは「ウォーデン（Woden）」）は、古くは「ボド（Bodo）」や「バウタ（Bauta）」とも呼ばれていた。これは、シュメール語で「蛇の足を持つ」を意味する「ブドゥ（Budu）」、「ブトゥ（Butu）」、「ブドゥン（Budum）」と一致する。[28]ワッデルが翻訳した『エッダ』では、ヴォーダンは月の先住民族と竜のカルトの長であり、トール（インダラ）のノルディック・アーリア人を打ち負かそうとしていたという。同じ話がインドの『ヴェーダ』にインドラの話として登場する。インドラは、「深部」を意味するブドゥニヤ（Budhnya）と戦うのである。ブドゥニヤは「深淵の蛇」として知られている。[29]これがギリシャの「プトーン（Puthon）」あるいは

28. "British Edda（ブリティッシュ・エッダ）" 序文

29. 同右

「ピュトン（Python）」であると、ワッデルは言う。ブドゥニヤとヴォーダンは同じ人物なのだ。インドでは、水曜日つまり「ウォーデンの日」を「ブッダ（Budh）」と言う！[30] これは「仏陀（Buddha）」にかなり近い言葉だが、ワッデルによると、仏陀はウォーデンから派生しており、いくつもの蛇の「前世」を経ているという。インドのバラモンは月と蛇のカルトを受け継いでいる。ワッデルによれば「ナイル川流域のセム族の神官」もそうだ。[31] 彼らはアサル（Asar）あるいはオシリスの太陽崇拝をやめて、わざわざ蛇の生贄のカルトをエジプト文化にもたらしたという。『エッダ』に登場するエルとヴォーダンの悪しき息子であるバルドルは、アーサー王伝説の緑の騎士や、ルシファー（魔王）の原型とされる「ロキ（Loki）」に当たるというのがワッデルの見解である。またバルドルは、『エッダ』に「槍《ランス》持ち（The Lance-bearer）」という称号で書かれていることから、アーサー王伝説のランスロットでもあるという。バルドルは、母親のエルと同じく翼を持つ姿で描かれる。

30. 同右
31. 同右

母と息子の蛇のカルト

『エッダ』はその第一幕で、暴力や人間の生贄、飲血といった「母と息子の竜のカルト」の儀式がいたるところで行われる世界を描いている。第二幕では、偉大なる改革者である、背が高く赤ひげをたくわえたエインドリ、別名をトール（インダラ）が登場して、文明をもたらす（３９３ページ参照）。ワッデルはトールはアダムの原型でもあると考えているが、『エッダ』のこの箇所はヘブライ語の旧約聖書にある「エデンの園」のアダムとイヴの話にはなはだしく歪曲《わいきょく》されて表されているという。だが私は、アダムとイヴの物語やそれが象徴するものにはこの話だけではなく、ほかにも多くのものが取り入れられていると思うし、もしワッデルが今も生きていたら、その点に納得してくれることだろう。『エッダ』には象徴的な話だけでなく事実そのものも書かれていて、中にはレムリアに由来する話もあると私は考えている。ワッデルの翻訳による『エッダ』では、アダムはトール（インダラ）として「エデンの園の住人」の蛇のカルトと戦ったという。ノルディックが到来する以前のメソポタミアで蛇崇拝が行われていたとすると、シュメール文明に先立ってこの地域に興ったウバイド文化において、死者を葬る際に人間のような姿をした蛇の小さな像を一緒に埋葬したことに説明がつく（左ページ参照）。ワッデルが翻訳した『エッダ』では、竜退治のトールがカッパドキアで「赤十字の聖ゲオルギウス」の名の下に首都を築いた様子が語られている。これがカッパドキアの聖ゲオルギウスの起源であり、それが後にイングランドの聖ジョージになるのである。[32] これもトール（インダラ）であり、スコットランドの守護神の聖アンドルーはトールの別名のアンドヴァラ（Andvara）ないしアンドヴァリ（Andvari）から派生している。

聖ゲオルギウス（ジョージ）の竜退治の話は、世界各地にさまざまな形で伝わっている。エジプトでは「ゲオルギウス（ジョージ）」は太陽神ラー（ワッデルによれば、トール／インダラ）になり、インドではインドラ（トール／インダラ）、ヘブライ語の旧約聖書ではイア（Ia）ないしヤー（Jah）という称号をもつアダムが蛇を退治したことになっている。[33] トールないし「ゴア（Goer ＝ George）」が蛇のカルトの女性リーダーであるエルを殺したと『エッダ』には書かれているが、そのエルは

32．同右

33．同右

『ブリティッシュ・エッダ』によれば蛇のカルトと戦ったという、シュメール王トール（インダラ）の胸像（バチカン宮殿所蔵）。

レプティリアンの神がかなり正確に描かれた像。メソポタミアの墓の中には、こうしたレプティリアンの像が多く見られる。これらは、その地域にシュメール文化が現れる紀元前4000年頃まで存続したウバイド文化のもの。

「竜」に象徴される。つまり「ゲオルギウス（ジョージ）」（トール）が「竜」（エル）を退治したのである。聖ゲオルギウス（ジョージ）とドラゴンの話は地下にいるレプティリアンとの戦闘を象徴している。『ブリティッシュ・エッダ』に記された内容は、その詳細にいたるまでシュメール帝国全土の遺跡で確認できる。紀元前三三〇〇年頃のバビロンの紋章には、エルが蛇のカルトの三日月とともに描かれており、ヴォーダンの体は蛇になっている。悪魔主義者《サタニスト》はレプティリアンだけでなく月をも崇拝するが、これは昔から変わらない。このバビロンの紋章では、エルの背景に「光り輝くイル」を意味する「イルディ（Ildi）」と刻印されており、レプティリアンが「輝くもの」あるいは「明るく照らす（luminous）もの」として描かれることの確かな証拠ともなっている。エルないしイダは、『エッダ』で「ラン（Rann）」の称号を与えられており、これがエジプト神話の子守をする蛇の母親で女性リーダーの「ラント（Rann-t）」の起源となったか、その逆である。[34]

蛇のカルトの象徴主義《シンボリズム》／ライオン、ユニコーン、英王室

メロヴィング朝の子孫はトロイやトロイ戦争に異様に執着しているが、『エッダ』を読むとその理由がよくわかる。『エッダ』には、ヴォーダン率いる「エデンの園の住人」の蛇のカルトがトールのトロイを襲撃する様子が詳細に描かれている。フリギア族は、トールに征服される前から蛇を崇拝しており、蛇のカルトのトーテム像はライオンや狼であった。これはフリギアが「ライオンの土地」を

34 同右

図20：ライオン（蛇のカルト／イルミナティ）と鎖で繋がれ、束縛されたユニコーン（ノルディック／人類）という非常に象徴的な王室の紋章。

図21：イルミナティの象徴言語にあふれたレプティリアン血族、ロスチャイルド家の紋章。イギリス王室の紋章と驚くほど似ている。

図22：イルミナティにとって重要な世界拠点の一つロンドン・シティの紋章。２匹の有翼の爬虫類が聖ジョージの十字を抱えて（コントロールして）いる。この写真は私がバーンハム・ビーチェスで撮影したもの。

イルミナティの中心地、ロンドン・シティへの入り口には、聖ジョージの十字架を抱く有翼の爬虫類の像が立っている。

意味する由縁である。今日でもイルミナティは象徴としてライオンをやたらと使う。イギリスや英国王室だけでも、どれだけ使われていることか。『エッダ』に書かれた蛇のカルトは、今日にいたるまでずっと世界を操ってきたのである。私たちはこれをイルミナティと呼んでいる。英国王室はレプティリアンの「宿主」的（憑依《ひょうい》された）存在であり、蛇のカルト（イルミナティ）のために働いている。さらに、ここで英国王室の紋章にあるライオンとそれに向き合う鎖で繋がれたユニコーンの象徴に隠された本当の意味を見てみよう（375ページ図20）。トール（インダラ）とその配下のノルディックは山羊で象徴されるが、これは後にユニコーンになった。[35] そうすると、ライオン（蛇のカルト）が鎖に繋がれた人類と強敵のノルディック（ユニコーン）を監獄に入れ、コントロールするという象徴言語の意味が見えてくる。なお、王室の紋章は、ライオン、ユニコーン、フラ・ダ・リとも、ロスチャイルドの紋章とぴったり一致することに注目してもらいたい（図21）。ギリシャの英雄プロメテウスは、ワッデルによるとトール（インダラ、アダム）の別名であるが、人類に「明かり（illumination）」を授けようとして、「神々」（レプティリアン）によって鎖に繋がれ、拷問《ごうもん》にかけられたとされている。プロメテウスは英知の「火」を掲げている姿で描かれていることも多い。今日、蛇のカルトの世界的中心地の一つであるロンドン・シティの紋章は、二匹の有翼の爬虫類が抱える（所有し、コントロールしている）聖ジョージの十字《セント・ジョージ・クロス》である（図22）。テムズ川にそってロンドン・シティに入ると、聖ジョージの十字を手に抱える二匹の有翼の爬虫類が見える（右ページ参照）。先にも述べたとおり、レプティリアンのロックフェラー一族はニューヨークのロックフェラーセンターに黄金のプロメテウス像を設置している（図23）。ポーランドの紋章もこうした例の一つである。ヨー

35. 同右

ロッパの王侯貴族すべてに共通して、堂々とレプティリアンの蛇、グリフォン、火トカゲ《サラマンダー》、二匹の蛇が巻きついたヘルメスの杖、そしてスフィンクスやユニコーンが描かれているのである。[36]

ブリタニアよ、統治せよ《ルール・ブリタニア》！／海原をその手に治めよ！

『エッダ』に書かれたトール（インダラ）率いるノルディックとエル、ヴォーダン、バルドルの蛇のカルトとの戦闘をひもとくと、古代から現代にいたる多くの謎やシンボルの意味、聖書の内容までも解明できる（図24）。『エッダ』には、トール（インダラ）とノルディック（アーリア人）がヨーロッパのドナウ川流域から中近東の蛇のカルトの領土、特にエデンと呼ばれる場所まで南下した様子が描かれている。ノルディックと蛇のカルトとの戦いはたびたび繰り返され、その末にトール（インダラ、アダム）として知られる人物と蛇のカルトのリーダーであるエル、ヴォーダン、バルドルとが平和協定に合意したと、『エッダ』には書かれている。紀元前三〇〇〇年頃のバビロンでは、トール（インダラ）とエルが会合する様子が描かれている。この「平和協定」によってトール（インダラ、アダム）と蛇のカルトの女司祭の「イヴ」ないし「グニーファ（Gunn-Ifa）」の婚礼が行われたという。ヘルソル（アーサー王）と「王妃」グィネヴィア（Guin-EVE-re）との結婚の物語は、ワッデルによればこのことを指しているという。[37] また、「イヴ」はエデンの蛇のカルトの「処女の最高司祭」となってはいたが、ゴート系の「アーリア人」であったという。しかし、『エッダ』では、イヴはエルの

36. Rafal T. Prinke, "The Occult Meanings Behind Polish Heraldic Devices" http://w3.iac.net/~moonweb/archives/RTP/Polish1.html

37. "British Edda（ブリティッシュ・エッダ）"

図23：ニューヨークのロックフェラーセンター前にある「知性の火」を手にしたプロメテウスの黄金像。

図24：トール（インダラ、ゲオルギウス）とバルドルの戦いの図。バルドルの足が蛇になっているのは象徴的である。

図25：プテリア近郊で発見された紀元前3000年頃のトール（「アダム」）とイヴの結婚式の石版。二人の脇には、トールの山羊（ユニコーン）のトーテムが見られる。バルドルは両刃の斧を持って猫のような動物に乗っている。

「被後見人」であり、「海の泡の種族の生まれ」であった。彼女はその後、ギリシャ人によって「海の泡」という意味の「アフロディーテ」と呼ばれたが、そのアフロディーテも海で生まれたとされるのは、つまり両生類のアヌンナキということだろうか？

このような女神と海との繋がりは、イギリスの「ブリタニア」となったフェニキアのバラティにも多く見られる。有名なイギリスの愛国歌に「ブリタニアよ、統治せよ《ルール・ブリタニア》 海原をその手に治めよ」とあるが、このブリタニアはイギリスのことではない。さまざまな名前で呼ばれ、イルミナティが古代から崇拝してきた古《いにしえ》の女神のことである。海に棲む狼の種族は、『エッダ』によればアーリア人の祖先でもあるのだが、蛇のカルト集団であった。イヴ自身『エッダ』では「アマゾン族」であり「ワルキューレ」である。これは蛇崇拝に共通している。となると、『エッダ』にある「アダム」と「イヴ」の結婚は、「アーリア人」であり「蛇の王」として知られるようになったレプティリアン血族とノルディックとの異種交配の象徴だろうか？『エッダ』に書かれた結婚式の行列は、トール（インダラ、アダム）の古都プテリア（現在のトルコのボアズキョイ）にある紀元前三〇〇〇年頃のヒッタイトの石版に見ることができる（前ページ図25）。「アダムとイヴ」が十字のような紋章と「地球」のような物体を交換している。ワッデルによると、これはナナカマドの「実（apple）」だという。ナナカマドの木は、トール（インダラ、アダム）の「知恵の木」のシンボルであり、その実（apple）はエデンの園の「禁断の木の実」だとワッデルは言っている。『エッダ』では、蛇カルトのリーダーのエルが、イヴが転向して「ナナカマド」の女司祭になったとなじる場面がある。『エッダ』ではイヴを「イドゥン（Idun）」と言い、イドゥンは聖なる木から生命を与える実をとってゴート族に与える。イドゥ

マグダラのマリアは「ドラゴン・クィーンの血筋」を象徴している！

図26：紀元前５世紀のギリシャの花瓶にアテネとして描かれたシュメールの女神アドゥエニ（アトゥエニ）。アマゾン（ワルキューレ）の武装をした女神である。肩の周りの蛇と衣に描かれた大量の鉤《かぎ》十字に注意されたい。

ンはシュメールでは「アドゥエニ（Adueni）」あるいは「アトゥエニ（Atueni）」で、これが後にギリシャの地母神《マザー・ゴッデス》アテネになった（前ページ図26）。

レヴィ人のお伽噺《ときばなし》／アダムとイヴ、ヘビの楽園

ワッデルによると、ヘブライのレヴィ人の司祭はこの象徴を用いて、ヘビの棲むエデンの園とアダムとイヴの話を創作したという。二人は知恵の木（北欧の信仰を象徴するナナカマド）から実を取って食べ、罰を受ける。レヴィ人はエルを祭る蛇崇拝を行っていたし、旧約聖書の神々エロヒムは蛇のカルトのレプティリアンであった。『エッダ』では蛇のカルトはウルのワルキューレと言われていた。レヴィ人は「カルデアのウル」出身のアブラハムという人物を作り出したが、カルデア人は蛇崇拝のワルキューレである。『エッダ』によると、「エル（El）」も「ウル（Ur）」に由来する。『エッダ』では、エルは「フリムニ（Hrimni）」とも呼ばれ、ペルシャ人には「アーリマン（Ahriman）」（「大蛇」）と呼ばれていた。これは聖書の「アブラハム（Abraham）」とも驚くほど似ている。レヴィ人はアーリマンを悪魔「アエシュマ（Aeshma）」と結びつけている。アーリマンは、修道女や若い女性に取り憑《つ》いて好色にしたキリスト教の悪魔「アスモデウス（Asmodeus）」のモデルとなっている。[38]この「悪魔」は、南フランスのプロヴァンスにあるレンヌ・ル・シャトーの入り口に意味ありげに置かれてもいる。この教会はイルミナティの象徴主義《シンボリズム》の集大成のような場所で、メロヴィング朝の秘密

38. "The Woman's Encyclopedia Of Myths And Secrets" 六七ページ（『神話・伝承事典――失われた女神たちの復権』）女神とそのほかのものとの関連についての優れた参考書である。

図27：蛇カルトの女神エルは、エジプト神話では有翼の竜に象徴されている。

古代の王たちが、こぞって円筒印章に刻んだ「神の惑星」第12惑星のシンボル。

[出典：『人類創成した宇宙人』ゼカリア・シッチン]

ドラゴンを殺すトール（聖ゲオルギウス）を表す、紀元前600年頃のペルシャの彫刻。

エジプトの神の息子ホルスが「悪魔のワニ」であるセト（セトゥ）を殺しているところ。紀元前1000年頃のエジプトの薄浮き彫りで、現在はパリのルーブル美術館にある。

結社シオン修道会と繫がっている。レンヌ・ル・シャトーはマグダラのマリアに捧げられた小さな教会だが、「マグダラのマリア」とは、レプティリアンの血流が女性、すなわちエルのような竜の女王《ドラゴン・クイーン》の血筋を通じて受け継がれていくことを象徴する名前なのだ。「MAG」はレプティリアン血族が女性のDNAを通じて継承する符号であり、女王に関係すると聞いている。レンヌ・ル・シャトーは一八〇〇年代後半にソニエール神父によって再建されたが、そのときソニエールは暗号化された写本や遺物を発見してかなりの財産を得た。この話は『大いなる秘密』に詳細を記してある。

カインとアベルの父はアダム《トール》、バアル《バルドル》？

『エッダ』にはトール（アダム、インダラ）が「イヴ」との間にグン（Gunn）ないしギン（Ginn）、コン（Kon）と呼ばれる息子をもうけたと記されている。これが聖書の「カイン（Cain）」とアーサー王物語の「ガウェイン（Gawain）」だとワッデルは言う。紀元前二五〇〇年以前のバビロンの紋章では、彼は「インドゥル（Induru）神の息子、アダム」と呼ばれている。『エッダ』では、グン（「カイン」）は、蛇のカルトのリーダーであるヴォーダンとエルの息子、バルドルの攻撃を受け、負傷した。ワッデルによれば、バルドル（Baldr あるいは Balder）は聖書の「アベル（Abel）」と同一人物で、『エッダ』ではヘブライ語の「E-b-l」に当たる「エプリ（Epli）」と呼ばれ、シュメールでの彼の称号は「イビル（Ibil）」または「バル（Bal）」（ヘブライ語の「バアル（Baal）」だとワッデルは言っている）である。つまり、バアル崇拝とは蛇崇拝なのである。バルドルはまた「エギル（Egil）」とも呼ばれるが、これはヘブライ語で「雄の子牛」を意味する「エゲル（Egel）」とほぼ同じだ。「黄金の子牛」崇拝は旧約聖書に登場する。[39]「黄金の子牛」崇拝＝蛇崇拝ということなのか？　バルドルは牡牛ないし雄の子牛として象徴され、イスラエル（Israel=Isra-El）の「雄の子牛の神」となった。『エッダ』ではバルドルは「エデンの雄の子牛」であり、「若きヒュドラ（Hydra）」とも呼ばれる。ギリシャ神話のヒドラ（Hydra）は九つの蛇の頭を持つ化け物で、毒気をもった息を吐き、頭を一つ切り落とされるとそこに頭が二つ生えてくるという。ヒドラは、太陽神ヘラクレスの一二の功業の二つ目として退治された。『エッダ』では、トール（インダラ、アダム）はカッパドキアの首都を「天国」を意味するヒミン（Himin）と呼び、蛇のカルトのバルドル（「アベル」）はヒミン（天国）にあるトールの宴会の間に赴き、そこでイヴと激しい口論となり、彼女を侮辱したという。そこで、蛇のカルトのバルドルは、イヴとアダムの息子であるグン（「カイン」）、あるいは「ミオク（Miok＝Michael）」によって追放された。これが、ワッデルによれば、大天使ミカエルが悪魔（ルシファー）を天から追放した話の元になっている。[40]

39. "British Edda（ブリティッシュ・エッダ）"

40. 同右

エデンの戦い

『エッダ』には、エデンの支配をめぐる蛇のカルトとトール（インダラ）軍勢との戦闘が描かれている。ワッデルが指摘するとおり、攻撃をしかけたのは全体に狼の種族、蛇のカルトの側で、その「エデンの戦い」では飛行物体から爆撃や灼熱《しゃくねつ》のミサイル、炎を発射する武器や有毒ガスの噴射などを思わせるものが使われている。「現代の戦争における凶悪な破壊手段」をありありと連想させる描写は、アヌンナキが関わった戦闘についてのシュメールの記録とも一致すると、ワッデルは言っている。『エッダ』でも、シュメールやヒッタイトの紋章でも、エルとバルドルはともに「翼」を持っている（383ページ図27）。インドの『ヴェーダ』には空中戦を行う神々の話が登場する。そこでは、古代遺跡が核兵器さえ思わせる何らかのハイテク兵器によって破壊されたことを示す信頼できる説明が示されている。『エッダ』には、トールが蛇のカルトに打ち勝った様子が描かれており、ウェールズではこれが「地獄（Hell = El）の苦しみ」として伝わっている。中でも重要なのが、カイン王子（ミオク、ミカエル）がエルの息子バルドル（アベル）を殺害する場面で、シュメール、バビロン、アッシリア、ヒッタイト、ペルシャで多くの標章や石版に描かれている。エジプトのバスレリーフ（薄浮き彫り）には、カインがホルスとなって、悪魔のワニに象徴されたアベル（セト）に槍を刺す姿が描かれている（384ページ参照）[41]。これは大天使ミカエルが竜を退治する話でもある。大天使ミカエルはシュメールやカッパドキアの神で、竜の戦士として描かれている。インドでは、バルドルは（カイン）に倒される「大いなる神《デーヴァ》（Deva）」（「ティーヴァ（Tiva）」、あるいは「悪魔」）である[42]。アイルランドの聖パトリックは、同国から「蛇」を追放するために「勝利者聖ミカエル」から遣《つか》わされたという。シュメール帝国からフェニキア人などがイギリスに入植したとき、コーンウォールの聖マイケル山など、天使長ミカエルにちなんだ地名がつけられた。キリスト教徒が古代の異教の拠点に教会を

41. 同右
42. 同右

作りはじめた頃、その多くに大天使ミカエルの名がつけられたそうだ。『エッダ』には、エル（「オールドメアリー」とも呼ばれていた）は戦いに敗れ、小舟でユーフラテス川を下って逃げたが、トール（アダム）に捕まって殺されたとある（図28）。エルと息子のバルドル（アベル）が死ぬ姿は、ともにワニとして描かれている。

不死鳥《フェニックス》の興亡／ノルディック王族の体に取り憑く

敗戦後、レプティリアンと蛇のカルトは地下に潜った。むしろ地下に戻ったと言えるかもしれない。一九〇七年頃に出版された『ローリンの古代史（Rollin's Ancient History）』によると、エデンは山の内部にあったという[43]。同書によれば、メソポタミアの二大河川、チグリス川とユーフラテス川はそれぞれタウルス山の両斜面を水源としていたが、ここはアマゾン族と蛇のカルト集団が棲んでいた地域である。両河川は神々がわざわざ作ったもので、「エデン」の山を流れていたと書いてある。となると、両河川は「エデンの園」を潤していたことになる。おそらく正しいだろうが、私は「エデン」はそもそもレムリアにあったのではないかと考えている。先にも述べたように、トール（インダラ）とその後継者はシュメール帝国となる領土を、イギリス、南北アメリカ大陸、オーストラリアにまで拡大していった。しかし『エッダ』には、蛇のカルトはトールの死後再び力を取り戻し、「エルはまだ生きている」とも書かれている。エメラルド・タブレットに書かれていたように、「王家」の家系

43. “Rollin's Ancient History”(Hurst & Co., New York, Vol 2, circa 1907)

さまざまな形態をもつレプティリアンだが、戦いに破れ、逃げたものもある！

図28：アンダラ（後の聖アンドルー）の名の下にドラゴンを退治するトール（紀元前2300年頃のヒッタイトの紋章）。

のノルディックのDNAに潜り込み、王族の体に取り憑いたのである。蛇のカルトは再編成され、やがてその拠点がバビロンに築かれた。この本拠地から、かつてのシュメール帝国、とりわけエジプトの王や宗教的リーダーの座へと自分たちの血流の者たちや工作員を潜入させていったのだ。こうした蛇の子どもたちは神秘主義結社《ミステリースクール》や国の宗教を支配し、それをレプティリアンのアジェンダを推進する道具に変えていった。

ワッデルが翻訳した『エッダ』のどこまでが事実で、どこまでを象徴と受け取るべきかは難しいところだ。ワッデルはこれをすべて事実と考えていたが、古代では象徴主義《シンボリズム》が広く浸透していたことを考えると、『エッダ』だけが例外とは思えない。たとえばアダムとイヴの象徴については私もその正確な意味をすべて判断はできていないが、シュメールの話がイギリスの「歴史」に入り込んでいるように、そこにはレムリアの話が織り込まれているのではないかと考えている。しかしワッデルは、その優れた功績として、歴史の主題としてノルディックとレプティリアンを確認し、蛇のカルトが女性、あるいは女神に焦点を当てていることを確認したのだ。

第10章

さまざまな顔を持つ蛇のカルト

されど用心すべし。蛇人らは時折りこの世に開放さるる場に今もなお住めり。
彼らは儀式のとなえられ来りし諸所にて汝らの間を見えずして歩くなり。
時すすみし時彼らは再び人の姿をとるならん

エメラルドタブレット

キリスト教の「蛇」の三位一体／人類の意識力を封じる

『エッダ』に描かれている蛇のカルトは、キリスト教、悪魔崇拝《サタニズム》、ナチス、フリーメイソン、ハリウッド、ダイアナ元皇太子妃の死、それに、シェイクスピア戯曲を実際に書いた作家たちとも繋がりがあると言える。

その影響力は、信じがたいほどさまざまなところにまでクモの巣のように張りめぐらされている。人類の意識を抑圧しておくのは相当大変なことだからだ。その真の力は、コントロールしようとする側の未熟な意識に比べれば、はるかに強力なのだ。やつらは人間の潜在的な力がはるかに強いことを知っているから、あらゆる角度から私たちを攻撃し、無知のままぼうっとさせておく必要がある。そのための最も効果的な武器の一つが、邪教カルト、すなわちキリスト教だったのである。

エル、ヴォーダン、バルドル（母、父、息子）という蛇の三位一体は、さまざまな形で繰り返し現れてきた。蛇の三位一体で特に強調されるのが母と息子である。蛇のカルトの本拠地であるバビロンでは、「息子」はニノスあるいはタンムーズ（バルドル）で、「母」は女王セミラミス（エル）である。トール（インダラ）との戦いの間、蛇のカルトの中心となっていたのが、トルコのアララト山の西側にあるヴァン湖のほとり（聖書では、大洪水後、「ノアの箱舟」がとまった場所）に住むヴァン族だった。[1]ヴァン族は「神々《カルディース》（Khaldis）の子どもたち」として知られていた。ワッデルによれば、これ

1. "British Edda（ブリティッシュ・エッダ）"

がメソポタミアではカルデア人（Chaldeans）となり、イギリス北部ではカルディー（Culdees）となった。「ヴァンダル人」や「フン族」もその傍系、つまりレプティリアンの血統だ。ヴァン（Van）やバイナ（Baina）は、蛇のカルトのリーダーである女王セミラミス（エル）の古代の首都でもあった。セミラミスはおそらく、アーサー王物語の「湖の貴婦人」とも関係がある。死の女神ヘルの領土「火の湖」は、地下世界を象徴してもいる。セミラミスは「枝を運ぶ者」と訳されるが、彼女のシンボルは鳩である――ますますノアの話との関係が深まった。ノアにオリーブの枝を運んできたのは鳩である。ある研究者は、ヴァン湖をエデンの園と関連づけている。

そうすると、バビロニアの「母と息子」は、蛇のカルトのセミラミスとその息子タンムーズということになる。タンムーズは、はるかに早い「イエス」の物語の主人公だ。この蛇のカルトがバビロンからローマに移動し、今日私たちの知るキリスト教を創設したことについては、また後で述べる。キリスト教バージョンの「母と息子」は、マリア（エルの別名）と「イエス」（タンムーズあるいはバルドル）である。ローマ教会によって作られたキリスト教は、古代の母と息子の蛇のカルトの宗教が形を変えたものだ。ほかにもまだある。ローマはロムルス（Romulus）とレムス（Remus）によって建設されたと言われている。これらは神話の上の名前であるが、非常に象徴的だ。ワッデルは次のように指摘する。『エッダ』では、ロム（Rom）は蛇のカルトの住処《すみか》のエディン（エデン）の別名であり、「ロム人」の「狼の種族」の発祥地である（狼の象徴はシリウスと関係する）。これらの人びとはノルディックではなく、浅黒い肌をしたカルデア人やリュキア人のような原住民、それに、今日地中海種族とかイベリア種族とか呼ばれる人びとに似ている。「ロム（Rom）」や「ロミル（Romil）」はセトや古代エジプトの蛇崇拝者たちの称号でもある。イスラム教徒はトルコ（小アジア）を「ルム（Rum）」と呼ぶ。ルーマニア（Romania）は昔から吸血鬼伝説の中心地だった。となると、神話のローマの建設者ロムルスとレムスが「狼の乳で育った」と言われているのは実に興味深い。このことと蛇崇拝は、ロム人の狼の種族による母と息子のカルト（女神崇拝）を象徴している。ロムルスとレムスという名前の由来は、ローマの本当の建設者たちである古代の女系一族、エトルリア氏族のロムリアだった。ここでもまた、女性だ。

聖母マリアの正体／死の蛇マリア「竜の女王《ドラゴン・クイーン》」のエル

ローマ教会の起源がバビロンにあることがわかれば、彼らがエルやセミラミス女王の変形である「マリア」という女神的存在を非常に重要視するのにも不思議はない。エルは「メイ（May）」とか「母《マザー》なるメイ」とも呼ばれ、「メーデー（May Day）」もそこから来ている。メーデーは、蛇のカルト（イルミナティ）の儀式の中でも特に重要なものだ。メーデーがイルミナティの作り出した共産主義という教義によって祝われ、軍事パレードが行われるのも、それと同じ理由である（共産主義のイルミナティ起源についての詳しい背景は、『……そして真実があなたを自由にする』を参照のこと）。四月三十日の夜、悪魔崇拝者《サタニスト》たちは、「メーデー前夜祭」あるいは「ワルプルギスの夜祭」で、女神にワルプルギスの儀式をささげる。この女神はドイツでは「五月の女王《メイ・クイーン》」ワルプルギスという名で親しまれており、「聖ワルプルギス」の名のもと、キリスト教信仰に取り込まれ、これを正当化するための作り話が生み出された。[2] アーサー王物語に登場する「モーガン・ラ・フェイ（Morgyn La Faye）」もエルの別名で、「Fey（死の蛇）」の「Maer（マリア）gyn（女性）」と解釈できる。[3] 死の蛇であるマリアという女性、それがキリスト教の「聖母マリア」である。また、モーガンは「海の女」としても知られ、やはり水と関係している。[4]

神の息子バルドルの死を嘆く壁

『エッダ』にあるバルドル（「アベル」）が「カイン」あるいは「聖ミカエル」の手にかかって死んだという話は、多くの文化にさまざまな形で語られている。ヘブライの『旧約聖書』では、カインが「弟」のアベルを殺し、世界に最初の死をもたらしたとある。『新約聖書』には、聖ミカエルが悪魔ルシファー（「巨大な竜」）を倒したと書かれている。エジプトでは、狼の頭をしたセトがアサル（オシリス）の息子ホルスによって殺される。インドでは、カインは「大いなる神《デーヴァ》（Deva）」あるいは「雄牛」と戦ったガネーシャである。雄牛は、『エッダ』でのバルドル（アベル）の称号である。アーサー王伝説のサー・ガウェインは緑の騎士を殺した。先にも述べたように、カルデア人はバルドル（アベル）をタンムーズと呼んだ。タンムーズは彼らの「土地の息子」であり、人類のために死んだ「神の息子」であった。タンムーズもまた、蛇や「竜の王たち」の血流と深い関わりを持っている。

2. "The Woman's Encyclopedia Of Myths And Secrets" 一〇五八ページ（『神話・伝承事典――失われた女神たちの復権』八三三ページ）
3. "British Edda（ブリティッシュ・エッダ）" 二四九ページ
4. "The Woman's Encyclopedia Of Myths And Secrets" 六七四ページ（『神話・伝承事典』五四二ページ）

ヘカテもエル（ヘル）の変形であり、これもまた古代の神の息子であるディオニュソスの母として象徴的な存在である。タンムーズもディオニュソスも、後の「イエス」伝説にそっくりだ。タンムーズ（バルドルあるいはアベル）の死を悼むカルデア人の「哀歌」は、紀元前三〇〇〇年頃のバビロニアの粘土板に刻まれた膨大な数の母と息子（蛇）のカルトの賛歌の中に収められている。彼らはタンムーズの死を嘆く儀式を行っていたが、ユダヤの人びとがエルサレムの西側の壁、つまり「嘆きの壁」で嘆き悲しむのは、これの変形である。『旧約聖書』でエゼキエルは、ヘブライの女性たちがエルサレムでタンムーズの死を嘆いている様子を描いている。地下世界の女王エル（ヘル）のところに行きたければ、嘆きの川を渡らなければならないという伝説もある。[5]

「イエス」＝バルドル／神秘主義結社《ミステリースクール》の象徴的合成キャラクター

本拠地をローマに移動させた蛇のカルトは、今日知られる「イエス」の物語を導入し、蛇のカルトのリーダー、エル（「マリア」）の「磔《はりつけ》にされた」息子、バルドルをイエスに象徴化した。だが、イエスの物語に関連する象徴は、ほかにもまだまだある。イエスは、神秘主義結社《ミステリースクール》の膨大なシンボリズムを寄せ集めて合成したキャラクターなのである。バルドルもその一つだが、福音書のエピソードにはほかにも数多くの象徴が織り込まれている。十字架上で「イエス」は「エリ・エリ・レマ・サバクタニ」と言ったと書かれているが、これを訳すと「わが神、わが神、どうして私をお見捨てになった

5. 同　三八二ページ（『神話・伝承事典』三〇六ページ）

のですか?」となる。私の公式サイト(davidicke.com)のウェブマスターであり、長年これらのテーマを研究しているローレン・サヴェッジは、映画のインディ・ジョーンズのモデルにもなった、アメリカの有名な学者ヴェンディル・ジョーンズ博士と一緒に研究していたことがある。ローレンによれば、ジョーンズ博士は「イエス」が言ったとされるそれらの聖書の言葉は南米の言語から来ており、翻訳は推測の域を出ないと言ったそうだ。もし、「聖杯」が蛇の血族にとって神聖なシンボルである竜の女王《ドラゴン・クイーン》の子宮だとすれば、そしてイエスが蛇の女神の息子であるバルドルの象徴であるなら、ローレンス・ガードナー卿のような人びとが主張している解釈がはたと腑《ふ》に落ちる。彼は、メロヴィング朝(レプティリアン)の血統は、「イエス」とマグダラの「マリア」の「聖杯」の血筋だとしている。「竜の血流」のために働く「竜の王朝とその騎士団(Imperial and Royal Dragon Court and Order)」の長であるガードナーは、聖杯とイエスが象徴する本当の意味を確実に知っていたのではないだろうか? ガードナーによれば、「竜《ドラゴン》」というのは、この血流のエジプトの王たちの即位の儀式で聖なるワニの脂から作られた油が注がれたという事実によるものだそうだ。エルとバルドルはワニに象徴されるが、ワニはエジプトでは「メシー(Messeh)」として知られており、ここから、「救世主《メシア》(Messiah)」や「キリスト(Christ)」の語が生まれた。「キリスト」とは「油を塗られた者」(ワニの油を注がれた者)という意味である。

レプティリアンのナーガの「王」であるヒンドゥーの神シヴァも、男根を経血に浸すときに「油を塗られた者」(ギリシャでは「クリストス(Christos)」)と呼ばれた。みなさんがお食事中でなければいいのだが……。バーバラ・ウォーカーが『神話・伝承事典――失われた女神たちの復権』で指摘していたように、初期グノーシス派キリスト教徒の多くの伝承では、蛇をイエスと同一視していた。キリスト教徒の中には、イエスの父親は蛇であり、聖処女マリアのベッドに「その影を投げかけ」、人間の姿の「救世主」をもうけたのだと信じる者もいると、彼女は言っている。このことは、メロヴィング朝の始祖メロヴェやアレキサンダー大王の伝説とも酷似しており、両者とも父親は蛇あるいは海の生き物だと言われている。また、「ナアシアン（Naasians）」として知られるユダヤの蛇崇拝者たちは、蛇が「救世主《メシア》」だと言っている。

『エッダ』や他の記録を誤って伝えた著者たちは、故意かそうでないかはわからないが、バルドルを「善神」として紹介した。カルデア人たち（ヴァン湖の「神々《カルディース》の子どもたち」）は、蛇のカルトの母と息子の宗教を奉じ、バルドル（タンムーズ）を「善神で、美しく、慈悲深い、誠実な息子」と言った。バルドルは、彼の選民たるカルデア人を救うために死んだ聖なる高位の神官である。彼は生贄《いけにえ》となって地下世界に下りていったが、いずれ「再臨」し、新しい天国、新しい地球を建設するのだという。キリスト教徒がイエスについて言っていることと、ほとんど同じだ。ちなみに、ジェームズ・チャーチワードによれば、カルデアは「民族」ではなく「教派」だそうだ。スカンジナビアの伝説では、バルドルは盲目の神ヘズ（Hod）にヤドリギの槍で刺された。キリスト教では、イエスは盲目の百人隊長ロンギノスに槍で刺されたと言われている。三月十五日《アイズ・オブ・マーチ》《訳注：シーザーが暗殺された日で、不吉な日とされている》は古代人がヘズに捧げた日で、この同じ日を、使徒教会の蛇のカルト幹部は「聖ロンギノス」の祝日とした。[6]「運命の槍」（ロンギノスの槍）をわが物にしたいというヒトラーやナチスの執着は、彼らの神バルドル（バルドゥル）との繋がりを物語る。ヒトラーは、変身《シェイプ・シフト》でき

6. 同　五四九ページ（『神話・伝承事典』四四八ページ）

るオーストリアのハプスブルク家がその本物を持っているものと思っていた。「運命の槍」はレプティリアンの血流のカール大帝が持っていたからだ。ヒトラーは、その槍を持つ者はだれでも無敵になると思っていた。オーストリアを併合の間にハプスブルク家からそれを盗んだが、どうやらあまり役には立たなかったようだ。アーサー王物語の「聖杯」も、イエスが槍で横腹に穴を開けられたときにその血を受けた器だと考えられている。だが実際は、殉教した蛇のカルトつまりイルミナティの伝説的な英雄「バルドル」の「蛇」の血である。「イルミナティ」あるいは「光を与えられた者たち《イルミネイテッド・ワンズ》」という言葉は、ロキというバルドルの名前と繋がっている。これが「光をもたらすもの」であるルシファーになったと、ワッデルは言う。イエスは「この世の光」とも言われている。

ユダヤの父と息子の話にも、木に張りつけられた愚かな男の話が見られる。バルドルとタンムーズとイエスは同一人物だ。イルミナティは、人びとをだまし、実際に思っているのとは正反対のレプティリアンの象徴的な神々を崇《あが》めさせるためにキリスト教を創り出したのだ。不思議の国のアリスはなんと言っていたっけ?

「見かけどおりのものなんて、なんにもないの。どれもこれも、見かけとは違ってるの。反対に――そうだと思っても、そうでないかもしれないし、そうでないと思っても、そうかもしれない。わかる?」

黒い聖母《The black madonna》／竜の女王エル、ノートルダム、出産する聖処女

さあ、これでもう、ジョージ・ブッシュ父子、ビル・クリントン、英国王室といったイルミナティのお役人たちが、悪魔の儀式に参加しておきながら、熱心なキリスト教徒であると公言している理由がわかっただろう。彼らはその本当の意味を知っているのだ。彼らにとってキリスト教は、蛇の神々、エルやバルドルをはじめとするイルミナティのその他の神々や象徴への崇拝なのだ。秘密結社「テンプル騎士団」は資金を出して、蛇の女神の神殿となるべき有名なゴシック大聖堂をいくつも設計した。一一七〇年から一二七〇年のあいだに、フランス内だけで八〇の大聖堂と五〇〇の教会が建てられ、「われらが貴婦人《アゥア・レディ》」（エル、セミラミス、マリア）に捧げられた。テンプル騎士団は蛇のカルト（イルミナティ）によってコントロールされているが、メンバーのほとんどはこのことに気づいていなかっただろう——今日の大半のフリーメイソンと同様に。テンプル騎士団はそのシンボルにトール（インダラ、ジョージ）の赤十字を使用しており、見た目には、キリスト教の神の崇拝者である。これもまた、今日のフリーメイソンと同じだ。しかし、高位階者にとっては、どちらも蛇のカルト（イルミナティ）を表すシンボルだ。彼らのキリスト教の教会や大聖堂は、フリーメイソンと同様、女神や占星術、太陽や性のシンボルであふれている。当たり前だ。どちらも、同じ勢力が創ったのだから。重要な大聖堂が建てられているのは、古代に異教徒が儀式を行った場所だ。パリのノートルダム（「われらが貴婦人」）寺院は、女神アルテミス（ディアナ）、つまりエルを祀《まつ》ったところに建てられている。

レプティリアンの血流であるメロヴィング朝はまさにそこでこの女神を拝んでいたのだ。それに、ノートルダム寺院はレプティリアンのガーゴイルで覆われている。

パリからそう遠くないシャルトルの立派な大聖堂は、テンプル騎士団によって異教儀式の行われた神聖な地に建設された。そこは非常に重要な聖地だったので、儀式に参加しようと、ヨーロッパ全土からドルイド教の司祭たちが訪れていた。ノートルダム寺院と同じように、シャルトル寺院は「黒い聖母」――竜の女王《ドラゴン・クイーン》であるエル――の信仰の中心地だった。一八世紀後半まで、シャルトルへの巡礼者たちは、エル、つまり黒い聖母に敬意を表する「キリスト教の」儀式に参加していた。彼らは、大聖堂で祈りを捧げ、ミサに参加した後、北通路を通って古代の地下墓所《クリプト》へと降りていく。するとそこに、彼らが崇拝する「ノートルダム・ド・スーテール」(地下世界のわれらが貴婦人)――ひざに子どもを抱いた女性の黒檀《こくたん》の坐像――がある。ここにもまた、エルとバルドルの母と息子の蛇のカルトが登場する。子どもはいつも左ひざに抱かれている。というのも、悪魔教は自らを「左手の道」と呼んでいるからだ。シャルトルの黒い聖母も、例によって、頭に王冠を戴き、古代ローマ語で「出産する聖処女」と刻まれた台座に載せられている。王冠はレプティリアン血流のシンボルであり、悪魔教の高位階を表すのに使われる。黒い聖母は「天の女王」とも呼ばれ、これら処女母はすべて鳩で象徴される。英国王室のシンボルである王冠、鳩、ライオンなどはすべて、今日も権力を握っている蛇のカルトのシンボルなのである。

黒い聖母崇拝を推進するのに最も尽力したのは、シトー修道会を創った、フランスのクレルヴォーの修道院長、聖ベルナルドゥス(ベルナルド)(一〇九〇~一一五三)だった。彼は、シャティヨン

左は、古代エジプトの「聖母」イシスとその息子、救世主ホルスの肖像。右は、イギリスのワイト島ゴッズヒルにある教会の、古典的なポーズの聖母マリアとその息子、救世主イエス。これらはなぜこんなにそっくりなのか？　それは、彼らは名前こそ違え、まったく同一の神々だからだ。

エフェソス博物館にある、卵のシンボルを抱いた女神アルテミス（ダナ、ディアナ）の像。アルテミス（ディアナ）は、メロヴィング血族の主神だった。両者とも、ミツバチ、蜂蜜、蜂の巣をシンボルとする。

の黒い聖母が乳房を搾《しぼ》って彼の口に乳を三滴《さんてき》垂《た》らしてくれるという驚くべき宗教的「啓示《イルミネーション》」を受けたと言っている。いや、間違ってはならない。ベルナルドゥスは、イルミナティのセントクレア家とともにテンプル騎士団創設の中心的人物でもあったのだ。セントクレア家は後にスコットランドのエディンバラ近くにあるロズリンでシンクレア家となった。テンプル騎士団が蛇のカルトの隠れ蓑《みの》として成立したとき、彼らは表向きのために、女性の守護聖人として「神の母」あるいは「天の女王」、本来の名前で言えばエル（セミラミス）を採用したのだ。チュートン騎士団も同じで、根っこのところではレプティリアンのハプスブルク家と繋がっている。騎士団の旗にはよく女神が描かれた。そして、彼らが女神の栄誉をかけて戦うとき、鬨《とき》の声としてその名を叫んだ。彼らはマリアの名を呼びながらエルのために戦い、イエスの名を叫びながらバルドルのために戦っていた。これで、なぜ、愛に根ざした宗教だと主張するキリスト教が、全世界で大量虐殺や拷問《ごうもん》を行う手段になってきたのかがわかるだろう。キリスト教の三位一体の「聖霊」も、ヘブライでは女性とみなされており、初期の使徒教会でもそう考えられていた。

　実は、聖書の「バイブル（Bible）」という名前も、マリアの前身であるアスタルテ（Astarte）の女神信仰の発祥地ビブロス（Byblos）に由来する。この神殿は新石器時代にまで遡《さかのぼ》り、アスタルテは「世界の真の統治者」と信じられていた。彼女は聖母マリア、ハトホル、デメテル、アフロディーテとして、またインドではカーリーとして、いたるところで信仰されている。トルコ南西にあったエフェソスも、キリスト教発祥に関係する土地である。「聖パウロ」はエフェソス人に手紙を書いたと伝えられ、ギリシャ神話ではアマゾン族がこの都市を創ったと言われている。エフェソスは、アマゾン族の女神、アルテミス（ディアナ）信仰の中心地でもある。私は二〇〇〇年の夏にエフェソスを訪れた。山の上高くにある古代遺跡の建物はマリア、つまり「イエス」の母の家だという。アマゾン族が信仰したもう一人の女神が、小アジア（トルコ）全土の地母神キュベレ（Cybele）である。キュベレは、「獅子《しし》の土地」であり蛇のカルトの地であるフリギアからローマへと移された。キュベレに捧げる儀式に、聖なる雄牛の血による洗礼がある。

雄牛は死んでいく夫アッティス（Attis）を象徴しているが、イエスはまるで彼のコピーだ。キュベレのローマでの教会は、紀元四世紀にキリスト教会になるまで、現在サンピエトロ大聖堂が建っているところにあった。事実、モンタノス（「山の男」）というキュベレを祀る聖職者は、アッティス神とキリストを同一視していた。モンタノス派の中には、小アジアのキリスト教徒によって教会に幽閉されて、生きたまま焼き殺された者もいた。[7] キュベレは「洞窟の女神」とも言われるが、その洞窟は、イエスの型にはめた、救世主たる神々がたくさん生まれたと言われる場所だ。レプティリアンの地下ネットワークだろうか？

エルの赤い薔薇《ばら》は女陰／生殖、豊穣、月、金星の女神

さまざまな異名を取るエルは、生殖や多産、豊穣の女神、あるいは月や金星の女神と言われている。キリスト教会で見つかった洗礼用の石の鉢《はち》はすべて、『エッダ』に書かれている蛇のカルト（イルミ

7. 同 二〇一、二〇二ページ（『神話・伝承事典』一六六ページ）

ナティ）の「魔法の石鉢」を象徴している。ゴシック建築のキリスト教的な扉口とそれを取り巻くアーチ状の装飾は女性の外陰部を表しており、その多くはアーチ上部にクリトリスのシンボルさえついている。同じ意匠が窓、特に大聖堂の薔薇窓にも施されている。シャルトルには、中央に「マリア」を配した「フランスの薔薇」と言われる窓がある。薔薇窓が向いているのは西側、すなわち女神たちにとって聖なる方角である。赤い薔薇が女神のシンボルであるがゆえに、薔薇十字団員は赤い薔薇と十字をシンボルにしているのだ。これは、イルミナティの網を形作る主要な糸で、その血統は古代エジプトやレプティリアンの血流のシンボルである「ノア」まで遡るという。エリート・ネットワークとしては、別に「薔薇の騎士団」として知られる秘密結社もある。元カナダ首相のブライアン・マルルーニーやピエール・トルドーもそのメンバーで、両者とも悪魔主義者《サタニスト》である。[8] トルドーは襟《えり》の折り返しに赤い薔薇をつけることで有名だった。フリーメイソンのいくつかの支部では、儀式に薔薇や十字架を使うのが特徴となっている。キリスト教の聖母が薔薇に関連するのは、やはり彼女が女神信仰のシンボルだからである。ローマ人は薔薇を「ヴィーナスの花」と呼び、この言葉は女王セミラミスを含む女神たちを表すのに使われた。赤い薔薇は女性の性を象徴し、白い薔薇やユリは処女の女神を象徴する。キリスト教徒たちは、マリアから薔薇と百合の両方を連想し、彼女のことを「聖なる薔薇《ホーリー・ローズ》」と呼ぶ。これは、インドの大母神と同じ呼び名である。ローマカトリックの母と息子のカルトで広く用いられているロザリオは、インドの破壊の女神カーリー・マーが身に着けている「ジャパマーラー（マントラ用の数珠《じゅず》）」をまねたものだった。アラブ人は自分たちのロザリオをワルディヤ（wardiya）（薔薇の花園）と呼び、その意味のラテン語「ロザリウム（rosarium）」は、聖母

8. "Trance-Formation Of America（恍惚のうちに作り変えられるアメリカ）" 一七六、一七八ページ

マリア信仰の初期のロザリオのことである。悪魔教で生贄にするために育てられる赤ちゃんを表すコードネームとしてよく使われるのは、「ローズマリーの赤ちゃん」だ。ロマン・ポランスキー監督の映画のタイトルと同じだが、監督の妻シャロン・テートは、チャールズ・マンソンの悪魔教「ファミリー」にお腹の子どももろとも殺害された。トニー・ブレア首相は労働党のロゴにイルミナティとそっくり同じ赤い薔薇を採用し、「闇の王子」の異名を持つピーター・マンデルソン大臣の面目をつぶした。イギリスの他の二つの大政党のロゴは、社会自由民主党が鳩、保守党が松明《たいまつ》で、いずれも数千年の歴史を持つイルミナティの重要なシンボルである。

「シェイクスピア」はドラコニス伯爵「一一種族《イレヴン・レイス》の真の王統」

シェイクスピアもここに関わってくる。その作品は、イルミナティの秘密のシンボルや暗号にあふれている。たとえば、「シェイクスピア」の『真夏の夜の夢』に登場する「妖精の女王」（レプティリアン血族）は、ティターニア（Titania）という世界的な女神である。ティターニアは、神話の中では、ティターン（Titans）という「神の種族」を支配した偉大な女神として知られている。イルミナティの象徴主義へのこだわりを見ると、タイタニック（Titanic）号（ティターニア）の沈没にも、私たちの気づいていないことがまだたくさんあるのではないかという気がしている。これらの女神は基本的に、海や地下に関係している——一九一二年のタイタニック号の犠牲者たちは、その両方に赴くことになった。「氷山にぶつかった」という説を私は買っていない。ロシア南部ではティターニア（当地ではレアと呼ばれる）は「赤き者」であり、ローマ人は彼女のことを伝説上のローマの建設者ロムルスとレムスの母であると言っている。『真夏の夜の夢』でティターニアの夫となっている妖精王の名はオベロン（Oberon）だ。オベロンにはモデルとなった実在の人物がおり、それは「シェイクスピア」戯曲を実際に編集した人物——ロックスリーの一七代オックスフォード伯爵エドワード・ド・ヴィア——の祖先である。アメリカの研究者ブライアン・デズボローらは、それらの作品がエリザベス女王時代のイルミナティのイニシエイト・シンジケートによるものだということを明らかにした。シンジケートのトップはド・ヴィア、メンバーには、フランシス・ベーコン卿、ジョン・ディー、エドマンド・スペンサーらがいた。[9]

エリザベス一世（在位一五五八～一六〇三年）は例の血統の重要人物で、「妖精の女王」として知られている。テンプル騎士団のメンバーだったベーコンは、薔薇十字団のトップでもあり、『欽定訳聖書』の翻訳を監修した人物でもあった。（詳しい背景は『大いなる秘密』を参照いただきたい）。彼はまた、後にアメリカ合衆国となる社会を描いた『ニュー・アトランティス』も著した。ベーコンは時勢を密かにコントロールする「見えない大学」についても書いた。この「見えない大学」の実現の一つが、一六六〇年にフリーメイソンが科学思想を書き取らせるために創設した、ロンドンの英国学士院である。「シェイクスピア」の戯曲には、象徴主義《シンボリズム》に隠された秘教的知識や、イニシエイトにしかわからない言葉が暗号化されている。L・A・ワッデルは、「シェイクスピア」より少なくとも六世紀前に編集された『エッダ』の一部は、後に「シェイクスピア調」と呼ばれる作風と非常によく似

9．これについてのローレンス・ガードナー卿の情報は以下のサイトを参照のこと。http://www.nexusmagazine.com/articles/ringlords1.html

ていると指摘している。[10] ド・ヴィア家はレプティリアン血流の中でも高位にあり、エドワード・ド・ヴィアはドラコニス伯爵という称号を襲名していた。これは、串刺し公ヴラドのドラキュラ一族が、現在ローレンス・ガードナー卿が率いる古代の竜の騎士団に授けられたのと同じ称号だ。エドワード・ド・ヴィアはイングランドの大法官で、その祖先には、アンジュー・ギーズ公アルブレーがいる。アルブレーは「エルフの王」、言い換えれば「竜の王《ドラゴン・キング》」として知られていた。アンジュー家の血流は、私の本に何度も登場してきた。この家系はロレーヌ家の分家であり、今日のレプティリアンの血流において非常に重要な位置を占めているからである。ヘンリー二世が即位した一一五四年からリチャード二世が退位する一三九九年までイギリスを統治したプランタジネット朝も同じアンジュー家の血を引いているが、ド・ヴィア家のほうが格上である。イギリスの歴史家、トーマス・バビントン・マコーレー男爵は一八六一年に次のように記している。ド・ヴィア家は、メロヴィング家、ピクト族、スキタイ族（アマゾン系ノルディック）と並ぶ、「イギリスで最も歴史ある最も輝かしき貴族の家系」である。[11] ローレンス・ガードナーは、彼らを変身《シェイプ・シフト》するレプティリアンを表す暗号「一一種族《イレヴン・レイス》の真の王統」と呼ぶ。

フリーメイソンは蛇、蛇、蛇のカルト

フリーメイソンは世界最大の秘密結社であり、蛇のカルトの隠れ蓑《みの》であるが、そのメンバーの大部

10. "British Edda（ブリティッシュ・エッダ）" 序文

11. http://www.nexusmagazine.com/articles/ringlords1.html

分はこのことに気づいていない。フリーメイソンの英雄と言えば、ヒラム・アビフなる人物である。フリーメイソンの伝説の中で、「偉大な棟梁《グランドマスター》かつソロモン寺院の設計者」であった彼は、メイソンの秘密を明かすことを拒んだために殺された。この話は多くの点で、エジプトのオシリスの死の伝説と似通っている。テュロス王ヒラム一世（紀元前九六九—前九三六年在位）はヒラム・アビフとは別人とされているが、この王もまたソロモン寺院の話に登場する。ヒラム・アビフもテュロス（昔のテンプル騎士団の本拠地）の出身と言われており、テュロス（Tyre）の「ティ（Ty）」はバルドルを表している。ヒラム・アビフはフリーメイソン内では「未亡人の息子《ウィドーズ・サン》」と呼ばれ、「テュロスの建築家」としても知られていた。「未亡人」という言葉は竜の女神エルを、そしてその息子はバルドルを意味した可能性もある。バルドルは「未亡人の私生児」とも呼ばれている。「未亡人の息子に救いの手はないのか？」は、フリーメイソン内で「苦悩」を表す暗号である。『エッダ』に登場する蛇のカルトのために戦う部族の名も「フリュム（Hrym）」であり、後にこの部族は、ヘルミノネス（Hermin-ones）族と呼ばれるゲルマンの部族となった。ローマの歴史家タキトゥスはこの人びとをヘルミン（Hermin）の子孫だと言っており、ワッデルは彼らをヴォーダンの血筋と結びつけている。レプティリアンや竜の女王《ドラゴン・クイーン》への信仰や、自分たちの血流を権力の座につかせていることは、どの秘密結社内でも極秘事項である。

　かつて、第三三位階のフリーメイソンだったジム・ショーは、フリーメイソンの騎士団や派生組織の多くに入会していた。だが、最高位に到達してフリーメイソンの何たるかがわかり、『死に至る欺《ぎ》瞞《まん》』でそれを暴露した。彼は、ワシントンＤＣのホワイトハウスから遠くないノースウェスト一六番通りにある第三三位階の最高司令部で、スコティッシュ・ライトの第三三位階に昇進した。その建物はエジプト風で、外には女性の顔をしたスフィンクスのような像が二つ立っている。これは、ギザのスフィンクスの真の姿を表しているのではないだろうか？　ワシントン支部にあるその「スフィンクス」像の一つは首にコブラを巻きつけている。もう一体のスフィンクスの女性の頭は、ショーによれば、豊穣と生殖を象徴しているそうだ[12]。これらはアルテミス（ディアナ）のような女神に関係する能力やアイテムである。建物正面に建ち並ぶ柱の後ろには、昇りゆく巨大な太陽が描かれている。ホルスあるいは太陽の女神ソルを表しているのだろうか？　この太陽の周りには六匹の金色の大蛇が描かれ、フリーメイソンにおけるこの最も神聖なる建物の内部にも蛇のモチーフは続けて現れる。ショーは次のように報告している。

「まず目につくのは、壁に描かれた蛇だ。あらゆる種類の蛇が描かれ、非常に長いのも大きいのもある。スコティッシュ・ライトの位階の多くは蛇の表現を含んでいて、私は壁の絵の中にそれらの位階を認めることができた[13]」

秘密結社、蛇のカルト、女神の象徴はアメリカ合衆国の建国時にもはっきりと見られる。女王セミラミス（「枝を運ぶ者」の意）はエルの別名であり、鳩で象徴される。L・A・ワッデルによれば、インドのヴェーダ語でのエルの名前は「サラマー（Sarama）」、すなわち「パニ族（ヴァン族）の雌犬」である。これは女王セミラミスやヴァン湖のアマゾン族の女王であり、初期の西洋を荒廃させた

12. "The Deadly Deception（死に至る欺瞞《ぎまん》）" 一〇二ページ

13. 同右

東ヴァンダルの「トゥラン語族」を表す「サルマティア人（Sarma-tian）」の語源となっていると思われる。古代ローマの蛇のカルトはセミラミスを「ウェヌス・コルンバ（Venus Columba）」、つまり「白い鳩のヴィーナス」として崇《あが》めた。コロンブ（colombe）は現在でもフランス語で鳩を表す。「コルンバ」はエル（セミラミス）である蛇のカルトの竜の女王《ドラゴン・クイーン》を象徴する語となった。たとえばクリストファー・コロンブス（Columbus）がそれだ。彼の本当の名前はコロン（Colon）である。コロンブスはアメリカ大陸に蛇のカルトの支部を作った。ほかにも、カナダのブリティッシュコロンビア州や首都ワシントンのあるコロンビア特別区（DC）、コロムビア映画、コロンビア大学、コロムビア・ブロードキャスティング（全米ネットワークのCBS）などがある。近年のアメリカで起こった最も恐るべき事件の一つにコロンバイン高校での銃乱射事件がある。イルミナティが微に入り細を穿《うが》つまで信じがたいほど象徴性にこだわっていることがわかってくれば、建物の所在地も偶然のものではない。イギリスのフリーメイソンのグランド・ロッジも、蛇の女王エルへの崇拝を象徴するロンドンのグランド・クイーン通りにある。イルミナティの本拠地の一つであるイギリスは「母なる国」として知られ、その国会は「諸議会の母」と呼ばれている。すべては女神を象徴したものであり、その女神とはブリタニア（英国《ブリテン》の以前の名）で、フェニキアの女神バラティ、あるいは「バラートアナ（Barat-Anna）」に由来している。

一九世紀のフリーメイソン界の英雄たる世界フリーメイソンリーの最高司教、アルバート・パイクは、フリーメイソン《フリーメイソンリー》の組織はバビロン、エジプト、ペルシャ、ローマ、ギリシャの古代の秘教を復活させたと言った。彼は、「メイソンリーは古代宗教と同じだ」と、フリーメイソンのバイブル、『道徳と教義』の中で語っている。もちろん、フリーメイソンリーで使われる知識やシンボルと同じものが古代の神秘主義結社《ミステリースクール》にも見られるだろう。だが、パイクは半分しか本当のことを言っていない。フリーメイソンリーはそういった神秘主義的宗教を復活させたのではなく、継続させてきたのだ。それらの宗教は消滅したわけではなく、地下に潜っていただけなのである。フリーメイソンリーは、山ほどある複雑な位階やレベル、矛盾や神秘性、見え透いた嘘の中にイルミナティが真実を隠してきた方法の絶好の見本である。しかも、メイソンリーの会員ほど包括的に嘘をつかれている人たちはいない。ジム・ショーによれば、低位階のメイソンたち（圧倒的多数だ）は真実を知らせないために嘘の知識と解釈を与えられるのだという。公式には最高位である三三位階の者でさえ、そのほとんどがフリーメインソンリーやそのシンボルやアジェンダの本当の意味は何も教えてもらっていない。象徴主義《シンボリズム》はアヌンナキ・イルミナティの秘密の言語や暗号（『大いなる秘密』を参照のこと）の一番の基礎となっており、フリーメイソンリーは自らを象徴によって表された純粋な宗教体系と呼んでいる。アルバート・パイクが『道徳と教義』の中で、スコティッシュ・ライトやヨーク・ライトへの登竜門である、三つの低位階、青の階級《ブルー・ディグリー》（ブルー・ロッジ）について次のように書いている。

「青の階級《ブルー・ディグリー》は神殿の前庭ないし玄関先の柱廊《ポルチコ》にすぎない。入門者《イニシエイト》はそこでシンボルの一部を見せられるが、意図的に誤った解釈を聞かされ間違った方向に導かれる。理解させるのではなく、理解したと思いこませることが目的だからだ。……本当の意味は『達人《アデプト》』、すなわち『メイソンの王子《プリンス》』（第三二、三三位階）まで取って置かれる」[14]

14. Albert Pike, "Morals And Dogma Of The Ancient And Accepted Scottish Of Freemasonry（道徳と教義）" 八一九ページ

何重もの意味、また意味／コンパス《男根》と定規《女、大地》

たとえ第三二や三三の位階者であっても、中枢の血統でなければやはり間違ったことを教えられている。ジム・ショーはフリーメイソンが教えられる意味には二通りあると言う。低位階者用の通俗的な意味と、高位階者用の秘儀的意味である。だが、そこには第三の意味——真実——もあるのだ。それは公式の秘密結社の位階を超えて非公式のイルミナティの位階へと進むほんの一握りのエリートの血統にしか与えられない。ショーによれば、フリーメイソンリーは男根の象徴を通して、太陽や月といった自然を崇める。キリスト教もそうだ。男根は、新しい命を生み出す女性の大地と性的な結合をする太陽を表すという。これはあるレベルでは真実だが、これもまだまやかしである。フリーメイソンのシンボルである直角定規とコンパスを例に取ろう（図29）。これは常に、フリーメイソンリーの神殿の東側に置かれる崇敬される棟梁《ワーシップフル・マスター》（ロッジの長）の椅子《いす》（玉座）の上方に飾られている。東というのは、太陽が昇る方角だ。キリスト教の教会が東を向いているのも同じ理由による。ショーによれば、低位階のメイソンたちは、シンボルの直角定規《スクエア》は何人に対しても正直《スクエア》でいることを忘れないようにという意味だと教えられるという。（申し訳ないが、笑わずにはいられない）。そしてコンパスのほうは、情熱を「円で囲んで」欲望をコントロールするためのものだそうだ。たぶん、フリーメイソンで小児性愛者のジョージ・ブッシュはその集会に出なかったのだろう。ショーによると、彼らは後になってその「本当の」意味を教えられる。つまり、コンパスは男根の象徴で、直角定規で象徴される大地たる女性を受胎させる太陽としての男性を表しているのだ。[15] だが、それはまたあるレベルでの真実であって、イルミナティの最高位者にとってのコンパスと直角定規は、彼らの血流を絶やさないための受胎を表している。ヴィクトリア女王とその夫であるドイツ人のアルバート公はどちらもレプティリアンの血流だが、その頭文字を取ったVとAのシンボルもまた、そのことを象徴するようにデザインされている（図30）。フリーメイソンのロゴの「G」の文字も同じだ。ショーによると、メイソンたちは最初、「G」は「神（God）」を表すと教えられるという。後に、それは神性を表すと教えられ、さらに後になると、幾何学を意味すると言われる。しかし、ショーの説明によれば、その本当の意味は男性の生殖原理、つまり太陽の神たる男根である。だがこれもまた、あるレベルに限られた意味なのだ。イルミナティにとっては、「G」は血流を拡大し、守るための生殖原理を表している。それから、円は女性を、点は男性を象徴し、円内の点は受胎を表す。あるレベルではこれもまた太陽のシンボルで、ケネディ大統領の墓石にも炎と円として刻まれているが、その本当の意味は「血流」である。フリーメイソンの建物に見られる船のシンボルも同じことだ。船体が女性を表し（だから船はいつも「彼女（she）」と女性扱いされているのだ）、マストは彼女を受胎させる男根を表す。低位階のメイソンたちは、円と点は、個々のメイソン（点）が義務という境界線（円）によって制限されていることを表していると教えられる。お笑い種《ぐさ》だ。秘密結社のこれらすべてのシンボルや暗号には、それぞれ、低位階者にはまったくナンセンスな意味、高位階者にはほどほどにナンセンスな意味、そしてイルミナティの最高レベルまで登りつめた者には真実を説明した意味があるのだ。「血の宣誓」（「義務《オブリゲーション》」と呼ばれる）で、メンバーは「秘密」を漏らせば拷問や死を受け入れることに同意する。

15. ジム・ショーが受けた説明の詳細は、"The Deadly Deception（死に至る欺瞞）"の一四二―一四六ページ

これで上位レベルの者が低位レベルの者に「秘密」を漏らすことはなく、区分化が可能になるのである。ジム・ショーが知ったように、第三三位階の者でさえ、価値のあることは何一つ教えてもらえない。真の仕事は公式のレベルより上だけで行われていて、そこに行けるのはほんの一握りのメイソンに限られている。フリーメイソンリーはペテンと偽善の肥溜《こえだ》めだ。秘密結社とメンバーに立てた誓いは、大統領、首相、米連邦議会議員、英国下院議員、警察官、裁判官として国家や国民に立てた誓いに優先する。ジム・ショーは次のように書いている。

「メイソンは、たとえ犯罪の証拠を秘匿することになっても、他のメイソンを守るためにその秘密を漏らさないことを誓っている。一部の位階においては、反逆と殺人はその限りではない。だが、他の高位階者については、この誓約に例外はなく、真実を隠匿することになっている。もし、メイソンの教えを信じるならば、メイソンのメンバーは他のメンバーを守るために偽の証拠を提出し、偽証し、あるいは裁判官なら、間違った判決を下す義務がある[16]」

形はどうあれ、これがイルミナティの蛇のカルトの常套《じょうとう》手段である。しかも、世界の政界のリーダー、政府の官僚、裁判官、警察官、メディア所有者の大部分がその誓いを立てているのだ。ここまで読んで、今までなぜ真実が明かされなかったのかと、まだ疑問に思っている読者はいるだろうか？

16. 同 一四九ページ

フリーメイソンのコンパスと定規のロゴに秘匿された意味とは？

図29・30：フリーメイソンの直角定規とコンパスは、男が女を妊娠させて血流を存続させていくことを表しており、ヴィクトリア女王とその夫である高位階メイソンのアルバート公の「Ｖ」と「Ａ」のロゴもそれと同じことを象徴している。

ダイアナ妃の儀式殺人／「月の女神《ディアナ》」の生贄

この背景知識をもってすると、蛇のカルト（イルミナティ）によるダイアナ元皇太子妃の生贄殺人の象徴性がわかってくる。竜の女王《ドラゴン・クイーン》のエルは「ヘル（Hel）」や「アテ（Ate）」（「ハテ（Hate）」）としても知られていた。ヘカテ（Hecate = Hel-Ate）は今日なお、地獄と関係するにふさわしい悪魔的な神である。ジャッキー・ケネディは夫の死後、エーゲ海の南西にあるギリシャのデロス島に旅に出た。伝説によると、そこはディアナの出生地で、「非道」を司る女神ヘカテの領土と伝えられ、そのため、このデロス島は死者の島としても知られている。ヘカテは処女とも娼婦とも言われており、またしても月と関連がある。エジプトのヘケト（Hequet）もヘカテの変形で、毎朝太陽神を産み、そのトーテムは、実にふさわしいことに胎児を象徴するカエルである。十字路は、ディアナやその悪魔的化身ヘカテにとって神聖な場所である。フリーメイソンリーの魔女やグランドマスター、魔術師は十字路で儀式を行う。十字路は、レイラインが交わるところにできるボルテックス（渦）・ポイントを象徴している。また、儀式的な性交の呪術で、異性の服を着て両性愛行為を行うことを「十字路儀式《クロスロード・ライツ》」と言う。参加者の女性は「dike《ダイク》」《訳注：レズビアンの男役。もとは「堤防」という意味の言葉である》と呼ばれた。アマゾン族に操られていたスキタイ人は、女神たちに捧げる性的な儀式で女性の服を着ていたのを思い出すといい。十字路は人間や動物を生贄として捧げる場所でもあり、ヘカテ（エル）は「性と死の女神」、魔術と妖術の女神として知られている。

ダイアナの死も驚くほどイルミナティの象徴主義《シンボリズム》に取り巻かれている。ダイアナが死んだのは、アルマ橋トンネルがアルマ橋に続く道と立体的に交差する場所だ。実際、この場所は迷路のように道路が交差している。ダイアナが亡くなったのは、八月三十一日の早朝だった。悪魔教のカレンダーでは八月十三日がヘカテの日だが、シンボルや数字を逆にするという悪魔教の法則からいくと、生贄を捧げるべきヘカテの日は――八月三十一日だ！[17] 旧パリ郊外、今では現代的な都市の真っただ中に、メロヴィング朝が創設した、女神ディアナを祀り、血の儀式を行い、人間の生贄を捧げた地下室がある。この場所の起源は少なくとも紀元後五〇〇から七五〇年に遡り、（レプティリアン血流の）王たちが財産争いになった場合は、ここで闘って決着をつけた。先にも述べたとおり、女神ディアナ（ヘカテ）に生贄を捧げる場所――それが、現在のアルマ橋トンネルなのだ！　アルマ橋《ポン・デラルマ》（Pont de L'Alma）の「pont《ポン》」という語はローマカトリック教会の司祭長である教皇《ポンティフェクス》（Pontifex）に繋がり、その意味は「道」あるいは「橋」である。

アルマ（Alma）は中東で月の女神を指す「アル・マー（Al-Mah）」に由来する。[18] つまり、「Pont de L'Alma（アルマ橋）」は「月の女神の橋あるいは道」と訳すことができ、隣接するアルマ広場は「月の女神の広場」となる。月の女神は、すなわちディアナであり、ヘカテであり、エルである。ヘカテと同じ頃にローマで崇拝されていたアマゾンの女神キュベレは、アルマという名前でも知られていた。ダイアナが治療のために病院に搬送される前にあれほど長くトンネル内にとどめられていたのは、胸の悪くなるような儀式にしたがって、あの生贄の場所で死ぬ必要があったからだ。だから、搬送したときにはすでに亡くなっていたのである。ダイアナは「湖」に浮かぶ「島」の中の「森」に埋

17. かつてイルミナティの悪魔教儀式の母なる女神《マザー・ゴッデス》を務めていたアリゾナ・ワイルダーから聞いた話

18. "The Woman's Encyclopedia Of Myths And Secrets" 二三ページ（『神話・伝承事典』一八ページ）

められたが、そのどれもがディアナと同一視されるさまざまな女神たちと関係がある。ダイアナの弟、スペンサー伯は、彼女の死後黒いスワンを四羽、湖に放った。スワン（白鳥）はさらに女神を象徴する存在である。北欧神話では、ワルキューレは白鳥に生まれ変わり、その体を覆う魔法の羽を使って変身することができると言われている。[19] 白鳥の騎士や白鳥の乙女は、異教の宗教と深い繋がりがある。ダイアナが蛇のカルト（イルミナティ）によって生贄として殺害されたことについては、『大いなる秘密』の中で六〇ページ以上にわたって述べたとおりだ。

トロイ、トロイ、またトロイ／パリス王子、ヘレネ、「月の王《メネラウス》」

古代トロイの出来事は、ダイアナ元皇太子妃の死をはじめ、実に多くのことと繋がっている。メロヴィング朝の血流はトロイ戦争やそれ以前まで遡る。パリという都市を建設したのは彼らだった。また、「パリ（Paris）」という名はトロイのヘレネ（Helen = El-en）の恋人であるトロイのパリス（Paris）王子にちなんで名づけられた。バーバラ・ウォーカーの『神話・伝承事典――失われた女神たちの復権』によれば、ヘレネは月の処女神の化身で、ヘカベ（Hecuba）（すなわちヘカテ）の娘だという。[20] ヘレネはヘレ（Helle）またはセレネ（Selene）とも呼ばれ、ヘレネ（helene）という籠《かご》に性的シンボルを入れて持ち歩く、スパルタの「ヘレネポリア（Helenphoria）」と呼ばれる性的な祭で崇められた。[21] トロイ（トロイア）はギリシャ語やヘブライ語の「三つの場所」という意味であり、一

19. 同 九六三、九六四ページ（『神話・伝承事典』八一九ページ）

20. 同 三八二、三八三ページ（『神話・伝承事典』三〇六、三〇七ページ）

21. 同右

人の神を「三相《トリニティ》」に分けた、アトランティスやレムリアを象徴する三人の女神と関係があるのは間違いない。ヘカテは、「三相一体のヘカテ《トリフォルミス》」としても知られている。[22] トロイ（トロイア）は、リビアの首都トリポリ（Tripoli）の語源でもあり、そこはレプティリアンのアマゾン族と深い関係がある。

トロイの伝説では、ヘレネが結婚した「月の王」メネラウス（Menelaus）はこの「聖なる結婚」のために不死を約束されたと言われている。ヘレネがパリス王子と出ていったとき、メネラウスは結婚によって保証された不死と富を守りたかったため、妻を取り戻すべく軍隊とともに出航した。これが、男性率いるギリシャ軍と女神が率いるトロイ軍とのあいだの戦争だった。悪魔教の女大司祭の多くは、ヘレン、ヘレナ、イレイン（Elaine ＝ El-aine）という名前である。［＊］トロイのヘレネは、異教時代に、イレインあるいはエレン（Ellen）という名前で英国の象徴的な女王になった。[23] 前にも少し説明したが、トロイが陥落したあと、海路を西に進んでブリテン島にたどり着き、カエル・トロイア（ニュー・トロイ）と呼ばれる都市（現在のロンドン）を創設したのはブルートゥスという名のトロイ人で、ヘレネの親戚である。エル（El）やヘル（Hel）から派生した語は他に、女性名のヘレニア（Helenia）、ヘルガ（Helga）、ヒルダ（Hild）、また、ヘルシンキ（Helsinki）、ホルスタイン（Holstein）、オランダ（Holland ＝ Hel-land または Haaland）などがある。オランダは今日なおレプティリアンの血流にとって、中心地の一つである。

ローマの作家プリニウスは、「スカティナヴィア（Scatinavia）」すなわちスカンジナビア（Scandinavia）のすべての人びとは「母なるヘル」の子どもであり、これを「ヘレヴィオネス（Hellevionnes）」と呼ぶと言った。[24] ヘルはニワトコ（elder）あるいは「ヘルの木（Hel-trees）」（エル

22．同　三七八ページ（『神話・伝承事典』三〇三ページ）

23．同　三八二ページ（『神話・伝承事典』三〇七ページ）

24．http://www.nexusmagazine.com/articles/ringlords1.html

フの木）に住んでいると信じられていた。「竜の王朝とその騎士団（Imperial and Royal Dragon Court and Order）」の長であるローレンス・ガードナー卿によれば、彼の「竜の血流」は一一種族《イレヴン・レイス》と呼ばれており、エルフ、フェアリー、ピクシーといった言葉はすべて「王位継承者のさまざまなカースト（レプティリアンの階級）の表象」を象徴している。[24] つまり、お伽噺《とぎばなし》や童話の多くには、竜の血流や権力をめぐる彼らの争いというテーマが暗号化されている。カエルになった王子や王女の話は彼らが変身《シェイプ・シフト》したことを物語っている。塔に閉じ込められたり、カエルを産んだりする竜の王女たちも同じである。

［＊］もちろん、こういった名前の人がすべてこれに関係しているわけではない。イルミナティがこれらの名前を使用すると言っているだけの話である。

狼が象徴するセトの蛇のカルトは悪魔教《サタニズム》

悪魔教信者《サタニスト》は今日も、古代に使われていた神性やシンボルや儀式を使用している。彼らは同じ支配と血流の流れを汲《く》んでいるからだ。アメリカ合衆国には、アントン・ラヴェイの忌《い》まわしい悪魔教会から派生したセトの神殿がある。一九七五年に「セトの神殿」を設立したマイケル・アキノは、私の他の著書でも解説したように、イルミナティのマインド・コントロール・ネットワークの最も悪名高い唱道者の一人だった。狼に象徴されるセトの姿は、少なくとも『エッダ』に記録されているノルディックと蛇のカルトが戦っていた紀元前三二〇〇年頃からあった（図31）。ウェブサイト「セトの神殿（The Temple of Set）」には、以下のように書かれている。

「ギザの大ピラミッドは、太陽の生命とセトの死後観が結びついた最後の古代遺跡の一つである。大ピラミッドには、王のアク（Akh）《訳注：死者の魂が祝福されて冥界に受け入れられたときの姿》がりゅう座《ドラコ》アルファ星へと飛び立つための特別な通気孔が設けられている。そのアルファ星こそ、ふともも座《訳注：おおぐま座のエジプト名》（「北斗七星」）のセトの星なのだ[25]」

りゅう座《ドラコ》アルファ星はドラコ・レプティリアンの「王族」の本拠地であると考えられている。この星はエジプト人にはアラビア語のトゥバン（Thuban）の名で知られているが、その意味は竜《ドラゴン》である。ピラミッドはこのトゥバン（りゅう座のアルファ星）と一列に並ぶように建設されている。紀元前三〇〇〇年当時、この星は北極星だった。紀元前一七八五から前一五八〇年頃にエジプトに侵入し支配したヒクソス族はセト崇拝者で、古代セト崇拝の地アバリス（Avaris）に都を置いた。彼らはセトの頭をロバで表した。セトを崇拝するタニス出身の司祭の一派は、やがて、「セティ（Seti）」（「セト神の君主」）やセトナクト（「セトによって勝利する」）らのファラオの家系になった。これは蛇のカルトである。

25: http://www.xeper.org/

ハリウッドHolle-wood《ホレの森》はイリュージョンEl《エル》-lusion・ルージョンの地

私たちが「現在」と呼んでいるものを理解するために、過去を理解する必要があると強く言うことはできない。アヌンナキ・イルミナティが賢明に歴史を書き換えてきたのはそれが狙いなのだ。ハリウッド（Hollywood）でさえ、例外ではない。ドルイド教信者は木、とくに樫の木を崇めた。ヒイラギ（holly）は彼らにとって最も聖なるシンボルである。なぜなら、地下世界の女神、母神「ホレ（Holle）」（ヘル）にとって神聖なものだからである。つまり、カリフォルニアには、イルミナティが大衆へのプロパガンダや条件づけを行うための基地、「魔法の地」、ハリウッド（＝Holle-wood《ホレの森》あるいはHel-wood《ヘルの森》）があるということだ。ヒイラギの木は魔法の杖の材料として最適である。ヒイラギ《ホーリー》あるいは「holy《ホーリー》（神聖な）」は、エル（ヘル）のヴァギナに関係がある。ドイツ語の「ホーレ（Hohle）」は「洞窟」あるいは「墓」を意味する。[26] 洞窟は、「イエス」のような神々が生まれるのによく登場する場所である。赤いヒイラギの実は血を象徴し、白い実は男性の精液と死を象徴する。ヒイラギの木の重要性は、今日キリスト教徒が「ヒイラギは冠をつくる」と歌うクリスマスの賛美歌からうかがえる。興味深いことに、スコットランドにある英国王室の別邸は、エディンバラのホーリールードハウス（Hollyroodhouse）と呼ばれている。ルード（rood）とは、『エッダ』の中でトールに関連して登場するナナカマドの木である。新しいスコットランド議会も、ホーリールード通りに設けられる。ホーリールード公園の高台に建つホーリールードハウス宮殿のさらに上には、「アーサー王の御座《アーサーズ・シート》」と

26. “The Woman's Encyclopedia Of Myths And Secrets” 四〇六ページ（『神話・伝承事典』三〇四、三〇五ページ）

ゼカリア・シッチンは、半獣半人のすべての形態は遺伝子操査によって作られたと主張している⁉

図31：狼の頭をしたエジプト伝説のセトは、エジプト版バルドル。

呼ばれる岩がある。

さて、こうした話題に初めて出合う人も、過去や現在に起こった事柄が、どんなに多く根っこの部分で繫がっているかということがわかりはじめたのではないだろうか。じっくりと観察すれば、この秘密の勢力の痕跡があちこちに見えてくるだろう。

第11章

神よ、われらを宗教から救い給え

このキリストの神話は、充分われわれに尽くしてくれた。

ローマ教皇レオ一〇世

金銭的ペテンのバビロンから「蛇の王」ローマへ

宗教は、大衆をマインドコントロールする上では過去最高の形式であり、何千年にもわたり、レプティリアン・アジェンダの最も重要な武器であった。宗教は大衆の心を閉じ込め、永続的恐怖と隷属《れいぞく》の状態に置き続ける。大衆は、修道服を着てこれが「神の計画」だと語る男たちの言葉にしたがって、自分たちの（ときに奇怪な）苦境を受けいれる。今日は汚泥にまみれても、明日には楽園が待っている。だが、「明日」はいつも「明日」なのだ。

宗教による支配という青写真が研ぎ澄まされ、磨き上げられていったのは、バビロン、すなわちメソポタミアのシュメール地方においてであった。バビロンはまた、全世界が押しつけられている金銭的ペテンの源でもある。存在しない金を人びとに貸しつけ、それに利息を課すというのも、このペテンの内だ。シュメール帝国が崩壊した折も折、バビロンはアヌンナキ血流の新しい司令部となった。後に彼らの作戦本部はローマに移り、そのときから私たちはローマ帝国およびローマカトリック教会を基盤とすることになったわけだが、それらはもちろんバビロンの宗教のコピーだった。

同一の流儀、シンボル、物語。おもしろいことに、ローマのサン・ピエトロ大聖堂（Basilica di San Pietro）の表記に含まれる「バシリカ（basilica）」《訳注：キリスト教教会の建築様式の一つ》という言葉は、「毒蛇」と「王権」の両方に関わる言葉を起源にしているようだ。ノーマン・ルイスの

『言語大百科（The Comprehensive Word Guide）』（Doubleday, New York, 1958）によると、バシリスク（basilisk）は「蛇やトカゲや竜の姿をした伝説上の〈蛇の王者〉で、シューという音を立ててほかの爬虫類《はちゅうるい》をすべて追い払い、吐く息や眼光で人を殺した」という。それは、あらゆる爬虫類に怖れられる「蛇の王」だった。『アメリカンヘリテージ英英辞典（The American Heritage Dictionary Of The English Language）』（第四版、二〇〇〇年）には、バシリスクという名称はラテン語、ギリシャ語のバシリスカス（basiliscus）、バシリスコス（basiliskos）、バシレウス（basileus）から派生したもので、「王」または「小さな王」を表すとある。古フランス語の言葉バシリスク（basilisc）もここから派生している。ここでもまた、王権と蛇との繋《つな》がりが見られるわけだ。

バシリスクは詩篇九一にも登場するが、『欽定訳聖書』の時代までに、それが表す内容は「毒蛇（adder）」に変わってしまった。後にバシリスクは「雄鶏（cock）」と結びつくようになり、「コカトリス（cockatrice）」《訳注：蛇と鶏が合体した伝説上の動物》という言葉と互換性を持つようになったのは周知のとおりである。ローマにあるバビロンの教会の総本山が蛇の王にちなんだ名を持つとは、何とふさわしいことだろう。

ローマからロンドンへ／人心攻略「戦場」宗教

一六八八年にオラニエ公ウィレム（オレンジ公ウィリアム）がイングランドに到着した後、アヌンナキの血流が作戦本部をロンドンに移すと、大英帝国が出現した。シュメール、バビロニア、ローマ、大英帝国といった帝国はすべて、実は一つの勢力によって創設され、支配されていたのである。彼らはバビロンでもシュメールと同様の、聖職者が「神々（gods）」との橋渡し役を務める構造を使用したので、これによって大衆の上に桁外《けたはず》れの力を振るうことができた。バビロンの時代、アヌンナキは灰燼《かいじん》に帰したシュメールからの再起を図りながら、彼らの血流とその前線組織を通して、世界支配の戦略をひそかに構築していった。そしてそのためには、世の中に流布する情報の中から歴史の真の物語、とりわけ人類の抑圧に彼らが果たした役割と、大衆に自分自身の力と可能性の大きさを教えることになる秘教的知識を取り除く必要があった。ジョン・A・キールは、著書『宇宙からの福音《エウアンゲリオン》』の中で、彼らは人心を攻略するための「戦場」として宗教を選んだ、と書いている。

「むかしのヒューマノイド、ヘビ族は、今でもわれわれのなかにまじり込んでいるのだ。おそらく彼らはそのむかし、ストーン・ヘンジの建造者たちや、南米の築丘《ちくきゅう》文化の主たちから尊崇《そんすう》されたことであろう」

「ところによってはヘビ族が神々のふりをしおおせて、超知霊の技倆《ぎりょう》をまねても見せた。結果としては、人身御供《ひとみごくう》を中心とする邪教が発生したのである。超人類間でくり返される戦いは、人類自身に関する限り、宗教間、民族間のものであった。アジアに、アフリカに、そして南アメリカに、いろいろあやしげな神々に対する崇敬《すうけい》を基盤とした文明が栄えて、そして滅びた」

「ひとたび人間がある力に自分自身をゆだねると、門戸《もんこ》を開いたかたちになり、なにかわからないあるもの（恐らくは、知識エネルギーの不分明量の塊であろう）が彼の身の内にはいりこんで、潜在的精神にある種の支配をおよぼすようになることがある」

「人類は捨て駒《こま》を提供した。（中略）ただ、相戦う二種の力のどちらかに、各個人が意識的にみずからをゆだねなければならなかった。（中略）戦いは、主に人間の魂と呼ばれるもののために行われるようになった」[1]《訳注：同書二一〇～二一五ページより訳文引用》

自分自身を「神」（「deity」あるいは「god」）に捧げることを選べば、「神」が象徴する勢力に自分の魂の所有権を委ねることになる。だが、「マリア」や「イエス」のような神々が象徴しているのは、「信者たち」が考えているものとはまったく異なる勢力である。大衆が宗教から逃れ出て自身の心を再びコントロールできるようになることは、きわめて重要だ。先に進む前に、ここで押さえておきたい大切なポイントがある。太陽の象徴性は、ここから非常に大きな意味を持ってくる。一般に、太陽は男性を、月は女性を象徴すると考えられている。確かにそういう印象はあるからそれは理解できるし、あるレベルにおいてはそれも真実だ。だが、そこにはある歪曲《わいきょく》がある。かつて、女神を崇《あが》める全世界の宗教が、男の「神」に置きかえられた時代があった。だがそれは単にうわべだけ、表向きのことで、大衆を支配し、無知のままにしておくためのものであった。古代知識、とりわけ真の歴史を

1. "Our Haunted Planet" 一四〇―一四三ページ（『宇宙からの福音《エウアンゲリオン》』二一〇―二一五ページ）

抑え込むために、女神崇拝の外側を破壊する必要があったが、一方でイニシエイトたちは相変わらず信仰を続けていた。ユダヤ教、キリスト教、イスラム教といった宗教は、男性に支配されている印象を与えるよう作られてはいるが、その実は女神崇拝のための秘密の手段なのである。そのために、エルのような女神を男神として表現することもあった。

太陽の女神／卑弥呼《ひみこ》、地母神アーディティヤ、梟《ふくろう》、獅子《しし》

歴史を遡《さかのぼ》れば、太陽は女性として描かれていた。[2] 長い蛇崇拝の歴史をもつ国、日本では、統治一族を日の神の後裔《こうえい》であると主張した。紀元二三八年当時、日本の部族を統治していたのは太陽の娘と呼ばれる女王卑弥呼である。ヒンドゥー神話の地母神アディティ（Aditi）は太陽として描かれ、黄道一二宮を象徴するアーディティヤ（Aditya）の母と言われた。太陽は女神の「装い」であり、女神は「太陽をまとう者」であった。キリスト教徒が聖母マリアを自分たち流の女神にしたときにも、大衆は聖母マリアを「太陽をまとう女性」と言った。タントラ仏教には太陽の女神がいる。古代アラビア人は太陽を女神アッタール（Atthar）として崇拝し、「神々の光明」と讃《たた》えた。ケルト人にはスリス（Sulis）と呼ばれる太陽の女神がいるが、それは「目」と「太陽」（これらはいずれもアメリカの一ドル紙幣および国璽《こくじ》の裏面に描かれている）を表す「スウィル（Suil）」という言葉からきている。この女神はまた、スル（Sul）、ソル（Sol）、スンナ（Sunna）という名でも呼ばれた。イングラ

2. "The Woman's Encyclopedia Of Myths And Secrets" 九六三、九六四ページ（『神話・伝承事典』七六〇、七六一ページ）

ンドにある彼女を祀った聖地の一つは人間が作りあげたものとしてはヨーロッパ最大の塚で、シルベリーヒルと呼ばれる。これはイングランドのウィルトシャー、エイヴベリーの環状列石や土塁《どるい》の一部をなす。スルは、エルおよびエルから派生した神々が山に関連があるのと同様に、高所で崇《あが》められた。源泉を見渡すいくつもの丘、すなわちグラストンベリー・トールやバースのような場所は、女神スルのためのイングランドで最も聖なる土地だった。たとえばバースを見渡す高台がソールズベリーヒルであるが、ウィルトシャーのソールズベリーもまた太陽の女神のための重要な遺跡であり、同時にチャールズ皇太子お気に入りの大聖堂がある場所でもある。ローマ人は、イングランドに進出したとき、この女神をソル・ミネルヴァ（Sol Minerva）として敬った。彼女のシンボルは梟《ふくろう》、すなわち北カリフォルニアにあるボヘミアン・グローブの儀式のシンボルである。ワシントンのアメリカ連邦議会周辺の道路システムもまた、まぎれもない梟の形をしている（『大いなる秘密』参照）。獅子は、それまで明らかであった事がらが隠されたときに「男性」としての太陽神の象徴となったが、獅子もまた、かつては女神の象徴として広く使われていた。母なる女神ハトホル（Hathor）は、獅子の頭を持つスフィンクスとして表現されている。

バビロンの新宗教／聖書《testament》は睾丸《testes ball》（たわごと）

レプティリアンのアジェンダを推進するために考案された神秘主義結社《ミステリースクール》や秘密結社のネットワーク

は、紀元前二〇〇〇年以降のバビロニアの時代から急速に拡大した。同時期、竜王朝はエジプトの神秘主義結社《ミステリースクール》その他の権力組織に浸透していった。ユダヤ人歴史家のユーポレムスは、大洪水の後、巨人たちがバビロンを建造したと言った――いつもの話だ。バビロニアの文献によれば、この巨人はアヌンナキである。バビロンのアヌンナキ司祭は、大衆を精神的・感情的、そして最終的には肉体的に支配できるような新しい歴史と宗教的「真理」を創作しはじめた。そうする中で、彼らは霊的な真理を神話的な人物が登場するお伽噺《とぎばなし》に置き換え、一般大衆にはそれを文字どおりに受け入れよと言った。この時点では、彼らはまだ「神々（gods）」である。イルミナティの操作は、まだアヌンナキとほかの神々を唯一の「神（God）」に転換させるには至っていなかった。だが、それがなされたときには、彼らの存在を示すより明白な記録が排除されることになった。作業に当たったのは、ヘブライ人聖職者と聖書の英訳者だったかもしれない。バビロンの宗教は、後に続く者たちのために、骨組みばかりか詳細な物語までも創り上げられた。たとえばこんな話に聞き覚えは？　バビロンで人びとが崇めた三位一体は、父としての「ニムロデ（Nimrod）」（魚に象徴された）、子としてのタンムーズあるいは「ニノス（Ninus）」（人類を救うために十二月二十五日に死んだと言われる）、そして女王セミラミス（バビロンにおける「女神イシス」で、鳩に象徴された）だった。彼らは、ニムロデとタンムーズ、つまり父と子は「一つ」だと言った。タンムーズは人類の罪のために死んで墓に埋葬されたが、聖職者が言うには、三日後に人びとが墓石を動かしてみると、そこに彼の姿はなかった。これはすべてキリスト教の興る何千年も前のことで、「イエス」が生きたはずの時代よりずっと以前に語られていた数多くの「イエス」物語の一つにすぎない。そういえば、彼らはタンムーズ（ニノス）の死と復活を示す春の儀式で、太陽十字を描いたパンを捧げる。このホット・クロス・バンの行事は、ずっと後の「キリスト教」ではイースターと呼ばれた。

キリスト教は、多神教のリサイクルでしかない。そのくせ、「多神教」を悪として糾弾しているのである。なんという偽善だろう。聖書を指す「契約（Testament）」という言葉でさえ、それが文字どおりまったくの「たわごと（balls）」の塊《かたまり》であることを語源的に立証している。私の公式サイト（davidicke.com）のウェブマスターで長年古代史を研究しているローレン・サヴェッジは、「契約（Testament）」の語源は「睾丸《こうがん》（testes）」だと言った。伝えられるところによると、古代ヘブライ人は人の誓約を聞く間、その男のタマ……失礼、睾丸（balls）をつかんでいたらしい。考えるだに滑稽だが、今日のイルミナティの儀式でも同じことが行われる場合があると聞いた。『欽定訳聖書』では、アブラハムは彼の僕《しもべ》が誓いを立てるときに、自分の「大腿部」に手を載せさせたと翻訳されているが、ヘブライの伝統によれば、それは彼のブラブラ揺れる性器だったはずだという。となると、もちろん「人の弱みを握る（Got you by the balls）」という言葉にも新しい解釈ができることになる。当時はペニスを見つめることが「神」への対し方の一つだったことは私も理解しているし、ある意味では、これは誓約を「思い出す」ことにも関係している。だが私が「思い出す」のは、いずれにしても自分はもう若くはないということしかない。つまり、『旧約聖書』（Old Testament）は「古いたわごと（Old Balls）」であり、『新約聖書』（New Testament）は「新しいたわごと（New Balls）」ということだ。さて、私たちが裁判所で証言する（testity）際、判事は象徴的な（「たわごと」という）意味で私たちの「睾丸（Testicle）」をつかんでいるだろうか？　そんなところに行くのはやめておけ？　おっしゃるとおり。

神としての太陽／悪魔知識の監獄宗教

タンムーズというのはシュメールの神ドゥムジ（Dumuz）もしくはダム（Damu）（「一人息子」または「血を分けた息子」）の異名で、これがイエスを含む後々の「神の息子たち」の青写真を提供した。ヘブライ人はバビロニア人からタンムーズ（「アドニス（Adonis）」としても知られる）を受け継ぎ、ローマ人の記録にはタンムーズはユダヤの主神とある。ユダヤ暦には今でもタンムーズの名前にちなんだ月があり、タンムーズは「天の神アヌより出《い》でし蛇」として知られる。[3] さらに、アヌはアヌンナキの頭《かしら》であると、シュメール碑文には書かれている。メソポタミアの王たちはタンムーズの血流だというが、それはちょうどローレンス・ガードナー卿が、メロヴィング王朝の「真の」王統はイエスの血流だと言うのと同じである。その土地はタンムーズの血流によって生命を与えられたと言われ、タンムーズは「癒す者」、「救世主」、星の群れの番をする「天の羊飼い」と呼ばれた。彼はミルラ（没薬樹《もつやくじゅ》）《訳注：没薬《もつやく》は、イエス誕生の際、東方の三博士が捧げた贈り物の一つ》でできた「茨《いばら》の冠」をつけて死んだ。タンムーズは毎年贖罪《しょくざい》の日に、象徴的に子羊の姿で生贄《いけにえ》に捧げられた。彼はエルサレムでも崇められたが、そこでは後に寸分たがわぬ話が「イエス」という名を使って再び語られた。そして、牧師たちよ、心を落ちつけて聞いてほしい。イエスが生まれたというベツレヘムの

3. "The Return of The Serpents of Wisdom（賢き蛇の再来）" 一〇〇ページ

洞窟は、古代人がタンムーズ（アドニス）が生まれたと言っている場所と同じなのだ。聖書の「翻訳者」ヒエロニムス（ジェローム）は、ベツレヘムがタンムーズ（豊饒の神もしくは「穀物の精」）に捧げられた聖なる森であったことを認めた。「ベツレヘム」は、「パンの家」という意味である。古代エジプトの主神ホルスは「パンの土地」で生まれ、イエスは自身を「命のパン」と言った。

聖職者たちは、古代シュメールの太陽信仰を深遠な占星術の天文学的知識と捉《とら》えると同時に、自分たちのレプティリアンの神々（gods）の物語と捉え、それらを象徴的な寓話の中に埋め込んだ。このために、秘儀を授けられた者たち以外にはその本当の意味は隠され、監獄宗教の厳格な信仰が導入されたのである。ユダヤ教、キリスト教、ヒンドゥー教、イスラム教、仏教など主だった宗教はすべて、同一の基礎を起源としている。すなわち、それはシュメールの知識と信仰であり、アトランティスとレムリアの知識および信仰を受け継ぐものである。主だった宗教が創始されたのは、すべてかつてシュメール帝国が占拠していた土地だった。シュメール信仰のどの要素を強調するかは違っていても、すべての始まりとなったのはシュメールである。聖職者の仕事は巷《ちまた》に流布《るふ》する情報から真の知識を抜き出すことであり、人びとを解放することになるその真の知識が「悪魔」と表現されるようになるまで、彼らは事実を歪曲《わいきょく》した宗教的な文言をでっち上げた。キリスト教を見るがいい。聖職者、「修道服に身を包んだ男たち」のもう一つの目的は、大衆に無力感や虚無感を抱かせ、作り物の宗教的神格に畏怖の念を覚えさせるための物語や主題を生み出すことだった。彼らは、「神々」との（後には、唯一の「神」との）「橋渡し役」であると同時に、この見せかけの「神格」が生み出した「法」の通訳者であることによって、彼らの主人、すなわちレプティリアンその他の悪魔的存在のために大衆をコントロールすることができたのである。こういった抑圧、支配、貧困への大衆の反逆を阻止するために、聖職者の創り出す物語は、「神の法」に従順なすべての人びとに来世の楽園を約束するものでなくてはならなかった。「神の法」とは、言いかえれば彼らの法であり、アヌンナキの法である。では、この「法」に従わなかった者を待ち受けるのは？　終わりなき地獄と断罪である。「罪（sin）」という言葉さえ、先にも指摘したとおり、アヌンナキの「神」の名前から生まれたものである。

バビロンから生まれた宗教（1）——ユダヤ教

『旧約聖書』を構成している文言はユダヤ教およびキリスト教の基盤であり、ユダヤのレヴィ人の聖職者たちが、紀元前五八六年以降にバビロン捕囚で連行された後に書かれたものだ（ここでもまたバビロン！）。私には、「捕囚」という言葉も妥当とは到底思えない。初期のヘブライ人はシュメール帝国の蛇の神を崇めており、レヴィ人は「大いなる蛇の息子たち」と呼ばれていた。[4] 彼らの神ヤハウェは半人半蛇に描かれ、秘教的（隠された）知識が書かれた彼らの聖なる書「カバラ」とは、「蛇の智《ち》慧《え》」を意味する。[5] レヴィ人あるいは「大いなる蛇の息子たち」（例の血流）は、ヤハウェをレヴィヤタンという竜として敬い、ここからレヴィ人という言葉が生まれた。[6] 蛇の姿をしたヤハウェはレヴィ人には「ネホシタン（Nehushtan）」または「青銅の蛇」としても知られ、彼らはこの神の像を黄金と青銅で作り、ヘブライの神殿の祭壇に祀《まつ》った。[7] 昔のレヴィ人の寺院からは、青銅や銅製の蛇のシン

4. "The Woman's Encyclopedia Of Myths And Secrets" 九〇五ページ（『神話・伝承事典』七一六ページ）
5. "The Return of The Serpents of Wisdom（賢き蛇の再来）" 二二一ページ
6. 同　二二四ページ
7. 同　二二四、二二五ページ

ボルが発掘されている。モーセや、十字架に使われた青銅の蛇にまつわる神話は、これと同じテーマを象徴している。

バビロニア人はエジプトとシュメールの物語や神話を受け継ぎ、今度はそれらを歪《ゆが》んだ形で、後に『旧約聖書』となる文章に再登場させた。『創世記』、『出エジプト記』、『レヴィ記』、『民数記《みんすうき》』、『申命《しんめい》記《き》』からなる「ユダヤ教」のトーラー（モーセ五書）はすべて、バビロン捕囚の間かその後でレヴィ人がバビロンのレプティリアン聖職者ネットワークと手を組んだときに、レヴィ人により、もしくはその監修の下で書かれたものだ。サルゴン王がイグサの籠《かご》で川に流されたというシュメールの物語を、レヴィ人が「モーセ」と呼ばれる神話上の人物の話に改作しているのがわかるだろう。そして、シュメールのエディンすなわち「神々（gods）の所在地」は、レヴィ人の物語では「エデンの園」となった。『創世記』はシュメールの物語を編集したもので、女神の象徴にあふれかえっている。「天からもたらされたマナ（mana）」は、モーセに導かれたイスラエル人が「神」もしくはヤハウェ（エホヴァ）から授けられたものと思われているが、実際はエルのように地下を支配する女神「マナ（Mana）」の名前なのである。[8] ローマ人は彼女をマナ、あるいはマニア（Mania）と呼んだ。その祖先の霊は「メイン（manes）」と呼ばれ、ライオンや馬のたてがみ（mane《メイン》）という語や蛇崇拝に結びつくと同時に、アマゾン族（ワルキューレ）とも関わりがあった。そして、このマナ、マニアといった名前から、正気を失った行いを表す言葉も生まれている。これは、「月の狂気《ルナシー》」という語に見られるように、月の女神の崇拝に由来している。つぶやきや物音の振動を表すサンスクリット語の「マントラ（mantra）」も源は同じである。マヌ（Manu）という名前は、大蛇ヴァースキ（Vasuki）の助

8. "The Woman's Encyclopedia Of Myths And Secrets" 五七五ページ（『神話・伝承事典』四六七—四六八ページ）

けを得て大洪水を生きのびたノアのインド版である。[9] その昔、マヌは女神たちを産む子宮だったのだ。レヴィ人、すなわちバビロンの神秘主義結社《ミステリースクール》のイニシエイトたちがヘブライ人のために歴史全体を創作したのは、真の物語を隠し、宗教支配という強制的な構造を創りだすためだった。ユダヤ教のラビ（宗教的指導者）たちは、今日までその慣習を続けている。これについては『大いなる秘密』に詳述したが、私はそこで、これらの文言が秘儀的知識によってどのように暗号化されていったか、なぜ今日私たちが「ユダヤ人」と呼ぶ人びとの大半にパレスチナやイスラエルとの遺伝的関連が見当たらないのかについて、明らかにした。ユダヤの消息筋が認めたように、彼らはカザール族という南ロシアやコーカサス山脈出身の民族で、八世紀に集団でユダヤ教へ改宗したのである。「ユダヤ人」と「ヘブライ人」という言葉は、これまで混同されてきた。私たちがユダヤ人と呼ぶ人びとの中には中東のヘブライ人まで遡る人もいるが、大半はそうではない。彼らはコーカサスの出身だ。どこから来たかは問題ではない。所詮はただ肉体的なことだ。だが、もし嘘を教えられているなら、彼らには知る権利がある。「ヘブライ人」の知識も大部分はエジプトの神秘主義結社《ミステリースクール》から得たもので、ヘブライ語の起源もそこにある。「ヘブライ人」や「ユダヤ人」によくある名前「コーエン（Cohen）」は、エジプトの司祭や王子の名前にあたるカヘン（Cahen）が基になっており、ヘブライと、エジプトおよびバビロンの間には根源的な繋がりが見られる。ヘブライ人と呼ばれるようになった人びとは、みなシュメール帝国内部を出自としており、そこには私たちが現在イスラエルあるいはパレスチナと呼ぶ地域が含まれていた。それらは単に同じ帝国を別の名前で呼んでいるにすぎず、シュメール、エジプト、ヘブライ、バビロニアの聖職者たちがアトランティスやレムリアまで遡る同一のブラザーフッ

9. 同 五八〇ページ（『神話・伝承事典』四七二ページ）

ド・ネットワークに結びついていたのは間違いない。シュメールの聖職者たちは大衆とレプティリアンの「神々」との橋渡し役であり、ほかの聖職者たちもまた同じだった。

『出エジプト記』という創作物語は、実際にエジプトで起きたことの真相を覆い隠すために書かれたもので、レヴィ人の書いた文章を除けば、あのような「脱出行」があったという史実的記録も、考古学的証拠も一切見当たらない。イスラエルがシナイ砂漠を占拠した一九六七年から一九八二年にかけて、彼らは大がかりな探索を行い、そこに四〇年間住んでいたはずの「イスラエルの民」の痕跡を見つけようとした。それで、見つかったものは？　何もない。どの歴史的文書にも紅海でエジプト軍が全滅したという記録は見当たらず、もし実際にそういうことが起きていたのなら、これはきわめて面《めん》妖《よう》なことだ。ギリシャの歴史家ヘロドトス（紀元前四八五年頃―前四二五年）はエジプトおよび近東諸国を調べてまわったが、ソロモン王についても、あれだけ多くの「イスラエルの民」の出エジプト行や、エジプト軍が紅海に沈んだ話も何一つ耳にしなかった。ギリシャの哲学者プラトンも同様である。サンスクリット語、シュメール語、エジプト語に堪能なL・A・ワッデルは周辺一帯をくまなく調査した結果、次のような結論に達した。

「いかなる碑文にも、また古代ギリシャや古代ローマの文献にも、旧約聖書に出てくるアブラハムやイスラエルの太祖、預言者たち、モーセ、ダビデのほか、サウルやソロモンをはじめとするユダヤの王の誰一人についてさえ、その存在を記したものは皆無である。わずかな例外として、後年の王がほんの数人認められるにすぎない」[10]

10. "The Phoenician Origin Of Britons, Scots, And Anglo Saxons（ブリトン、スコット、アングロ・サクソンのフェニキア的起源）" 一四七ページ

また、この中のどの人物についても、レヴィ人がバビロンに連行されてそこで話の筋書きが出来上がるまで、彼らの存在を主張するものは一切なかった。もう少しで息子を生贄にするところだったアブラハムと同種の話はインドにもある。「モーセ」の若者版は中近東の至るところに見られ、地中海地方では違う名前が使われている。バビロンの言い伝えでは、神は山頂で「立法者ネモ（Nemo）」に法の碑文を与えたという。レヴィ人がバビロンを去ると、ネモは「モーセ（Moses）」に変えられた。シリアには「ミーゼス（Mises）」という人物がいて、レヴィ人がモーセに与えた属性をすべて備えていた。「ミーゼス」はシュメール王サルゴンのように、赤ん坊のときに葦《あし》かイグサの籠《かご》で流されているところを発見された。ミーゼスは進み出て魔法の杖で水を切り裂いた。彼は石に書かれた法の守護者でもあった。もう一人のモーセは、エジプトの英雄ラーハラクティ（Ra-Harakhti）である。定かではないが、彼の人生もまた、偽造者たちにコピーされた節《ふし》がある。[11] モーセと関わりの深い「十戒」もまた、ハンムラビ法典として知られる法律の複製である。この法典は、少なくとも一〇〇〇年以上は早く書かれている。出所はもちろん――バビロンだ！　だがこのハンムラビ法典はさらに、おなじみのインダラ、トール、聖ゲオルギウス（ジョージ）、また五〇〇〇年ほど昔のシュメール帝国の初代王および彼の「十戒」にまで遡る。『エッダ』では、それは「ハグ・ルーネス（Hug Runes）」と呼ばれ、「ハグ」は好意、愛情、善い心を意味する。英語の「抱擁《ハグ》（hug）」はここからきている。

11. Acharya S, "The Christ Conspiracy, The Greatest Story Ever Sold（キリストの陰謀――比類なき物語）" (Adventures Unlimited, Kempton, Illinois, 1999) 二四一ページ　本書はデーヴィッド・アイクのウェブサイトにて購入可能

聖書の真の暗号／太陽（ソロモン）の神殿《受容的物体》（一〇〇〇人の側室）

「木を見て森を見ず」ということになっていないかどうかを判断する上で重要なもう一つの事実は、レヴィ人の書いたこれらの文章が暗号と寓話で象徴的に書かれているということだ。すべてを文字どおり受けとめれば、筋書きを見失ってしまう。監獄宗教以前、古代人は太陽の崇拝者であり、ソロモン（Solomon）という語句の三つの音節、Sol-om-on はどれも太陽を表す別名だった。ソロモン王の神殿は実在のものではない。象徴である。フリーメイソンの歴史家マンリー・P・ホールによるとソロモン王の一〇〇〇人の「妻」と側室は、彼の「住居」あるいは「神殿」[12]、すなわち太陽系の内部の太陽、衛星、小惑星と、その他の「受容的な物体」を象徴しているという。ソロモンやダビデと同種の物語は、はるか昔のインドにも見られる。では、もしダビデやソロモンが実在しないなら、いったいどうやって「イエス」の血流をもたらすことができるのか？　そんなものはなかったのだ。あの系図は、旧約聖書の系図がシュメールの「アブラハム」に行きつくのと同じように、一つの目的を果たすために創作されたものなのだ。それらは、いくらかの真実に限りない嘘と欺瞞《ぎまん》を混ぜ合わせてでっちあげられた歴史の一部であり、実際に起こったことを隠すために創り出されたものだ。エデュアール・デュジャルダンはその著作『神とイエスの古代史（Ancient History Of The God Jesus）』（Watts and Co, 1938）で、ユダヤ教または「ヤハウェ主義」がどのように他国の神々を取り込み、彼らをヘブライの指導者に、英雄に、預言者に仕立て上げたかを示している。

12. Manly P. Hall, "The Secret Teachings Of All Ages" (The Philosophical Research Society, Los Angeles, California, the Golden Jubilee Edition, 1988) 五〇ページ（『象徴哲学大系　古代の密儀』マンリー・P・ホール著／大沼忠弘ほか訳／人文書院　二〇〇五、二〇六ページ）

「ユダヤ教が全面的に成功を収めた場所では、パレスチナの古代バアル神はヤハウェの英雄的な僕《しもべ》に姿を変えた。成功が一部にとどまった場所では副次的な神になった……パレスチナの古《いにしえ》のバアル神の多くはユダヤ教に吸収され、ヤハウェのためのヒーローに転換されたが、事実多くの学者が聖書に登場する父祖たちがパレスチナの古代の神々であることを認めている」[13]

ヘブライの神々《gods》……おっと違った、神《God》

ヘブライの宗教が「唯一神」に基づいているなどという考えは、あきれかえるナンセンスだ。彼らは多くの神々を崇めていたし、旧約聖書の文言でも、ヘブライ語の「エロヒム」のように、繰り返し神を複数で表している。ユダヤの「神」の単数「エル（El）」は「エロヒム（Elohim）」からきており、こちらは複数を示す。このエロヒムはアヌンナキであり、エッダに出てくる蛇の女神エルは、このすべてと結びついている。だが英訳では、複数のはずの「神々（gods）」が単数の神、つまり「God」に変更されている。『創世記』の冒頭「初めに、神は天地を創造された」は、実はヘブライ語では「初めに、神々は天地を創造された」[14]とあるのだ。複数の神を表すエロヒムは『創世記』で三〇回、聖書全体では二五七〇回も出てくる。その中にはこんな言葉も出てくる。「そしてエロヒムは言った、われわれにかたどり、われわれに似せて、人を造ろう」。バベルの塔の物語では、エロヒムは

13. Edouard Dujardin, "Ancient History Of The God Jesus（神とイエスの古代史）" (Watts and Co., 1938)

14. "The Christ Conspiracy（キリストの陰謀）" 九一ページ

「われわれは降って行って」と言った。エデンの園の場面では、「見よ、人はわれわれの一人のように、善悪を知る者となった」とある。

『創世記』にはまた、「そしてエロヒムは言った。（中略）われわれはアダムを造ろう」ともある。[15]「エロヒムのヤハウェ（Yahveh-elohim）」、つまり「神々の一人、ヤハウェ」という表現は、真実を隠すために「主（Lord）」または「主なる神（Lord God）」のように英訳されている。初めてこれらの文言が書かれたときは、「神々（gods）」という語を除くことは不可能だった。世界全体がまだ、膨大な数の神々――アヌンナキとさまざまな名で呼ばれるその他の神々、さらには太陽、月、惑星、その他の星々、自然の力などを崇めていたからだ。だが、キリスト教というイルミナティ宗教が出現して、聖書が英訳されると、「神々（gods）」から唯一の「神（God）」への移行は、急速に進んだ。英訳された聖書の中で最もよく使われてきたのは『欽定訳聖書』だが、これを後押ししたのが、一六〇三年のエリザベス一世没後にイングランドとアイルランドの初代王を兼任したジェームズ一世である。「新しい」聖書でさえ、その大半が単にこの『欽定訳聖書』を改訂したものにすぎない。この「ジェームズ王版」では、前の版、つまり一五六〇年に出版されたいわゆるジュネーブ聖書に含まれていた多くの傍注が取り除かれた。王は聖書の文言を修正したかったのである。彼は母メアリ・ステュアート同様、君主が「神（神々）」だけを相手にする「神授王権」ということを頭から信じていた。ジュネーブ聖書にはこの「神授王権」に関して彼の気に入らない表現があり、それでそれらを削除させたのだ。ジェームズは悪魔主義者《サタニスト》で、古代エジプトの王《ファラオ》に遡るレプティリアンの血筋だった。数々の書物や公の記録にも残されているように、若い少年を欲望の対象とし、血への渇望は飽くこと

15. 詳細は"Flying Serpents And Dragon（空飛ぶ蛇と竜、および人類のレプティリアン的過去）"の一〇一－一〇三ページ

がなかったらしい。動物を殺せば、文字どおりその血の海で転げまわり、何千人という「魔女」に死と拷問《ごうもん》をもたらした。拷問の多くは彼自身が提案したものだ。[16] こういう男が、聖書に何を載せ、何を載せないかを決定したのである！　ジェームズとキリスト教教会による「魔女」の大量殺戮《さつりく》は、女性のＤＮＡを通じて受け継がれてきたある血流を根絶やしにすることに結びついていたと見て間違いない。ジェームズ王の聖書翻訳を監修したのは、フランシス・ベーコン卿だった。彼はレプティリアン血流の出身であり、薔薇《ばら》十字団の団長（グランドマスター）として秘密結社ネットワークの高位にあった。フリーメイソンおよび英国学士院創立の背後にあって影響力を及ぼしたテンプル騎士団員で、ドラコニス卿、エドワード・ド・ヴィアなどシェイクスピアの戯曲を編纂《へんさん》した高位者集団の中で鍵となる人物でもあった。

16. http://www.nohoax.com/Kingjames.html 《訳注：二〇〇七年二月現在該当ページなし》

バビロンから生まれた宗教（2）――キリスト教

旧約聖書に「新約」が加えられたのは、キリスト教という同じレヴィ人の寓話に基づいた宗教が創始されたときである。実は、四世紀になるまで『新約聖書』というものは存在しなかった。三〇〇年も前に始まったはずの宗教を文書化するにしては、えらく時間がかかったものだ。では、その段取りをすべてつけたのは誰か？　ローマ皇帝のコンスタンティヌス「大帝」で、時は西暦三二五年以後のことである。彼はローマ帝国の公式の統治者ではあったが、実はその帝国は、旧約聖書が書かれはじめた時期のバビロンを操作していたのと同じ勢力によってコントロールされていた。単なる偶然と？テキサス州アーリントンのユダヤ・キリスト教研究所（Institute for Judeo-Christian Research）所長、ヴェンディル・〈インディ〉・ジョーンズの指摘によると、「最初期のキリスト教」には、「モーセ五書」、詩篇、箴言《しんげん》、ヨブ記、雅歌《がか》、ルツ記、哀歌、伝道の書、エステル記、ダニエル書、エズラ記とネヘミヤ記など二二冊の預言書と聖典、二冊の歴代志、それに一四冊の聖書外典しかなかったという。「イエス」にまつわるものは何一つなかったのだ。『旧約聖書』を手にシナゴーグ《訳注：ユダヤ教の礼拝堂》に集って礼拝していたが、『新約聖書』など存在していなかったのだ。ジョーンズは、『新約聖書』の「聖書に次のように書かれて」「……と書かれて」「律法は……」「主はこう言われる」「預言者が語って言ったように」といった表現は、旧約聖書の文章に言及したものだと力説する。最初期の「キリスト教徒」は、今日なおそうであるように、レヴィ人の考えた文言を信仰の礎《いしずえ》としていたのだ。ヴェンディル・ジョーンズが言うとおり、彼が「新しいほうの聖書（Newer Testament）」と呼ぶものの執筆者たちは、ヘブライの聖典である「古いほうの聖書（Older Testament）」をこの上ない権威と見なしていた。

「それからかなりのときを経て、彼らの記したものは『新しいほうの聖書』となった。主な拠《よ》り所とされたのは、『モーセ五書』である。それを補強したのが預言書とその他の聖典だった。『新しいほうの聖書』は『古いほうの聖書』に対して優位にあるわけでもなく、また、そうだという主張もなされてはいない！　彼らはすべてユダヤ的な思考でそれを書いたのである。すなわち、あらゆる権威が

『モーセ五書』に譲られたということだ！『新しいほうの聖書』がヘブライの聖典の権威を無効にしたり異議を申し立てたりすることは、決してありえないのである」[17]

大ペテンのキリスト教／イエスは太陽《sun》、息子《son》

キリスト教とは、バビロン捕囚の期間とその後にレヴィ人とその後継者によって決定された、既存の文章と律法への単なる「追加」にすぎない。では、キリスト教とはいったい何で、どこから来たものなのだろうか？　あなたがキリスト教徒だとすれば、私は覚悟しておかねばなるまい。キリスト教はおおむね太陽信仰であり、「イエス」は「息子《サン》（son）」ではなく、「太陽《サン》（Sun）」なのだ。あるいは、少なくともそれがイエスの象徴の一部なのである。「イエス」と蛇のカルトのバルドルとの類似性については、もちろんすでに見てきたとおりだ。シュメールをはじめ古代世界のいたるところで行われていた太陽信仰は、象徴的な物語に書きとめられ、キリスト教徒はそれをそのまま受けいれるよう言われてきたのである。牧師様、心の準備はよろしいですか？　古代世界の意思伝達は、主に象徴言語《シンボリズム》と寓話《ぐうわ》によってなされていた。古代の太陽が象徴するものを理解すれば、主だった宗教を理解することができる。彼らは、太陽の一年の動きを象徴するために、もっと正確に言えば、太陽との関係における地球の動きを象徴するために、図32のようなシンボルを用いた。これがいわゆる太陽十字であり、古代社会のいたるところに見られる。円に黄道一二宮を描き、四季を表すための十字と、

17. http://religiousfrauds.50megs.com/menu.html《訳注：二〇〇七年二月現在該当ページなし》

夏至冬至、春分秋分を加えたものだ。十字の中心には太陽が置かれ、これが十字の上の太陽《サン》、あるいはその象徴である息子《サン》の起源なのである。

ジェームズ・チャーチワードによると、よく似たシンボルがレムリア創始の初期にも使われていたらしい。「イエス」以前のおびただしい数の神々がみな十二月二十五日生まれなのは、彼らが太陽のシンボルだからである。太陽エネルギーが最も弱まる冬至は、北半球では十二月二十一日か二十二日だ。これが古代人の言う、太陽が死んで暗黒の場所に沈む時期にあたる。三日後の十二月二十五日には、太陽はまた、その力が最大となる夏に向かう旅に戻るということで、この日に太陽が生まれる、あるいは再生すると言われたのである。古代の太陽の神々の「誕生日」が冬至の三日後とされたのはこういうわけなのだ。今では誰もが認めるように、これらの神格は存在しない。彼らは太陽の象徴であり、イエスもまた、ほかのシンボルと同じなのである。

キリスト教の「クリスマス」は古代の多神教の祝祭では別の名前で呼ばれていたが、イースターも同じである。かつてイースターの祭りが行われた三月二十五日には、太陽が占星学でいう白羊宮（雄羊か子羊をシンボルとする）に入るが、人びとはこの時期に、神々をなだめて豊作を確実するため、子羊を儀式の生贄《いけにえ》にした。別の言い方をすれば、子羊の血によって彼らのさまざまな罪を神々に許されると信じていたのだ。『旧約聖書』のサムソン（Samson あるいは Sam-sun）の物語も、やはり太陽（Sun）を象徴している。古代の人びとは、人間の人生を太陽の年周運動のシンボルとして用いた。十二月二十五日には太陽は新生児で表され、赤ん坊は成長して、夏至には大きくたくましく強い男に

キリスト教そしてイエスは、古代の太陽崇拝の焼き直しである……

図32：円と十字は太陽の１年を表している。十字の右の腕は、象徴的に太陽が「死ぬ」と言われる冬至を指している。３日後の12月25日に、太陽は生まれる、あるいは再生すると言われる。

なる。これが北半球における太陽エネルギーの最大期で、昼が最も長くなる日には太陽が暗闇を圧倒する。このとき、この太陽の男は、夏の強烈な太陽光を象徴する金色の長い髪を与えられる。秋の初めに太陽が乙女座の処女宮（デリラの宮）に入ると、太陽の男の髪は、太陽エネルギーが衰えるにつれて短く切られてしまう。これが、サムソン物語の真相だ。彼は実在の人物ではなく、太陽の象徴だった。サムソンも聖パウロも聖書に登場するほかの人物も、イエスのようにナザレ人あるいはナジル人と言われた。「ナザレのイエス」あるいは「ナジル人としてのイエス」といった表現の本当に意味するところはこうだ。イエスが生きたとされる時期、ナザレという町は存在しなかった。どの記録にも地図にも、ローマ人の詳細な記録にすらナザレに触れている箇所はないのである。町が設立されたのは、福音書の教えが広まった後だった。いわゆるナジル派では、特定の太陽儀式の場合を除いて髪を切ることを禁じていた。髪は太陽光線を象徴するものだったからだ。今なおシーク教徒に続いているこの習慣の起源は、これが本当かもしれない。ナザレ人あるいはナジル人は、バビロンの聖職者たちがしたように黒い色に身を包み、それはキリスト教教会に受け継がれた。今日、アラビア語ではキリスト教徒をナスラニー（Nasrani）といい、イスラム教のコーランではナサラ（Nasara）あるいはナザラ（Nazara）である。これは「ノズレイ・ハ・ブリート（Nozrei ha-Brit）」すなわち「誓約を遵《じゅん》守《しゅ》する人」から派生したヘブライ語の「ノズリーム（Nozrim）」という語に由来する。誓約とは、アヌンナキとの誓いだと、私は思う。

　キリスト教は、太陽を象徴的に描いた古代の物語を焼き直し、歴史の流れの中に字義どおりの物語として提示された、神秘主義結社《ミステリースクール》の寓話や蛇のカルトのシンボルと混ぜ合わせることで生み出された。

エリート聖職者やその他のイニシエイトたちはその物語が意味するところを理解していたし、今も理解しているが、一般大衆には、それは文字どおりの真実であり、疑うようなことがあれば破滅が降りかかると伝えている。

「イエス」が現れる一二〇〇年ばかり前、東方では「異教の救世主」ヴィリシュナ（Virishna）について次のように伝わっていた。彼は、精霊の媒介によって、無原罪懐胎により処女から生まれた。これにより、古代の預言は果たされた。彼が生まれると、時の暴君は彼を亡き者にせんとし、両親は安全のために逃げなければならなかった。王は彼を探し出して殺そうとし、二歳以下の男児は皆殺しにされた。彼が生まれたとき、その場には天使と預言者が居合わせ、彼は黄金と乳香と没薬《もつやく》を贈られた。彼は人類の救世主と崇《あが》められ、道徳をわきまえた謙虚な人生を送った。数々の奇跡を行い、病人を癒し、目の不自由な者に視力を与え、悪魔を追い払い、死者を蘇らせた。彼は二人の盗人の間で十字架にかけられて死んだ。彼は地獄に堕ちたが、死から蘇《よみがえ》り、天国に昇った。大司教殿、これは単なる偶然か？　ならば、これはどうだ？　これらもすべて「イエス」以前の、ほとんどが数千年前の話である。

●古代国家フリギアの神の息子、アッティス

十二月二十五日、処女の母のもとに生まれた。彼は「救世主」と呼ばれ、一人息子で、人類を救うために死んだ。金曜日に十字架にかけられ（「黒い金曜日」）、彼の血は全世界を贖《あがな》うために流された。彼は、「釘と杭」に苦しみながら死んだ。彼は現《うつ》し身に一体となった「父と子」であった。墓穴に入

れられ、地下に下ったが、三日後の三月二十五日に肉体が墓から消えているのが見つかり、「最高神」として蘇《よみがえ》った。その体はパンに象徴され、彼を崇める人びとはそれを食べた。

●インドの神の息子、クリシュナ（＝Christ《キリスト》）

十二月二十五日に処女の母から生まれ、父は大工だった。星がその誕生地を示し、天使と羊飼いが誕生に立ち会った。支配者は彼を亡き者にせんとして、何千人もの幼子を殺したが、彼は生きのび、その後数々の奇跡を行って、ハンセン病患者、目の見えない者、耳の聞こえない者などを癒した。三〇歳頃に死亡し、言い伝えでは木に磔《はりつけ》にされたという。彼もまた十字架の上に描かれ、死から蘇り、救世主と考えられた。彼の信奉者たちは彼のことを「ジェゼウス（Jezeus）」または「ジェセウス（Jeseus）」と呼んでおり、それは「清らかな本質」を意味する。彼は、死者を裁き「悪の王子」と戦うために白馬に乗って戻ってくるという。

●ギリシャの神の息子、ディオニュソスまたはバッカス

十二月二十五日に処女の母のもとに生まれ、産着《うぶぎ》にくるまれて飼い葉桶に入れられた。彼は移動しながら奇跡を行う師であった。（太陽のように）水をブドウ酒に変え、意気揚々とロバの背に揺られた（エジプトの神セトもそうだった）。彼は雄羊あるいは子羊であり、ブドウ酒の神、神の中の神、王の中の王、一人息子、罪の担い手、救世主、聖なる者、永遠であった。彼は吊され、木に磔にされたが、三月二十五日に死から蘇った。紀元前一世紀、エルサレムのヘブライ人たちもこの神を崇めた。

J・M・ロバーツは『暴かれた古代（Antiquity Unveiled）』（Health Research, 1970）の中で、「フェニキア語でバッカスを表す『IES』あるいは『IHS』が、イエスの語源となった」と述べている。「IES」は「I」（一つ）と「es」（火と光）に分けることができ、一つの語としてまとめれば「ies」は「一つの光」を意味するというのだ。彼はこうも述べている。「これは使徒ヨハネの福音の光にほかならない。この名前はプロテスタント、カトリックを問わずあらゆるキリスト教の祭壇に見られる。これは、キリスト教がゾロアスターに由来する東洋の太陽崇拝を修正したものにすぎないことの明確な表れである。キリスト教徒は、ギリシャ語の文献に出てくる同じ『HIS』という語を『Jes』と読み、ローマのキリスト教聖職者たちが語尾に『us』をつけ加えたのだ」。

「イエス」の物語を語るキリスト教以前のほかの神々を挙げておこう。ギリシャのアポロン、ヘラクレス、ゼウス。古代アッシリアのアダド、マルドゥク。インドおよびチベットの釈迦牟尼《しゃかむに》、インドラ。南インドおよびバミューダ諸島のサリヴァーナ（Salivahana）。エジプトのオリシス、ホルス。スカンジナビアのオーディン、バルドル、フレイ（Frey）。古代カルデアのクリテ（Crite）。ペルシャのゾロアスター。フェニキアのバアル（ベル）、タウト。アフガニスタンのバリ（Bali）、ネパールのジャオ（Jao）、ビリンゴニーズのウィトバ（Wittoba）、古代トラキアのカモルキス（Xamolxis）、ボンゼスのゾアル（Zoar）、アイルランドのクー・フーリン（Chu Chulainn）、シャムのデーヴァ・タット（Deva Tat）、コドム（Codom）、サンモノカダム（Sammonocadam）。テーベのアルキデス（Alcides）。神道のミカド。日本のベドル（Beddru《訳注：仏陀《ブッダ》＝Buddha のことか？》）。ドルイドのエスス（Hesus）またはエロス（Eros）、ブレムリラ（Bremrillah）。古代ガリアのトール（オーディンの息子）。ギリシャのカドモス（Cadmus）。マンダイテスのヒル（Hil）、フェタ（Feta）。古代メキシコのジェンタウト（Gentaut）、ケツァルコアトル。女預言者の「世界君主」。フォアモサ（台湾）のイスキー。プラトの「聖なる師」。釈迦牟尼。中国の伏羲《ふくき》、イェオ（Ieo）、太上老君《たいじょうろうくん》、チャン・ティ（Chiang — Ti）、ティエン（Tien）。ローマのイクシオン（Ixion）、クィリーヌス（Quirnus）。コーカサスのプロメテウス。アラビアのムハンマド。スラヴのダージボーグ（Dahzbog）。ローマのユピテル（Jupiter）あるいはジョウヴ（Jove）、キリニウス（Quirinius）。ペルシャ、インド、ローマのミトラ（Mithra）などである。[18]

ミトラ崇拝はその起源を「イエス」の何千年も前に遡るが、これもまた、後のキリスト教物語と実に細かい点まで一致している。黄金と乳香と没薬《もつやく》が捧げられたところまで一緒だ。アヌンナキの聖職者によってイエスが創作された頃には、ミトラの儀式および宗教はローマ帝国全体に広がっていた。彼らがローマでキリスト教を創始した際には、ミトラの儀式のシンボルや神話が用いられた。ミトラの聖なる日は日曜日だが、それはミトラ神がイエスと同じく太陽の象徴だからである。ミトラの信奉者はこの日を「主の日」と呼び、現在の復活祭にあたる時期に主な祝祭を執り行った。ミトラのイニシエーションは、冬至と夏至の象徴である磨羯《まかつ》宮と巨蟹《きょかい》宮の印が施された洞窟で行われた。ミトラ神は翼のある獅子（太陽）として描かれ、とぐろを巻く蛇の中に立っていた。むろん、獅子と蛇は蛇のカルト（イルミナティ）の代表的シンボルである。ローマカトリック教会はその「キリスト教」儀式

18. これらの関連性についての詳細は、"The Christ Conspiracy（キリストの陰謀）"、"The Book Your Church Doesn't Want You To Read（教会があなたに読んでほしくない本）"を参照されたい

のなかに、ミトラの聖体拝領を取り込んだ。ミトラは「彼が私とともにあるために、そして私が彼とともにあるために、私の肉を食べず私の血を飲まない者は救われない」と述べたと言われる。バチカンが建造されたまさにその場所は、ミトラ信仰の聖地だったところである。いや、今もミトラの聖地なのだ。彼らは彼をただ「イエス」と呼び換えただけである。先にも述べたように、ミトラ(Mithra)崇拝はあっさりと太陽の神話(Myth-ra)、すなわちキリスト教へと移行したのだ。

ミトラは太陽の象徴であり、キリスト教版になってもそれは同じだ。イエスは世の明かり(太陽)だった。イエスが雲の上に戻れば誰の目にも彼が見える(太陽)。イエスは水の上を歩く(太陽光線の反射)。イエスは一二歳のときに神殿で父なる神の務めを果たし、三〇歳で伝道を始めた。太陽は昼の十二時に頂点に達するが、それはエジプト人など古代の人びとが、太陽を「最も高き神」という時間だった。太陽はそれぞれの黄道一二宮に三〇度の角度で入り、これゆえにイエスは自分の「伝道」を三〇歳で始める。イエスは水をブドウ酒に変えたと言われるが、それは、ブドウ酒は太陽がブドウを熟成させることでできるからである。聖書には、イエスが「五〇〇〇人を食べさせる」のに差し出した二匹の魚(双魚宮《そうぎょきゅう》)、その後でなおもいっぱいにパンが残っていた一二の籠(黄道一二宮の図)など、黄道一二宮の象徴が数多く出てくる。イエスは「魚(キリスト教徒の象徴)」であり「人間をとる漁師(福音伝道者)」だった。それはおそらく、そのとき地球が双魚宮に入ろうとしていたことで、イエスが魚と考えられたためだろう。だが歴史全体を通じてこういった太陽の神々にまつわる「魚」のシンボルは非常に多く、魚神およびシリウス星のノンモやアンネドティの物語など、水陸両生の生き物との象徴的関連性を見過ごすわけにはいかない。もう一つ思い出していただきたいのは、ドゴン族の話にあった、水陸両生のノンモが仲間の一人が十字架にかけられると言ったことだ。世界の終わりを表す訳語はギリシャ語の「アイオン（aeon）」からきているが、これは「世界」ではなく「時代」の終わりを指す言葉だ。時代の終わりとは、二一六〇年というサイクルの終わりであり、その間に地球は占星学の一二宮の星座を通り抜ける。現在私たちは双魚宮を去って宝瓶宮《ほうへい》に入ろうとしており、第二の時代の終わりに近づいている。もう少し、「イエス」神話を解読していこう。

歴史的人物としてのイエスはいなかった！

イエスが何者であれ、『新約聖書』に書かれた以外には、その痕跡や記録は一切見当たらない。「ヘブライ」の歴史家ヨセフスの著作に見られる記述は、聖職者が自分たちの飯の種とそれを照らし合わせて失望した結果、後年つけ加えられたものであることは明らかである。四〇人以上もの著述家が、「イエス」が生きたと思われる時代にイスラエル（パレスチナ）でさまざまな出来事を記録したことがわかっているが、その中の誰一人としてイエスに言及していない。フィロンは、イエスの「生涯」の全期間を生きてユダヤ人の歴史を記し、著作にはこの期間全体が含まれている。フィロンは、イエスが処女の母のもとに生まれ、ロバに揺られて誇らかにエルサレムに入り、十字架にかけられた後蘇ったはずの時代に、エルサレムかその近郊に住んでいたのだ。同時期、ヘロデ王は「救い主」を排除するためにすべての子どもを殺したとも言われている。この恐るべき事態を、フィロンは何と言っているか？　何もない。一言も触れていないのだ。これはローマ人の記録でも、同時代のどの著述家の著作でも同じことだ。これについては簡単に説明がつく。こうした出来事は一切起きなかったのだ。なぜなら「イエス」は存在しなかったのだから。

神のみぞ知る「塗りつけられた《クリストス》」「救世主」イエス

「救い主（Christ）」という言葉はギリシャ語の「クリストス（Christos）」からきているが、これは単に「塗りつけられた」という意味の語である。何を塗りつけたかは、ワニの脂か経血か、神のみぞ知るといったところだ。この言葉はイスラエルのあらゆる王や司祭に適用され、何かを塗りつけられた者すべてに当てはまった。バビロンのタンムーズは「クリストス」または「聖なる王」と呼ばれたが、同一あるいは似たような言葉が、こうしたキリスト教以前の「イエス」的人物の多くに応用された。「イエス」という名前もまたギリシャ語の翻訳で、仮に彼が本当に実在したとしても（そうではなかったが）、その名前がイエスでないことは間違いない。

イエスは処女（新月）から生まれた

太陽神の母が処女であるという古代の話は、世界中に見られる。これは太陽が新月すなわち処女の月に「誕生」するという神話に関係しているかもしれないし、ある時期の太陽は処女座《おとめざ》とともに上昇する。また、「神々」が女性を人為的に受胎させたことがこの概念の起源である可能性も充分考えられる。メロヴェ、アレキサンダー大王など多くの「英雄」は、人間でない存在によって母親が受胎した結果であり、夫との性交によるものではないと言われていた。米国イルミナティの悪名高き工作員、アルバート・パイクは『道徳と教義』の中で、キリスト教の主題の起源となるエジプト神話について、次のように書いている。

「冬至を迎えると、処女《おとめ》は（太陽とともに）体を起こし、その胸に太陽（ホルスとして象徴される）を抱く。……処女宮は女神イシス（ホルスの処女母）であり、彼女の象徴である。両腕に幼子（ホルス）を抱いた姿で神殿に祀られたその傍らには、次にように銘記されている。**私は過去であり、現在であり、未来である。**そしてまた、太陽の中で私がもたらした実りである」[19]

作家のジェラルド・マッシーによると、エジプトはルクソール神殿の至聖所（神殿内の最も神聖な場所）の壁には、後世のイエス物語のさまざまな場面がそっくり描かれているという。神々の告知者

19："Morals And Dogma Of The Ancient And Accepted Scottish Rite Of Freemasonry（道徳と教義）"

であるトート神が処女のもとを訪れ、処女にもうすぐ息子が生まれるだろうと告げている。別の場面では、クヌム（Khnum）神が純潔の受胎のために聖霊あるいは精霊によって処女を孕《はら》ませる場面が描かれている。やがて子どもは王座について、三人の精霊（キリスト教では三人の賢人）から贈り物を受け、太陽神の化身として崇められる。イエスが飼い葉桶で生まれた物語でさえ古代エジプトに端を発すると、マッシーは言う。

「エジプトの救世主《メシア》が春分の日に誕生したのは、人目につかない場所を意味するアプト（Apt）、あるいはアプタ（Apta）と表される場所だった。だが、『アプタ』もまた、『まぐさ棚』や『飼い葉桶』の呼び名なのだ。よって、アプタで生まれた赤ん坊は、飼い葉桶で生まれたと言われた。また、この『アプタ』なり『飼い葉桶』なり『まぐさ棚』は、太陽の生誕地のヒエログリフでもある。それでエジプト人は、赤ん坊を飼い葉桶に入れて、アレキサンドリアの町中に見せてまわったのだ[20]」

輝く星シリウスとオリオン座三人の賢人

輝く星がイエス誕生の地を示した、と聖書は言う。これは、シリウスについてエジプトで語られているのと同じ話であり、シリウスは地球から見て最も明るい星だ。エジプト人たちは、オリオン座の三つ星（三人の「王」か「賢人」か、あるいは「東方の博士《マギ》」か？）が昇ると、オシリスとホルスの

20. Gerald Masseyの著作、"Gnostic And Historic Christianity（グノーシスと史的キリスト教）"（Sure Fire Press, 1985）、"The Egyptian Book Of The Dead and the Mysteries of Amenta"（Health Research, USA）、"The Historical Jesus And The Mythical Christ（史的イエスと神秘的キリスト）"（Health Research, USA）を参照されたい

星である天狼星《ソティス》（Sothis）すなわちシリウスが出現すると言った。それ以上に「三賢人」が象徴しているのは、マギが太陽の信奉者であることだ。黄金、乳香、没薬《もつやく》は、アラビアのマギによって太陽に捧げられる伝統的な贈り物であり、だからあの神話の場合もミトラにこだわっているわけである。[21] 馬小屋もしくは洞窟で誕生するイエスは、太陽伝説を通じて繰りかえし登場する。なぜなら洞窟は、太陽が冬至から十二月二十四日の真夜中まで行くという「暗い場所」の象徴だからだ。それで、イエス（太陽）の「磔」と、十二月二十五日のイエスの「復活」もしくは再生の間には、墓穴での三日間がある。とはいっても、洞窟がほかのものを象徴していることもありうる。イエス物語は一方では、異なった秘教的レベルで読めるからだ。

荒野での四〇日間／「穀物」の象徴

これもまた、太陽の神々によく見られるもう一つのテーマである。作家で研究者のアルバート・チャーチワードによると、エジプト人は穀物の種をまいてから芽が出るまでに四〇日かかると見ていたらしい。彼によれば、これは断食と食糧不足の期間であり、それゆえにイエスが荒野で断食するさまが描かれ、「悪魔」は石をパンに変えろとイエスをそそのかしたのだ。この光と闇の対決でイエスが闇に打ちかったときに、太陽サイクルの中で闇より光のほうが多い期間を象徴されることになる。「ヤコブの子孫」が砂漠をさまよったという四〇年間は、同種の「穀物」の象徴がでっち上げの歴史

21. "The Christ Conspiracy（キリストの陰謀）" 一九二―一九三ページ

的な文言に変えられたものである。[22]

イエスの言葉／前任「救世主」からの孫引き

イエスが述べたとされる言葉は、彼以前の「救世主」や神々からの引用である。エジプト神話ではホルスが山上で説教をするが、イエスの場合は単にエノク書のように物語にまとめ上げられたそれ以前の文献からとったものにすぎない。イエスの寓話のいくつかは、仏教やジャイナ教から直《じか》にとったものである。「主の祈り」は、ユダヤ教のタルムードの名句と、さらに古いエジプト語のオリシスへ[23]の祈りからとられており、それはその昔、女神への、パンをもたらす人への、「穀物の母」への祈りだった。[24]

マリアたち／海《メール》、月《ディアナ》、竜《ドラゴン》、エル、イシス、アルテミス

マリアとは、超自然的な力によって救い主である太陽神を産んだ女神たちの古来から伝わる名前である。マリ（Mari）、メリ（Meri）、マラトゥ（Marratu）、マーラー（Marah）、マリハム（Mariham）などとも呼ばれる。あるレベルでは、これらの名前は海に関係しており（海はフランス

22. Albert Churchward, "The Origin And Evolution Of Religion（宗教の起源と進化）" (Kessinger Publishing Company, 1997) 三八七—三八九ページ

23. "The Christ Conspiracy（キリストの陰謀）" 二二八ページ

24. Barbara Walker, "The Woman's Dictionary Of Symbols And Sacred Objects（女神の象徴と聖なるもの）" (Harper-Collins, 1988) 四八二ページ

語では「Mer《メール》」、スペイン語やポルトガル語では「Mer《メール》」)、「マリア」は女性らしさ、月、「天界の女王」を象徴し、雄々しさを表す太陽と均衡を保っている。だがそれらは同時に、竜の女王《ドラゴン・クイーン》たちとも結びつく。エジプトの月の女王イシス（Isis）や、ホルスの処女母は、聖母マリア（「Mother Mary」あるいは「Mata—Meri」）として知られ、「天界の女王」、「われらが貴婦人《アウア・レディ》」、「神の母」と呼ばれた。[25]『エッダ』に出てくるエルも、マリアとして知られている。ヘブライ人は「マリ」と「エル」、「マリア」と「神（God）」と呼ばれる神と女神を崇拝した。キリスト教の「聖母マリア」は、エル、イシス、イシュタル、バラティ、アルテミス、ディアナなどの古代の女神たちの別名の一つにすぎない。キリスト教は閨房《けいぼう》をともにするユダヤ教と同じく、公の領域から女性原理を排除しようとして、古代の三位一体とされた「父と子と母」を「父と子と聖霊」に変えた。その後、神話の人物である聖パウロがでっち上げたこの言葉が「正当化」してくれたことによって、女性への奇怪な抑圧は続いたのである。

25.「マリア」という名前の背景および関連については、"The Woman's Encyclopedia Of Myths And Secrets" 六〇一―六一六ページ（『神話・伝承事典』四九〇―五〇一ページ）を参照のこと。（マグダラのマリアの項を含む）

「『妻たちよ、主に仕えるように、自分の夫に仕えなさい。キリストが教会の頭であり、自らその体の救い主であるように、夫は妻の頭だからです。また、教会がキリストに仕えるように、妻もすべての面で夫に仕えるべきです』……さらに……『婦人が教えたり、男の上に立ったりするのを、わたしは許しません。むしろ、静かにしているべきです』[26]」

こうした言葉が、聖職者やイニシエイトによって、制度として女性に抑圧を強いるために書かれた。

26.新約聖書の「エフェソの信徒への手紙」五章二二―二四節および「テモテへの第一の手紙」二章一二節　訳文は新共同訳による

この姿勢は、今日なお見られる。英国国教会が女性司祭を認めたときには、英国の政治家アン・ウィディカムは混乱してプロテスタントの英国国教会を去り、ローマカトリック教会に入信する始末だった。ウィディカムは、一国を動かせるほど聡明な女性だと言われているのに！　イルミナティは、私たちすべて（男性も含む）をより高いレベルへと結びつける女性らしい直観的エネルギーの根絶に着手した。抑圧されていない男性エネルギーは「外側」にあって物質世界に表出しているが、女性らしさがなければ、それは深層にある自己から孤立することになる。極端な例がマッチョマンだ。彼らは象徴的な意味において、内なる「ママ」との接触をなくした迷える坊やたちなのである。だがこれらの宗教は大衆の女性らしさを抑圧する一方で、ひそかに竜の女王《ドラゴン・クイーン》（あるいは「女王たち」）や「母なる蛇」に象徴されるイルミナティの女神を崇め続けてきた。ここ数年、ローマカトリック教会では、母なる女神マリアの役割をもっと高めろという圧力が強くなってきている。何百万人もの署名が一五七カ国から届いて、マリアを「共同贖罪者」にするようローマ教皇に圧力をかけているのだ。彼らは、マリアが事実上イエスと対等であることを認めてほしいのである。信者のあらゆる祈りや嘆願は、まるで医者の受付係のように自分たちをイエス先生のところに案内してくれるであろうマリアの前を素通りしていると言わざるをえない。マリアは三位一体においても、父の娘、息子の母親、聖霊の伴侶としてきわめて重要な役割を担っている。たわごとだろうがなんだろうが、とにかくそれが、イルミナティのローマカトリック教会内部における女神崇拝の重みを増し、一方で、女性を抑圧するものとして中心的に機能しているのだ。

「悔い改めた娼婦」、マグダラのマリアは、女神のもう一つの象徴である。彼女はバビロンの大淫婦、女神マリ・アンナ・イシュタル（Mari-Anna-Ishtar）の象徴なのだ。[27]「聖なる売春婦」もしくは女司祭が救世主である王に油を塗る儀式は、シュメールやはるかアトランティスばかりかレムリアまで遡るのは間違いない。オシリス、アッティス、ディオニュソス、オルフェウスらの復活を告げたのは多神教の女司祭で、まさにマグダラのマリアがイエスの「復活」を最初に目撃したのと同じだった。これらはすべて古代の神秘宗教からきたシンボルであり、それが人為的な監獄宗教に神話上の英雄を作り出すのに使われた。先にも述べたように、「ＭＡＧ《マグ》」はまた、女系によって受け継がれたレプティリアンのＤＮＡコード、ミトコンドリアＤＮＡでもあるらしい。

十字架にかけられた息子《サン》イエス／春分の太陽《サン》

イエスをはじめとするこうした太陽神の多くは、人びとの罪のために十字架にかけられた。これは古代儀式である。十字架上の「息子《サン》」イエスは春分の太陽《サン》であると同時に、瀕死《ひんし》のバルドルでもある。イバラの冠は光輪の象徴で、古代の人びとはあらゆる太陽神の頭の周りにそれを描いた（図33）。自由の女神やほかのイルミナティの神々の頭の周辺にある光芒《こうぼう》は、太陽光線かイバラの冠である。研究者たちによると、イエスの言葉とされる「わが神《エリ》、わが神《エリ》、どうして私をお見捨てになったのですか《レマサバクタニ》？」は、エルサレムの「過ぎ越しの祭り」の儀式からとられたものだった。十字架そのものもキリスト教独自のものではない。それはキリスト教以前の何千年にもわたり宗教的シンボルとして用いられ

27. "The Woman's Encyclopedia Of Myths And Secrets" 六一三—六一六ページ（『神話・伝承事典』四九〇—五〇一ページ）

イエス像の原型は、古代のさまざまな宗教アイテムに散見する……

図33：イギリスのある石柱に刻まれた太陽神ベル（ビル）の像。古代の人々は、太陽の神々の頭の周りに「光輪」を描いた。

ており、磔《はりつけ》の十字架が出てくる前の場面でも、イエスは弟子に「あなたたちの十字架をとって歩きなさい」と言っている。実際、十字架にかけられた人物が多神教にはよく登場していたために、初期のキリスト教徒はそれを用いることを拒否している。中米の神ケツァルコアトルは、十字架に釘付けされた姿で描かれた。十字架は、昼と夜が同じ長さになり太陽が闇に勝ろうとしている春分の象徴なのである。福音書によると、ちょうどそのときにイエスは十字架上で息絶え、地上は闇に包まれた。象徴的な意味だとしても、太陽が死んでしまったらそうなるだろう。三日後の復活――これもまた太陽の象徴だ。キリスト教信仰の始まるはるか昔のペルシャでも、ある儀式が執り行われ、死んだと思われた若者が生き返った。彼は救世主と呼ばれ、彼の受難は人びとの救済を贖《あがな》うと言われた。司祭たちは春分の真夜中まで彼の墓を見守り、そして叫んだ。「喜べ、聖なる同胞《イニシエイト》よ！　あなたたちの神は復活した。彼の死と受難があなたたちの救済をもたらしたのだ」。同様の話はキリスト教の何千年も前に、エジプトのホルス、インドのクリシュナについても語られている。また、イエスが二人の盗人の間で十字架にかけられたということはありえない。なぜなら、ローマ時代の窃盗の罰は、磔ではなかったからだ。この「二人の盗人」はおそらく太陽が冬至のときに越える人馬宮と磨羯《まかつ》宮の象徴であり、だから太陽は両者の間で「死ぬ」のである。

洗礼者ヨハネ／ホルスを洗礼したアヌプ

この人物は、古代エジプトの神の子ホルスに洗礼を施したアヌプ（Anup）の物語から創作された。アヌプも「ヨハネ」のように首を切られている。シュメールの初代王トール（インドラ）の印章は「洗礼者ビル（Bil-the-Baptist）」とされているが、彼はエジプト彫刻において幼い王子に洗礼を授けたアド（Ad）もしくはアラム（Arum）であった。洗礼は、キリスト教徒ではなくシュメール人が導入したもので、その起源は少なくとも大洪水の時代より後のフェニキア、聖ゲオルギウスの出身地カッパドキア中央部と思われる。洗礼者ヨハネおよび彼の水との関わりは、水の星座、宝瓶《ほうへい》宮を象徴してもいる。神話によれば、太陽は洗礼を施されるために宝瓶宮を通過する。太陽は三〇度の角度で宝瓶宮に入り、イエスは三〇歳で洗礼を受けている。黄道一二宮図は中世の修道僧によって「聖使徒たちの環の冠」と呼ばれるようになり、洗礼者ヨハネは宝瓶宮の位置におかれた。（「アーサー王と一二人の円卓の騎士」もまた、太陽と一二宮図の象徴である）。ローマのユリウス暦では、洗礼者ヨハネは八月二十九日に死亡するが、ジョン・ジャクソンは『キリスト以前のキリスト教（Christianity Before Christ）』で次のように述べている。

「その日、宝瓶宮の星座の頭部を表すひときわ明るい星が、星座のほかの星々を地平線の下に残したまま昇ってくる。同時刻、太陽は獅子宮（ヘロデ王を象徴する王者の星座）に沈む。よって王はヨハネの首をはねる。なぜなら、ヨハネは宝瓶宮と結びついており、その宝瓶宮の頭部を地平線が切り離しているからだ」[28]

ルカによる福音書の「水瓶を運ぶ男」の描写でも、宝瓶宮が象徴されている。洗礼者ヨハネは、ヒンドゥー神の息子でクリシュナ（Krishna）の兄バララーマ（Bala-rama）のコピーそのものと言っていい。

28. John Jackson, "Christianity Before Christ（キリスト以前のキリスト教）" (American Atheists, 1985) 一八五ページ

イエスと一二人の弟子たち／一二宮の黄道

あらゆる神格は一二人の弟子あるいは門人を持たなくてはならないという、世界的な慣行でもあるのだろうか？　イエスをはじめ、ホルス、仏陀、アーサー王、ミトラ、ディオニュソス、その他太陽の象徴である多くの神には一二人の弟子がいた。ヤコブの一二人の子、イスラエルの一二支族、ギリシャ、エジプト、ペルシャの一二神といった例もある。これらが一二という数字に決まっているのもやはり太陽のシンボルに由来し、一二人の弟子や門人は、一年の一二カ月および黄道一二宮を表す。ローマ人はおおっぴらに太陽を人にたとえ、黄道一二宮をその弟子に象徴していた。キリスト教が作り出されたのは、ローマである。福音書に登場するマルコ、ルカ、マタイ、ヨハネという名前が表すのは、黄道十二宮の主要四星座である。これらはキリスト教の大聖堂においても、人間（宝瓶宮）、

雄牛（金牛宮）、獅子（獅子宮）、鷲（天蝎宮《てんかつ》）として象徴され、これをまとめて、黙示録の四獣と呼ばれる。ジョゼフ・ウェレスは、『キリスト教主義における捏造《ねつぞう》（Forgery In Christianity）』で次のように述べている。

「神聖なる一二人は生身の存在ではなく、旧約聖書の伝説からヒントを得たものである。彼らは『伝説』という劇に登場する名前、劇中の人物、劇中の仮面にすぎない。シェイクスピアやあらゆる脚本家、フィクション作家が、作品の演じ手のために最初から虚構とわかっている作品を作り出すようなものだ[29]」

「イエス」よりはるか以前の神秘主義結社《ミステリースクール》では、神の代弁者はペトル（PETR）あるいはペテロ（Peter）と呼ばれた。それは「岩石」を意味する語である。エジプトの『死者の書』にある天国の門番の名はペトラ（Petra）だ。ペテロがイエスを迎えるために水に飛びこんだのは、古代エジプトに発する宗教儀式の一部である。バビロンの神秘主義結社《ミステリースクール》の高僧に「ペテロ（Peter）」という称号が与えられることもあった。ペテロはまた、男根崇拝にも関係する。雄鶏（The cock）は聖ペテロの象徴であり、ペテロという名前そのものが、「Pater《パテル》」（男根像あるいは男性原理）や「petra《ペトラ》」（男根柱）に由来する。多くの教会の尖塔に見られる若い雄鶏はこれらを表しており、キリスト教教会には古代の性的シンボルがふんだんに見られる。『旧約聖書』に無数に登場する「柱」と「茂み」もペニスとヴァギナの象徴である。イエスは、雄鶏が鳴く前にペテロが三度イエスを否認するだろうと言ったが、

29. Joseph Wheless, "Forgery In Christianity（キリスト教における捏造）" (Health Research, 1990) 一二七ページ

これも太陽神秘崇拝のテーマの一つである。三度鳴く雄鶏は死の前兆だった。「門番」（ペテロ）が、然《しか》るべきときまで太陽が昇ることを許さなかったという象徴的な話は、多くの太陽崇拝に見られる儀式である。雄鶏の刻《とき》の声は、太陽の到着を告げるものでもある。神話上の蛇の王である例のバシリスクが、「鶏蛇《コカトリス》（cockatrice）」という言葉と同じように使われるようになったことも思い出してほしい。バシリスクは雄鶏の卵から生まれると言われ、装飾用の紋章においては、雄鶏の頭と脚に、蛇のような尾と蛇の鱗で覆われた鳥の胴体で描かれている。ローマ神話において門の鍵を持つヤヌスは、ローマでキリスト教が今日私たちが知る形に制定された際に、「ペトロ」と融合した。「ヤヌス」は「エアヌス（Eannus）」、すなわちバビロンのニムロデの名前である。教会がペテロという「岩石」の上に築かれたはずのローマカトリック教会の初期においてさえ、ペテロに関する記述は皆無なのだ。彼は、聖職者たちが寓話をまとめあげていく過程で物語につけ加えられたのだ。もう一人の「弟子」アンデレという名前も、基本的にはペーター（Pater）、ペトラ、ペテロと同様の意味を持つ。それだから、神話の「アンデレ」は、彼がその地方神であったギリシャのパトラスにおいて磔にされたと言われているのだ。[30]

いわゆる「キリストの弟」であるヤコブは、エジプトの太陽神オシリスの弟アムセト（Amset）の焼き直しである。アムセトは大工で、ヤコブも大工だった。アムセトは「偉大な浄め人」であり、ヤコブも「偉大な浄め人」だった。「イエス」の愛弟子ヨハネは、クリシュナの愛弟子アルジュナそのままである。ヨハネは実際、チベットではアルギウン（Argiun）と呼ばれている。ヨハネはイエスのいとこであり、ヨハネの原型であるアルジュナはクリシュナのいとこだった。弟子のトマスは、

30. "The Christ Conspiracy（キリストの陰謀）" 一六七—一六九ページ

「復活」したイエスに肉体があるのかを触れて確かめたいと言って、そこから「疑い深いトマス」と言われた。だが、トマスはタンムーズであり、イエス復活を証明する別の救世主だ。キリスト教教会は、冬至すなわち太陽が「死ぬ」日を聖トマスの祝日としている。ヘブライには今なお、タンムーズと呼ばれる月がある。「双子」のトマスもまた象徴的だ。アラビア語とシリア語の「トマス」には「双子」という意味がある。トマスの別名「デドモ（Dydimus）」はギリシャ語の「Didymos（双生の）」からきているが、これは古代ローマの「Gemini（双子宮）」のギリシャ語名で、黄道一二宮の双子を表す。アチャルヤはその優れた著作『キリストの陰謀（The Christ Conspiracy）』で次のように述べている。

「トマスは、パルティア人とペルシャ人に伝道したと言われているが、どうやらこれらの集団はタンムーズ（シュメール名ではドゥムジ）の信奉者だったらしい。トマスの墓はエデッサにあるとされるが、伝承ではトマスが死んだのはインドに近いマドラスで、そこには今でも彼の墓が二つあるという。この話の背景には、ポルトガル人のキリスト教宣教者が南インドに着いた時に、『トマス』という神を崇拝する、キリスト教信仰とまったく同一の宗派に出合ったという事実がある。宣教者たちはたいそう動揺し、聖トマス『キリスト教』宗派の存在を説明するために手の込んだ話をでっちあげ、一二使徒のトマスとバルトロマイが一時期インドを訪れて布教し、そこで死んだことにした」[31]

宣教師たちは、その宗教のあらゆる側面が実質的に「キリスト教」である事実にうろたえた。唯一

31. 同　一七二ページ

の例外は、人びとがイエスを崇めておらず、イエスの名前を聞いたことがないという一点だった。彼らが崇拝していた「トマス」はタンムーズ、つまり、キリスト教より何千年も前の「イエス」物語の英雄だった。トマスあるいはタンムーズ崇拝の痕跡はインドにも見られ、アチャルヤによると、インドでは彼は仏陀の生まれ変わりと信じられていたらしいのだ！　イエス物語の悪役はユダだが、彼は天蝎宮、「陰口を言う人」、一年のうちの太陽の力が弱まり、死にかけている時期を象徴する。ユダは赤毛、つまり夕日の色で描かれたが、エジプト神話でホルスを殺そうとしたセトもそうだった。ユダは銀貨三〇枚でイエスを裏切ることになる。これは三〇日という月の周期を表し、ユダヤの神殿では犠牲《いけにえ》一人につき、それと同じ金額が大女神に支払われた。[32]

聖パウロ／ギリシャのナザレ人アポロニオス、オルフェウス

再びの登場である。聖パウロもしくは「タルソのサウロ」《訳注：サウロは使徒パウロのヘブライ語名》が存在したという記録は、『新約聖書』以外にない。イエスも、すべての登場人物も、『旧約聖書』物語の中心的人物たちも同様である。ローマの歴史家セネカの兄は、「パウロ」がアカイヤ地方で説教をしたと思われる頃、その地方の総督だった。だがセネカが俗世間のはるかに些末《さまつ》なことを書いていているにもかかわらず、パウロの公のキリスト教復興運動については、失笑の一つも洩《も》らしていないのだ。ならば、これはいったい誰の話なのか？　彼は子ども時代を小アジアのタルソで過ごし、そ

32. 同　一六九—一七一ページ

の後エフェソスに行って群衆の前で説教をし、奇跡を行い、それからアテネとコリントに行った。そこから向かったローマでは反逆の罪に問われてスペイン、アフリカに移り、シチリア島やイタリアに戻ってきた。ローマに呼び出されて投獄されたが、後に逃げだした。まさにナザレ人「聖パウロ」物語のように聞こえるが、これらの出来事は、ギリシャのナザレ人アポロニオスの人生からとられたものだった。彼のラテン語名は「アポルス（Apollus）」、または「パウルス（Paurus）」である。[33]「パウロ」物語のずっと以前、ユダヤの歴史家ヨセフスは、ローマへの道中に経験した恐ろしい船旅について書いた。その話もまた細部に至るまで正確に『新約聖書』に登場し、「パウロ」の身に起きたこととされている。[34]パウロ物語（「物語」以上の何物でもない）は、ギリシャの英雄オルフェウスの神話とも細かい点で多くの類似性を持つ。オルフェウスにも「パウロ」に似た、テモテという宣教師がいた。[35]作家のH・G・ウェルズは、パウロがイエスのために用いた描写の多くは、ミトラ信奉者が使ったものと同じだと言った。ミトラの祈祷《きとう》書はイエスの祈祷書である。パウロが「彼らは御霊の岩から飲み、その岩とはキリストだった！」という場面では、ミトラ経典とまったく同一の言葉が使われている。「The Other Jesus（もう一人のイエス）」というインターネット記事に、このテーマが取り上げられている。

「パウロに近しい人びとの名前が、デメテルの秘儀に関わる大物たち、特にオルフェウスとはぴったり合致するよう思えるのは、人びとが意外なほどこの点に関心を示していないこととはまた別の問題である。以下に類似点を見てみる。オルフェウスは、キリスト教以前の神の息子が彼の前に『現れ

33. 同　一七三、一七四ページ
34. 同　一七五ページ
35. 同　一七四、一七五ページ

た』結果、彼版のサモトラケ（アトランティス島出身のアマゾンの女〈蛇〉部族の故郷）の秘儀をギリシャ本島で布教して絶大な成功を収めた。一方、われわれが聞かされているように、パウロはキリスト教の神の息子イエスが彼の前に『現れ』たことで、彼版のキリスト教イエス崇拝を、パレスチナおよびさらに西方のギリシャ本島まで布教して絶大な成功を収めたのだ」[36]（ ）内は著者。

これは、ここで取り上げるテーマにとって願ってもない例である。秘儀を授けられた聖職者たちは神秘主義結社《ミステリースクール》から象徴的な物語を取り出し、それを歴史的事実として差し出して、大衆を閉じ込める監獄宗教を創作した。オルフェウスのカルトのしきたり、儀式、主題は後のキリスト教のそれと同一である。この点についてはまだまだ伝えるべきことがあるが、その詳細と根拠を知りたい人は、『キリストの陰謀』、『聖書の作り話（Bible Myths）』、および参考文献一覧《訳注：本書では省略、原書四四四―四四六ページ》の書籍を参照していただきたい。聖書は何十億という人びとの心と生活を支配し、何千年もの間、世界の大半を精神的にも情緒的にも隷属状態にしてきた。キリスト教徒たちはレプティリアン血流の概念を笑い飛ばしながらもなお、彼らの神がその一人子を送りこみ、人びとの罪を許すために、その子に邪悪な責め苦と残酷な死を経験させたと信じているのだ。同時に、これは愛の神だと私たちは教えられている。ばかばかしくも意味をなさないたわごとだが、書き手にはそのことがわかっている。彼らが伝えたかったのは真実ではなかった。その目的は、厳格な宗教をでっちあげ、恐怖にかられた大衆がそれを信じ、服従するようにさせることだった。簡単に言えば、彼らの言う「真理」を信じなければ地獄に堕ちるぞということだ。だが、人びとがみな互いに親切にするよ

36. http://www.packbell.net/gailk/iasius.html《訳注：二〇〇七年二月現在該当ページなし》

うな事態（アヌンナキは何よりそれを望んでいない）を避けるために、善行では「天国」に行きつけない、唯一の道は救い主イエスを信じることだと強調した。生きている間には思いがけない死や苦痛を経験することもあるが、イエスを信じる限りは、天国の場所は保証される。また、イエスは原罪を免れて生まれた唯一の人間であり、私たちはどうあがいても彼のように「完全」にはなれない。私たちは産声を上げたそのときすでに穢《けが》れた欠陥品として生まれてくるわけだから、身の程をわきまえろということだ。聖職者たちはその尻を「神」と大衆の間において、自分たちを両者にメッセージを伝える仲介者に仕立て上げている。自分たちがしろと言うことは、「神」が自分たちを通してまさに語っていることだというのが彼らの言い分である。だからローマ教皇は「キリストの代理者」、すなわち、地上における神の代理人と呼ばれるわけである。

『新約聖書』キリスト教は、ローマ貴族ピソの創作

福音書の物語がどのようにして書かれ、いかにしてキリスト教信仰と聖書が作られたかについては、すでに『大いなる秘密』である程度詳しく取り上げたので、ここで繰りかえすつもりはない。ただ、新しい読者にぜひとも知っておいてもらいたい、鍵となるいくつかのテーマがある。最初の福音書(Gospel = Gods-spell = 神の魔法）の物語がどのように編纂されたかについては、主な説が二つある。その一つがピソ説だ。これについては一九七九年に米国で初版が出版されたアベラルト・ロイヒリン

の『新約聖書の真の作者（The True Authorship Of The New Testament）』がくわしい。「ローマのピソ（The Roman Piso Homepage）」というウェブサイトもあり、この理論およびイルミナティ血流にスポットを当てている。[37] ロイヒリンは、「大いなる秘密」を知るある内輪の組織とも言える歴史上最も排他的な集団について語っている。彼によれば、この集団には宗教界、政界、文学界のトップがいて、彼らはイエスの真実を知りながら、それを余人には知らせたがらないという。

「『新約聖書』、教会、キリスト教はすべて、ローマの貴族カルプルニウス・ピソ家の創作物だった。『新約聖書』とそこに登場するすべての人びと、イエス、すべてのヨセフ、すべてのマリア、すべての弟子たち、一二使徒も、パウロも洗礼者ヨハネも、みな架空の存在である。ピソ家が物語と登場人物を創作し、歴史のある時期のある場所に結びつけ、ヘロデ王、ローマ行政長官といった周辺に実在した人物と関連を持たせたのだ。だが、イエスおよび彼に関わるすべての人物は、架空の存在である」[38]

ピソ家は例の血流であり、福音書の物語で大きく取り上げられたヘロデ王と繋がりがある。例の血流のローマ貴族階級として、神秘宗教および、「イエス」とその生涯を捏造するのに使われた象徴的な物語の秘儀的知識に通じていたはずだった。ピソ家はローマの建設者、すなわち狼に育てられたレムスとロムルスの家系だと主張していた。ロイヒリンは、彼の言う「暗号」が福音書の物語で使われたのは、ピソ家とその共謀者であるローマ時代の著述家で政治家の小プリニウスの仕業だと詳述する。

37. http://www.angelfire.com/biz5/piso

38. Abelard Reuchlin, "The True Authorship Of The New Testament（新約聖書の真の作者）" (The Abelard Reuchlin Foundation, P.O. Box 5652, Kent, WA, USA, 1979)

ピソ家の長で、ヘロデ王の曾孫娘と結婚したルキウス・カルプルニウスは、ローマの作家として名高いセネカと親しかった。ロイヒリンによれば、どちらも西暦六五年に皇帝ネロによって殺されている。神話のなかで聖ペテロと聖パウロがローマで皇帝ネロに殺されたのは、この事件にヒントを得たものだと、彼は言う。さらにロイヒリンは、西暦六〇年頃にルキウス・カルプルニウスがマルコの福音書の最初の版である『ウル・マルクス』を書き、ピソ家がローマ帝国支配者と緊密になると、ほかの福音書が次々に書かれたとしている。父が死ぬと、ケスティウス・ガルスなど多くの名前を持つアリウス・ピソはシリアの統治者となり、ユダヤにおけるローマ軍の指揮権を握った。彼は西暦六六年にユダヤの反乱に巻きこまれ、その鎮圧のために派遣されたのがウェスパシアヌスだった。二年後、ロイヒリンによればピソの手の者によってネロは殺害され、ウェスパシアヌスはピソ一族の強大な後ろ盾を得てローマ皇帝になった。エルサレムの略奪を命じたのも、中身は何であれ「契約の箱」をはじめとする寺院の「宝物」を盗んだのも、ウェスパシアヌスだった。ローマ皇帝のウェスパシアヌスは、イルミナティの最前線兵《フロントマン》だったのである。

ロイヒリンの著書によれば、アリウス・カルプルニウス・ピソは福音書のうちの三つを、次の順序で書いている。マタイの福音書（西暦七〇年から七五年）、マルコの更新版（七五年から八〇年）、そして小プリニウスの助けを得てルカの更新版（八〇年から九〇年）。ヨハネの福音書はアリウスの息子ユストゥスの作で、一〇五年に書かれたという。「イエス」は合成された人物であり、その物語には、エジプトのヨセフ物語や『旧約聖書』のその他の登場人物をはじめ、エジプトのヘブライ人エッセネ派の文献、さまざまな多神教の神々や蛇のカルトのバルドルの特質などが要素として含まれるとした点で、ロイヒリンは実に正確である。彼はまた、『旧約聖書』の文章を加筆訂正し、外典一四篇の大半を書いたのはピソ家だとしている。ロイヒリンは、ヨセフスとして知られる「ユダヤ」人歴史家の実名こそアリウス・ピソだと言うのだ。確かにそれで、ヨセフスのようなローマとの戦いの経験がある「ユダヤ人」が三〇年間もローマに住み、その間にユダヤの歴史について何冊もの本を書き、ローマの貴族階級と姻戚になった理由に納得がいく。ロイヒリンは「聖パウロ」もイエスと同じくでっちあげだとしており、「パウロの」危険に満ちた航海がヨセフスが体験したと言っていることの再現だという点は興味深い。パウロはローマの市民権を得たユダヤ人とも書かれているが、ヨセフスも彼自身について同様のことを言った。

ロイヒリンは、西暦一〇〇年から一〇五年にかけて、アリウス、その息子のユストゥス、小プリニウスが家族や友人と小アジア、ギリシャ、エジプトのアレキサンドリアを訪ね、貧しい人びとや奴隷に彼らの新しい信仰に加わるよう働きかけたと書いている。プリニウスはビチュニアとポントゥスに最初の教会を建てたという。プリニウスは西暦八五年にこれらの場所に幾度も足を運んでおり、ロイヒリンいわく、これがポンテオ・ピラトの名前の由来だという。このローマ総督は、ピソ家が書いた最初の福音書、マタイとマルコの福音書では単にピラトとあるだけだが、プリニウスが書いたとされるルカの福音書では、突如としてポンテオという名前を得た。ロイヒリンによると、ルカの福音書は、プリニウスがポントゥスに足を運ぶようになったその数年間に書かれている。プリニウスが実名で書いた手紙には、九六年から九八年にかけて、ユストゥス・ピソはトゥルリウス・ユストゥスという名前でビチュニアに滞在し、ピソ家も女神アルテミス（ディアナ）の見事な神殿のあるエフェソスに定住していたとある。エフェソスもキリスト教信仰発祥の地の一つであった。彼らは聖パウロが訪れたとされるすべての場所に赴《おもむ》いており、ロイヒリンによれば、ユストゥス・ピソと小プリニウス（軍隊での名前はマクシムス）は、彼らの「聖パウロ」の手紙や物語に彼らの関与を示唆する彼らの友人や暗号をずいぶんと盛り込んでいるらしい。パウロの「わたしの同胞へロディオンによろしく」という言葉は、ヘロデ王への家族の繋がりを示す暗号だとロイヒリンは見る。注目に値する「偶然」だが、ピソ家が広大な邸宅を所有していたフランス南部のプロヴァンスは、例の神話によると、イエスが十字架にかけられた後もアリマタヤのヨセフ、マグダラのマリア、救世主の「所産」たちのおかげでイエス物語が存続した場所である。

『キリストの陰謀』の著者アチャルヤをはじめとする研究者たちは、福音書の物語はむしろ、ポントゥスのマルキオンという人物の書いたものに由来すると言っている。彼は、生身の人間としてのイエスの実在は信じておらず、彼らの著述には広く象徴や寓話が用いられている。マルキオンはグノーシス派（「知識」を意味する）で、彼らの著述には広く象徴や寓話が用いられている。一九四五年にエジプトのナグハマディで見つかったグノーシス派の文書はイエスのことに触れたもので、イエスが存在した「証拠」として用いられてきたが、そうではない。第一にその文書は「事件」のかなり後に書かれたものであり、第二にグノーシス派は寓話的にものを書く人びとである。一二世紀のユダヤ人哲学者でグノーシス派のマイモニデス（モーシェ・ベン・マイモーン）は、次のように述べている。

「あなた方はわれわれの本に書かれた物語を読むたびにそこに描かれていることを不可能だと思い、

理屈と常識の双方から相容れない物語に感じるだろうが、やがて、大いなる神秘に満ちた真実の隠れた深遠なる寓話がその中にあることを確信する。字義が不条理であればあるほど、霊的な叡知は深まるのだ」[39]

福音書の文章を書いたのが誰であれ、それは明らかに、人びとが信じているようにマタイ、マルコ、ルカ、ヨハネら「使徒」の手によるものではない。キリスト教会でさえ使徒たちが書いたと言っていないのだが、彼らの名前を使うことでそういう印象を与え、真実を犠牲にして作りあげたイメージや印象を通じて大衆の心を操り導いている。聖書のどの部分の作者も一人としてわからず、パウロなどは歴史上の人物とも示されていないのは何とも驚くべきことだ。さらなる証拠を待つとしても、私は、キリスト教という宗教に成長したものの創造にピソ家が少なくとも何らかの形で関わったことを確信している。イルミナティのローマ帝国がローマカトリック教会を設立した後に、彼らが初期の教皇を多数輩出したことは明らかなのだ。

裸の王様／コンスタンティヌス《ニカイア公信条》大帝から始まった人類の大不幸《宗教ホロコースト》

キリスト教が地球全体に支配と抑圧の力として現れたことに最も責任を負うべきは、コンスタンティヌス大帝である。殺し合いの後にその権力を得た彼は、三一二年にローマ皇帝になった。キリスト

39: "The Christ Conspiracy（キリストの陰謀）"

教の立案者だったコンスタンティヌス大帝は、ピソ家と同じ血筋である。ローマ近郊のミルウィウス橋での覇権を賭《か》けた戦いの際、コンスタンティヌスは「汝、これにて勝て」という言葉が十字架とともに空に浮かぶのを見たと、キリスト教伝説は言っている。空に浮かぶ豚のほうがまだありそうなことだ。伝説では、彼は明くる日の晩にイエスの幻影を目にし、勝利を確実にするには戦旗に十字架の印をつけよと言われている。この幻影を見て、コンスタンティヌスはキリスト教に転じたと言われるが、真相は宗旨替えなどしていない。死の床についたときには、わずかばかりの保証を願って、そうしたかもしれないが。コンスタンティヌス大帝は、驚くなかれ、太陽崇拝者だったのである。彼にとっての神はソル・インヴィクタス（Sol Invictus）、つまり「無敵の太陽神」であり、彼は死ぬまで多神教の大神官だったのである。ソルは古代の太陽の女神の名前だ。C・F・オールダムは『太陽と蛇（The Sun And The Serpent）』（London, 1905）の中で、太陽の王朝はすべて蛇の王朝でもあったと言っている。私は蛇には二重の意味があると考えているので、その意味の見方は彼とは異なるが、蛇のシンボルをどちらの意味で解釈しようと、両者の繋がりが見えてくるのは間違いない。太陽崇拝は、イルミナティの蛇の儀式と見事に同調している。コンスタンティヌスはキリスト教を支持したが、それはキリスト教と彼が奉ずる太陽信仰と何の違いもなかったからだ。キリスト教がミトラから多くの信奉者をすくい上げるようになったのも同様の理由からで、多神教の多くは、類似点が多すぎる、自分たちの宗教を盗んだと言ってキリスト教を非難した。スコットランド、セント・アンドリューズ大学の教会史の元教授ジェームズ・H・バクスターは次のように述べている。

「もし多神教が破壊されたのなら、それは滅びる道をたどったというより、吸収される道をたどったのである。多神教と呼ばれるもののほとんどすべてが、生き残るためにキリスト教という名のもとに引き継がれた。人びとは半神半人や英雄を奪われながら、いともたやすく半ば無意識のうちに、地元の神となった殉教者にそれらの特性を与え、多神教にまつわる祭儀や神話体系を殉教者のものへと移したのである。四世紀が終わる頃には、殉教者崇拝は全世界に広まり、多神教のさまざまな祝祭はその名を変えて、古代太陽の祝祭であったクリスマスはイエスの生誕日となった」

キリスト教史に訪れた決定的瞬間は、三二五年、コンスタンティヌスがニケーア（現在のトルコのイズニック）の彼の宮殿で悪名高きニケーア公会議を開くために、「キリスト教」教会の司教三一八人を召集したときである。「キリスト教」とは言ったが、実際に集まったのはアポロンに象徴される太陽と月の崇拝者をはじめ、オシリスとイシス、デメテル（ケレス）、ディオニュソス（バッカス）、ユピテル（ゼウス）、そしてもちろんソル・インヴィクタスの崇拝者の代表だった。それでイエスの生誕日はごく自然に、十二月二十五日、太陽神の誕生日となったのである。ニケーア公会議は、他の「油を塗られた」太陽の神々が初めてイエスとキリストに一本化された瞬間であった。公会議が開催されたのは、「聖パウロ」のイエスという超自然の神の信奉者とイエスがはたして神と同等になれるのかという疑問を抱く人びととの間の衝突や小競り合いに終止符を打つためであった。後者は、エジプトのアレキサンドリアの聖職者だったリーダーのアリウスにちなんで、アリウス派と呼ばれた。殴りあいと混乱のさなか、それは、すべてのキリスト教徒は超自然のイエスを信仰しなければならない、さもなければ――というコンスタンティヌスの鶴の一声で「決定」した。今なおキリスト教信仰の礎となっているこの信条は、いわゆる「ニケーア（ニカイア）信条」として「定められ」た。

「われらは信ず。唯一の神、全能の父、すべて見えるものと見えざるものとの創造者を。われらは信ず。唯一の主、イエス・キリストを。主は神の御子、御父よりただ独り生まれ、すなわち御父の本質より生まれ、神よりの神、光よりの光、真の神よりの真の神、造られずして生まれ、御父と同質なる御方を。その主によって万物、すなわち天にあるもの地にあるものは成れり。主はわれら人類のため、またわれらの救いのために降り、肉をとり、人となり、苦しみを受け、三日目に甦り、天に昇り、生ける者と死ねる者とを審くために来り給う。われらは信ず。聖霊を」《訳注：関川泰寛訳による「原ニカイア信条」より》

これはバビロンでは、ニムロデとタンムーズあるいはニノスについて言われていたことだが、キリスト教以前の世界のどれほどの数の神々に同じことが言われていたかは誰にもわからない。ニケーアに集まった代表者たちは表決方法を知らされ、拒んだ者は離島に追放された。このときからニケーア信条は人類との戦いに突入し、信条の名のもとに何千万もの人が殺され、彼らの作り話がペテンであることを暴露するあらゆる証拠が、命令によって抹消された。土着の文化（と、その歴史的記録）は暴虐を尽くした殺戮のうちに破壊され、尋問は何世紀にもわたって続き、世界中に波及した。ローマカトリック教会の「検邪聖省」は一九世紀になってようやく正式に解散し、現在これは「教理省」と呼ばれている。「蛇の息子の都市」アレキサンドリアの大図書館をはじめ、きわめて貴重な古代の学問や記録を収めていた施設が、邪悪で尊大なこの信条の旗印のもとに壊滅した。アレキサンドリアの図書館は、三九一年、皇帝テオドシウスの命令によって破壊され、七〇万を超える羊皮紙などの巻物、聖書や古典の写本、手書き文書などが永遠に失われた。この暴挙の黒幕は、自分たちがしていることを正確に理解していた。すなわち、彼らの計画——知識を抑圧して歴史を書きかえる——を正当化してくれる神話を、一般大衆に売りこもうとしていたのである。コンスタンティヌス、ピソ家、歴代教皇の黒幕は、今日なおローマに居を定めるバビロンのレプティリアン・ブラザーフッドだ。彼らの儀式、神殿、シンボルが、白黒碁盤目の床、白い手袋とエプロン、秘密の暗号、特殊な握手など、今日のフリーメイソンで使われているものの起源である。「コマチーネ親方組合」《訳注：中世イタリアの石工のギルド》を思わせるエリート秘密結社は、コンスタンティヌスの傘下で急速に発展したのだった（『大いなる秘密』を参照のこと）。

「キリスト教徒」と釈迦の血流レプティリアン

血流というテーマは、キリスト教の創始と拡大を通じて続く。キリスト教史において主だった活動をしているのは同一の、つまりレプティリアンの血流である。そこには、ピソ家一族、ヘロデ王、コンスタンティヌス大帝、現在私たちがスペインと呼ぶ地の国王フェルディナンドおよび女王イザベラ

（この二人はスペインにおける異端審問に着手し、クリストファー・コロンブスを支援した）、ジェームズ一世（彼が後援した『欽定訳聖書』には、一八八一年の調査によると三万六一三一カ所の翻訳ミスがあった）らがいる。[40] この全員が同一の血流なのだ（付録Ⅰ《訳注：本書では省略》参照）。モルモン教の創始者、ジョセフ・スミスとブリガム・ヤング、「エホバの証人」の創始者の一人、チャールズ・テイズ・ラッセルもそうだ。統計をとってみたいほどである。聖書を創作し、内容をどうするか決定を下したのは、ほかならぬこうした勢力だった。彼らは『旧約聖書』の文言と、彼らが書いたあるいは選んだ文言を合体させ、『新約聖書』に仕立てあげたのだ。それをラテン語、英語をはじめ、ほかの言語に翻訳した。オリジナルの聖書の文面さえ、必要があればいつでも加筆・変更された。三世紀、哲学者のケルソスは、教会の指導者に向けて次のように述べている。

「あなた方が口にしているのは作り事であり、それを本当らしく見せる技すら持ちあわせていない。……自分たちに向けられた異議を否定するために、あなた方は自分たちが書いた福音書の内容を、三度、四度、いや、もっと頻繁に訂正した」[41]

ケルソスによると教会の指導者たちは信徒に、証拠を調べたりしないでただ信じなさいと、絶えず言っていたという。「知恵は人生に有害で、愚かさのほうが好ましい」というわけだ。さらに、「彼らは無知な者だけが自分たちの崇《あが》める神の弟子にふさわしいと公言した」とあり、「学識のある者はわれわれの中に入れない」というのが決まりだった。[42] それは、過去においても現在においても、大衆の

40. Arthur Findlay の "The Curse of Ignorance, A History of Mankind（無知の呪詛と人類の歴史）" (Headquarters Publishing Company, London, first published, 1947）から引用

41. 同　六三七ページ

42. "The Christ Conspiracy（キリストの陰謀）" 七一ページ

精神を乗っ取り、真実を知る者を排斥しようという宗教なのである。だが、この神話宗教だけが鵜呑《うの》みにされてきたわけではない。ほかもみなそうなのだ。もっと見識があると言われている仏教でさえ、その源は同じであり、やはり歴史的事実として売りこまれたものだ。釈迦の生い立ちを見るがいい。十二月二十五日に処女摩耶《マーヤー》のもとに生まれ、一つ星と賢人たちが導かれた。彼は「王家」の血筋だったので、時の支配者は王座を奪われないためにその子どもを殺すよう進言された。一二歳で寺院で教え、悪魔の魔羅《マーラ》にそそのかされ、聖霊の前で洗礼を受けた。彼は奇跡を行い、病人を癒し、小さな籠に入った餅だけで五〇〇人に食べさせた。そして（ある伝説によれば、十字の上で）死に、涅槃《ニルヴァーナ》、つまり天国でよみがえった。彼の墓は神秘の力で開かれ、彼は死者を裁くために戻ってくると伝えられた。仏陀（Buddha）となった釈迦は「世の光」であり、「神」であると同時に「導師」であり、「よき羊飼い」であり、「大工」であった。お決まりの経歴だ。インドでは、ブダ（Buddha）の配偶者はイダー（Ida）あるいはイラー（Ila）と呼ばれるが、これは『ブリティッシュ・エッダ』のエル、つまり「エデンの園のような場所」の蛇の女神を表す名前である。

分割支配貢献ルター、魔女狩り貢献カルヴィン

イルミナティの戦略は、彼らの宗教に鮮やかに見てとれる。まず「イエス」に対するような、独創的な信仰を創作する。すると、これが引き金となって、その時代のほかの宗教との間に不和や対立が

起きる。そこでもとの信仰をバラバラにして、下位信仰や分派の「教団」が絶えず増殖していくようにする。今や一つの信仰とほかの信仰の間に、また、その信仰そのものの内部にも、きっちりとした区分けができている。分割支配するのに絶好の状態ではないか。これがキリスト教教義に起きたことであり、その主な断層を作り上げたのが、イルミナティの最前線部隊長《フロントマン》マルティン・ルターだった。このウィッテンベルク大学の神学教授は、一五一七年、バチカンがサンピエトロ大聖堂建立《こんりゅう》の費用を調達するために贖《しょく》宥状《ゆうじょう》を売ったことに抗議して、九五カ条の苦情を一覧にして並べた。破門されたルターは、その布告とともにローマカトリック教会法規の複製を燃やすと、自らルター派教会を立ちあげた。こうしてキリスト教の新教（プロテスタント）が誕生すると、それは数々の戦争とさらに多くの殺戮《さつりく》を巧みに行うために使われた。国々は互いに争い、「信仰を守るため」と称してその戦いを正当化した。むしろ「計画《アジェンダ》を守るため」と言うべきだろう。イングランドのヘンリー八世は最初はローマを支持して教皇から皮肉にも「信仰の擁護者」という称号を賜《たまわ》ったが、妻たちを殺さなかった代わりに、翻意してルターの「改革」を支持するようになったのである。《訳注：ヘンリー八世の改宗は最初のキャサリン王妃と離婚してアン・ブーリンと再婚するためであった。ヘンリー八世はその後再婚のために、アン・ブーリンとキャサリン・ハワードという二人の王妃を死刑にしている》。それでも彼は先の称号を持ちつづけたわけで、これが今日でも英国王室で使われている「信仰の擁護者」という言葉の起源なのだ。英国王室は本来プロテスタントを擁護するはずが、何と、カトリックの教皇から授与されることで称号が引き継がれている！　茶番もいいところではないか。個人的な印章に薔薇と十字を用いたマルティン・ルターは、イルミナティのクモの巣の古代の糸の一本である薔薔薇十字団の工作員だった。そして、ルターが築いたプロテスタントは、無数の分派に枝分かれしていく。

その一つがカルヴィン主義である。これは後に、清教徒《ピューリタン》と呼ばれる心の病を生んだ。この集団は、アメリカ先住民の虐殺を扇動・正当化する上できわめて効果的に使用された。そのすべてを引き起こした張本人ジョン・カルヴィン（John Calvin）の実名は、ジャン・コーヴァン（Jean Cauvin）という。彼はフランスのノワイヨン出身で、イルミナティのモンタギュー大学で教育を受けた。ここは、「カトリック」のイエズス会創始者イグナチオ・デ・ロヨラが学んだ場所でもあった。イエズス会士はイルミナティのネットワークでは非常に高い地位にある。コーヴァンはパリに行き、その後スイスのジュネーヴに移って、そこではコーエン（Cohen）と呼ばれた。この名前は、古代エジプトの神秘主義結社《ミステリースクール》の司祭か王子の呼び名カエン（Cahen）に由来する。ジュネーヴでは、カルヴィン主義として知られる「哲学」を発展させた。（ほかの人間が発展させた可能性が高そうだが）。そしてコーエンからカルヴィンへと再び名前を改め、今回、この新しい宗教のメインターゲットとなった英国人に受けいれられやすいようにした。カルヴィン主義は、計画の次なる段階のために設計された宗教だった。モーセの「十戒」および旧約聖書を字義どおり解釈することに厳しく主眼をおき、イルミナティのために多くの目標を達成した。このときまでキリスト教は高利貸し、つまり貸し付けに利子を課すことを禁じていたが、カルヴィン主義はそれを許可したのである。当時、イングランドを占拠するために暗躍していたイルミナティの銀行家にとっては、願ったり叶ったりだった。そしてカルヴィン主義のおかげで貸し付けへの利子が慣例となったとき、最大の受益者の一つとなったのが、この「宗教」を創作したスイスである。カルヴィン主義のもう一つの役割は、「魔女」狩りを主張してそれを実行することにあり、その遂行によって、内密の情報をさらに巷《ちまた》の情報から取り除くと同時に、アヌンナキが望んでいたとおり、女性を通じて継承された数多くのDNAの血統を排除することにあった。

「月の神《アッラー》」イスラム教／宗教的断層を激化

モルモン教と「エホバの証人」もまたイルミナティ主導の宗教で、ユダヤ・キリスト教幻想から出現した。ここでもう一度強調しておくが、私は誰かが何らかの宗教を奉ずる権利に異議を唱えるつもりはない。彼らの幸運を祈っているし、キリスト教、ユダヤ教、モルモン教、「エホバの証人」、その他のあらゆる宗教に関わる人びとの中にも愛すべき純粋な人たちが大勢いる。私はただ、決して庶民の耳に入ることのない、支配階層や背後組織による操作をここで明らかにしたいだけなのだ。ジョセフ・スミスは、一八二三年にモロナイという「天使」が彼の前に現れたと言い、その後、モルモン教、すなわち「末日聖徒イエス・キリスト教会」を創設した。スミスいわく、このモロナイは金板の書の存在を彼に告げたわけだが、そこには「あふれるばかりの不朽の福音」と、「この大陸の前の住人および、彼らの出自」が書かれているという。本の所在地を知らされると、スミスは一八二七年に、ウリムとトンミムと呼ばれる二つの「魔法の石」に助けられて金板の言葉を英訳した。ウリムとトンミムというのは、実はレヴィ人の司祭たちが用いた指関節の骨もしくはさいころの名前で、イスラエルの王はその預言に従ったという。こうした指関節の骨は、タバナクルと呼ばれる神秘主義結社《ミステリースクール》の「聖地」で使われていた。ここにも源流を同じくする別個の宗教と、そこになお受け継がれているイエス神話がある。スミスによると、金板は「改良エジプト語」で書かれていた。これを基にしてモルモン書が誕生したのが二年後、そして彼の追随者たちは一八三〇年にモルモン教徒となった。教会初期の中心人物にはスミスと兄のハイラムのほか、ブリガム・ヤングという人物がいた。彼らはみなフリーメイソンの高位者であり、ピソ家、コンスタンティヌス、ジェームズ一世らと同じく、メロヴィング王朝の血筋だった。だから、ロスチャイルド家がニューヨークのアブラハム・クーンとソロモン・ローブの金融操作を通して《訳注：クーン＝ローブ商会はモルガン財閥に並ぶ金融財閥だった》モルモン教の拡大に資金提供したのも驚くに当たらない。クーンとローブはロシア革命や第一次世界大戦にも資金援助をしている（『……そして真実があなたを自由にする』を参照のこと）。モルモン教はイルミナティの創作物だった。モルモン教は聖書を認めてはいるが、スミスの文書も同等に神聖だと信じている。彼らはシオンの教区《ステーク》（＝Sion＝the Sun）というコミュニティを設置し、最終的にはユタ州のソルトレイクシティに落ちついた。モルモン教徒が拓いたこの町で、教団の犠牲的儀式やマインドコントロール計画が練り上げられた。

ユダヤ・キリスト教のペテンから出現した、犠牲とマインドコントロールのもう一つの宗派が「エホバの証人」（ものみの塔）であるが、常のごとくその唱道者の大多数は、自分たちの宗教がその手のものだとは思ってもいない。彼らは、ユダヤの怒れる神エホヴァを崇拝する。主導的創設者の一人、小児性愛者でメロヴィング王朝の血筋のチャールズ・テイズ・ラッセルは、フリーメイソンの高位者だった。ラッセルはロスチャイルド家と親密で、彼らにもクーン＝ローブ商会が運営資金を提供していた。

　イスラム教が創作されたのは、宗教的断裂をさらに極化させるためであり、『大いなる秘密』でも「キリスト教」の背後にある秘密結社間の繋がりについて少し触れたが、そこにはテンプル騎士団や、イスラム教の中枢にあたる集団が含まれる。その一つがアサシン派で、政治がらみの殺人を表す暗殺《アサシン》という言葉はここからきている。ムスリム（イスラム教徒）の信仰とイスラムの教義はムハンマド（マホメット）の物語によっているが、これは主題の上で、ジョセフ・スミスが公にしているモルモン教の啓示を受けた際の話と非常によく似ている。六一二年、ムハンマドは「幻覚」を見て、あらたな信仰を始めるよう告げられたと言われているが、これはスミスが後に言ったこととまさしく同じであった。年月についてもまた興味深い。というのも、ある古代民族は六〇〇年ごとに「神」の化身を期待するように言われており、実際ムハンマドは「イエス」の六〇〇年後に出現した。ここでもまた、ムスリムはユダヤ・キリスト教幻想の要素を含んでいる。ムスリムはイスラム教を、連綿と続くユダヤ・キリスト教の最新版と見なしており、彼らもまた家系を遡れば『旧約聖書』のアブラハム、つまりユダヤの信仰組織の源と言われている者に行きつくのだ。彼らは、メッカの聖なる神殿で世界中のムスリムが巡礼の旅でめざすカーバ神殿を建造したのはアブラハムだと信じている。だがそれはもともと、女神を祀った多神教徒の神殿で、「黒石」という神殿の外壁にはめ込まれた聖なる石が呼び物だった。

　秘密結社「黄金の夜明け団」の創始者ウィリアム・ウィン・ウェストコットはその著書『魔法の石

工（The Magical Mason）』で、黒石は最初、多神教の宗教儀式に用いられたと書いている。石は古代ではペニスのシンボルであり、そのために多くの宗教では石や「岩」が土台に据えられたが、「信仰と岩のペテロ」も同じである。ヤコブ物語の旧約聖書では石に聖油を注いでいるが、何とも楽しそうではないか。一度試してみてもいいかもしれない。イスラム教の聖典コーランは、たしか神に触発されて書かれた書物のはずだが、九三カ所でイエスに言及し、明らかに生きてはいない状況でイエスを生者のように扱っている。イスラム教の唯一神アッラーはムスリムいわく、ユダヤ・キリスト教のエホヴァと同一神ということだ。彼らは「モーセ五書」、つまり旧約聖書の最初の五書を信じたが、実はそれはレヴィ人の書であった。ムスリムは、ムハンマドは（ムハンマド以降を別にすれば）最も新しい預言者であり、それゆえ最も正当であるらしい。だから、キリスト教徒やユダヤ教徒はみなイスラム教に転ずるべきだ、と伝統的ムスリムは言っている。ジハードという言葉は、ムハンマドの規律を受けいれるつもりのない者すべてを敵にまわした「聖なる戦い」を意味する。イスラムという言葉そのものが「服従する、降参する」という意味で、「ムスリム」とは「服従した者」を表す。

イスラムはイルミナティの別の教義であり、キリスト教やユダヤ教との血なまぐさい戦いで、何百万という人間の命を犠牲にした。これらは結局のところ、同一の勢力に支配された三大監獄宗教なのである。イスラム教もキリスト教やユダヤ教と同じく、女性および母性原理の組織的抑圧の手段だった。ここで再びフリーメイソンとの関連を見てみる。フリーメイソン会員は、ブルーロッジという最初の三つの位階を経てスコティッシュ・ライトもしくはヨーク・ライトを極めると、シュライン・テンプルのメンバーになるための申請ができる。血の誓いを立て、アッラーを神と認めるのだ[43]。アッラーは月の神である。世界中のイスラム教寺院のてっぺんに三日月が見られ、シュライン・メンバーのかぶるトルコ帽に三日月がついているのはそのためである。このシンボルはイスラム諸国の国旗にも描かれ、ムスリムは月初と月末に三日月が空に現れる月の間、断食するのである。

43 "The Mystic Shrine: An Illustrated Ritual Of The Ancient Arabic Order Nobles Of The Shrine（秘法の神殿）"（1975）二〇一二ページ

「君の顔が気に入った……」／地球規模の信用詐欺《ペテン》

皮肉にも「平和の町」を意味するエルサレムは、世界の神話の中心地である。私は一九九三年に、キリスト教、ユダヤ教、イスラム教にとってのこの至高の地を見学に行った。そこには、宗教がいかにしてこれほどの長きにわたり人心を捉え、操作してきたかが見事に集約されていた。旧市街はさほど広くはないが、キリスト教徒、ユダヤ教徒、イスラム教徒、アルメニア人の四区画に分かれている。つまり、私たちは共存という先例を作りたくないのだ。欺瞞《ぎまん》や不和を手に入れたいなら、これ以上の場所はない。彼らはそれらを何百となく持っている。街角で、あらゆる教会や遺跡で、彼らは霊的な中古車セールスマンや旅行案内人という顔で待ちかまえている。その多くが映画『ゴッドファーザー』のエキストラのような黒革のジャケットを着ている。彼らは口がうまく、慣れた調子であらゆる場所への神話ツアーもどきを売り物にしている。朝の七時半でさえ、私がヤッファ門を抜けて旧市街のさびれた通りに入っていくと、危険が迫ってきた。私は誰かが腕に触れるのを感じた。

「こんにちは、友よ」と声がした。「イギリスからきたのかい？　イギリスには知りあいがたくさんいるんだ。グラスゴーの出身でね。グラスゴー、知ってるだろう？」

彼の意図はすぐさま読めたが、私は彼と行動を共にして、何が起きるかを見ることにした。彼は、私に近づいた理由を「君の顔が気に入った」からと言っていた。彼が背後から近づいたわけだから、私は明らかに、エルサレムで示された最新の奇跡を目撃したわけだ。きっと旅行ガイドに書き加えられたに違いない。彼は、私を気に入ったから周辺を案内したいと言ってきた。彼が最終的に要求したお金は、むろんこれとは無関係だった。案内してくれたのはユダヤ教で最も神聖な場所である「嘆きの壁」で、人びとはここで神と対話ができると考えている。この風習は、少なくともバビロン時代のタンムーズへの嘆きに遡る。ユダヤ教徒はちょっとした神へのメッセージを石の割れ目に残していくのだが、今や世界中の信者に向けてファクシミリのサービスが行われている。エルサレムへファクシミリでメッセージを送れば、誰かが「嘆きの壁」の石の割れ目に差しこんでくれるわけだ。

次に訪れたのはベツレヘムで、エルサレムからはバスですぐだった。もし行ったことがないなら、「小さな町ベツレヘムよ」という賛美歌は忘れたほうがいい。この町は、無秩序に広がった現代エルサレムの、まさにゴミ溜めのような場所だ。私は「案内人」とマンガー（まぐさ桶）広場を抜けて、イエスが生まれた場所だという聖誕教会へ向かった。それは、バビロンとヘブライの太陽神タンムーズが超自然の力によってこの世に登場したとも言われる洞窟の上に建っていた。有名な場所である。だが、エルサレムと「聖地」への案内者は何の疑いも抱いていない。教会ははっきり述べている。「この教会は、『キリスト生誕の岩屋』という地下の小さな部屋の上に位置しており、部屋の内部では銀の星がイエス誕生の場所を示しています」。観光シーズンのピークには、その洞窟を見るために人びとが何時間も列をなす。神話の力、マインドコントロールとはそういうものだ。だがこのときは運よくオフシーズンだったので、すぐに中へ入れた。眼前にどんな見せ物が繰りひろげられたことか。わずかな観光客が見る前で、別種の正装に身を包んだ三人の男が、互いに距離をおいて嘆き悲しんでいたのだ。唯一聞きとれた言葉は風変わりな「ハレルヤ」だった。黒いフードの男は儀式用の歌を率先して歌う。冠を戴いた男は、いましも砂漠から戻ったと言わんばかりにゴブレットを口に運ぶ。三番目の男は苦虫を嚙《か》みつぶしたような顔つきで、シュッシュと音を立てる鎖つきの代物から時折煙を吐きだす。冠の男は飲み物を飲み終えると、大声で情熱的に大きな赤い本の拾い読みをはじめた。英国で最も知られた大きな赤い本といえば、「これがあなたの人生です」というテレビ番組に出てくるやつだ。スタジオの聴衆の前に現れたゲストの人生が、その大きな赤い本から語られる。洞窟内のこの本はさしずめイエス・キリスト版「これがあなたの人生です」といったところだが、もしテレビ番組で紹介される金持ちの著名人の人生が教会が記したイエスの人生ほどいい加減なものであれば、訴えられるか、一カ月もしないうちに番組は打ち切りになっているだろう。

ベツレヘムの洞窟の外で、私は案内人の友人に紹介された。案内人は「彼は君の顔が気に入ったらしい」と言い、続いて「家で飲み物でもどうだと誘ってくれている」と言った。私たちはほんの数秒歩いただけで彼の「家」についた。りっぱな家ながらどこか奇妙だった。正面の大きな窓、クレジットカードの看板、カウンター、キャッシュレジスター、物がたくさん載せられた棚。分別がなければ、大きなみやげ物屋みたいだねと口にしていただろう。あたりを見まわしながら、私は笑うべきか叫ぶべきかわからなかった。神聖なるあれとかこれとかが何だって買えるのだ。神聖なるトイレットペーパーは見かけなかったが、どこかにあったに違いない。実際、宗教に関するあらゆるたわごとを聞かされていれば、それをなくてはならないものだと考えていただろう。私が気に入ったものの中に、「神聖なる土地の神聖な土」から作られた小さな十字架があった。これはペテンだと私が考えていることを見越して、包装係が私に請《う》けあってくれた。「どの品物も純粋なカトリック一門の点検を受けています」。おやおや、それは安心なことだ。だが、何といっても圧倒されたのは、どんな大きさのポケットにも対応した、あらゆるサイズのプラスチック製イエス人形だった。小さいやつを買えば、あなたのイエスには針金製の貧相《ひんそう》な光輪がついているだけだが、奮発してデラックス版を買えば、正真正銘、金色に塗られた三本の後光が頭から突きだしているプラスチック製の幼子イエスを、あなたも手に入れることができるのだ。この驚嘆すべき場所を見渡していると、店のオーナーが寄ってきた。

「どれも本物なんですよ」

「本物?　本物の幼子イエスですか?」

「地元の司教たちが作っているんです」

「ああ、そういう意味の本物ですか」

旧市街に戻ると、私の顔を気に入っていた案内人がお金を欲しがった。いくらでもかまわない、彼はそう言ったが、後で倍につり上げようとした。そこで彼と別れ、私は町にめぐらされた壁の外側を歩いて、「ゲッセマネの園」という別の「イエス」遺跡に向かった。近くで通りがかりの人に道を訊いた。彼は親切にも案内してくれると言った。ちょっと待てよ。彼が着ているのは例の黒革のジャケットじゃないか？　突如として彼は通りがかりの人から旅行案内人に変貌した。

「この木はまさにイエスが捕らえられた場所で……この木立はこれこれのときからここに……」

「失礼、お心遣いはありがたいんですが、もしよければ、私は一人でただここに立っていたいんだ」

「教会とかマリアの墓とかにも案内してほしくないと？」

「いや、遠慮しておきます」

「安くしておくよ」

心の牢獄、世界の呪いから自らを解き放つ

旅の終わりに私は悪夢を見た。人生の終わりに自分の肉体から去ろうとしていると、黒い革ジャケットを着た霊が私の腕を触わるのだ。「こんにちは、友よ」彼は言う。「地球から来たのかい？　地球には知りあいがたくさんいるんだ。天国を案内するよ。君の顔が気に入ったんだ」。イエスに関する話を全部信じているのかと訊いたときのムスリムのタクシー運転手の答えがすべてを集約していた。わからんねと、彼は言った。だが「観光バスやタクシーの運転手にはイエスはありがたいよ。なぜっ

てイエスはあっちこっちに移動してくれたからね」。宗教とは、純粋な人間から精神的にも感情的にも霊的にも、さらには経済的にも略奪するとんでもなく忌まわしい事業であり、何百万という人間がそこから賃金を得ている。司教たちの大邸宅、旅行案内人、俗物的みやげ物屋、国の政治・経済機構全体が関わっている場合もある。すべてのものが、自分たちの生存をこの作りごとの永続性に頼っているのだ。バチカンからベツレヘム、そしてエルサレムからソルトレイクシティに至るまで、キャッシュレジスターは神話という音楽にあわせて踊っている。バチカンもほかのマインドコントロールの要塞《ようさい》も、彼らに破滅をもたらす情報が存在すると知っている。だからこそ死に物狂いで抑えこもうとするのだ。さもないと宴は終わってしまう。教会や国家の経済的また人的能力が、とてつもない規模の欺瞞《ぎまん》に頼っているとなれば、この地球規模の信用詐欺を暴露することになる情報に多大な抵抗があるのは当然だろう。

相互糾弾が渦巻くなかで、対立するこれらの宗教教義やその他の事柄を結びつけられるのは、私のほか、地球上にほんの数人を数えるだけに違いない。私は、ユダヤ教やロスチャイルド家のごとき人びとのことを暴露したために、反ユダヤ主義者と呼ばれてきた。キリスト教徒からは、彼らの宗旨や現在の偽善的行為へ通じる歴史的背景を暴露したために、疎まれ、責められてきた。南アフリカからは、インターネットを通じて、私が反イスラム主義者だという「アイク警報」が発令された。そして多くのニューエイジャーは、私が「あまりに否定的」であり（現実に起きていることを口にすること）、「霊的」ペテン師やイルミナティがニューエイジのメンタリティを操作していることを暴露したりしたことで、私を糾弾する。そういった明らかに敵対している集団を、私が結びつけることができたのは、彼らすべてに一つの共通項があったからだ。どの集団を見ても売りこむべき、あるいは守るべき教義を持っている。あらゆる教義、賦課《ふか》、弾圧に挑んできた私には、それらを怒れる声としてひとまとめにすることができる。彼らは同一の性向を持ちつつ異なる修道服をまとったコインの裏表であるが、こういった心の牢獄から自分を解き放とうとする人は増えてきている。人がどの宗教、どのマインドコントロールを選ぼうとも、それらの一つである限り、イルミナティ・アヌンナキが気にかけるはずはなかった。これについての私の哲学は単純だ。すなわち、もし人が自分の信じるものに名を連ねれば、その人は心の周囲に壁を築くことになる。何主義だろうが何派だろうが、変わりはない。いったんそこに名を連ねてしまうと、すべてのもの、そして私たち全員がありのままに存在する「無限」という世界にドアを閉ざすことになる。「無限」の知識に名前などない。それはありのままの世界を包含しているが、いったん「某主義」に屈した私たちはありのままの世界との繋がりを断ち切ってしまう。だが、それ――人の意識のドアを閉ざすこと――こそが宗教の目的であり、宗教のそもそもの本質なのである。型どおりの宗教を拒絶したという人でさえ、ずっとその幻影にとらわれているのだ。

ニューエイジはキリスト教の概念など信じないと言うが、そこでもイエス神話は生き続けている。「キリスト教の神の息子」はニューエイジでは「サナンダ」になった。これが彼らの「イエス」の名前なのだ。彼らにとって、サナンダとは異次元の知識にチャネリングするスピリチュアル・マスターであり、一説によると、聖書世界のイスラエルではエッセネ派のイニシエイトだったという。聖書物語の公式な解説を拒絶する他の人びともまた、イエスが何らかの形で存在したと信じており、聖書の文言を解釈しなおすことで独自の見解を築こうとしている。彼らは何の変哲もない言葉やフレーズから、膨大な数の暗示や啓示を読み取ることができる。さて、「イエス」に関して一番新らしく起こった騒動は、彼の血流がマグダラのマリアに宿った子どもを介して続き、「真の」王族の血統となったという話だ。やれやれ。聖書の大半が純粋な作り事だと認識したとき、初めてヴェールははがされる。象徴は文字どおり象徴だ。いくらその言葉を解釈しようとしてもほぼ例外なく戯言《ざれごと》で終わるのは、そもそも戯言にすぎない文面を律儀に解釈しようとするからなのだ。心を白紙にして、この知的霊的な汚染から解き放たれて初めて、このゲームを見通せるほど澄んだ目を持つことができる。

宗教というのは世界にかけられた呪いであり、この呪いが祓い清められるまで、人類が自由を知ることはありえない。それは無知という呪文で、それは人類がアヌンナキとその血流に抑圧されてきた何千年もの間、暗い陰を投げかけてきた。宗教はほかの何よりも、人類の抑圧そのものの推進力として働いてきたのである。

推薦——仮説は真説へと誘う？　さあ、知的興奮の旅路へ！（船瀬俊介）

恐るべき子ども、デーヴィッド・アイク

デーヴィッド・アイクは、まさに畏敬に値する作家である。いや、歴史家、思想家……としても、瞠目する存在だ。

私は、これまで彼の著書『ハイジャックされた地球を99％の人が知らない（下巻）』、ヒカルランド）の解説・推薦文を寄稿している。

一九五二年生まれ。私より二歳下。同世代の物書きとしての共感もある。まずは、その出自《しゅつじ》が痛快である。

本書冒頭からして、グイグイ引き込まれ、共鳴する。

「……私は、まだ幼いときに、学校とは、明日のクローン人間が磨かれ、生み出される場所だと本能的に知った。つまり、最初から反逆分子だった」（「はじめに」）

学校とは、〝クローン人間〟の製造所と幼い頃から喝破している。まさに、異議なしである。若者

の特権とは、〝逆らう〟こと……なのである。常識とは、大人たち……つまり、支配者の側に立つ者たちが、捏造《ねつぞう》した幻影である。そして、学校とは、その虚妄を刷り込む〝強制収容所〟なのである。

アイクは、幼い頃から、その事実に直観的に目覚めていた。

まさに、〝恐るべき子どもたち《アンファン・テリブル》〟の一人だったのだ。この警句は、フランス詩人、ジャン・コクトーの小説に由来する。つまりは、既成権威をいっさい受け付けない。そんな、反逆の子を象徴する語彙となっている。

陰謀論の玉座に追いやられる

アイクは少年時代を懐古し、独白する。

「……学校の試験の主なものに合格したことは、一度もないし、(受けたこともない)、大学や専門学校に通ったこともなく、勉強はすべて自分なりに、時間や条件を決めてやってきた」(第19章、マトリックスの門衛)

まさに独立独歩。なんとも可愛くないガキである。そして、共感の笑みが沸《わ》いてくる。時代を拓《ひら》き、築くのは、いつも奇人、変人の類《たぐい》である。周囲からは、気違い扱いされる。時には、蔑《さげす》まれ、時には、石を投げられる。我が道を行く人間は、周囲からは疎《うと》まれる。警戒される。襲われる。

〝常識〟という頸木《くびき》を科せられた人々にとって、〝自由〟に生きる人間は疎ましい。そして、ときには敵に見えてくる。まさに、アイクこそは、その一人である。言論界においては、さらにそうだ。

幼児期からして、普通の〝教育〟つまり〝常識〟を一切、拒絶してきた。そのアイクが発する言辞が、世界の既成の言論界、思想界に、受け入れられる訳がない。こうして、デーヴィッド・アイクは、本人の意思とは裏腹に、見事に「陰謀論者」のレッテルを額に貼り付けられたのである。

しかし、その著述、論評のスケールは圧倒的である。凡百の及ぶところではない。膨大な踏査と深遠な論考。それらにもとづく大部、著作の数々……。

その分野の多岐にわたること。その告発の多彩なること。その驚倒するボリュームの幅と厚さに、既成〝知識人〟は顔色を無くす。そして、著書を一目見た瞬間、彼らは怯《おび》え、直感する。この論法に関わったら、エライことになる。火傷《やけど》する。

彼らは、瞬時に悟る。そして、心に決める。この男を放置してはならぬ。暗黒の中世なら、異端審問官がアイクを有無を言わせず連行したであろう。現在は、そのような露骨な魔女狩りは、さすがにまずい。

そこで、彼らはアイクを〝黙殺の刑〟に処し、暗闇の果ての陰謀論者の〝玉座〟に追放したのである。そして、自分達は眼を塞《ふさ》ぎ、耳を塞ぎ、口を塞ぎ……すべては、何事も〝なかった〟ことにしているのだ。

読み解くにはガイドが必要だ！

「一切の既成権威を信じない」。そんなアイクの生き方に、私は共感する。

既成権威は、身の回りに溢《あふ》れている。それは、〝常識〟という足枷《かせ》、手枷である。

そして、アイクは、その〝常識〟の束縛を破壊というより爆破している。一切、恐いもの知らず。ヤンチャ小僧の面目躍如である。ただし、その一連著作による爆破工程は、あまりに凄まじい。

読者ですら、その爆風でフッ飛ばされそうだ。アイクの著作を読み進むのは、まるで、台風かハリケーンに抗《あらが》って進むようなものだ。あるいは、竜巻の暴風を掻《か》き分け、手探りで一歩一歩進むようなものだ。

だから、アイクを読み解くには、ガイド（案内役）が必要となる。本書で石神龍氏が「はじめに」で解説を詳述している。これは、じつにすぐれた「ガイド」だ。アイクを読み解く上で、これほど得難い「道案内」はない。なぜなら、アイクの著作群には、通常の〝常識〟では、到底、付いていけないような述、法、論法が展開されるからだ。

レプティリアン（爬虫類人）とは⁉

読者の度肝を抜く展開――。その、最たるものがレプティリアン（爬虫類人）の存在であろう。

「……超太古の時代から、地球には何種類かの高度に発達した文明を持つ異星人が来ていた。それから、アトランティス大陸、ムー大陸に文明を構築した。そして、最後に、レプティリアン（爬虫類人）型の異星人（アヌンナキ）は、地球に定着して、秘密結社をつくり、地球原住民を彼らの奴隷、もしくは彼らの家畜人間として使役した」（「はじめに」）　これが、レプティリアン説の骨子だ。

初めて聞く人は、驚く前に、笑いだすだろう。まさに「悪い冗談はよしてくれ」だ。

「アイクって野郎は、完全に行っちゃってるよな」（笑）あるいは、ドン引きして、肩をすくめる。本を投げ出す。「解説」を書いた石神氏も、そんな読者の反発を重々承知だ。

「……異星人が地球を占領し、地球原人を奴隷化しようと企んだとすると、彼ら異星人の遺伝子構造と地球人の遺伝子構造上の明確な相違、その相違が彼らのアジェンダ（計画）にとって、最大の障害となるわけである」

「……ここをクリアすると、アイクの著述は、とてもわかりやすくなる。しかし、この問題が明確に意識されないまま、アイクを読むと、荒唐無稽だ!!　と反発して、二度と読む気を起こさなくなる」

まさに、そのとおり。普通の人々にとって、レプティリアン（爬虫類人）の存在など、奇想天外、驚天動地……まさに、お笑い草にしかすぎない。しかし、アイクの本を投げ出すことは惜しい。現代社会の悪の企みを快刀乱麻で切り裂く痛快な知の旅へのチケットをゴミ箱にほうり込むようなものだからだ。アイクは膨大な客観的な〝証拠〟〝証言〟を踏まえている。それを読者に突き付け……その存在は真実である……と、自信に満ちている。

目の前で変身して見せれば信じる！

アイク宇宙論の根幹をなすレプティリアン説。それについては、陰謀論を論じる側からも、異説、反発は多い。『ハイジャックされた地球を99％の人が知らない（上巻）』（前出）の「推薦文」を寄稿した内海聡《さとる》氏ですら「レプティリアンの宇宙人問題も信じていない」と断じている。そして、「目の前で変身して見せてくれたら信じる……」とコメントしている。

アイクのレプティリアンの変身《シェイプシフト》の描写など、まさに、ハリウッドのＳＦホラー映画そのもの。陰謀論の卓抜した論客ジェイ・エピセンター氏は「ハリウッドがアイクの存在を認めているのは、その点ですよ」と、指摘する。つまり、アイクはハリウッドを支配する〝闇の勢力〟にとって、極上のネタもと、というわけだ。

かくして、アイクは敵方からも、味方からも距離を置かれ、突き放されている。しかし、彼はいっさい意に介さず、先に先にと突き進んでいる。

正直いえば、私も最初、レプティリアン説に度肝を抜かれた一人だ。しかし、彼の膨大な著作を読み進んで圧倒されるのは、その徹底した調査能力だ。博覧強記というより、まるで柵岩機《さくがんき》のように、世界中の知の岩盤を、掘って掘って掘りまくっている。そして、これでもか……とばかりに、古代史から世界史……あらゆる文献、資料、証拠を探索、渉猟《しょうりょう》して、読者の眼前に突き付けてくる。

その知的作業の圧倒的な力技に、ただただ感服するしかない。それらは、多方面から彼のレプティリアン説を補完している。まさに、ナルホド……と、唸《うな》るしかない。

ただし、それらも膨大な状況証拠の山々にすぎない。決定的な証拠が存在するか？……と、いえば否と、首を振るしかない。

レプティリアン仮説物語に酔う

そこから、アイク〝アレルギー〟が生じて、著作を投げ出してしまう。

その〝アレルギー症状〟を抑えるよい方法がある。それは、レプティリアン説を「仮説」として捉えることだ。これこそアイクの著作に向き合う、真っ当で、誠実な態度といえる。

すべて真理の探究は、仮説から始まる。さまざまな現象を踏まえ、その背景にある真実に肉迫するには、まず、仮説を立てて論証を進めることが肝要だ。研究者は、まずは、みずからの仮説を提示し、その真贋《しんがん》を世に問う。それは、研究者としては真っ当な態度である。

アイクも、最初は、レプティリアン説を仮説として提示してきた。そして、それに続く猛烈な探求、探査によって、彼はそれを「真説」と主張している。しかし、その著を手に取る側は、まずそれを「仮説」として受け止めるべきだ。

いくら奇想天外に思えても、「仮説」なのだから……〝アレルギー〟反応は起こらない。そうして、少し距離をおいて、肩の力を抜いてアイクを読む。すると、気持ちに余裕ができて読み進める。思いもよらない興奮に満たされている自分を感じる。まさに、知的興奮というヤツだ。そのとおり。アイクの著作は、物語《ストーリー》として読むと、じつに面白い。まさに、ハラハラ、ドキドキ……。知的エンターテインメントとして一級だ。

その切り口も多彩で多面的だ。古代史、陰謀史、さらに宗教史から美術史、科学史まで――そして究極の宇宙論まで。それらの連綿と断面は知的興奮を刺激してやまない。

また、アイクは愛の伝道師であることも、強調しておきたい。彼は読者に訴え続ける。

「抗議を超えて――不服従のダンスを踊れ！」（『ハイジャックされた地球を99％の人が知らない』（前出）

彼は地球を支配するトカゲ人間（！）たちも、憎んではいない。

「……怒りや恨みや敵意を抱いて暴動を起こしても、《コントロールシステム》から感謝されるだけだ」「エネルギー場に愛と平和と調和を送り込み、愛、喜び、笑いのダンスを踊る」（同書）

すると、全人類の愛のエネルギーがパワーアップする。

「……電磁場に渦を巻き起こし、うねりを起こすのだ。電磁エネルギーの海もそれに煽られて、私たちと同じように、愛と調和の振動による電気パワーで踊りだす」（同）

「祈り」が、病気を癒すことが量子力学レベルでも解明されている。

アイクの主張も精神の波動が、地球全体を覆《おお》う……と訴えているのだ。

「『世界の目覚め――すべての心が変化をもたらす』と、不服従のダンス――愛と調和が合わされば、もう誰にも止めることはできない」（同）

イエス・キリストの存在も否定

トカゲ顔した宇宙人の存在は、さておき、アイクが辿《たど》った知的冒険の道筋を、辿る旅は興奮に満ちている。とくに、アトランティス、ムー大陸から、有史時代に至る考察と論証は、圧倒的である。たとえば、イエス・キリストの否定など、まさに独壇場だ。

「……二〇〇〇年の歴史の大半にわたって、この惑星に暮らす何十億という人間は、イエスの物語を実際に起こったと信じることで管理され、制限され、操られ、指示されている。今日でも、膨大な数の人びとが、この作り話を正しいものと思い込み、一から十までそれにしたがって行動している」（本書59ページ）

彼は、ここで地球最大の宗教……キリスト教をも、いとも簡単に真っ向から否定してのけている。まさに、神をも恐れぬ所業……。さらに、世界を支配し「新世界秩序」の確立を企む国際秘密結社イルミナティに対しても容赦のない筆誅を加える。

「……ロスチャイルド家やロックフェラー家にしても同じことだ。（中略）私がイルミナティと呼んでいる、すべてを網羅するネットワークなのである。なお一七七六年五月一日に正式結成されたバイエルンのイルミナティという組織と混同しないでいただきたい。それは、このネットワークの一派であって、ネットワークそのものではないのだ」（２１５ページ）

「幽体」「霊体」の多次元世界

レプティリアン説と並んで、アイクの論考を分かりにくくさせているものに次元論がある。

アイクは「この世は多次元世界である」と断じる。

「……今、私たちは、肉体で感覚できる周波数域にチューニングしているために、ものを見たり、ものに触れたりすることができる。私たちは『死ぬ』と肉体を離れ、この周波数帯域を離れるが、別の密度、別の次元への旅は永遠に続く。私たちの意識や思考は、永遠であり、いつでも自分を感じることができる。すなわち、すべての周波数、すべての生命の発現は、みな同じエネルギーである」

「地球外生命体や異次元の存在の中には、周波数の変え方を知っている者もいて、まるでラジオのチャンネルを変えるように、周波数を変え、異なる密度の間を移動し、現れたり、『消えたり』するのだ。そこにあったものが目の前から『消えた』という報告があるのは、このためだ。しかし、実際には、それらは『消えた』のではなく、人びとがアクセスできる周波数の外に出ただけである。UFOも同じことだ」（100ページ）

この文章を読んでも、ほとんどの人は、何が何だかさっぱり分からないはずだ。

私は『未来を救う「波動医学」』『世界に広がる「波動医学」』（共栄書房）の二部作を書いて、異次元の存在をも確信した。その根源となったのが、現代量子力学の父と称えられるノーベル物理学賞学者マックス・ブランクの言葉だ。

全ての存在は、波動であり、その影響である。物質は存在しない

　そこで、キーワードとなるのが周波数なのだ。すべての存在は波動であり、それを感知するのが周波数によるチューニングだ。

　チューニングとは、別名、〝共鳴現象〟である。私は、上記二作を執筆するにあたって、最先端、量子力学が「肉体」に重なる「幽体」（エーテル体）、「霊体」（アストラル体）の存在を認めていることに感銘した。

　それは、最新科学が、多次元宇宙を認めていることに等しい。

　さらに、量子力学の先に「ブロック宇宙論」が存在する。それは、「空間」「時間」をも一体として捉える。つまり、「過去」「現在」「未来」は同時に存在する……という。まさに、驚愕する理論である。

　すると、虫の知らせ、予知夢さらにはタイムトラベルすら説明可能となる。

「……私たちが、カウントしている時間もまた、私たちの精神を閉じ込めている幻影だ。理解しづらいのはわかる。だが、過去、現在、未来は同時に起こっているのである。だから、地球外からの来訪者の一部は、さまざまな時間帯の周波数域を移動することによって、未来（今、私たちが考える「未来」）から、文字通り戻ってくることができるのだ。タイムトラベルは、もはや神話ではない。エリートたちが語らないだけだ」（225ページ）

マトリックス仮想現実が人類支配

多次元宇宙論とならんで、分かりにくいのが本書タイトルとなっている「マトリックス」だろう。

キアヌ・リーブス主演、ハリウッドSF映画で、この用語は知られるようになった。

「本来は『子宮』を意味するラテン語。……もともとは、『母体』『基盤』……『何かを生み出すもの』のこと。一般には『数式行列』のことを表す」(Wikipedia)

では——。アイクの言うマトリックスとは、いったい何だろう？

「……今や、全世界が、とりわけ欧米、日本のいわゆる先進工業国、ついで中国、インド、韓国などは、ブレジンスキーによって一九六九年に予告された、テクネトロニック(高度電子工学的)時代に取り込まれている。それをマトリックスともいう。こんな事情のもとでは、いかな独立心と反逆心の強い人間といえども、子どもの頃から自分で問題と条件を設定して勉強することは、ほとんど不可能であるだろう」(「はじめに」)

はやくいえば、マトリックスとは、高度な電子工学により構築された幻影世界である。映画『マトリックス』は、現代人が目前で〝見て〟いるものは、最高位に君臨する〝支配者〟により操られる仮想現実(VR：バーチャル・リアリティ)である……という衝撃事実を暴いている。

VRは、ゲームセンターのゴーグルで覗く世界だけではない。我々が現在体験している世界そのものが、VRなのである。それらを操作する装置は、教育、科学、政府、通信、メディア……などなど、身の回り〝すべて〟に存在する。

アイクは、その仮想現実を創作し操作している存在こそ、イルミナティである、と断じる。その背後の闇に潜んでいるのがレプティリアン（爬虫類人）の系譜である。……これが、アイクの壮大無比な宇宙論の結論なのである。

最後に、私の体験を付しておく。二〇一一年、友人と韓国、釜山を訪ねた。その地に存在した古代国家、伽耶《かや》国の遺跡を巡るのが目的だった。

朝鮮半島南端、この国は別名〝鉄の王国〟。砂鉄から鋼鉄を造る技術に長けていた。古代日本では、訛《なま》って〝伽羅《から》〟と記されている。ちなみに、この国の人々は山陰地方に渡来して製鉄技術を伝えている。まさに、宮崎駿監督『もののけ姫』の舞台となった地だ。

さて――。伽耶国の遺跡を訪ねた。それは森閑とした森の奥にあった。この民族の祖先を奉《まつ》る石碑を見上げて驚愕した。そこには、〝亀〟の像が奉られていたのだ。

そして――。祖碑の頂上には、彼らが崇める実体が納まっていた。それは、なんと〝卵〟だった……！

文字通り仰天した。つまり、伽耶国の民間伝承は、はるか古代、彼らの祖先は〝亀の卵〟から発したと伝えているのだ。見上げた刹那《せつな》に、アイクのレプティリアン始原説が一瞬、頭をよぎった。もしかしたら……？　私の胸は、異様に高鳴った。

船瀬俊介

デーヴィッド・アイク
1952年４月29日、英国のレスター生まれ。1970年前後の数年をサッカーの選手として過ごす。そののちキャスターとしてテレビの世界でも活躍。エコロジー運動に強い関心を持ち、80年代に英国みどりの党に入党、全国スポークスマンに任命される。

また、この一方で精神的・霊的な世界にも目覚めてゆく。90年代初頭、女性霊媒師ベティー・シャインと出会い、のちの彼の生涯を決定づける「精神の覚醒」を体験する。

真実を求め続ける彼の精神は、エコロジー運動の背後に潜む国際金融寡頭権力の存在を発見し、この権力が世界の人々を操作・支配している事実に直面する。膨大な量の情報収集と精緻な調査・研究により、国際金融寡頭権力の背後にうごめく「爬虫類人・爬虫類型異星人」の存在と「彼らのアジェンダ」に辿りつく。

そして彼は、世界の真理を希求する人々に、自らの身の危険を冒して「この世の真相」を訴え続けている。

著作は『大いなる秘密』『究極の大陰謀』（邦訳　三交社）『超陰謀［粉砕篇］』（徳間書店）のほかに『ロボットの反乱』『……そして真実があなたを自由にする』など多数。

安永絹江
翻訳家。広島県出身。「安永絹江」は陰謀論分野でのペンネームで、デーヴィッド・アイク著『究極の大陰謀』（三交社）などの翻訳に関わっている。

本書は2007年に徳間書店より刊行された『竜であり蛇であるわれらが神々』の新装版です。

マトリックスの子供たち［上］
現実は覚めることのない夢

第一刷　2019年7月31日

著者　デーヴィッド・アイク
訳者　安永絹江
推薦　船瀬俊介

発行人　石井健資
発行所　株式会社ヒカルランド
〒162-0821　東京都新宿区津久戸町3-11　TH1ビル6F
電話　03-6265-0852　ファックス　03-6265-0853
http://www.hikaruland.co.jp　info@hikaruland.co.jp
振替　00180-8-496587

本文・カバー・製本　中央精版印刷株式会社
DTP　株式会社キャップス
編集担当　小暮周吾

ISBN978-4-86471-739-7

本といっしょに楽しむ ハピハピ♥ Goods&Life ヒカルランド

ジオパシックストレス除去、場の浄化、エネルギーUP！
チェコ発のヒーリング装置「ソマヴェディック」

ドイツの電磁波公害
研究機関 IGEF も認証

イワン・リビヤンスキー氏

チェコの超能力者、イワン・リビヤンスキー氏が15年かけて研究・開発した、空間と場の調整器です。

内部は特定の配列で宝石が散りばめられています。天然鉱石には固有のパワーがあることは知られていますが、リビヤンスキーさんはそれらの石を組み合わせることで、さらに活性化すると考えました。

ソマヴェディックは数年間に及ぶ研究とテストを経た後に設計されました。自然科学者だけでなく、TimeWaver, Bicom, Life-System, InergetixCoRe 等といった測定機器を使用して診断と治療を行う施設の技師、セラピストによってもテストされ、実証されました。

その「ソマヴェディック」が有用に働くのがジオパシックストレスです。

語源はジオ（地球）、パシック（苦痛・病）。1920年代に、ドイツのある特定地域ではガンの発症率がほかに比べてとても高かったことから、大地由来のストレスが病因となりえることが発見されました。

例えば、地下水脈が交差する地点は電荷を帯びており、人体に悪影響を及ぼします。古来中国で「風水」が重視されたように、特定の場所は人間に電気的なストレスとなるのです。

ソマヴェディックは、心とカラダを健康な状態に導き、人間関係の調和や、睡眠を改善させます。ソマヴェディックの影響は直径30m の範囲に及ぶと言われているため、社内全体、または一軒丸々で、その効果が期待できます。またその放射は、ジオパシックストレスゾーンのネガティブな影響と同じように、家の壁を通過すると言われています。

ソマヴェディックは、診療所、マッサージやビューティーサロン、店舗やビジネスに適しており、一日を通して多くの人が行き来する建物のような場所において、とてもポジティブな適用性があります。

本といっしょに楽しむ ハピハピ♥ Goods&Life ヒカルランド

水の浄化に　電磁波対策に　生命エネルギー強化に
ロシア発ヒーリングストーン「シュンガイト」

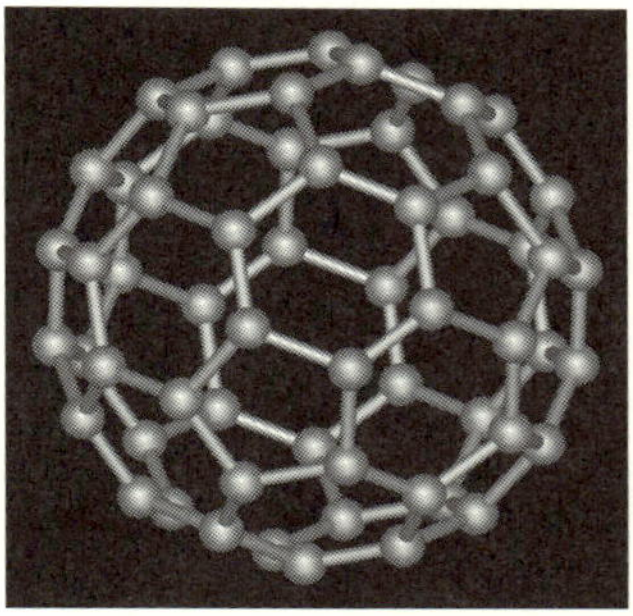

フラーレン

ロシア北西部カレリア地方にしか鉱床のない炭素鉱物「シュンガイト」。20億年前にできたとされるこの鉱石の主成分フラーレンは、炭素原子が結合したサッカーボールのような切頂十二面体の形状を持ち、炭素の新しい分子形態として注目されています。抗酸化力に優れ活性酸素を抑える働きから、現在は美容方面でも活用が進んでいます。

また、電磁波の人体への影響を軽減する働きや、地球の磁場を乱さない、有害物質を放出しない、腐食しにくく耐久性があるといった利点を兼ね備え、ロシアではシュンガイトセラピーという用語が定着するほど、「健康の石」「薬石」として人々の間でたいへん親しまれております。

このような特徴を持つ鉱石は地球上でほかに例がなく、一説では有機生命体が存在した惑星が衝突した結果、この地方にのみシュンガイトの鉱床ができたとも言われているほど。まさに、宇宙から人類への贈り物なのかもしれません。

ご家庭で気軽に使えるシュンガイトグッズで、太古の宇宙の叡智を感じながら、その波動をご自身で体感してみましょう！

ロシアにおけるシュンガイトの活用例

- 殺菌力や抗ウイルス効果が高く、シュンガイトを使った飲料水用の濾過フィルターは数百万人の人々が愛用
- サンクトペテルブルクの火傷センターでは皮膚へのケアに活用
- シュンガイトの壁で囲まれた部屋を設置し、アレルギー対策に活用
- 古くは初代ロシア皇帝ピョートル1世が、兵士にシュンガイトを携帯させたことで疾病から守り、スウェーデンとのポルタヴァの戦いに勝利した要因となる

シュンガイトの効果

★水の浄化と活性化、水のエネルギー向上
★電磁波・放射線の吸収により人体のバイオフィールドへの悪影響を抑止
★環境との調和、浄化を推進
★ヒーリング効果、生体エネルギーの供給

【チケット種別】

チケットカテゴリー：A、B、C、Dの４種類
（座席表はサイトマップからご確認いただけます）

V.I.P Aチケット － 10,000円
最前列の席
優先入場
※デーヴィッド・アイクの最新著書を直筆サイン入りでプレゼントいたします。

V.I.P Bチケット － 8,000円
２列目の席
優先入場

Cチケット － 6,000円
１階の一般席

Dチケット － 5,000円
２階のバルコニー席

【英語から日本語への同時通訳】

講演は、英語から日本語への同時通訳でお楽しみいただけます。
通訳費用は、チケット代に含まれています。
チケットをご購入いただいた方には、開催日前にメールにて詳細の情報をお送りします。
皆さまのご来場を心よりお待ちしております。

【お問合せ＆申込先】
https://www.ickonic.com/product/7th-december-2019-tokyo-japan-renegade-tour/

＊デーヴィッド・アイクの公式サイト
https://www.davidicke.com にあります DAVID ICKE SHOP の検索窓で、tokyo などとキーワードを入れて検索ください。
＊支払い方法：クレジットカード、PayPal
＊チケット発送：e-ticket のみ
＊ヒカルランドパークではチケットの取扱をしておりません。

《デーヴィッド・アイク講演会のお知らせ》

2002年の初回講演から17年経った今年、デーヴィッド・アイクが日本で２度目のライブ講演を行います。

2019年12月７日（土）に東京で開催される４時間の講演は、デーヴィッド・アイクに日本で会うことのできる唯一のチャンスとなるかもしれません。


これは、あなたの人生を変える４時間。

世界で最も有名なオルタナティブ研究者が語る内容には、どんなにオープンマインドな人も、きっとビックリするはずです。

デーヴィッド・アイクは、９・11、金融危機、通貨の存在しない社会、トランスヒューマニズム（超人間主義）といった出来事を何年も前から予測していました。

そのたびに嘲笑を浴びた彼ですが、歳月が何度も彼の主張の正しさを証明してきたのです。

そのデーヴィッド・アイクから、今度はどんな発言が飛び出すのでしょうか？

私たちが住む世界と宇宙で、いま本当に起きていることとは？

すべては12月の東京で明らかに！

日時：2019年12月７日（土）
開場15：00　開演17：00　終了21：00（途中15分の休憩をはさみます）
会場：江戸川区総合文化センター【大ホール】

ヒカルランド　好評既刊！

地上の星☆ヒカルランド　銀河より届く愛と叡智の宅配便

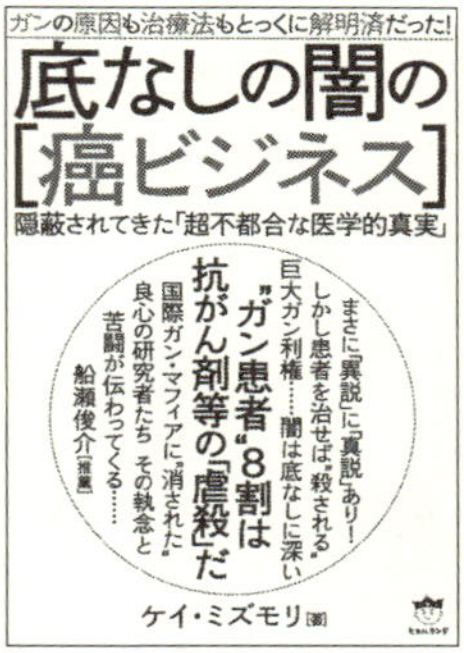

底なしの闇の［癌ビジネス］
著者：ケイ・ミズモリ
四六ソフト　本体1,611円+税

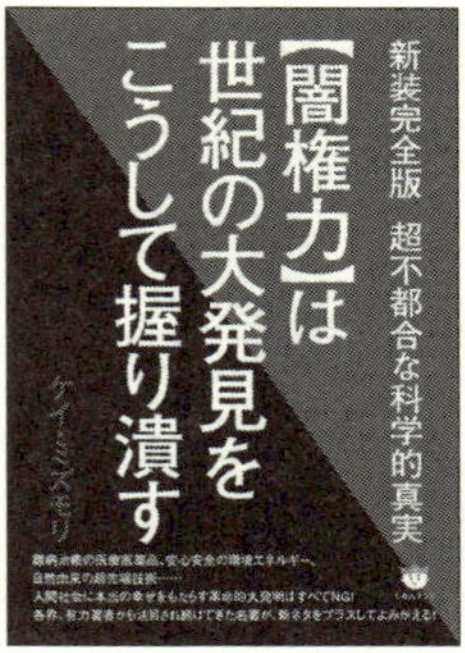

【闇権力】は世紀の大発見を
こうして握り潰す
著者：ケイ・ミズモリ
四六ソフト　本体1,843円+税

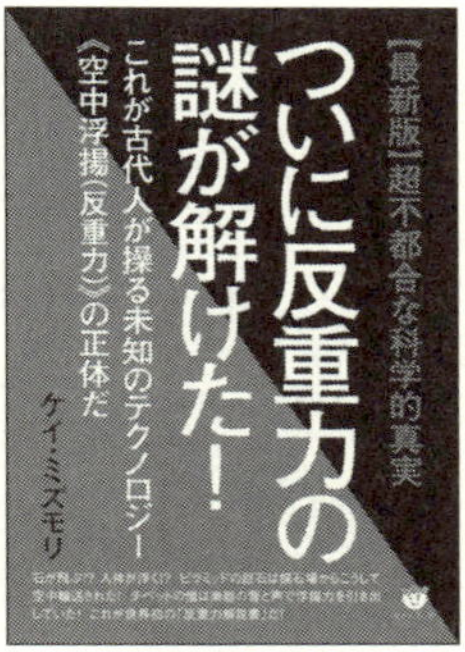

【最新版】超不都合な科学的真実
ついに反重力の謎が解けた！
著者：ケイ・ミズモリ
四六ソフト　本体1,851円+税

アーシング
著者：クリントン・オーバー
訳者：エハン・デラヴィ
　　　愛知ソニア
A5判ソフト　本体3,333円+税

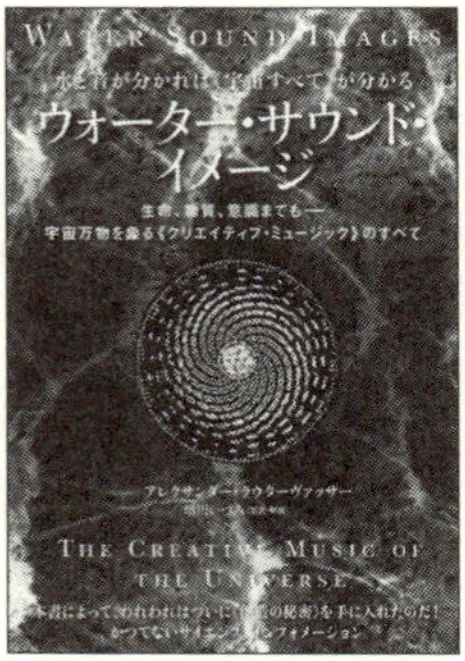

ウォーター・サウンド・イメージ
著者：アレクサンダー・ラウターヴァッサー
訳・解説：増川いづみ
A5ソフト　本体3,241円+税

「健康茶」すごい！薬効
もうクスリもいらない
医者もいらない
著者：船瀬俊介
四六ソフト　本体1,815円+税

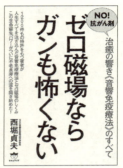

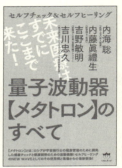

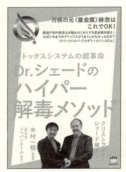

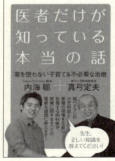

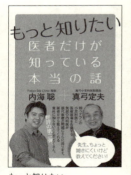

ヒカルランド　近刊予定！

地上の星☆ヒカルランド　銀河より届く愛と叡智の宅配便

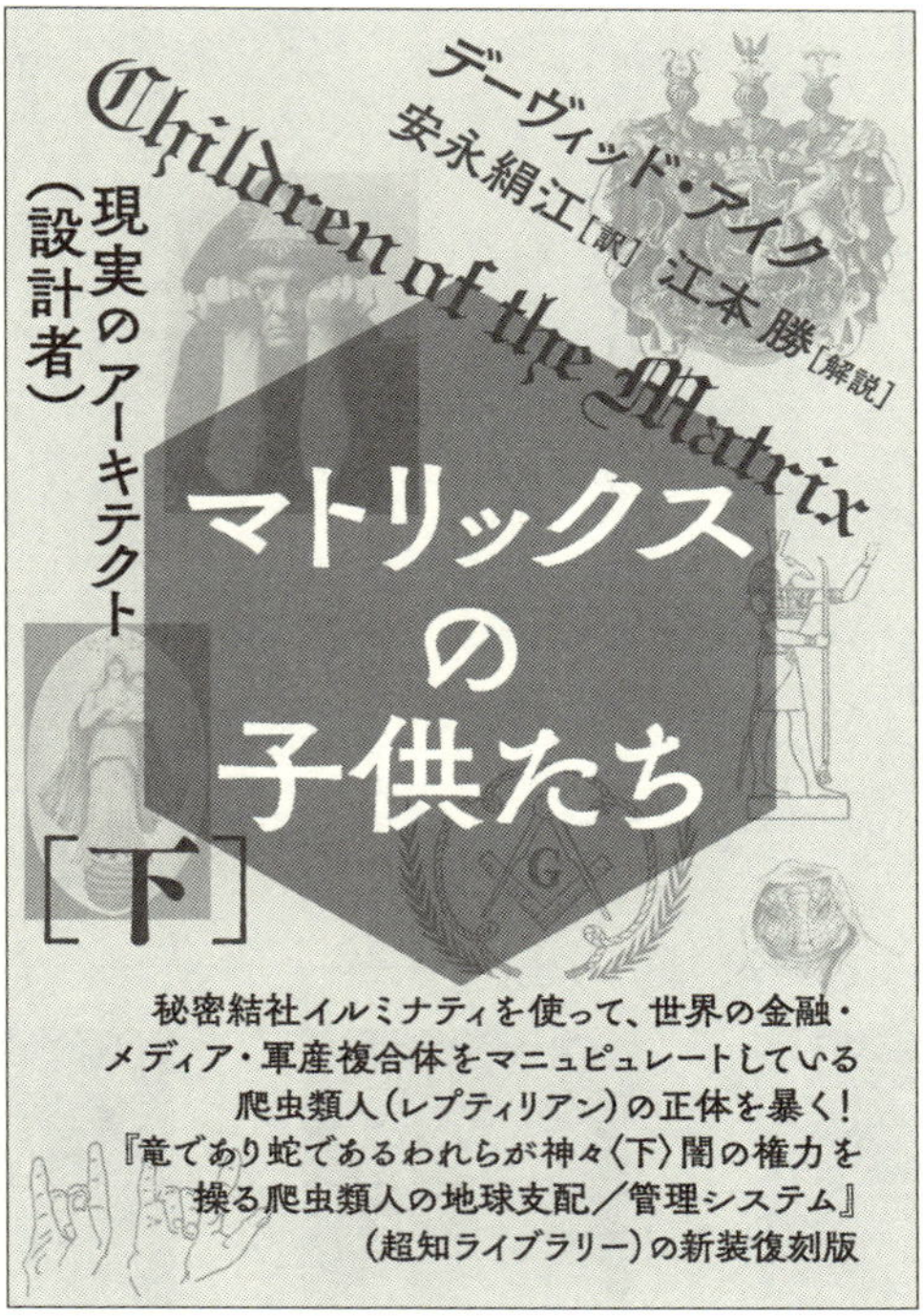

マトリックスの子供たち［下］
著者：デーヴィッド・アイク
訳者：安永絹江
四六ソフト　予価 3,000円+税

この地上世界で経験している惨劇は、レプティリアン（爬虫類人）の周波数が作りだした幻像である。

われわれは、大いなる幻想、マトリックスの牢獄に閉じ込めれれているのだ。

本来の多次元にわたる自由の扉を開く鍵はなにか……。

人類よ、真実の波動＝愛の力に目覚めよ！

この世の牢獄（マトリックス）を天国に変える、人類を大いなる幻想から解放する一冊！